LESLEY CHAMBERLAIN

MÃE RÚSSIA

Tradução de
RENATO AGUIAR

1ª edição

EDITORA RECORD
RIO DE JANEIRO • SÃO PAULO
2022

CIP-BRASIL. CATALOGAÇÃO NA PUBLICAÇÃO
SINDICATO NACIONAL DOS EDITORES DE LIVROS, RJ

C427m Chamberlain, Lesley, 1951-
Mãe Rússia: uma história filosófica da Rússia / Lesley Chamberlain; tradução de Renato Aguiar. – 1ª ed. – Rio de Janeiro: Record, 2022.

Tradução de: Motherland
ISBN 978-85-01-08424-8

1. Rússia – História – Séc. XIX. 2. Rússia – Usos e costumes. 3. Rússia – Condições sociais. 4. Rússia – Política e governo. I. Título.

13-01861
CDD: 923.1
CDU: 929' 1838/1848'

Texto revisado segundo o novo Acordo Ortográfico da Língua Portuguesa.

Título original em inglês:
Motherland

Copyright © Lesley Chamberlain, 2004, 2005

Todos os direitos reservados. Proibida a reprodução, armazenamento ou transmissão de partes deste livro através de quaisquer meios, sem prévia autorização por escrito.

Direitos exclusivos de publicação em língua portuguesa para o Brasil adquiridos pela
EDITORA RECORD LTDA.
Rua Argentina, 171 –20921-380 – Rio de Janeiro, RJ – Tel.: 2585-2000, que se reserva a propriedade literária desta tradução.

Impresso no Brasil

ISBN 978-85-01-08424-8

Seja um leitor preferencial Record.
Cadastre-se e receba informações sobre nossos lançamentos e nossas promoções.

Atendimento direto ao leitor:
sac@record.com.br

A força do espírito só é tão grande quanto sua expressão, e sua profundidade é apenas igual à profundidade da sua ousadia ao estender-se em sua exposição e perder-se.

Hegel, *A fenomenologia do espírito*

A acomodação russa com a civilização europeia durante o século XX foi importante não apenas para a Rússia. Por mais que o processo tenha amiúde sido confuso e amadorístico, por mais que tenha sido enfraquecido por informação inadequada, falsas perspectivas, por preconceito e paixão, obrava nele um instinto extremamente seguro do que não era sadio na Europa.

Erich Auerbach, *Mimesis*

Sumário

Agradecimentos   9
Prefácio   11

PARTE I   A formação da *intelligentsia*   19

1. Os homens da década de 1820   23
2. As belas almas   39
3. Os novos homens   69
4. Os populistas   87
5. O impacto de Marx   103
6. A Era de Prata   109

PARTE II   A formação da filosofia russa   121

7. O mapa moral   123
8. Rejeitando a visão de Descartes   167
9. A luta do bem e do mal   197

PARTE III   Contra o idealismo: cura ou destruição?   217

10. Lenin e a visão a partir de ninguém   219

PARTE IV A tradição longa   235

11 Como a tradição longa sobreviveu?   237
12 No limiar da razão   287

Uma cronologia comparativa de filósofos russos e ocidentais   327

Notas   331
Sugestão de leitura   357
Índice   361

Agradecimentos

Agradeço a Toby Mundy e Clara Farmer, da Atlantic Books, por sua abertura para com este projeto; a Jane Robertson, por seus cuidados com o manuscrito; a Alexander Pyatigorsky, que comentou o primeiro esboço; e, como sempre, ao meu marido.

Prefácio

Em 1996, eu tive uma conversa com Isaiah Berlin, que vivia então a sua oitava década de vida e era o decano da história do pensamento russo na Grã-Bretanha e na América. Chá para mim, suco de tomates para ele, verão sufocante em Londres num café em Piccadilly. A Rússia se livrara recentemente dos seus grilhões soviéticos, e Berlin havia retornado para um encontro com estudantes no conservatório de São Petersburgo. "Está tudo na mesma, nada mudou." A sua felicidade era palpável. O mundo dos seus ensaios de 1955 e 1956 sobre a década "notável", uma comovente evocação da vida intelectual russa do século XIX, tornara-se realidade diante dos seus olhos. Nos dez anos ardentes, de 1838 a 1848, uma geração de idealistas sonhou o renascimento moral da Rússia. Não obstante, esse ponto emocional alto não chegava propriamente a ser toda a história do despertar filosófico da Rússia. Como estudiosa da história intelectual russa, eu sempre tinha esperado que ele dissesse mais. Então, perguntei-lhe: "Por que, se você sabe e eu sei, ninguém sabe que a Rússia é uma cultura sem razão?" A conversa tornou-se delicada. Sabia eu como os ricos viviam?, perguntou ele. Silêncio da minha parte. Nós passamos ao desaparecimento da classe trabalhadora no mundo moderno e ao destino de Marx.

Foi um encontro estranho, que ajudou a reviver um velho projeto. Há muito tempo escrever uma história filosófica da Rússia me parecia tão atraente quanto difícil. Filosofia na Rússia? Isaiah ignorou a pergunta, realçando os bons momentos. Historiadores acadêmicos tinham, entrementes, escrito histórias das ideias políticas e sociais que precederam o comunismo. Como a Rússia soviética baniu oficialmente todas as visões não alinhadas com a ortodoxia marxista-leninista, a Revolução de Outubro de 1917 era um ponto de ruptura claro. Embora umas poucas almas decididas continuassem admiravelmente a trabalhar, procurando onde a "filosofia soviética" revelava a sua raiz russa mais livre, a opinião geral era que, na maior parte do século XX, a filosofia foi posta de lado para dar caminho a uma ideologia monolítica compulsória.

Mas a história filosófica russa precisa ser descrita de uma maneira nova, especialmente agora que é um país livre. A Rússia se envolveu com a filosofia ocidental com uma intensidade trágica, dando uma contribuição excêntrica, poética e original que mal chegou a ser escrita. Há trinta anos, quando ainda não era exatamente aluna de Isaiah em Oxford, eu comecei a refletir sobre as ideias apresentadas aqui. A tarefa podia ter sido concluída há mais tempo.

Passaram-se anos, que me levaram à Rússia comunista como repórter em 1978 e 1979 e como escritora em 1992, 1993 e 1996. Em momentos mais calmos, trabalhei um pouco sobre a filosofia clássica ocidental. A filosofia russa quase nada tinha em comum com essa disciplina analítica. Contudo, a filosofia continuava a ser a chave para o mistério daquele país e daquela cultura.

A história contada ao longo das páginas a seguir — trata-se principalmente de uma história de esperança e crença, e não de uma série de argumentos — pretende prover uma peça faltante na compreensão ocidental de um país que é uma "terra mãe" para seu próprio povo, mas uma estranha "outra terra" para forasteiros. Um esboço da história intelectual do século XIX, com a qual estamos mais familiarizados, é seguido por ensaios sobre a substância contínua da crença russa ao longo de mais de dois séculos. Filósofos profissionais podem querer saltar muitas das minhas páginas, embora como pós-modernistas possam certamente

PREFÁCIO

apreciar a dificuldade de criticar um corpo de ideias interrompido e inacabado, mas que conta uma história.

Há boas razões para pensarmos que a Rússia não tem filosofia. Por outro lado, essa não é a *opinião russa*, e, quanto à opinião ocidental, parece-me claro que a Guerra Fria tenha contribuído um bocado para fazer da opinião negativa a desejável. Retrospectivamente, sempre me surpreende a maneira como o pensamento russo — o substituto positivo da filosofia — foi apresentado há trinta anos como um objeto notavelmente coerente e consistente. Parecia inevitável aos estudiosos ocidentais que o pensamento "social e político", ocupando o lugar de uma ausência de filosofia acadêmica, pavimentasse o caminho para a Revolução Bolchevique. Seria certamente justo dizer que a disciplina do pensamento russo teve sua razão de ser porque o Ocidente precisava urgentemente entender como foi feita a Revolução e como resultou um século curto de domínio totalitário soviético. Eis a disciplina que podia explicar algo estranho e ameaçador, e, em certa medida, domesticá-lo.

A abordagem da Guerra Fria deu uma coerência retrospectiva à visão ocidental da *intelligentsia* russa, coerência esta que nem de longe era tão evidente na prática russa. O foco isolado no que fez o marxismo se enraizar e o que causou a Revolução teve, por exemplo, de ignorar quase inteiramente o pensamento religioso e descartar todas as ideias que cativaram as mentes russas por um século, mas não se ajustavam ao molde comunista. Após o longo século XIX, supôs-se que diversos interesses e valores multiformes já não mais conformassem a vida russa do século XX sob o regime totalitário.

Em contraste com essa visão, uma das minhas premissas-chave é que a experiência intelectual russa ao longo dos últimos duzentos anos foi de uma só e mesma qualidade, e o que temos de entender é a "tradição longa", de 1815 a 1991, de um país que se situa incertamente num espaço cultural alternativo na orla do Ocidente. Ao longo da sua duração de setenta e sete anos, a Rússia soviética também era ainda a Rússia, embora muitos fatores tenham sido exagerados para pior.

MÃE RÚSSIA

Por razões de polidez, foi hábito de uma época ocidental passada não se estender sobre a ausência de filosofia acadêmica ao estilo ocidental na Rússia. Era quase como se fosse grosseiro chamar atenção para fraquezas das quais o inimigo não tinha culpa. Como disse um dos historiadores mais importantes do período, procurar muito a filosofia russa incorria em risco de apresentar "um quadro empobrecido do pensamento russo".[1] A convenção era, de certo modo, bem-intencionada. Expressava um desejo de admirar a Rússia por sua alteridade positiva. Há cinquenta anos, definindo o território, o próprio Isaiah Berlin escreveu: "O caso da Rússia (...) não é sem esperança. Pensadores russos estiveram presentes — pensadores, mas não filósofos eminentes."[2] No caso de Isaiah, a distinção decorria de uma preocupação genuína com não excluir da tela "filosófica" tudo o que havia de notável sobre o pensamento russo, acima de tudo as vidas e personagens de homens como Herzen e Belinsky, Tolstoi e Dostoievski, e todas as qualidades humanitárias que mantiveram a tradição de pensamento perto da literatura.

Pelo que omitia, porém, essa abordagem também definia essa ansiedade da Guerra Fria de apresentar a Rússia como um fenômeno cultural definido e reconhecível: dominar o lado negativo do "enigma dentro de um segredo" de Churchill. Parte da tarefa dos estudantes no Ocidente que se dedicavam ao estudo da história intelectual russa era mostrar que o mistério era suscetível à compreensão ocidental; e mostrar, nesse tocante, que era possível fazer a Rússia se alinhar com um Ocidente pós-guerra esclarecido. Parece-me claro que a Rússia nunca foi necessariamente nenhuma dessas coisas. Ela permaneceu uma "outra terra", inteligível talvez para si mesma, mas mal compreendida pelo mundo exterior. Talvez o maior fator de estranhamento para o observador de fora seja o modo como a Rússia e o Ocidente parecem ocupar o mesmo território cultural e, contudo, tenham-no colonizado de maneira totalmente diferente, de tal modo que suas versões do mundo competem e se sobrepõem. A Rússia e o Ocidente não são compatíveis nem incompatíveis, apenas permanentemente "outros" e ligeiramente constrangidos na companhia um do outro. Enquanto isso não foi admitido, era uma espécie de esnobismo geocultural invertido os historiadores dizerem: "Oh, com efeito, é um país bravio e melancólico, mas nós ainda podemos encontrar um lugar para ele, na nossa sabedoria." Ainda que em ânimos de profunda autocrítica, os russos não se veem desse modo. Seu mundo é simplesmente o deles.

Na história que faço, incluo toda uma gama de considerações. Uma é que a experiência da filosofia na Rússia antecipou curiosamente o colapso da crença do Ocidente na razão. É por isso que é possível olhar de modo novo para o fenômeno russo através dos olhos pós-modernos. Outra das minhas reivindicações é que a tradição moral russa continua a ser o seu mais forte legado. Minha especulação final é que, se não houve ruptura real na autopercepção russa em 1917, a mudança pode ocorrer agora, no século XXI, na esteira do fracasso soviético. Provisoriamente, eu datei a "tradição longa" de 1815 a 1991. Espero que a data posterior tenha significado o fim da derrota intelectual autoimposta da Rússia, haja vista a dolorosa experiência de dois séculos curtos.

Eu tentei recriar neste livro a dor da experiência russa de si mesma. É irônico, mas não historicamente incomum que isso seja testado por estrangeiros. Muitos dos melhores livros sobre o pensamento russo foram escritos por não russos, e, como esta história vai mostrar, escritores e filósofos ocidentais foram frequentemente tomados emprestados e até adotados como russos honorários na causa da autodefinição russa. No meu caso, eu me entreguei pronta e voluntariamente na esperança de ser útil.

Pode-se perguntar quem são esses "russos"? O que é essa "Rússia", que para si mesma é uma "terra mãe" e, para os estrangeiros, uma "outra terra"? Nem todo russo é igual. Nem todos defendem a mesma ideia do país. Especialmente não agora. Estas questões podem ser respondidas mencionando duas coisas. Primeiro, que o pensamento russo gastou grande parte de seu tempo e energia definindo um modo russo específico de ver e fazer coisas. Uma vez que existe filosofia russa, ela indagou e continua a indagar não "qual é a verdade?", mas "qual é a verdade russa?". E segundo, a grande percepção do pensador do século XIX, Piotr Lavrov, de que a Rússia queria definir-se como uma categoria ética. Tentando mapear o desenvolvimento da autocompreensão da Rússia, eu supus esse sentido do povo e da nação tentando se ver, especialmente com a ajuda da filosofia ocidental, em termos de uma definição nova, provavelmente inalcançável, do homem bom na Rússia e da vida boa.

De todos os aspectos da Rússia que ainda necessitam de elucidação e compreensão, eu me concentrei na experiência da filosofia porque ela está no coração do encontro da Rússia com o Ocidente em sua busca por autodefinição. Como seria possível negligenciá-la? A rejeição consistentemente surpreendente de Descartes e o valor de "penso, logo existo" são centrais na experiência da Rússia de si mesma como lugar diferente. É surpreendente porque rejeitar Descartes equivale a rejeitar a filosofia moderna e o Ocidente moderno (mas não o pós-moderno).

De muitas maneiras, essa rejeição do racionalismo moderno significou o desastre para a Rússia. A razão é a espinha dorsal dos valores do Iluminismo, através dos quais a Europa, conforme tão recentemente definido em seu Projeto de Constituição, ainda tenta viver. A filosofia de Descartes encerra valores preciosos para a liberdade e a integridade individuais, e para a imparcialidade da ciência, os quais estão entre as grandes realizações do mundo moderno. Ser uma cultura sem razão é como ser um mamífero sem espinha dorsal. O que a Rússia pôs no lugar da razão — desde o começo do século XIX — foi a busca moral, e esse ganho ético seria neutralizado pela perda racional. Os pensadores russos queriam encontrar um modo moral de ser, o que os filósofos chamariam de uma ontologia moral, e acima de tudo é isso que diferencia a "tradição longa" da Rússia. O experimento soviético foi apenas parte dessa busca. A ideia comunista também era, para que não nos esqueçamos, uma ideia moral.

Este livro não exalta a Rússia, mas tampouco tenta torná-la "meio ocidental" e consequentemente "meio dócil". Ele reflete sobre um mundo

PREFÁCIO

preso, num extremo, a interferências intelectuais ameaçadoras na vida real de seres humanos diversos e, no outro, a rebeliões anárquicas para preservar vidas reais exatamente dessa interferência.

Por que, repito, o tema é tão difícil? Gostaria de atrair a atenção do leitor de volta à minha observação de que o corpo do pensamento filosófico em questão é tão inacabado que quase tem de ser inventado antes de poder ser dissecado. No Ocidente, conforme é bem sabido, a filosofia moderna se desenvolveu no começo do século XVII a partir das disputas teológicas medievais. Argumentos escolásticos abundam em Descartes, não menos que sua devota tentativa de provar a existência de um Deus que teria abençoado a criação da ciência secular. Depois de Descartes, os grandes racionalistas do final do século XVII e começo do XVIII, Spinoza e Leibniz, prolongaram a batalha contra o dogma religioso que ancorava firmemente as suas obras, e Descartes, na história do judeo-cristianismo. Mas esse não foi o caso na Rússia, onde a ortodoxia russa era uma Igreja de gente comum com muito pouco dogma. A autoridade da ortodoxia pertence aos patriarcas da Igreja helenística, mas seu poder real era a liturgia cantada. Não é por coincidência que a ortodoxia enfatiza como seu componente mais importante o momento de adoração plena ativa no qual se sente que Deus está presente na comunidade. É quase como se esse momento não pudesse ser escrito, pois isso implicaria compreender o momento presente e perfeito, o que, por definição, nenhum mortal seria capaz de fazer. "Nem 'o céu descendo sobre a terra', nem a terra ansiando pelo céu (...). Na Igreja russa antiga sente-se que o divino habita (...) diretamente presente no santuário, em todos os objetos sagrados que o preenchem (...). A encarnação completa do espiritual e do material é uma das tendências essenciais da mente religiosa russa."[3] O intelectual emigrado que descreveu vividamente a mente religiosa russa, Georgy Fedotov, e que esclareceu a relativa ausência de teologia, descobriu numa fonte medieval uma confirmação clara da presença de uma Igreja não dogmática. Seus próprios sacerdotes a descreviam com uma "donzela calada".[4]

A donzela calada, a silenciosa Igreja russa medieval, é tão precursora da filosofia russa quanto a Igreja ocidental o é da filosofia ocidental, mas com um resultado evidentemente diferente. Tardiamente, já no começo do século XIX, foi a influência da filosofia alemã que persuadiu os pensadores religiosos russos a pôr no papel as implicações da visão ortodoxa de mundo e, assim, através de um estilo alemão de pensamento e da reação a ele, abordar a filosofia pela primeira vez. Os pensadores religiosos tornaram-se filósofos porque o espírito religioso russo tinha de ser passado para o papel em nome do orgulho nacional e para defender o espírito russo contra o Ocidente racionalista. Mas eles fizeram a transição tão tarde!

Eu não tenho dúvidas de que a Rússia tem algo a acrescentar à filosofia. A paixão pela verdade, o desejo de resolver questões impossíveis fizeram parte da cultura intelectual por duzentos anos. Isaiah Berlin celebrou os círculos dos anos 1830, cujas discussões, imagino eu, um Platão russo teria redigido como os diálogos fundadores, apenas houvesse ele existido. O que *A República* foi para a Atenas clássica, uma *Mãe Rússia* desse Platão russo poderia ter sido para a Rússia.

Absurdamente, às vezes, eu mesma tento compensar a ausência do Platão russo, pelo que só posso pedir a indulgência do leitor. Quanto ao escritor erudito cujos passos tenho seguido desde aquele chá em Piccadilly, passei a vê-lo, por sua autoridade, como um pensador russo, um renegado filosófico furtivo um pouco constrangido na Oxford analítica, que amiúde levantou temas russos e expressou o ponto de vista russo quando aparentemente estava escrevendo sobre outras coisas.

Lesley Chamberlain
Fevereiro de 2004

PARTE I
A formação da *intelligentsia*

A Revolução Russa e a filosofia russa compartilham uma origem comum. Elas não começam com uma ideia, mas com uma classe política e seu mal-estar. Essa classe era a *intelligentsia* russa do século XIX, que se definia como um movimento em prol da reforma social. Seus membros, os *intelligenti*, eram pensadores críticos que lastimavam o estado político primitivo de seu país sob o tsarismo. A primeira e a segunda gerações eram principalmente filhos da *dvoryanstvo* — a nobreza ou pequena nobreza —, embora em meados do século uma boa proporção deles viesse de classes menos elevadas. Tipicamente, eram filhos de padres e de professores. Seu nível educacional era desigual na primeira metade do século, exceto para os poucos privilegiados que estudaram no exterior. Mas a paixão pelas ideias sempre foi grande, como sabem os leitores da literatura russa. Quando um membro da *intelligentsia* pré-revolucionária se deparava com uma ideia nova progressista do Ocidente, ela sugeria imediatamente um futuro melhor para a Rússia ao longo de linhas ocidentais, ou então um meio de distinguir um futuro peculiarmente russo. A *intelligentsia* se dividia em função disso — embora muito toscamente — entre ocidentalizantes e eslavófilos.

Pode-se dizer que a vida da *intelligentsia* moderna, e com ela a filosofia na Rússia, começou com a Revolução Francesa, retardada em trinta anos em seu impacto no país. Sob essa luz é possível identificar cinco gerações oitocentistas que lançaram fundações intelectuais vigentes até hoje. A primeira geração de *intelligenti* russos era de um punhado de homens, ativos nos anos 1820, profundamente afetados pela Revolução Francesa, seja diretamente como uma inspiração política, ou indiretamente, através da filosofia alemã que eles estudavam. A segunda idade da *intelligentsia* foi marcada pelas "belas almas" de 1838 a 1848. Depois de 1848, emergiu o "novo homem", seguido pelos populistas de 1866 a 1881, embora em todos esses períodos houvesse escritores, além de pensadores e religiosos, que não se ajustassem a nenhum cabeçalho único. As datas só podem ser aproximativas. Finalmente, chegam os homens intelectualmente ativos nos anos 1890, a geração de Lenin, todos tendo começado com as lições de Marx. A geração se dividiu para produzir a mais refinada realização filosófica e cultural até a data, a Era de Prata. Através dessas cinco épocas — e seis mentalidades —, a vida intelectual russa do século XIX tinha um alcance muito mais amplo do que o legado comunista do século XX sugeriu. A Revolução Russa atuou como um funil, direcionando uma pequena parcela das ideias aproveitáveis para um fim ideológico. Para recapturar a história, é preciso paralisar o processo do funil e invertê-lo. Como muitas das ideias correntes na Rússia do século XIX ainda estão conosco, isso também deve indicar que haja um tesouro europeu a redescobrir.

1
Os homens da década de 1820

Quase todos os homens dos anos 1820 que ajudaram a criar a vida intelectual moderna na Rússia nasceram nos dez anos seguintes à Revolução Francesa: o reformador político Nikolai Turgenev em 1789, o professor filósofo Mikhail Pavlov em 1793, e o escritor Piotr Chaadaev em 1794. Uma geração ligeiramente mais jovem foi representada pelo príncipe Vladimir Odoevsky, nascido em 1804 (a pronúncia do sobrenome desse escritor é complicada, pois a tônica cai comumente no segundo "o"). No período que começou por volta de 1815 e pode ser estendido até 1836 ou 1838, projeta-se um quadro confuso desses homens e seu mundo: oficiais bem-educados do exército como Nikolai Turgenev agitando em prol da reforma; professores universitários como Pavlov e jornalistas como Odoevsky transmitindo novas ideias; e Chaadaev, um escritor cujas *Cartas filosóficas* deram uma contribuição única para o futuro da Rússia ao propor deixar para trás o passado infrutífero. Otimismo político e uma nova abertura para ideias ocidentais impulsionaram a Rússia adiante após a vitória sobre Napoleão. Essa esperança entrou em colapso depois do fracasso do primeiro protesto público contra a autocracia, em dezembro de 1825. Os rebeldes foram executados ou exilados na Sibéria.

Os decembristas, assim designados por historiadores após esse desastre político de 1825, eram membros da nobreza que, de modo variado, tinham estudado no exterior e experimentado ação nos seus regimentos. A sua era uma história tocante de idealismo subestimando temerariamente os efeitos da ação razoável num país irracional. Em 14 de dezembro de 1825, eles se rebelaram nas praças de armas de São Petersburgo e na Ucrânia e dispararam alguns tiros, tentando de algum modo comunicar o espírito das suas reivindicações de abolição da servidão e criação de uma constituição escrita. O gesto deu subitamente à razão iluminista um significado na Rússia. Para horror de seus governantes Romanov, aquele vasto país incoativo de poucos intelectuais e milhões de camponeses começou a pensar publicamente sobre liberdade.

Nas palavras do principal historiador não russo da Rússia intelectual, quando as Guerras Napoleônicas acabaram com a marcha do tsar Alexandre I em Paris à frente da Santa Aliança, os jovens militares que serviram na campanha foram inspirados pela "'visão de mundo jurídica' do Iluminismo, segundo a qual formas legais e políticas determinaram a revolução da sociedade".[1] Por cerca de oito a dez anos, pareceu possível que a Rússia pudesse se tornar um país liberal. Alexandre, que tinha sido educado por um tutor suíço liberal, prometeu uma constituição e fez mudanças positivas na educação. A fundação da Universidade de São Petersburgo em 1819 foi um marco. Nikolai Turgenev (nenhuma relação com o romancista posterior Ivan) assumiu como sua meta reformista a abolição da servidão, formando a União do Bem-Estar para discutir as perspectivas liberais da Rússia. Ele tentou não desencadear o pânico nos círculos dominantes, à diferença do abertamente republicano Pavel Pestel, que queria a autocracia destruída.[2]

Porém, apesar de La Harpe, o professor suíço que tinha "virado [seus] pensamentos para a liberdade", Alexandre ficou com medo da agitação quando seu regimento doméstico se amotinou em 1820.[3] Uma série de rebeliões militares e de revoluções eclodiu através da Europa, e Nikolai Turgenev e seus amigos retiraram-se para as sombras conspiratórias.[4] Depois do levante grego em 1821, John Capodistrias, que fora conselheiro do tsar, deixou a Rússia para lutar por seu país. O polonês Adam Czartoryski, outro conselheiro da corte de São Petersburgo, também voltou para casa, exceto que para uma Polônia que só não tinha desaparecido em espírito. Entre 1772 e 1775, a Polônia tinha desaparecido como território independente, absorvida pelos impérios russo, prussiano e austríaco justamente quando os povos europeus estavam tomando consciência do seu valor intrínseco. A consciência nacional seria um espinho tão perturbador nas costelas da Rússia imperial ao longo do século seguinte quanto os sentimentos progressistas dentro de casa. Quando morreu a chama liberal, Alexandre sucumbiu à pressão de Matternich na Áustria para controlar seu império com mão firme. Desalentado, o tsar perdeu-se no misticismo religioso. Quando morreu subitamente em dezembro de 1825, os decembristas aproveitaram a oportunidade para tirar vantagem do breve interregno e fracassaram. O irmão de Alexandre, Nicolau I, tomou o trono, expedindo sentenças de morte e de exílio contra os conspiradores. Nikolai Turgenev salvou sua vida fugindo para o exterior.

O novo tsar, Nicolau I, o "policial da Europa", um homem que gostava de mexer com soldados, tornar-se-ia então o flagelo da nascente *intelligentsia* russa. Suspeitoso das implicações liberais da razão, o seu primeiro ato, já em 1826, foi purgar as universidades dos seus departamentos de filosofia.

A atividade nesses departamentos não era propriamente extensiva, e nem tampouco revolucionária. O tema estava na sua infância, e a metafísica alemã a que os estudantes se dedicavam era remota da vida cotidiana. A sua capacidade de excitar estava nas suas harmonias cósmicas e predições históricas mundiais. Mas as autoridades imperiais estavam preocupadas com a ameaça do ateísmo, muito como a Inglaterra católica do século XVII estivera preocupada com o diabólico Hobbes. Pela mesma razão, Descartes tinha se abstido de publicar suas opiniões científicas, temeroso de ser condenado pela Inquisição, como Galileu. Com atraso, como sempre um atraso tão fatídico, a Rússia tomou consciência de um medo político da filosofia. As autoridades tsaristas consideravam que ateísmo era sinônimo de razão, e, como a razão estava ligada ao levante de 1789, de que outras justificativas precisavam para silenciar seus praticantes? O autocrata russo era o paizinho, *tsar batyushka*, representante de Deus na terra, cuja autoridade não devia ser questionada por uns poucos pensadores modernosos que se questionavam sobre natureza e conhecimento e o significado da vida.

Os professores Mikhail Pavlov, Ivan Davydov e Dmitri Velanski, que ministravam cursos sobre a metafísica de Frederich Schelling nas Universidades de Moscou e de São Petersburgo, eram os homens que estavam sob risco. Pavlov (1793-1840) trouxe alguns volumes de Schelling da Alemanha, e suas anotações sobre as leituras de Schelling.[5] Alexander Herzen, um dos gigantes intelectuais do século, comentou posteriormente que foi Pavlov que fez a filosofia alemã ficar "à vontade" em Moscou, e que ele tinha o dom de fazê-lo "com clareza expositiva inusual".[6] Pavlov também publicou artigos nos jornais caracteristicamente chamados de "gordos", os quais desempenharam um papel vital no desenvolvimento da literatura russa. Por essa via, os começos da filosofia russa logo saíram da academia e seguiram para a sociedade.

Pavlov fundou e editou o jornal *Athenei*. Numa conversação a três, que ele escreveu no estilo de um diálogo clássico e publicou no primeiro número em 1828, um personagem chamado Xenophon começou ceticamente: "Sim, o homem é um tropo da alma, e a natureza é finitude infinita. O que pode ser mais claro?" Mas a conversa logo se absteve de ironias para introduzir o "Absoluto" como a chave da compreensão universal. O Absoluto schellinguiano era uma energia inerente a todas as coisas, criadora de uma afinidade fundamental ou, como dizia Schelling, uma *identidade* entre o mundo da natureza e o mundo da mente humana. A filosofia de Schelling, característica do período romântico, argumentava que, como o homem e o mundo à sua volta são a mesma substância, tudo sobre este mundo pode ser conhecido, daí a reivindicação de conhecimento absoluto, que, no pensamento romântico, só era possível na mente de Deus.[7]

O sentido de "Filosofia" ou "Ciência" ou "Razão", com letra maiúscula e concebida como atalho para a compreensão universal, abrilhantou, no país atrasado, a atração de uma disciplina potencial de pensamento convincente. Porém, mesmo os primeiros mestres russos tiveram de reconhecer as ameaças da vulgarização e do abuso. No diálogo de Pavlov, um segundo personagem, Pomyast, revelava um entusiasmo incontrolado pela ideia única de que podia resolver tudo, posição que provocou a crítica do terceiro participante, Menon, de que desse modo a Rússia poderia empreender um caminho superficial e autodestrutivo. Pomyast aceitou a fórmula opaca de que a "verdade é o caráter da mente, e por conseguinte abrange a nossa necessidade", mas essa especulação vazia afligiu Menon, que queria que o conhecimento empírico fosse avaliado com mais valor. Citando Schelling na Alemanha, de *Ideias para uma filosofia da natureza*, de 1805, ele lembra aos leitores russos que a filosofia explicava como a experiência era possível, mas não compensava o desconhecimento dos fatos noutros campos. Além disso, quando a tarefa da filosofia estivesse cumprida, e não fosse possível ir mais longe, os homens retornariam naturalmente às suas fés religiosas. Esse sentimento pode ter sido inserido para agradar ao censor. No fundo, o artigo de Pavlov era uma exposição positiva de uma nova filosofia idealista alemã, sugerindo não só que o conhecimento absoluto era possível, mas que o homem era impelido a buscá-lo a partir de dentro. O idealismo alemão de fato ameaçava o Estado atrasado, autocrático. Ele propunha a introspecção, de que todo homem tem uma capacidade inata, como meio para atingir um novo individualismo e uma nova mentalidade independente. Os indivíduos estavam se tornando introspectivos e críticos, como parte de um processo universal mediante o qual o mundo se tornaria mais perfeito. Nenhum homem ou Estado poderia resistir a esse processo porque ele era natural: uma necessidade ou exigência íntima, um tipo qualquer de força inerente, impelia cada coisa particular à sua realização plena. Os mestres russos e seus alunos sentiram o poder dessa verdade íntima que fora declarada necessidade humana universal.

MÃE RÚSSIA

Suspensa entre o novo saber e a velha fé cristã, a filosofia russa dos dias de Pavlov desafiou o poder autocrático que se justificava por sanção divina, embora mediante meios tão convolutos e indiretos que seus oponentes certamente não detectaram onde o argumento feria. O ateísmo era o inimigo óbvio, mas a verdadeira ameaça era maior do que eles podiam imaginar. O schellinguianismo estava libertando duas grandes forças: a natureza e o indivíduo. A definição de Schelling de metafísica continha um projeto de mudar povos submissos em nações confiantes que tomassem em mãos seu próprio destino e transformassem súditos oprimidos em indivíduos florescentes com meios de autoexpressão. A partir de uma obra publicada em 1811, Schelling definia a metafísica como:

1) O que cria Estados organicamente e constitui uma massa de pessoas de um só coração e ser, isto é, um povo [ein Volk].
2) Aquilo por meio de que o artista e o poeta, através de intenso sentimento, reproduzem na linguagem dos sentidos imagens eternas e primordiais.
3) Esta metafísica, que inspira igualmente o estadista, o herói do campo de batalha, os heróis da religião e da ciência, é algo igualmente repelido pelas chamadas teorias que o *bien pensant* valida para enganá-los, e pela insipidez do empirismo, que encerra o oposto da primeira.
4) Todo metafísico, exprima-se especulativa ou praticamente, confia no talento para pensar o grande número diretamente no um e, do mesmo modo, o um no grande número; numa palavra, ele confia num sentido de totalidade.
5) A metafísica é o oposto de todo mecanicismo; é uma maneira orgânica de sentir, pensar e comportar-se.[8]

Em 1832, outro diálogo de Pavlov foi publicado no bem-conhecido jornal *Telescope*, no qual um filósofo materialista — um homem que acreditava que a matéria e não a mentalidade era o motor primordial de realidade — se convertia a uma visão idealista schellinguiana da natureza. O idealista russo passou a aceitar que "todo fenômeno da natureza é uma externalização de uma essência íntima". Quatro anos mais tarde, Pavlov publicou um livro, *The Bases of Physics* [A base da física], no qual enfatizava como o indivíduo estava vivo em meio a uma natureza viva, e intimamente ligado a ela. A ênfase na nova filosofia incidia no que era natural ou orgânico, em oposição ao que era impingido por regras arbitrárias, feitas pelo homem.

Dmitri Vellanski (1774-1847), que lecionava em São Petersburgo, tinha começado a revolução romântica nas ideias russas alguns anos antes de Pavlov. Depois de estudar numa academia religiosa de Kiev, ele se qualificou para a tarefa fazendo cursos de medicina e ciência natural nas universidades alemãs, onde também teve aulas com Schelling e com schellinguianos. Quando morreu, o *The Medical Journal of Russia* o saudou como "o Schelling russo" e lamentou que sua obra inicial fosse pouco reconhecida. O leitor pode perguntar-se por que *The Medical Journal of Russia* estaria tão interessado em filosofia. A resposta um pouco curiosa, contudo, é que tecnicamente Vellanski ocupava a cadeira de botânica na Academia de Medicina de São Petersburgo. O título do seu cargo era uma maneira de disfarçar o tema refratário que ele realmente ensinava. De modo semelhante, Pavlov era nominalmente professor de agronomia.

Vellanski se considerava fundador do schellinguianismo na Rússia. Ele introduziu novos conceitos do mundo natural, inspirados no que ele chamava de "teosofia". Mesmo em sua época, ele foi ridicularizado por sua falta de clareza, porém, quando ofereceu uma recompensa de 5 mil rublos para quem quer que provasse cientificamente que qualquer das suas afirmações estava errada, nenhum desafiador se apresentou.[9] Ele seria mais um portador do novo do que uma pessoa interessante em si mesma. Contudo, o momento que ele marcou na Rússia foi claramente reconhecido na *Grande Enciclopédia Soviética* de 1971, que registrava: "Vellanski expressou a tese dialética relativa à conectividade geral dos fenômenos, sua natureza binária e a luta entre polos opostos como fonte de desenvolvimento." Aqui, no schellinguianismo russo em sua dimensão mais geral, no materialismo dialético em sua dimensão mais opaca, estava o elo que levaria os pensadores russos de Schelling a Hegel, e daí para Marx e para Lenin.

O materialismo dialético, a filosofia caseira do marxismo-leninismo, o *sine qua non* de um século curto de autojustificação soviética, pertenceu na verdade a uma época de especulação romântica. No começo do século XIX, alunos de Vellanski foram surpreendidos pela proposição de que a verdade decorre da interação entre a matéria e as ideias. Vellanski lhes ensinou que o produto cultural resultante se deslocava com uma dinâmica inerente rumo a um objetivo progressivo. Um século mais tarde, não a natureza, mas a economia da luta de classes produzia a energia dialética para mover o mundo adiante. Raisa Gorbachev, mulher do último líder soviético, foi professora universitária da "ciência" do materialismo dialético até o fim do fenômeno soviético.

Ivan Davydov (1794-1863) deu uma palestra em Moscou em 1826 intitulada *On the Possibility of Philosophy as Science* [Sobre a possibilidade da filosofia como ciência], na qual expôs a filosofia de Schelling da identidade. Nossas mentes são construídas de tal modo que podemos conhecer tudo no mundo através da introspecção. Anunciou-se que a palestra baseava-se em *Sobre a possibilidade de uma forma de filosofia em geral* (1795), de Schelling. Mais uma vez, ainda que através de circunlóquios e de maneira técnica, uma plateia russa ouviu a mensagem de que a verdade empoderava os indivíduos, e que a própria busca da verdade era parte de um impulso orgânico à frente, igualmente na natureza e na cultura. Davydov, que estudou filosofia, sabia latim e escreveu uma tese sobre o empirista primitivo inglês Francis Bacon, tentou desviar a atenção política do seu tema dizendo aos seus alunos — ou seria ao agente de polícia infiltrado entre eles? — que não via conflito entre a nova filosofia e a crença cristã tradicional. Mas a Rússia ainda estava se curando da insurreição decembrista, e Davydov deu sua aula inaugural num departamento em Moscou que estava prestes a ser fechado. As autoridades fecharam simultaneamente os departamentos de filosofia em São Petersburgo e em Kazan. Essa florescente universidade, a 800 quilômetros diretamente a leste de Moscou sobre o Volga, onde Lenin estudaria mais tarde, necessitava de tanta vigilância quanto as capitais "asiática" e "europeia" da Rússia.[10]

A vítima mais lamentada do expurgo de 1826 foi ainda outro universitário schellinguiano, Alexander Galich (1783-1848). Ele jamais se recuperou das semanas de interrogatório e perseguição que lhe tiraram a sua profissão. Galich tinha estudado em Göttingen e Helmstedt e, ao retornar, apresentou uma tese baseada na filosofia de Schelling da natureza. Homem de ideias originais vivendo em tempos reacionários, ele escreveu a sua dissertação na forma de uma carta a um interlocutor imaginário, acrescentando uma pesquisa sobre a história da filosofia desde a Índia antiga. Vellanski a examinou e considerou a abordagem de Galich vaga, pessoal e poética. Galich, porém, que tinha uma reputação positiva tanto de bom senso como de inteligência, obteve o seu doutorado e a permissão de lecionar no Instituto Pedagógico de São Petersburgo, desde que sua tese — "repleta dessas ideias novas e interessante somente a uns poucos especialistas" — não fosse publicada. Ele também foi obrigado a se limitar a usar nas suas aulas livros-texto aprovados pelo Estado.[11]

O crítico e homem de letras de meados do século Alexander Nikitenko achava que Galich tinha mente crítica e rara, e que os pares de Vellanski não chegavam a poder julgá-lo. Segundo Nikitenko, que posteriormente trabalhou no Ministério da Instrução Pública e escreveu sobre a tensão de assumir a responsabilidade da censura, Galich não precisava ter todas as questões respondidas ou mesmo contidas num sistema único de pensamento. Ele ensinava o que Schelling escrevera, mas não era um schellinguiano. Galich instruiu seus alunos: "A mente humana tem um talento surpreendente para curvar-se sob o fardo das suas pesadas invenções, e essa posição inatural ameaça desabar a qualquer minuto. Os senhores devem aprender a encontrar o centro de gravidade e avaliá-lo em contraposição à sua própria força, a fim de ficarem de pé e andarem eretos."[12] Uma das muitas tragédias silenciosas de quarto dos fundos da filosofia russa foi o rebaixamento de Galich a guarda-livros de mercearia, onde, isolado entre livros de cálculos mundanos, começou a beber.

Como a obra de Henri Bergson cem anos mais tarde, o pensamento de Schelling recorria ao entusiasmo e ao sentimento poético e religioso, e Galich e Pavlov advertiram contra a sua adoção indiscriminada. Autoridades inteligentes poderiam ter aceitado que, sobretudo no tocante a essas advertências, o ensinamento deles era genuinamente educativo.

Por outro lado, era tarde demais para essas autoridades. Embora elas pudessem perseguir pensadores individuais, o fogo da modernidade já fora aceso, por mais antimoderno que fosse o império. Não eram só as universidades que estavam ensinando Schelling, mas entusiastas privados como o príncipe Odoevsky e seu círculo aristocrático estavam promovendo encontros em grupos de discussão. Nessas ocasiões, Odoevsky trajava uma capa negra de veludo e chamava-se Fausto. O versado médico de Goethe não conseguiu represar seu apetite de conhecimento, apesar de quase destruir-se e arruinar a vida da jovem Margarida, mas o romântico rebelde e a vidente mística de Fausto tinham traços atraentes para um jovem estrangeiro adotar. Entre os amigos de Odoevsky estavam Vil'gelm Kyukhel'beker e Dmitri Rozhalin, ambos íntimos do poeta Pushkin. Os amigos constituíram um grupo chamado "amantes do saber" ou *lyubomudry*, para confrontar suas ideias. Como membros abastados da nobreza, vários deles tinham meios para visitar Schelling pessoalmente.[13] A influência russa de Schelling, um pensador romântico bem-conhecido na Alemanha, reconhecido na Europa e obscuro na Inglaterra, tem sido geral e surpreendentemente subestimada por estudiosos ocidentais. Ele assentou as fundações de um apetite russo ilimitado pelo idealismo alemão ao longo dos dois séculos seguintes.

Nesse aspecto, e também graças à sua escrita inusual, Odoevsky (1804-1869) foi uma figura principal. Um diletante de talentos múltiplos, depois de estudar literatura e filosofia na Pensão de Moscou para a Nobreza, ficou profundamente impressionado por Schelling em meados da década de 1820, e de 1824 a 1825 editou um periódico de Schelling chamado *Mnemozina*. Kyukhel'beker e o jovem poeta Dmitri Venevitinov contribuíram escrevendo artigos. O nome *lyubomudry* é geralmente traduzido por "amantes do saber", mas literalmente significa "filósofos". Tratava-se de um calque eslavo do grego, o qual permitiu que uma geração de schellinguianos russos se distinguisse dos *philosophes* do Iluminismo francês. Se era uma estratégia sincera — Odoevsky fazia pouco dos enciclopedistas chamando-os de "tagarelas" — ou ainda outra escolha de nomenclatura para pacificar o censor, nunca saberemos, apenas que Odoevsky pisava em ovos com as autoridades políticas, ciente do quanto eram desconfiadas, tornando-se ele mesmo censor posteriormente. Depois de dezembro de 1825, embora não tivesse tomado parte na conspiração, ele quase foi preso por causa do papel desempenhado por seu amigo Kyukhel'beker, que lhe valeu uma sentença de exílio. Odoevsky fechou o seu círculo de debates, ocupou-se com seu emprego de funcionário público e só o reabriu alguns anos mais tarde.

Odoevsky tinha inclinações místicas e era conservador em matéria de política e em temperamento, características que o impeliram tanto a entusiasmar-se pelo idealismo alemão quanto a querer educar seu país. Seu conservadorismo não era do tipo "nacionalidade oficial", muito difundido nos anos 1830, que pretendia manter toda e qualquer influência liberal do Ocidente fora da Rússia.[14] Embora morto pelo pânico decembrista logo após seu nascimento, *Mnemozina* publicou trabalhos como o relato de Kyukhel'beker da sua visita a Schelling, uma tradução de Germaine de Staël sobre Kant, aforismos de Schelling e outros, e *On the Ways of Understanding Nature* [Sobre as maneiras de entender a natureza], de Pavlov. O estado da filosofia na Rússia era incerto e perigoso, Odoevsky o sublinhou nas suas páginas. Não existia nenhum único curso acadêmico de filosofia na Rússia, e nenhum jornal a ela dedicado. Os cursos existiam, é claro, mas não sob seu próprio nome, pois não tinham a chancela do governo. Como Galich antes dele, Odoevsky quis compilar um dicionário filosófico que esboçasse "todos os sistemas filosóficos mais importantes". Ele vivia tão zelosamente de acordo com seu senso de *noblesse oblige* que propôs exames de competência moral e social para seus companheiros da nobreza, que seriam obrigados por sua origem de classe a serem guardiões do povo. Foi assim, pelo menos em parte via Schelling, que o espírito político de Platão plantou raízes na Rússia moderna. Ele continuou a viver no romantismo conservador de um homem como Odoevsky, mantendo-se ativo na educação russa ao longo de boa parte do século XIX, assim como aconteceu num país muito mais avançado como a Inglaterra, com a diferença de que o país anglo-saxão aprendeu suas lições clássicas através do estudo direto do grego.[15]

Posteriormente, Odoevsky transformou a experiência dos seus anos *lyubomudry* num livro, *As noites russas* (1844), que misturava os gêneros ficção, memórias, especulação e crítica de um modo que não tinha paralelos na literatura russa de então e que ainda parece muito moderno. *As noites* davam não só um retrato único da atmosfera filosófica dos anos iniciais em que o idealismo alemão prendeu a Rússia sob seu fascínio, mas também apresentavam pensamentos envolventes sobre ética, língua, música e literatura. Odoevsky era "exatamente o que entendíamos como pensador russo, uma mente ativa e abrangente, obstinadamente empenhada em unir todos os aspectos fragmentados do [seu] conhecimento", escreveu um crítico soviético em 1981.[16]

Contudo, o homem que se elevou acima da primeira geração da *intelligentsia* foi Piotr Chaadaev (1794-1856). Em 1836, Chaadaev, que, como uns poucos homens da sua geração russa, ainda escrevia em francês, foi preso, interrogado e mantido em prisão domiciliar por dezoito meses, até confessar ter estado "louco". Seu crime foi ter alegado nas suas *Cartas filosóficas* que, por causa dos seus descaminhos tradicionais, enraizados no tsarismo e na Igreja ortodoxa, a Rússia não tinha nem passado cultural nem uma boa civilização própria, e só podia seguir adiante unindo-se à Europa católica. As *Cartas* tinham sido escritas em 1831, mas só foram publicadas na Rússia cinco anos mais tarde, no *Telescope*, devido ao seu conteúdo manifestamente explosivo. O editor do *Telescope*, Nikolai Nadezhdin, teve o seu jornal fechado em decorrência, sendo deixado em dificuldades financeiras. A proposição de Chaadaev era absurda e evidentemente insultante para os círculos imperiais. Para a nova geração crítica, porém, ela acendeu a tocha. Não era necessário concordar com o remédio proposto para ver que ele estava dizendo a verdade sobre o atraso da Rússia.

As ideias e o destino de Chaadaev não foram interessantes para os marxistas e posteriormente marxistas-leninistas, pois ele foi um conservador e um crente. Ele não desempenhou um papel importante na história do pensamento revolucionário, e por essas razões só recebeu atenção especialista no Ocidente, isso há quarenta anos. Seus interesses desenvolveram-se cedo demais para que ele pudesse tornar-se um hegeliano. Ele destacava a importância da dignidade individual e de como a assimilação da civilização europeia clássica seria benéfica para a Rússia. A sua inspiração de mudança na Rússia veio do catolicismo ultramontano de Felicité Lammenais na França. O ultramontanismo era, paradoxalmente, um chamado para retornar a uma sociedade mais tradicional, reverencial, conformada por valores morais transcendentes e com um sentido das limitações do conhecimento humano.

Porém, a própria ideia de educação era revolucionária na Rússia, dado o obscurantismo daqueles no poder. Assim, ao aprofundar-se em fontes conservadoras, Chaadaev produziu uma denúncia grandiosa de um país que estava se recusando a procurar a luz.

Há um certo detalhe na vida que não está ligado com o ser físico, mas que diz respeito ao homem inteligente; ele não deve ser negligenciado: assim como há um regime para o corpo, há um regime para o espírito; é preciso saber como submeter-se a ele. Trata-se de uma sabedoria antiga, eu sei; mas acho que em nosso país muito amiúde ela ainda possui todo o mérito de uma descoberta nova. Uma das coisas mais deploráveis da nossa estranha civilização é que ainda temos que descobrir verdades que alhures são as mais triviais, mesmo entre povos muito menos avançados do que nós em alguns aspectos. A questão é que nunca andamos lado a lado com outros povos; nós não pertencemos a nenhuma das grandes famílias da raça humana; nós não somos nem do Ocidente nem do Oriente, e não temos as tradições nem de um nem de outro. Como se estivéssemos situados fora do tempo, a educação universal da raça humana ainda não nos alcançou.

O verdadeiro desenvolvimento da raça humana em sociedade ainda não começou para um povo enquanto a vida não tiver se tornado mais regulada, fácil e serena do que era entre as incertezas da primeira era. No caso das sociedades que se orientam sem convicções e sem regras, mesmo nos assuntos cotidianos, e a vida carece de uma constituição, como pode alguém esperar que as sementes do bem criem raízes? O que cabe é uma fermentação caótica de coisas na esfera moral, comparável às elevações da superfície da Terra que precederam o presente estado do planeta. Nós ainda estamos lá.[17]

Teria o amor de Chaadaev pela alta cultura europeia sido aceitável se não o tivesse levado a atacar diretamente a instituição da servidão na Rússia? Na verdade, não. A servidão era a marca conspícua do barbarismo russo que o avanço educacional de inspiração ocidental ameaçava. Com sua educação europeia, o predecessor imediato de Chaadaev, Alexander Radishchev (1749-1802), tinha visto a escrita no estuque da parede trinta anos antes e foi preso e sentenciado a trabalhos forçados na Sibéria por sua franqueza. A servidão degradava toda a sociedade e impedia o seu progresso cultural moderno. A razão era a principal preocupação de Chaadaev, mas como podia a razão florescer num país carente de respeito pela dignidade dos seres humanos individuais? A razão era produto de séculos de refinamento intelectual e cultural, não um mero instrumento de medida. Qual era o valor de um país que deixou de herdar as ideias universais de bem e mal, verdade e falsidade, dever, justiça e lei? Essas eram as perguntas de Chaadaev, que seguiam adiante culpando a ortodoxia russa pelas privações do país. Como a Rússia era divorciada da Igreja católica romana, a tradição clássica não fora transmitida, nem os frutos da escolástica medieval e do Renascimento.

Quando foi posto sob pressão por seus interrogadores, Chaadaev tentou manter suas opiniões, mas foi sobrepujado pela autoinculpação. O pedido público de desculpa que o obrigaram a fazer espelhou a divisão em seu coração:

> O amor por seu país é uma bela coisa, mas muito mais belo é o amor pela verdade (...) É verdade que os russos sempre foram muito descuidados com o que era verdade e o que era falso. É por isso que não adianta zangar-se muito com uma sociedade que se sentiu dolorosamente afetada por um panfleto um tanto cáustico dirigido às suas fraquezas. Por isso eu lhes garanto que de modo algum estou contra o bom público que por tanto tempo me tolerou. Estou tentando chegar a bom termo com a minha estranha posição — friamente, sem qualquer irritação.[18]

O destino pessoal de Chaadaev foi emblemático dos destinos pessoais potenciais de todos os homens que, ao longo dos 150 anos seguintes, levariam adiante as tradições filosóficas e revolucionárias entrelaçadas da Rússia. Ele simbolizou um momento decisivo no começo da vida da *intelligentsia*. Quando tomaram consciência da riqueza da filosofia europeia — e com isso das atrações da educação liberal —, os primeiros pensadores russos compreenderam que sua primeira prioridade para a difusão do iluminismo na Rússia tinha de ser depor a autocracia. Qualquer que fosse o interesse que possam ter tido em pura erudição, por mais que alguns tenham sido tentados a valorizar arte, personalidade e filosofia especulativa mais altamente que a política — e sempre houve um pequeno número de apolíticos —, as circunstâncias russas empurravam a mudança política para o topo da agenda. O destino pessoal de Chaadaev tomou boa parte do famoso estudo *Nichola's Gendarmes and Literature 1826-1835* [Policiais de Nicolau e literatura 1826-1835], escrito (em russo) pelo historiador Mikhail Lemke às vésperas do fim do tsarismo e publicado em 1908. O trabalho de Lemke enfatizou as liberdades cívicas básicas em prol das quais a *intelligentsia* ainda estava agitando em 1905, oito anos depois da Insurreição Decembrista.[19]

2

As belas almas

As principais diferenças entre os homens dos anos 1820 e aqueles da década "notável" de 1838 a 1848 foram a aceleração do pulso moral que inflamara o protesto de Chaadaev e a busca de modelos e líderes para difundir a nova ideia da boa vida. Alexander Herzen (1813 a 1848) e Vissarion Belinsky (1811 a 1848), os dois homens mais destacados da sua época, jogaram-se de corpo e alma no esforço para educar e libertar um país estropiado pelo obscurantismo e a desumanidade. Através dele, a *intelligentsia* deu novo valor ao que o romancista Ivan Turgenev chamaria de personalidades "principais" ou "centrais", que podiam encarnar a força em prol da mudança.[1] Herzen e Belinsky foram não só antitsaristas ardentes e pioneiros socialistas, mas indivíduos que se distinguiram altamente, cujas vidas e obras tiveram grande significado geral. Os pensamentos francês e alemão conformaram a sua educação. Com efeito, Herzen é um dos poucos homens na Rússia do século XIX — e em qualquer outra parte em todos os tempos — a ter entendido Hegel. Mas o estímulo principal desses homens "notáveis" era usar as ideias filosóficas para incentivar protesto e reforma. Nesse tocante, eles eram mais "publicistas" do que filósofos, o que foi um fator importante na constituição da *intelligentsia*. Não obstante, do lado da filosofia, expostos à visão de Hegel da razão e do poder da história, eles foram (aqui cooptando Vellanski, já que ele só morreu em 1847) a primeira geração a teorizar em termos reconhecivelmente pré-marxistas sobre o futuro da Rússia. Eles tomaram da metafísica alemã as razões pelas quais a Rússia deveria afastar-se do tsarismo rumo a uma vida melhor.

Eles perceberam a sua vocação. Como personagens das peças de Schiller, o tipo de texto que imbuíra a sua educação romântica, eles desempenharam conscientemente os seus papéis rebeldes no palco da história. Durante o reinado de trinta anos de Nicolau I, quando escritores eram exilados em partes remotas da Rússia, jornais eram reprimidos e a censura interferia em todas as coisas, Belinsky e Herzen representaram uma oposição heroica em nome do progresso racional irresistível. O Terceiro Departamento, a polícia intelectual e órgão de censura do tsar, pôs todos os jornalistas literários sob pressão a fim de que se conformassem à política de Nacionalidade Oficial, que significava apoiar o tsar e a Igreja ortodoxa, e um grande número o fez por convicção. Mas Belinsky e Herzen se recusaram. Eles formavam uma *intelligentsia* determinada, vívida e de caráter como jamais havia existido. Apesar de não serem filósofos, suas vidas representaram a filosofia russa em construção. Seus destinos importariam para a Rússia do mesmo modo que a vida e a morte de Sócrates importaram para Platão e toda a civilização ocidental.

Isaiah Berlin os retratou no mais apurado ensaio que jamais escreveu como historiador das ideias:

> Imagine então um grupo de rapazes, vivendo sob o regime petrificado de Nicolau I — homens com um grau de paixão pelas ideias talvez jamais igualado na sociedade europeia, apropriando-se das ideias conforme vinham do Ocidente e com entusiasmo imoderado, e fazendo planos para traduzi-las imediatamente em prática (...). Eles tinham consciência de estarem sozinhos num mundo desalentador, com um governo hostil e arbitrário de um lado e uma massa completamente incompreensiva de camponeses oprimidos incapazes

de falar do outro, concebendo a si próprios como uma espécie de exército autoconsciente, carregando uma bandeira para que todos vissem — da razão e da ciência, da liberdade, de uma vida melhor. Como pessoas numa floresta escura, eles tendiam a sentir uma solidariedade infalível simplesmente porque eram tão poucos e esparsos; porque eram fracos; porque eram verdadeiros; porque eram sinceros; porque não eram como os outros. Além disso, eles tinham aceitado a doutrina romântica de que todo homem é obrigado a desempenhar uma missão além dos meros desígnios da existência material; de que, por terem recebido uma educação superior àquela dos seus irmãos oprimidos, tinham um dever direto de ajudá-los rumo à luz (...).[2]

Belinsky, filho de um médico de província, teve de sustentar-se e esteve frequentemente em dificuldades financeiras. Impedido de continuar a sua educação na Universidade de Moscou por causa de uma peça que escreveu atacando a servidão, ele mergulhou na crítica literária e no jornalismo. Tornou-se conhecido por seu envolvimento apaixonado com uma ideia favorita após a outra, frequentemente expresso em cartas "particulares" a seus amigos (elas seriam publicadas numa época menos censurada e formam quase o seu melhor trabalho). Ele era uma figura tragicômica que se engalfinhava com a verdade, sobretudo porque sentia suas próprias limitações. Autodidata, ele passou por toda a gama das mudanças de lealdade terminológica e filosófica. Contudo, nunca perdeu de vista os valores centrais de honestidade, dignidade e justiça que buscava para a sociedade. A sua urgência moral caracterizou a época. Conforme certa vez ele repreendeu o mais mundano Turgenev: "Nós ainda não resolvemos o problema da existência de Deus, e você quer comer."[3]

O conhecimento que Belinsky tinha de Goethe e Schiller, de Schelling, Fichte e Hegel — essas grandes figuras alemãs que se projetavam como volumes de uma enciclopédia viva nas prateleiras dos primeiros pensadores russos — era fragmentado e inevitavelmente superficial. Belinsky não sabia ler alemão e confiou em Herzen, Turgenev e seu amigo mútuo Mikhail Bakunin para ter uma versão das últimas teorias. Mas ele captou a essência e respondeu de modo muito próximo ao pensamento dos homens dos anos 1820, considerando a Razão Absoluta uma panaceia. Onde ele diferiu foi na paixão com que aplicou essa panaceia aos males sociais. Belinsky insistiu que a filosofia devia proporcionar soluções para a infelicidade do homem expressando uma teoria única, total e reconciliadora da humanidade em progressão. Sobre como isso poderia ser feito, ele escreveu notas mnemônicas para seu próprio uso, como aqui na sua fase fichtiana: "O homem foi o último e maior esforço da natureza em seu empenho para alcançar a autoconsciência. O organismo humano [é] um indivíduo [*lichnost'*], [é] o instrumento da consciência racional (...)."[4] Uma ideia, a razão, mantinha o mundo, desde que os homens pudessem enxergá-la. "Pensamento ou ideia, em seu significado universal indiferenciado, tal deveria ser o objeto do aprendizado dos homens. Fora da ideia tudo é um fantasma e um sonho; só a ideia é essencial e real."[5] Apenas um ano depois, porém, ele escreveria a Bakunin: "O fato de eu *ser* sempre será para mim superior ao fato de eu *saber* e as sábias palavras (...) de que logicamente é assim, mas, na prática, é diferente pois sempre serão sábias para mim [grifos meus]."[6] Na sua fase hegeliana subsequente, Belinsky pensou que o idealista "subjetivo" Fichte já não podia instruí-lo no caminho do ser, mas sim Hegel, o idealista "objetivo", pois o objeto era a "realidade". "Realidade é a senha e o *slogan* da nossa época, a realidade em todas as coisas — em crenças, na ciência, na arte e na vida. Este século vigoroso e corajoso não tolerará nada falso, simulado, frágil, prolixo, mas ama tudo o que é vigoroso, forte e essencial."[7]

Resultou em uma crise quando Belinsky compreendeu que o *conceito* de realidade tinha tanto a ver com a vida real quanto qualquer outra abstração. A vida como é vivida era mais complexa do que qualquer conceito pudesse captar. Ao longo de 1841, as cartas contundentes que Belinsky escreveu a seu amigo Botkin expressaram a sua desilusão com a filosofia como guia para a vida, ao mesmo tempo que a sua imensa frustração com a má vontade ou incapacidade da Rússia de compreender ou realizar o seu potencial cultural como país moderno.

> Ser social, ser social — ou morte! Eis meu *slogan*. Que significam para mim vidas gerais quando o indivíduo [*lichmost'*] sofre? Que significa para mim o gênio na terra viver no céu quando o grande número se debate na lama? Que significa para mim eu compreender a ideia, o mundo das ideias ter a mim se revelado na arte, na religião e na história quando não posso compartilhá-lo com aqueles que deveriam ser meus irmãos em humanidade, meus próximos em Cristo, mas que são estrangeiros e inimigos em virtude da sua ignorância? Que significa para mim que haja felicidade para os escolhidos quando a maioria sequer suspeita que isso seja possível?[8]

O modo como a literatura romântica exaltou o gênio especial de cada povo ou nação excitou a geração de Belinsky a imaginar em que poderia a Rússia se transformar. Ela se tornaria numa cultura genuína e valiosa, sim, mas quando? Na hora em que Marx estava descrevendo a Rússia como "semiasiática", Belinsky foi levado a pensá-la como uma terra imaginária. Ele a chamou de irreal porque ela não tinha instituições civis. Seus filósofos estavam fadados a ser forasteiros, senão irreais eles mesmos.

> Nosso sonho amoroso (e racional) sempre foi alçar toda a nossa vida à realidade, e consequentemente as nossas relações mútuas; mas olhe o que aconteceu! O sonho era só um sonho, e assim permanecerá. Nós éramos fantasmas e vamos morrer fantasmas, mas a culpa não é nossa e nada temos a reprovar a nós mesmos. A realidade cresce do chão, e o chão de toda realidade é a sociedade. O geral sem o particular e o indivíduo só são reais no pensamento puro,

mas na vida real evidente trata-se de um sonho onanístico morto. Homem, eis uma grande palavra e um grande negócio, quando ele é um francês ou um alemão ou um inglês. Mas nós russos somos grandes? Não! A sociedade nos olha como excrescências doentias em seu corpo, e nós olhamos para a sociedade como para um monte de esterco podre. A sociedade tem razão, nós temos mais razão ainda. A sociedade vive por meio de uma certa quantidade de convicções bem-conhecidas, nas quais seus membros se aglutinam como raios de sol que se juntam numa lente usada para queimar. Eles se entendem sem dizer palavra. É por isso que na França, na Inglaterra e na Alemanha pessoas que jamais se viram e são estranhas umas às outras podem reconhecer seu parentesco, abraçar-se e chorar — algumas em praça pública num momento de rebelião contra o despotismo e em favor dos direitos da humanidade, outras talvez por questões de pão, um terceiro grupo em torno da inauguração de um monumento a Schiller. Não pode haver atividade sem uma meta, e sem atividade não há vida. A fonte de interesses, objetivos e atividade é a substância da vida social. Isso não é claro, lógico e verdadeiro? Nós somos gente sem um país nativo; não, pior do que não ter um país, nós somos gente para quem seu país nativo é um fantasma, e não é de surpreender que nós também sejamos fantasmas, que nossa amizade, nosso amor, nossos esforços, nossa atividade, tudo seja fantasma.

E ainda:

Nós jamais conhecemos um povo com fome de vida tão insaciável, com exigências de vida tão imensas, com tal capacidade de abnegação ao serviço de uma Ideia, como nós.[9]

Belinsky continuou a trabalhar por sete anos após o *annus memorabilis* de 1841, lutando contra uma saúde debilitada e assentando as fundações de uma escola de crítica literária que, se de pouco benefício para a arte em si mesma, uniu a causa da literatura ao progresso social num vínculo que perdurou dois séculos. Mesmo cento e cinquenta anos após sua morte, ninguém que leia Belinsky pode negar ter encontrado o primeiro homem bom da história filosófica russa, um indócil e cabeçudo Sócrates oriental.

Querido Vasily (...) como me disse em nosso último encontro, eu sou *um fato da vida russa*. Mas apenas veja que fato monstruoso e infortunado! Eu compreendo Goethe e Schiller melhor do que aqueles que os conhecem de cor, e eu não sei alemão, eu escrevo (e às vezes muito bem) sobre humanidade, e nem de longe eu sei o que Kaidanov sabe. Deveria eu sentir-me culpado? Oh, não, mil vezes não! Eu penso, dê-me apenas a liberdade de atuar na sociedade por dez anos, e então, se quiser, eu me enforcarei. Em três anos talvez, eu teria recuperado minha juventude perdida, teria aprendido não só o alemão, mas o grego e o latim, teria adquirido algum conhecimento básico, e passaria a amar trabalhar e a encontrar força de vontade. Sim, às vezes eu sinto profundamente que isso é a consciência radiante da minha vocação, não a voz de um amor-próprio mesquinho que estivesse tentando justificar minha indolência, apatia, frouxidão de vontade, minha falta de força e a tolice da minha natureza (...). Então, só uma coisa resta: nós teremos de esperar morrer logo. Isso é o melhor. Enquanto isso, adeus por enquanto! Meus olhos estão fechando. Estou com sono.[10]

Alexander Herzen era um homem tão diferente: suave, confiante, um aristocrata de nascimento e natureza, meio alemão pelo lado da mãe, e esplendidamente educado. Ele leu Goethe e Schiller, Schelling, Hegel, Feurbach e os místicos alemães nos originais, e Saint-Simon e Fourier em francês, de modo que era mais capaz que qualquer dos seus contemporâneos de dar forma às suas ideias num contexto europeu. Mas ele compartilhava a antipatia de Belinsky pela autocracia e a chaga da servidão. Era esta a questão moral suprema para todo pensador russo. Nos três volumes das suas memórias, *My Past and Thoughts* [Meu passado e meus pensamentos], ele recordou com aversão os abusos do pai ao lidar com os servos da propriedade familiar. Ele começou a fazer agitação revolucionária enquanto ainda era estudante em Moscou, e logo foi suspenso. Homem rico determinado a ajudar a causa russa, ele passaria grande parte da sua vida em exílio estrangeiro involuntário. Montou casa em Paris e em Londres, escreveu e fez campanhas contra a autocracia em jornais de sua própria criação. Visto a partir de dentro da tradição revolucionária, há muito Herzen era admirado por dedicar o trabalho de toda a sua vida à causa do progresso social e da liberalização política na Rússia. Contudo, ele sempre foi um individualista em seu modo de pensar e em seu estilo de vida. Amadureceu mais como reformista que como revolucionário, e seu verdadeiro protesto era contra o conformismo onde quer que se encontrasse.

    Suas esperanças começaram com o socialismo europeu. Conforme vislumbrava-se o futuro pouco antes de 1838, o começo da década "notável", se a França pudesse tornar-se a sociedade socialista fundadora, o que haveria de impedir a expansão do socialismo, mesmo finalmente na Rússia? O socialismo de Herzen, porém, foi sempre o seu próprio. Ele admirava um socialismo pré-marxista no qual um modo de vida moral e esteticamente superior poderia ser livremente escolhido por homens e mulheres racionais. A sua sociedade ideal era mais meritocrática que igualitária, e ele não advogava nem um caminho "burguês" nem um caminho "proletário" para a justiça social. Nunca se tornou porta-voz de nenhuma ideologia fixa. Era um liberal político, um idealista e individualista que, depois de desmoronadas as suas esperanças socialistas para a Europa, pensou que o socialismo camponês era o melhor caminho para a Rússia camponesa, com a continuação de um estrato de cultura intelectual de alto nível para as classes educadas.

AS BELAS ALMAS

A crise do seu pensamento moral ocorreu em 1848, quando o governo reformista francês sob Luís Filipe, no qual se depositaram as esperanças socialistas de um futuro melhor para os trabalhadores industriais, fracassou na sua tentativa de levar adiante um programa de bem-estar político e social. Decepcionado com Filipe Egalité, Herzen teve uma escolha: ou bem estigmatizar a frustrante esquerda política europeia como indivíduos egoístas incapazes de praticar o que pregavam, e seguir adiante esperando que os homens bons escolhessem um dia o caminho do socialismo; ou então mudar a sua visão da natureza humana. Ele mudou a sua avaliação dos homens. Interessado em bom comportamento conforme introduzido por pensadores clássicos desde Cícero até Castiglione, de lorde Chesterfield a Schiller, Herzen aceitou que "o homem só faz alguma coisa seriamente se a estiver fazendo para si". Ele veio a compreender que a natureza humana — e portanto a chave para o que motivava a ação — era uma mistura de egoísmo interesseiro e benevolência genuína; qualquer tentativa para chegar à boa sociedade tinha de respeitar esse traço. A moralidade pessoal, que pode levar a bons resultados para a sociedade, não decorria de cálculos, ou de obediência a regras. Resultava principalmente de impulso. Ele estabeleceu essas coisas em *Ominia mea mecum porto* [Levo comigo tudo que é meu], último capítulo da sua narrativa clássica da sua crise de 1848, *From the Other Shore* [Da outra margem] (1850).[11]

Já antes de 1848, Herzen escrevia sobre temas morais. A educação moral, ou a melhoria da Rússia, escreveu ele, necessitava de indivíduos de caráter e espírito. Os indivíduos tinham de aprimorar-se dessa maneira abrangente, não tanto para serem bons quanto para serem verdadeiramente individuais, antes que o país pudesse melhorar de modo geral. Em seu longo ensaio *Diletantism in Science* [Diletantismo na ciência] (1843), ele defendeu uma cultura científica rigorosa e uma cultura artística rica, inspirada em modelos europeus. Um grande exemplo era a "aristocracia espiritual" exemplificada por Goethe.

Herzen era único dentre a *intelligentsia* que combinava individualismo liberal e uma aversão pelo modo de vida utilitário-individualista que ele sentia estar tomando conta do Ocidente e também causando a deterioração do padrão áureo goethiano da cultura ocidental. Herzen queria uma Rússia educada de um estilo com o qual ninguém mais sonhava nos seus dias. A sua defesa de um socialismo russo camponês sempre foi admirada por historiadores do movimento revolucionário, mas, então, como esse contexto já não era mais o único possível para compreender a história intelectual russa, Herzen fica muito difícil de situar. Os escritores e pensadores russos nunca encontraram nele a mesma inspiração que os estudiosos europeus e americanos de quarenta ou cinquenta anos passados. Suas ideias mostram que não era só no sangue que ele era meio europeu.

Um problema para a esquerda política foi o desprezo bem pouco socialista de Herzen por sociedades niveladas por seus impulsos democráticos e igualitários. Em *Da outra margem*, Herzen põe um médico a fazer a defesa do ideal aristocrático que ele vinculava a Goethe e Schiller no clássico período de Weimar. Uma cultura europeia desse tipo, com uma extensão retrospectiva direta ao Renascimento e à Antiguidade, devia ser o modelo da Rússia, dizia Herzen. Se fosse para florescer na Rússia, o individualismo liberal tinha de adquirir para si uma cota dessa genealogia cultural. Com a mesma desesperança de Chaadaev e Belinsky, porém, Herzen viu a defesa do individualismo como uma causa perdida. O resultado para o defensor só poderia ser a infelicidade pessoal, caso ele não pudesse fugir para o estrangeiro.

> Eu vejo no conhecimento presente e passado, verdade, força moral, a luta pela independência e amor à beleza num pequeno punhado de pessoas que são tratadas como inimigas, perdidas num ambiente que com elas não simpatiza. Por outro lado, eu vejo o desenvolvimento avaro das camadas remanescentes da sociedade, com suas ideias estreitas, baseadas na tradição, suas necessidades limitadas, poucos

se empenhando pelo bem, uns poucos débeis impulsos para o mal (...). A massa só é um bem quando não tem rosto. O desenvolvimento do indivíduo único, esse fenômeno encantador, é o rumo ao qual trabalha tudo o que é livre, talentoso e forte.[12]

Herzen era antiburguês, o que não fazia dele um guerreiro classista marxista prematuro, mas nesse respeito um nietzschiano russo que proclamava a necessidade da sensibilidade estética e do individualismo moral. Anticonvencional e inflamado, ele desprezava a estupidez de vidas seguras cuidadosamente ordenadas, pelo modo como pareciam causar servilismo, timidez e cegueira à beleza.

A forma de vida se torna cada vez menos bela e graciosa. As pessoas se retraem, têm medo, todas vivem como lojistas, e a moral da pequena burguesia se tornou a perspectiva comum; ninguém rejeita o modo de vida estabelecido.[13]

Ele não estava só em sua visão estética-moral. Toda a sua geração "notável" era antifilistina. Ao tentar definir pela primeira vez o homem bom na Rússia e a boa sociedade, a *intelligentsia* "notável" foi inflexível quanto a seu país não poder tornar-se lar de uma pequena burguesia ao estilo europeu. Mas o que deveria ser o homem bom, então, e como a Rússia lhe daria vida? E qual é o oposto estético do burguês? Essa virtude russa ainda não estava clara. Mas a definição presumida em *Diletantismo e ciência* e em *Da outra margem* é que, com uma certa aversão ao egoísmo comum tida como ponto pacífico, o homem bom na Rússia é elegante e não provinciano. O termo "burguês" é ao mesmo tempo uma descrição estética e moral, e busca ilustrar como as duas esferas estão ligadas. Herzen sugeriu que era provinciano ser autocentrado, ser moralmente trivial ou mesquinho, ser esteticamente tosco. Era elegante ser um indivíduo. Uma maneira de expressar a questão era dizer que o homem bom na Rússia se sente em casa no mundo inteiro, não apenas no seu povoado. A metáfora, que se liga à grande visão do desenvolvimento intelectual e cultural que Hegel esboçou em *A fenomenologia do espírito* (1807), está implícita em grande parte dos escritos de Herzen sobre o homem bom e a boa vida.

Isso está por trás do que ele repudia na ascensão da especialização acadêmica e científica do século XIX. Em *Diletantismo e ciência*, ele ataca a estreiteza da vida cultural na Alemanha, na França, na Inglaterra e na Rússia. Os mundos contemporâneos da erudição russa e europeia estariam repletos de especialistas unilaterais, mais propensos a maximizar a deselegância e a confusão no mundo do que a contribuir para um progresso humanista real. A estreiteza de perspectiva e a incapacidade de viver plenamente não podem caracterizar o homem bom na Rússia. Para Herzen, o homem bom jamais será um tecnocrata.[14]

Não estender suas inquietações além das suas necessidades e preocupações imediatas é a característica do homem pequeno. O homem bom na Rússia não precisa ser um ativista social, não precisa ser uma pessoa de obras expressamente boas, mas precisa ter uma certa harmonia como pessoa. Ele deve conhecer o mundo dos outros homens por dentro, não como um espectador ou um teórico. Numa visão que inspirou Nietzsche, e então Herzen, Goethe diz celebremente que o talento crescia na solidão, mas que o caráter se alimentava na corrente do mundo. Como seu mentor Hegel, a ética de Herzen consiste em talento e caráter coincidindo numa ideia do homem bom como um homem-*no*-mundo.

> As pessoas são egoístas porque são personalidades (...). Não reconhecê-lo é desfazer e anular a pessoa, torná-la estéril, insípida, um ser sem caráter. Nós somos egoístas, e é por isso que podemos trabalhar por independência, prosperidade e reconhecimento dos nossos direitos; por isso ansiamos por amor e buscamos atividade.[15]

Herzen odiava qualquer símbolo de ausência de liberdade e insistia em que não devíamos ser escravos de nada: da língua e de maneiras estabelecidas de pensar, da natureza, de governos, e nem mesmo de uma visão do futuro. A sociedade boa tira os seus maiores benefícios de personalidades íntegras, individuais.

> Nós não devemos buscar abrigo em parte alguma, exceto em nós mesmos, na consciência da nossa liberdade ilimitada, a nossa independência autocrática. Salvarmo-nos por meio disso significa nos estabelecermos neste bravo e amplo terreno, que vem a ser o único em que a vida em sociedade pode se desenvolver — se isso for mesmo possível para seres humanos. Se mais cedo ou mais tarde as pessoas compreenderem a ideia de salvar a si mesmas em vez de salvar o mundo, de libertarem a si mesmas em vez de libertarem a humanidade, muito fariam em prol da salvação do mundo e da libertação do gênero humano.[16]

Herzen era um grande leitor de Hegel, embora não de uma maneira que coadunasse com a tradição revolucionária. *Diletantismo e ciência* e *Letters on the Philosophy of Nature* [Cartas sobre a filosofia da natureza] (1845-1846) dedicaram-se a louvar o que Herzen via como a verdadeira mentalidade científica ou racional, a qual se empenhava no conhecimento desinteressado da realidade objetiva. Temos de abandonar a autorreferência para receber e compreender novos materiais. Temos de abrir mão da verdade que conhecemos, praticar a coragem mental, *otvagá znaniya*, a fim de recuperarmos a verdade num nível mais alto. De certo modo, tratava-se apenas de uma lição geral. Era Hegel despido da sua ênfase excessiva na metafísica progressiva da história para revelar um modelo sólido de acurácia intelectual individual e de educação psicológica no interesse da sociedade. O que Herzen compreendeu de Hegel, entretanto, a sua única virtude, foi a alternativa que seu sistema de pensamento oferecia ao utilitarismo britânico e americano. A teoria utilitarista da sociedade conjecturava a busca do interesse próprio para maximizar a utilidade e o prazer em sociedade de modo geral. Ela se interessava pelo produto social, não pela verdadeira qualidade moral dos indivíduos. Hegel, porém, estava interessado em maximizar o montante de razão na sociedade através do autodesenvolvimento do indivíduo. Hegel deu demasiado a Herzen, mais do que ele pôde usar ao responder com profundidade filosófica sem precedentes aos problemas do atraso da Rússia.

Em particular, *Diletantismo e ciência* respondia ao medo que Chaadaev tinha expresso de que os russos se preocupavam pouco em distinguir o verdadeiro do falso. Uma real compreensão da ciência no sentido alemão de *Wissenschaft*, em russo *nauka*, era a resposta. Esse significado de "ciência" abrangia erudição, ciências humanas e ciências exatas. Punha ênfase em precisão, neutralidade e integridade. Hegel, um Descartes alemão, não se ligava ao circunspecto racionalista francês, mas desempenhava um papel paralelo, tinha escrito o atualizadíssimo "discurso sobre o método". Herzen esperava que esse método pudesse construir a boa sociedade e o homem bom na Rússia.

O homem bom na Rússia foi um conceito moral-estético nunca nomeado, mas nascido na década "notável". Era o modo como Herzen, Belinsky e seus companheiros pensavam um sobre o outro. Conforme diz Berlin em seu ensaio *Uma década notável*:

> Os (...) membros [da *intelligentsia*] consideravam-se unidos por algo mais que mero interesse em ideias; eles se concebiam como uma ordem dedicada, quase um sacerdócio secular, devotado a difundir uma atitude específica perante a vida, algo como um evangelho.[17]

O termo década "notável" pertence ao crítico Pavel Annenkov, que Berlin segue citando:

O que se exigia era um certo nível intelectual e certas qualidades de caráter (...). Eles se protegiam contra contatos com qualquer coisa que parecesse corrupta (...) e preocupavam-se com a sua intrusão, por mais casual e insignificante que pudesse ser. Eles não se apartavam do mundo, mas restavam distantes dele, e chamavam atenção por isso; e por esse motivo desenvolveram uma sensibilidade especial para tudo o que fosse artificial e espúrio. Qualquer sinal de sentimento moralmente duvidoso, conversa evasiva, ambiguidade desonesta, retórica vazia, insinceridade era imediatamente detectado, e (...) provocava tempestades imediatas de arremedos irônicos e ataques inclementes (...). O círculo parecia uma ordem de cavaleiros, uma irmandade de guerreiros. Não tinha nenhuma constituição escrita. Contudo, conhecia todos os seus membros espalhados em todo o nosso imenso país; não era organizado, mas prevalecia o entendimento tácito. Estendia-se, por assim dizer, sobre o rio da vida do seu tempo, protegendo-o de inundar sem propósito as suas margens. Alguns o adoravam; outros o detestavam.[18]

O estímulo filosófico para essa atitude vinha da metafísica e da literatura alemãs que o homem "notável" lia. Foi onde o germe do homem bom na Rússia encontrou-se com a "bela alma" alemã, definida por Schiller como aquela que tivesse absorvido de tal modo a lição do bem que o bem lhe era uma segunda natureza. Seus pensamentos eram suas ações.

A bela alma é assim chamada quando o sentido ético de todos os sentimentos de uma pessoa tornaram-se tão seguros que ela pode permitir, sem medo, que suas emoções conduzam a sua vontade, e nunca corre perigo de entrar em conflito com as resoluções da sua vontade.[19]

Como Schiller era discípulo de Kant, a bela alma deixou uma marca de idealismo moral kantiano na *intelligentsia* russa, a qual ela jamais perdeu.

Ao mesmo tempo em que estabelecia o padrão para vida moral, a bela alma também sugeria a atitude correta em relação ao conhecimento. Os idealistas russos aceitaram com entusiasmo esse casamento romântico da ética com o conhecimento — do ser e do saber, de valores e fatos — que se mostraria tão enormemente frutífero e enormemente perigoso na história das ideias europeias. Para Schelling, o homem bom era aquele que podia entender a totalidade da natureza e o lugar do homem dentro dela. O modo de vida correto era irrepreensível porque aclarava o modo correto de ver. Para o modo de vida correto, introspecção e imaginação eram igualmente exigidas. A arte era necessária para dar harmonia e extensão. A leitura de Schelling persuadiu Odoevsky de que a tarefa do homem bom na Rússia era compreender os seus instintos e sentir a sua razão.[20] Kant tinha dito que a arte existia na encruzilhada da razão com a sensibilidade, e assim orientaram-se os românticos. O homem bom na Rússia era agora uma personalidade rica, abundantemente capaz de ligar o material ao espiritual, o desejável ao real.

Subitamente, o conceito de bela alma estava presente na vida russa, e os homens "notáveis" o usaram para exaltarem-se reciprocamente, como nesta nota biográfica sobre o poeta Venevitinov, do futuro pensador eslavófilo Ivan Kireevsky:

> Qualquer um que se coloque com amor nas obras de Venevitinov (pois só o amor nos dá plena compreensão) reconhecerá um filósofo permeado pela revelação da sua época; reconhecerá um poeta profundo e original [*samobytny*] cujo sentimento é iluminado pelo pensamento, cujo pensamento é avivado pelo coração; cujo sonho não é ornado pela arte, mas nasce belo por si; cujo melhor canto é a sua própria vida, o desenvolvimento livre da sua alma plena e harmoniosa. Pois a natureza o dotou generosamente com suas dá-

divas, mantendo a sua diversidade em equilíbrio. Por isso, tudo que é belo era inato nele; é por isso que, ao conhecer-se, viu resolvidos todos os segredos; e pôde ler em sua alma o esboço das mais altas leis e completar a beleza da criação. Por isso, a natureza era acessível tanto à sua mente quanto ao seu coração (...). A harmonia de mente e coração era a característica notável da sua alma, e certamente a sua imaginação era mais música de ideias e sentimentos do que jogo de invenções. Isso atesta o fato de que ele nasceu mais para a filosofia do que para a poesia.[21]

Ivan Turgenev tomou a bela alma como guia da personalidade de Nikolai Stankevich (1813-1840), um pensador russo pouco conhecido mas que, até sua morte prematura, em 1840, foi companheiro dileto de Belinsky e Herzen.

O espírito [de Stankevich] nunca se abateu, e tudo sobre o que ele falava, fosse o mundo antigo, arte, escultura e assim por diante, era repleto de uma verdade superior e uma espécie fresca de beleza e juventude (...). Stankevich tinha esse efeito sobre os outros porque não pensava em si mesmo, interessava-se genuinamente pelos outros, e, como se não notasse a si mesmo, levava os outros consigo para o reino do Ideal. Ninguém argumentava de forma tão encantadora e humana. Não havia nele traços de frases feitas. Nele, nem Tolstoi as teria encontrado (...). Stankevich era de constituição maior que a média, e muito bonito (...), tinha cabelos negros adoráveis, testa alta, olhos verdes pequenos; seu olhar era amoroso e alegre (...); quando sorria, seus lábios se franziam ligeiramente, mas muito agradavelmente — em geral, seu sorriso era extraordinariamente acolhedor e generoso (...) em todo o seu ser, em seus movimentos havia uma espécie de graça e de *distinção* [em inglês no original] inconsciente — como se fosse um filho de tsar, inconsciente da sua herança (...); ele tinha uma ingenuidade quase infantil, das mais comoventes e surpreendentes quando considerada a sua mente (...); era muito religioso — mas raramente falava de religião.²²

O culto ao que o psicólogo norte-americano William James chamaria mais tarde de mente delicada tornou-se profundamente enraizado naquela Rússia dos anos 1830, quando os Herzen e os Ogaryov, amigos e recém-casados, encenaram a atitude filosófica correta para com o mundo na sua noite conjunta de núpcias. Os dois casais puseram-se de joelhos diante de um crucifixo, oraram juntos e beijaram-se no espírito de Cristo. O historiador Martin Malia observou que a cena era "a própria apoteose da educação estética de Schiller: quatro belas almas unidas no amor, em Deus e no cosmo".²³ Talvez não o cosmo, no caso de Schiller, pois esta era mais a província de Schelling. Schiller, na verdade, era ateu. Mas esses foram claramente os anos românticos da Rússia, quando a busca da verdade e a busca da amizade e do amor tinham um frescor comparável a Platão.

Odoevsky e seus amigos ficavam acordados a noite inteira discutindo sobre virtude.²⁴ Buscando uma definição semelhante, Galich escreveu que o jovem filósofo deve ser capaz de pensar e sentir como um ser humano *típico* e de conservar dentro de si a inteireza que mantém seus vários impulsos em harmonia. Ele deve ser capaz de emparelhar imaginação e razão e de ser lúcido tanto no coração quanto na mente. Ele deve ter o objetivo prático de humanidade diante de si o tempo todo. Com essas qualidades, ele estaria no caminho certo para o conhecimento divino [*bozehstvennaya nauka*] e poderia despontar como um dos poucos escolhidos da filosofia:

> Você se distingue da massa de almas comuns e os poderes celestiais o educam e guiam invisivelmente. Pois sem uma certa disposição da alma [*nastroenie dushí*], nossa ciência existe em vão e nossa busca é infrutífera.²⁵

Annenkov resumiu a atmosfera "notável" que os novos russos bons invocavam.

> Todos tomavam o fator moral como ponto de partida para qualquer atividade, seja na vida ou na literatura, todos reconheciam a importância das exigências estéticas para si mesmos e nas obras da inteligência e da imaginação, e nenhum membro do círculo jamais nutriu a ideia de que fosse possível educar politicamente a pessoa sem, por exemplo, arte, poesia e trabalho criativo em geral, na política não menos que na vida (...) o bem moral consistia no cultivo estético de si mesmo, isto é, na aquisição de uma sensibilidade para a Verdade, o Bem e o Belo, e no desenvolvimento de uma aversão orgânica pela feiura de toda e qualquer forma ou tipo (...). Era sua crença que o estudo das ideias básicas das obras criativas de verdadeiros artistas pudesse servir como um bom expediente para elevar a pessoa ao nível do Homem Racional e da Personalidade Purificada.[26]

O homem bom sentimental produziu grande impacto na Rússia, e no romance *Os irmãos Karamazov* (1879-1880) Dostoievski redescobriria mais tarde as suas qualidades na figura quase religiosa do seu retrato de Aliocha Karamazov como bela alma. Assim como uma realização no campo da filosofia, a bela alma russa exprimiu valores que ninguém ainda sabia como estabelecer sistematicamente, mas que só podiam ser conservados numa cultura antiutilitária não tecnocrática em que a literatura e a filosofia tivessem lugares de honra.

A ideia da bela alma na Rússia produziu criaturas fascinantes, cujo mundo girava em torno da filosofia e da poesia. Eram homens frágeis num país prestes a descobrir a sua necessidade urgente de líderes e mestres revolucionários. Muitos deles eram pessoalmente frágeis, como o romancista Turgenev, que reproduziu essa fragilidade nas suas histórias de "homens supérfluos" que não tinham lugar num mundo de ativismo social e político. Com exceção de Herzen, as belas almas primitivas russas eram todas frágeis politicamente, como todos os demais indivíduos genuínos na Rússia. Mas foram profundamente atraentes como pessoas um pouco incapacitadas por seu desapego altruístico às coisas do mundo.

Um último acréscimo à geração das belas almas deve ser o eslavófilo Aleksei Khomiakov (1804-1860), embora tecnicamente, como Odoevsky, ele estivesse suspenso entre gerações. Khomiakov era mais um nobre e diletante. Ele foi, nalgum momento, oficial de cavalaria, poeta, publicista, historiador, agrônomo e inventor. Quanto a esse último respeito, ele levou para a Grande Exposição de Londres um "motor silencioso" tão barulhento que os vizinhos de onde ele estava se queixaram. Uma biografia solidária o descreve como um tipo impressionantemente ousado e masculino que levava uma vida ao mesmo tempo glamorosa, poética e simples. Ele parece ter escolhido uma via muito atraente, sem jamais encontrar o caminho para as primeiras filas da sala de aula, mas dedicando-se a problemas de filosofia e teologia ao mesmo tempo em que era capaz de deambular por sua propriedade no campo admirando estrelas no céu. Ele era o rebento típico de uma velha família aristocrática russa, ligado a uma ética de serviço ao país. Com um posto no exército, ele se distinguiu na batalha contra os turcos na Bulgária em 1828 e 1829, mas, assim que se livrou de suas obrigações militares, preferiu aquela vida rústico-filosófica que lhe deixava tempo para ler e pensar.[27]

Khomiakov viajou enquanto jovem, passando os anos de 1825 e 1826 em Paris e aprendendo a escrever peças que não seriam a sua distinção na vida. Seus primeiros amigos foram os futuros decembristas, oficiais do exército cujo patriotismo ele compartilhava, mas cuja rebelião condenou. Ele viajou para o exterior e adorou a Inglaterra, da mesma maneira que outros conservadores russos do século XIX adorariam. Em sua viagem de lua de mel, ele e a esposa fizeram um extenso desvio pela Itália setentrional e Europa central, onde Aleksei pôde fazer uso das suas excelentes línguas estrangeiras. O seu alemão era tão fluente quanto o seu francês e o seu inglês, o que por sua vez lhe possibilitou manter correspondência e contato pessoal com escritores ocidentais.

Como pensador, Khomiakov era próximo de Venevitinov e Odoevsky, e conta como membro honorário do *lyubomudry* schellinguiano. Sua obra contém todas as referências oficiais da geração romântica a Kant e Fichte, Shelling e Hegel. Ao mesmo tempo, ele herdou a fé religiosa de sua mãe e continuou a ser um crente devoto. Tornou-se experimentado em teologia, e seus ensaios sobre o estilo da Ortodoxia em comparação aos das Igrejas ocidentais foram traduzidos em francês e alemão. Decorreu uma longa correspondência com o clérigo inglês especialista em liturgia anglicana e outrora bispo de Worcester, Samuel Palmer. Herzen, um tipo muito diferente de homem, achou Khomiakov infinitamente controvertido, mas eis certamente um homem que, em parte, ele teria aprovado, ao menos pelo bem da Rússia. Os amigos de Khomiakov o consideravam vigoroso, amável e valoroso, e quando ele morreu inesperadamente de cólera em 1860 houve grande tristeza devido à perda de um mestre da teologia.[28]

A filosofia subavaliada de Khomiakov sintetizava as duas vertentes de influência que ele sofreu, o idealismo alemão e a ortodoxia. Crítico em relação à metafísica racionalista de Hegel, Khomiakov todavia compreendia por que o sistema mais dinâmico e mais detalhado da razão secular que o mundo sempre conhecera não seria descartado levianamente. A palavra filosofia é apropriada ao argumento de Khomiakov, embora não deva ser compreendida no sentido de que ele tenha trabalhado longos anos para aperfeiçoar a sua explicação sistemática do valor da vida. Como muitos russos depois dele, Khomiakov preferia, por estar em sua melhor forma, retificar o trabalho de outros. Os comentários sobre Hegel na *Carta sobre filosofia a Yu. F. Samarin* foram escritos pouco antes de sua morte.

Ali ele escreveu que as abstrações de Hegel eram a pedra na qual a afeição russa pelo idealismo alemão tropeçou. A *Carta*, que pertenceu à sua última década, não tem data precisa, e é possível que ele tenha sido lento ao pôr no papel suspeitas que Belinsky tinha expresso quinze anos antes. A questão que Belinsky tinha levantado, e que Khomiakov então explorava, era se as abstrações alemãs realmente descreviam a realidade. Sobre o que eram elas verdadeiras? Certamente não sobre a vida vivida. Como algo chamado razão podia explicar toda a experiência humana? Khomiakov opôs objeções particularmente ao aspecto generativo do sistema de Hegel: a noção de que as ideias geram razão-enquanto-vida. Khomiakov pensou que Hegel estava obcecado pela vida como processo intelectual a ponto de supor que o desenvolvimento de ideias significava tudo. Hegel estaria errado porque a realidade tem uma existência independente do que o homem pensa dela.

O sistema de Hegel como um todo só descreve a possibilidade de o *conceito* [grifo meu] desdobrar-se numa diversidade plena de realidade e culminar na realidade do espírito.[29]

Enfatizar a palavra "conceito" ao ler a frase explicita o que Khomiakov quer dizer. Quando conceitos são aplicados, algum resíduo do real e do momento presente resta não compreendido. A proposição é importante. A abordagem da verdade preferida por Khomiakov assenta uma das fundações gêmeas da filosofia russa (a outra fundação foi assentada por Odoevsky, com quem Khomiakov partilhava uma visão crítica do Ocidente, apesar de todas as alegres viagens).

Vistos da perspectiva da Rússia pré-industrial, os aspectos sociais e culturais da industrialização não eram atraentes para nobres como Odoevsky e Khomiakov. Seria exagero pensar que Khomiakov exibiu seu motor silencioso na Grande Exposição como uma crítica a todos os novos barulhos ocorrendo no mundo? Khomiakov acusou Hegel de preocupar-se demasiadamente com a *manufatura* da realidade. Era a resposta da filosofia ao empreendedor industrial ligeiramente vulgar do século XIX, conforme o viam os nobres russos. Acompanhada de muito vozerio terminológico, sua própria mente parecia "uma fábrica em funcionamento".[30]

O sentido nascente da situação diferente da Rússia, o atraso cultural que significava que o país ainda tinha tempo para escolher um caminho diferente, podia se expressar de maneiras diversas. A filosófica foi geralmente ignorada. Mas foi a consciência aguda de como a Rússia era diferente e podia resguardar-se para um futuro melhor que motivou um modelo de conhecimento distinto das últimas teorias ocidentais. Como a especialidade técnica — o resultado da aplicação da razão instrumental — ameaçava exaurir a definição do que significava a realidade, Khomiakov quis que a Rússia retivesse uma compreensão da verdade simples. Do seu ponto de vista, todos os seres humanos tinham um conhecimento essencial da realidade, anterior a toda e qualquer análise lógica, ou uso técnico, que dele pudessem fazer. O conhecimento instrumental não era o começo da sua relação com o mundo, era apenas uma parte subordinada dele. Para conhecer realmente o mundo, nós temos de nos simplificar intelectualmente e reverter para um modo de apreensão imediata.

O modo de conhecimento de Hegel, que repousava sobre uma divisão nítida entre o indivíduo e o mundo que ele percebia, e toda a dolorosa e estimulante complexidade resultante dessa cisão, absorvia o fato socioeconômico de que, na vanguarda da história, milhões de trabalhadores rurais estavam abandonando suas casas para trabalhar no meio estrangeiro das cidades e das fábricas. O progresso econômico exemplificava os modos da mente hegeliana, conforme Hegel teria afirmado, ou, a explicação que os materialistas prefeririam, a mente hegeliana tomou sua forma da rápida mudança social e econômica contemporânea.[31] O que quer que viesse primeiro, mente ou matéria (e Hegel, em 1807, estava à frente da história industrial alemã), Khomiakov aceitava a ligação existente entre economia e mentalidade, mas a aplicava à Rússia com um resultado diferente. A Rússia não era tão avançada quanto o Ocidente, portanto o seu modo de conhecimento era diferente. Por escolha, ele deveria continuar diferente.

O embate do homem hegeliano com o mundo alienígena causava-lhe dor. Podia tal explicação da verdade estar correta? Por que a busca da verdade custaria aos indivíduos a sua felicidade e o sentimento de estar em casa no mundo? Por que o século XIX custaria tanto aos russos, quando eles ainda tinham uma escolha? Muitos russos, e não apenas os pensadores conservadores, queriam ater-se às formas nativas de comunidade na Rússia. A realização filosófica de Khomiakov foi justificar esse anseio com uma visão de conhecimento ligada à felicidade.

Como muitos filósofos, Khomiakov tinha um projeto negativo e um positivo. Seu projeto negativo era atacar Hegel. Sua obra positiva foi tentar capturar a atualidade e comunidade tão valorizadas pela cultura russa com um conceito próprio, *sobornost'*.[32] *Sobornost'*, do substantivo *sobor*, que significa catedral e reflete a ideia geral de uma reunião ou ajuntamento, era, na verdade, a comunidade religiosa elevada à condição de princípio do ser. Foi essa a ideia que, com duas definições de conhecimento como a fé a ele vinculada, tornou possível a primeira filosofia russa do conhecimento. A primeira definição capturava o nosso conhecimento imediato do mundo antes da atividade lógica da razão. Khomiakov afirmou que através desse conhecimento intuitivo podemos distinguir entre o real e a fantasia das nossas mentes. Nós conhecemos imediatamente, e isso sem refletir se nossa ideia de um objeto coincide com o próprio objeto. A sua segunda definição do conhecimento descrevia a compreensão completa que podemos ter do mundo quando todas as nossa faculdades agem em concerto. Em ambas as definições, Khomiakov abraçava uma ideia russa favorita e schellinguiana, de que o conhecimento não advém da confrontação com o mundo, mas de um concurso. Schelling chamou o produto da faculdade sintética de *Mitwissenschaft*, *conhecimento com*. A teoria do conhecimento de Khomiakov se baseava num sentido duplo de comunidade: entre os homens e entre os objetos. Com uma rica tradição religiosa a sustentá-lo, refletindo a crença em Deus e no homem como a mesma substância, Khomiakov propôs um modo ideal de conhecimento consubstancial, ou amor cognitivo, mediante o qual o indivíduo se tornava uno com a coisa percebida.[33]

AS BELAS ALMAS

O amigo e companheiro pensador religioso de Khomiakov, Ivan Kireevsky (1806-1856), cujos cadernos de apontamentos passaram a Khomiakov quando ele morreu, estabeleceu um objetivo positivo semelhante para a filosofia russa ao escrever nessas anotações sobre um "conhecimento [idealmente] integral", distinto do "conhecimento lógico". O conhecimento integral exige que participemos com todo o nosso ser do conhecimento, e também que compreendamos que não podemos buscar o conhecimento em isolamento social. O discernimento intelectual só é efetivo quando emana do ser-em-comunidade. A existência-em-comunidade é a condição íntima própria da alma pensante.[34] Para Kireevsky, o "conhecimento integral" corresponde à "personalidade orgânica", outra alusão ao desejo da Rússia de não ser industrializada, nem socialmente nem epistemologicamente.[35] A Rússia de Khomiakov e Kireevsky preferia ficar um passo atrás, num mundo mais belo e harmonioso do que qualquer utopia prometida pelo conflituoso Ocidente.

A década ou quando a Rússia começou a pensar em si mesma como uma sociedade boa constituída de homens bons foi "notável" precisamente porque despertou a ideia da Rússia como uma cultura única em relação à Europa. Belinsky e Herzen trabalhavam num mundo no qual se fazia crescentemente referência à verdade *russa* que a Razão Absoluta revelaria. A filosofia é uma disciplina universal, mas não é necessário rejeitar essa abordagem como inaceitável se olharmos para trás e pensarmos em como Platão, para quem Sócrates representava o melhor de Atenas, ficou deslumbrado pelos méritos filosóficos rivais de Siracusa. Entidades geográficas e políticas amiúde definiram abordagens e avaliações contrastantes da busca da verdade.

Um dos primeiros exemplos de "verdade russa" ocorreu num dos ensaios iniciais de Kireevsky, *The Nineteenth Century* [O século XIX] (1832). A ideia foi reproduzida em muitos artigos de vulgarização em jornais. Refletindo sobre as paixões da época uma década depois, Odoevsky dedicaria a última das suas "noites russas" ao modo de ser russo. O historicismo ensinava que culturas nacionais se encontravam em etapas diferentes de desenvolvimento em seu caminho único para a sua autorrealização. Refletir sobre esse processo foi o que tornou a nação autoconsciente. A própria movimentação de encontrar-se a nação envolvida numa autorreflexão significativa foi um marco nacional. Assim, a *intelligentsia* russa, em virtude da sua própria existência, pôde congratular-se por estar entrando no mundo moderno.[36]

O elemento nacional a pressionar a filosofia no período romântico era forte, mas não difícil de traduzir do "nacionalês" para o "conceitualês". A filosofia podia ser chamada de russa, ser sobre a Rússia, e ainda assim ser universalmente útil. Na Europa, o historicismo engendrou ideias paralelas de "verdade" francesa e alemã, as quais estabeleceram modelos contrastantes de verdade no tocante à liberdade. Os românticos alemães, intimidados pela Revolução Francesa, definiram a liberdade alemã como um estado íntimo ou interno, que não podia ser conquistado pela violência política francesa. Fichte, em seus *Discursos à nação alemã*, e Schelling, no seu extraordinário livro de 1811, *On the Nature of German Science* [Sobre a natureza da ciência alemã], classificaram ambos como alemã a metafísica, que começa com a liberdade do indivíduo de dar significado ao mundo a partir dos seus próprios pensamentos. A posição alemã consistia numa rebelião contra coerções sociais à liberdade, mas uma revolta que, para Schelling e Fichte, conformemente intitulados idealistas "subjetivos", só acontecia na imaginação. Hegel considerou essa posição inicial alemã inadequada. Ele se recusava a parar no marco da interioridade defensiva, que era para ele apenas parte da libertação moderna. A história seria completa quando indivíduos conscientemente livres estivessem reintegrados numa sociedade complexa livre. A visão alemã de Hegel, na sua capacidade de idealista "objetivo", era a sociedade moderna com um sinal de mais logo em seguida; tratava-se do modelo de luxo, graças ao montante de razão que incorporava. O progresso prevaleceria quando a liberdade individual se tornasse exterior e social outra vez, confiantemente mundana, mas incorporando a experiência profunda e formativa da interioridade alemã. A mensagem visava elevar o espírito dos alemães após o tamanho golpe dado por Napoleão nos seus Estados despóticos e antiquados. Uma tal liberdade moderna era tudo que o século XIX podia esperar. Hegel propôs um grande ideal cultural, e não é de surpreender que tenha causado grande impacto: no pensamento infelizmente um tanto simples do seu sucessor Ludwig Feuerbach, e na própria Rússia "notável".

Quando Feuerbach escreveu no final dos anos 1830 que a filosofia precisava tornar-se franco-alemã, quis dizer que a filosofia adequada à era progressista devia combinar o interesse do idealismo alemão por mente/espírito (*Geist*) com o materialismo francês do século XVIII. Não era uma tarefa fácil, pois normalmente elas eram consideradas abordagens opostas da natureza, uma envolvendo síntese mental *a priori*, a outra restringindo-se a dados empíricos. Mas Hegel tinha tornado a síntese do materialismo e do idealismo — a síntese das sínteses — atraente. Como resultado, seu nome passou a ser conhecido em toda parte, a síntese tornou-se uma ideia geral poderosa e um modo de pensar sobre o futuro. Na Rússia do começo do século XIX, muitos artigos e ensaios expressavam o pensamento de que a cultura russa podia ir além da unilateralidade da Europa, rumo a algo mais perfeito. O editor tanto de Kireevsky como de Chaadaev, Nikolai Nadezhdin, publicou especulações de que a tarefa da Rússia era unir os opostos cultural e filosófico. O nome de Nadezhdin era desconhecido fora da Rússia, mas ele era particularmente presciente sobre como a Rússia alcançaria a sua meta através da revelação dos verdadeiros vínculos ou laços sociais em que consiste o verdadeiro saber intelectual.[37] Uma versão de peso da visão historicista russa era que o Ocidente seria o cemitério de onde nasceria uma nova cultura europeia liderada pela Rússia. O cemitério era positivamente uma metáfora para o momento negativo que Hegel dissera estar implicado em todo progresso, como meio para a sociedade ocidental alcançar o seu complexo objetivo final. Dostoievski gostava tanto da ideia como incentivo que a reviveu quarenta anos mais tarde, pois ela quase continha um estímulo para destruir o Ocidente.[38]

Se a síntese era o padrão do argumento à moda, a nação ou "o povo" era a sua substância. O romantismo alemão celebrou a liberdade das nações para cumprirem o seu destino natural livres dos grilhões de impérios e autocratas. Como entidades vivas, as nações carregam em si a semente daquilo que elas podem se tornar idealmente. Os ocidentalizantes russos admiravam a ideia hegeliana porque ela mostrava como a Rússia estava fadada a livrar-se da opressão tsarista ao progredir em seu caminho natural.

Tendo estabelecido um modelo para a grande cultura sintética, o nacionalismo romântico tinha mais uma tarefa na Rússia: estabelecer a ideia do povo — o *narod* — contra o Estado tsarista. O Kireevsky eslavófilo da década de 1840, e Khomiakov, como sempre foi, rejeitavam o modelo ocidental de progresso nacional, mas consentiam que o idealismo estimulava uma nova consciência da sua própria nação como produto do seu povo e dos seus costumes populares. A esposa de Kireevsky, diz-se, foi a primeira a destacar a semelhança entre os pronunciamentos de Schelling e aqueles dos patriarcas da Igreja, os quais, há muito, tornaram-se hábito diário do culto de um povo religioso. Sua observação exemplificava como homens, da mesma forma que seu marido eslavófilo, não eram imunes às ideias ocidentais, mas preferiam encontrar paralelos russos.[39]

Onde, numa das primeiras visões do socialismo utópico, o pensador francês François Fourier imaginou *falanges* de 1.600 pessoas, ocupando um local comum ou *falanstério*, envolvidas no trabalho agrícola e partilhando o produto da terra e o lucro, Khomiakov e Kireevsky sugeriram que seria melhor para a Rússia fazer referência à antiga comunidade socialista camponesa, haja vista tais comunidades cooperativas ainda estarem ativas nos anos 1840 e não precisarem ser inventadas com base em princípios abstratos. A comunidade russa era chamada *obshchina*, da palavra *obshchy*, que significa geral ou comunal, e o conceito era convincente. Os eslavófilos baseavam inteiramente a sua perspectiva numa distinção clássica que fizeram quarenta anos antes do sociólogo alemão Ferdinand Tönnies (1855-1936), entre sociedades e comunidades.[40]

Herzen concordava com os eslavófilos sobre a desejabilidade dessa forma russa única, firmemente plantada de socialismo. Na verdade, não chegou a haver um pensador russo antes de Lenin que não quisesse que a Rússia fosse ela mesma. Assim, qual era a diferença entre os ocidentalizantes e os eslavófilos, afinal? Estava nas suas filosofias subjacentes da ética em relação ao conhecimento. Os eslavófilos eram conservadores religiosos, os ocidentalizantes ateístas progressistas, o que os punha em campos filosóficos diferentes com respeito à ciência e à razão. Os eslavófilos, perfeitamente representados nesse particular por Khomiakov, eram céticos quanto ao poder civilizador da razão. Dado o modelo de progresso de Hegel, que iniciava com uma comunidade ingênua, passava por uma idade de individualismo e fragmentação social e prosseguia rumo a um tipo mais complexo de sociedade do que a comunidade, os ocidentalizantes russos ansiavam por essa complexidade social; os eslavófilos preferiam ficar com a comunidade ingênua. Essas diferenças de direção não dissuadiram os homens em nenhum dos campos de acreditarem que o futuro da Rússia era único e separado. Mas isso, de fato, afetou o que devia ser feito no sentido de levar essas diferenças a trabalharem em benefício da Rússia de maneira concreta, ligada à reforma social senão à revolução. As três gerações seguintes levantariam uma tempestade de ideias conflitantes.

3
Os novos homens

O ano de 1848 foi um terrível revés para a política progressista ocidental e igualmente o ponto mais baixo para o socialismo primitivo na Rússia. Quando a causa socialista francesa foi derrotada nas barricadas de Paris a mais de mil quilômetros de distância, Nicolau I pôs as universidades russas sob controle quase militar, exacerbou a censura a livros e reprimiu a imprensa. A agitação entre os poloneses no império russo aumentou o medo de que a Rússia logo também entrasse em erupção. Em 1848, Sergei Uvarov, o homem que tinha inventado a ideologia da Nacionalidade Oficial e que mantivera o reino do tsar unido por quinze anos, ficou surpreso ao perder seu emprego como ministro da Instrução Pública, e *de facto* chefe da censura, por ser insuficientemente conservador. Quando Belinsky morreu no mesmo ano, estava claro que se passara uma época em que nenhum progresso político havia sido feito. A Guerra da Crimeia (1853-1856) distraiu subsequentemente a atenção de um país infeliz das suas questões domésticas. Contudo, havia uma luz à frente, pois ao morrer em 1855 Nicolau abriu caminho para seu filho, Alexandre II, que finalmente libertou os servos, em 1861.

Dessa vez, a Rússia passou intelectualmente às mãos dos "novos homens", que tentaram um experimento mais prático do que até então qualquer homem bom ou "notável" tinha proposto. Eles visavam construir uma sociedade que, se não era ocidental, era parente reconhecível dos modelos ocidentais de classe média, baseados nos "ideais racionalistas da democracia burguesa radical".[1] De muitas maneiras, foi uma época estranha, que combinava socialismo utópico e, de todas as visões de mundo que poderiam ter se mostrado impopulares na Rússia, utilitarismo. Ambos eram racionalistas e ambos eram do Ocidente.

Nikolai Chernishevski (1828-1889), que propôs esse objetivo de democracia burguesa radical, publicou uma edição russa anotada de *Princípios de economia política*, de S. Mill, logo no começo da sua carreira. A experiência do inglês Mill o instruiu na perspectiva utilitária, ao mesmo tempo que o alemão Feuerbach o convenceu de que o futuro da Rússia já não estava mais na metafísica, mas na nova ciência do homem. Feuerbach, esse pensador um tanto simples, tinha uma razão "médico-materialista" para descartar a metafísica. A fé cristã desperdiça a energia cultural dividindo a natureza humana em aspectos real e ideal. O próprio "gênero humano" era uma promessa de algo que ainda não existia.[2] Chernishevski escreveu o seu ensaio mais significativo, *On the Anthropological Principle* [Sobre o princípio antropológico], para reverenciar a movimento de Feuerbach da metafísica irrelevante e debilitante rumo ao bem-estar social. Esse também deveria ser o caminho a ser trilhado pela Rússia.

> O homem deve ser considerado um ser único possuidor de apenas uma natureza (...); a vida humana não deve ser cortada em duas metades, cada uma pertencente a uma natureza diferente (...); cada aspecto da atividade do homem deve ser considerado atividade de todo o seu organismo, da cabeça aos pés inclusive, ou a tratar-se da função especial de algum organismo particular com que estamos lidando, este órgão deve ser considerado em sua conexão natural com o organismo inteiro (...). A antropologia (....) sempre lembra

que o processo como um todo, e todas as suas partes, tem lugar num organismo humano (...) [exemplificando] a operação das leis da natureza.[3]

O que interessava a Chernishevski não era uma bela abstração como gênero humano, mas os homens e mulheres reais e suas necessidades imediatas. A seu entusiasmo feuerbachiano por ver essas necessidades físicas atendidas, ele acrescentou uma perspectiva moral utilitária que poderia ter sido expressa por Mill ou Benthan:

> Um exame cuidadoso dos motivos que incitam as ações dos homens mostra que todas as ações, boas e más, nobres e baixas, heroicas e covardes, são incitadas por uma causa: o homem age da maneira que lhe dá mais prazer (...); o fato de que boas ou más ações sejam incitadas pela mesma causa não diminui, é claro, a diferença entre elas.[4]

Chernishevski teve de aceitar, contra o caráter russo, que, mesmo que o utilitarismo não fizesse uma distinção entre ações intrinsecamente boas e más, o que o tornava válido era seu interesse pelo seu melhor resultado social possível. Ele fez a sua concessão por causa da sociedade florescente, o bem comum, que o utilitarismo prometia. Chernishevski sucumbiu às dificuldades que muitas pessoas têm com o utilitarismo, mas fez um esforço para superá-las. Sob a influência de Mill, ele pensou ter encontrado no interesse próprio a melhor explicação para o que faz o homem agir. A teoria era o instrumento mais útil para qualquer pensador engajado num programa de mudança social.

As convicções simples de Chernishevski podem ser reconhecidas consistentemente ao longo do seu pensamento. Ele foi um materialista na medida em que acreditava que não havia natureza humana invisível além do ser natural do homem e que, consequentemente, questões sobre o homem poderiam ser respondidas pelas ciências naturais (essa crença feuerbachiana tornou a filosofia redundante como disciplina de primeira ordem). Como utilitarista, ele acreditava que a sociedade bem-afinada recebia a sua energia do egoísmo natural dos homens.

Se Chernishevski era de fato filósofo, então o era na esfera da ética social. Sua função era ajudar a tornar o lar do homem no mundo mais confortável através do encorajamento crítico das ciências. A noção da sociedade como "lar" fora provida por Hegel, mas a nova ideia era que, não uma disciplina do espírito, mas a ciência social e a consequente reforma social e política eram o modo de fazer acontecer. A fé em que a ciência propiciaria as soluções sociais transformou Chernishevski num "pré-positivista", isto é, num precursor direto dos homens ligeiramente mais jovens que sucumbiriam aos encantos de Auguste Comte e Herbert Spencer nos anos 1870, trazendo a paixão pela ciência para a Rússia.[5] "A ciência do bem-estar material social que usualmente é chamada economia política" vai impedir a sociedade de fazer mau uso dos seus membros, escreveu Chernishevski, com muita ênfase na ciência como foco de esperança. Se conflitos ainda surgem em sociedade porque indivíduos têm objetivos incompatíveis, é porque as instituições sociais ainda não são reacionais o suficiente para aplainá-los ou eliminá-los.[6] O nome do seu pupilo e amigo de curta vida Nikolai Dobrolyubov (1836-1861) é geralmente associado ao de Chernishevski para povoar a história da revolução na Rússia; filosoficamente, porém, Chernishevski era o "novo homem" que sobrepujaria todos os outros.

Chernishevski não tinha dúvida de que os seres humanos eram racionais. O seu romance *What is to be Done?* [O que deve ser feito?] (1864) era centrado numa série de personagens fictícios que encarnavam a filosofia utilitária do egoísmo racional, articulado com o materialismo feuerbachiano e adaptado para uso russo. Um após o outro, esses personagens assumiram o controle das suas vidas, formaram metas realistas e mostraram como os fins humanos podiam ser alcançados "com precisão matemática". O título do romance era uma pergunta utilitária modelar sobre como a Rússia podia tornar-se a sociedade socialista cooperativa favorecida por seus personagens positivos. A resposta era assumir uma visão materialista do homem, e livrar-se de traços como fraqueza de vontade, pessimismo, culpa, inevitabilidade trágica, mudando as condições sociais e econômicas que pudessem torná-lo irracional.[7] Lenin, sempre interessado em estimular a morosa Rússia à ação, seria um admirador sem rival de *O que deve ser feito?*

A tendência rumo à simplificação não foi, contudo, uma tendência feliz para o pensamento russo, e quando Chernishevski usou também a crítica de arte para expressar o seu otimismo social, o resultado foi a estética menos sutil jamais inventada, a qual subordinava inteiramente a arte ao funcionamento regular da máquina humana.

> Que fique a arte satisfeita com sua fina e elevada missão de ser um substituto da realidade no caso da sua ausência, e de ser um manual de vida para o homem. A realidade situa-se mais alta que sonhos, e o propósito essencial situa-se mais alto que pretensões fantásticas.[8]

Vidas eficientes conduzidas por homens livres eram a meta de Chernishevski. O seu reinado foi o momento mais obtuso da história intelectual russa antes do advento do sovietismo.

Não obstante, no próprio entorpecimento de sua visão burguesa — pelos padrões ingleses, de classe média baixa — e tecnocrática da Rússia, Chernishevski era como a resposta russa, adaptada mas reconhecível, a Adam Smith. Como pioneiro da ciência econômica liberalista, era a mente por trás da nação bem-sucedida de pequenos lojistas em que a Inglaterra vitoriana tinha se tornado. Smith, uma mente sofisticada, acreditava — embora, considerada a sua sofisticação, a metáfora talvez não fosse totalmente séria — que uma "Mão Invisível" equilibrasse naturalmente os interesses privados e públicos quando indivíduos empreendessem o intercâmbio e a competição livres como base da ordem social.[9] Chernishevski acreditava numa versão socialista desse mecanismo socioeconômico, a qual liberava homens e mulheres para levarem suas vidas privadas no interesse comum, ajudando a construir o capital social. *O que deve ser feito?* especificou um plano detalhado para a nova classe mista de russos urbanos, trabalhadores e profissionais liberais, costureiras e médicos, florescer numa sociedade decente e trabalhadora na qual intercâmbio e competição eram temperados por inclinação racional e justiça social.

Chernishevski estabeleceu um modelo russo para "a nova ciência da economia política". Na realidade, porém, a ênfase estava mais na moral que na economia. Mas assim que se estabeleceu a ideia política, pareceu que algum gênio nativo tinha posto um combustível diferente na máquina social. Foi como se Chernishevski nada pudesse fazer, exceto tornar-se representante do espírito russo, mesmo que estivesse tentando trabalhar com utilitarismo ao estilo britânico. A sociedade utilitária na qual era racional ser egoísta descambou para uma comunidade russa em que era decente ser altruísta, e poderíamos chamá-la de racional, se quiséssemos. O novo homem na Rússia assumiria responsabilidade por, e dividiria a responsabilidade com seu vizinho. Ele traria para a versão russa da democracia burguesa, radical ao estilo ocidental, o sentido de comunidade da aldeia russa.

Dois problemas se escancaram no pensamento de Chernishevski. Um é saber se a felicidade humana e o bem-estar social são de fato calculáveis pela razão. O segundo diz respeito às ramificações do utilitarismo amalgamando-se com a visão político-comunal russa. Pois, supondo que a sociedade russa se considere racional porque seus filósofos o disseram, porque esses filósofos chamam de progresso aquilo que pode ser posto em prática segundo cálculos baseados em fatos sociológicos; e supondo que, contra a sua percepção de si mesma, a sociedade russa seja realmente impelida por um sonho espiritual-comunal: quem, então, deve fazer esses juízos sobre a felicidade e o bem-estar, e em que bases eles ainda serão científicos? Abre-se um canal para o estabelecimento do autoritarismo em nome da razão utilitária, e Chernishevski já exemplifica como a coisa irá acontecer. Ele julga que a riqueza faz mau uso dos homens. Ela "faz mais mal do que bem à sociedade como um todo (...), isto é [a ele] revelado com precisão matemática".[10] Envolver a ciência nesse pronunciamento é sugerir que todas as pessoas racionais, dados os fatos, têm de concluir que a riqueza é ruim para a humanidade. A matéria absolutamente não envolve quaisquer valores subjetivos, só o escrutínio objetivo dos fatos. Mas é extremamente difícil ser objetivo sobre riqueza; e a dificuldade subjetiva não desapareceria necessariamente, mesmo se aceitássemos a filosofia do livre mercado como bem geral. Na época de Chernishevski, já existia um anseio ético russo por uma "ciência" que explicasse como o dinheiro é ruim para a natureza humana, e a tendência a incorporar uma teoria social ocidental para tornar a reivindicação ética plausível.

Chernishevski era filho de padre, e toda a sua vida foi movida por sua impaciência com as consequências sociais degradantes da autocracia. Preso na Fortaleza Pedro e Paulo em São Petersburgo por sua contínua oposição à servidão — revelou-se que a injustiça existente mal foi afetada pela emancipação dos servos em 1861 —, ele levou uma vida de mártir. Da prisão, tendo escrito o seu célebre romance por trás das grades, ele foi sentenciado a trabalhos forçados na Sibéria, onde permaneceu por quase vinte anos em más condições de saúde, um homem alquebrado. Para um homem bom, é triste que tenha sido menos um profeta da revolução do que um arauto distante da entropia e da infelicidade que se seguiriam no século soviético.

Dmitri Pisarev (1840-1868), que em sua curta vida sofreu um destino comparável ao de Chernishevski, era pessoalmente mais interessante, provavelmente por causa do conflito de ser de uma família da pequena nobreza numa geração de classe mais baixa. A sua bagagem social, juntamente com a devoção religiosa que a mãe lhe ensinara, causou-lhe tanta angústia na universidade, onde compreendeu que estava vendo as coisas errado, que ele teve um colapso nervoso e tentou suicídio. Ele escreveu que só ao começar a trabalhar para um jornal liberal feminino em 1861 é que se viu "forçado a sair de sua confinada cela para o ar fresco".[11] Internamente liberto, ele começou a escrever sobre sua aversão pelo Estado tsarista, motivo por que logo também foi para a prisão. Lá, antes da sua soltura em 1866, ele terminou a maior parte dos textos que jamais escreveria. Dois anos depois, estava morto, afogado por acidente ou vontade própria no mar Báltico.

À diferença de Chernishevski, Pisarev era um individualista, e precisamente por isso o único reformista radical na Rússia em meados do século XIX. Ele se interessava mais pela psicologia individual aperfeiçoada para construir um mundo melhor. Como Chernishevski, fora impressionado pelas credenciais materialistas e racionais do utilitarismo, mas via-se facilmente assumindo a posição mais moral que a escola oferecia, que era a visão "mais elevada" ou "ideal" de Mill. O egoísmo sem sentido, como "aquele de uma criança enchendo-se de bolo", não era a mesma coisa que o egoísmo prudente de "construir estoques inexauríveis de prazeres novos para todo o seu futuro", escreveu ele.[12]

Num de seus ensaios, Pisarev alterou os termos tão radicalmente que egoísmo passou a expressar um dos modelos mais asceticamente heroicos jamais propostos pela literatura russa. Estava evidentemente tentando casar o ideal de bela alma da geração anterior com a nova exigência do homem bom de contribuir ativamente para uma ordem política benevolente. O que ele produziu, o homem que supre as suas necessidades plenamente, o homem que assegura que a sua personalidade como um todo se realize, podia ter sido proposto por Herzen.

> Este é o egoísmo do novo homem, e para esse egoísmo não há limites: para este, certamente, eles sacrificarão todos e tudo. Eles se amam apaixonadamente. Respeitam-se ao ponto da adoração. Mas mesmo em relação a si mesmos, eles não podem ser cegos nem transigentes: devem ficar em guarda para manter seu amor e seu respeito por si mesmos em cada momento dado. Ainda mais preciosas aos seus olhos que seu amor e respeito por si mesmos são as relações diretas e sinceras de seu ego analisador e controlador com

o ego que atua e ordena as condições externas de vida. Se um ego não for capaz de olhar nos olhos do outro ousada e resolutamente, se um ego conceber responder as demandas do outro com evasões e sofismas, e se, enquanto isso, o outro ego atrever-se a fechar os olhos e dar-se por satisfeito com as desculpas vãs do primeiro, o resultado dessa vergonhosa confusão na alma do novo homem seria uma tal desesperança e um tal horror convulsivo à sua própria pessoa desprezível e corrupta que ele certamente cuspiria no próprio rosto e, tendo assim conspurcado a si mesmo, mergulharia de cabeça no mais profundo lamaçal.

O novo homem sabe perfeitamente bem o quão implacável e impiedoso ele é em relação a si mesmo. O novo homem teme a si mesmo mais do que a qualquer outra coisa; ele é uma força, mas ai dele se essa força jamais se virar contra si mesma. Se ele comete qualquer abominação que produza discórdia dentro de si mesmo, ele sabe que não haverá cura para essa discórdia exceto o suicídio ou a demência.[13]

Pisarev faz todas as suas observações sobre a boa vida com um viés para a necessidade de autocultivo. A sociedade precisa de infusão constante de energia intelectual, o que significa nutrirmo-nos na melhor literatura e história. Educarmo-nos e libertarmo-nos é a melhor contribuição que podemos dar à utilidade geral. Apesar da citação pela qual ele é enganosamente conhecido, de que botas são melhores do que Shakespeare, que o faz soar como um Bentham russo, o mundo de Pisarev é cheio de sabor, paixão e amor pela excelência individual. Ele propõe uma noção de autopresença moral que se esforça para remover todos os impedimentos metafísicos para sermos bons aqui e agora; e endossa o vínculo fundamental, tão caro ao pensamento russo, entre moralidade e conhecimento. Existe uma verdade da existência — e um modo de ser para a Rússia — que só o homem moralmente autopresente pode perceber.

Eu derivei a noção de autopresença moral da metafísica e a adaptei à ética a fim de tentar captar esse vínculo entre conhecimento e benevolência tão caro a Pisarev. A filosofia clássica fala de coisas idênticas a si mesmas ou autopresentes. A autopresença moral seria autopossessão. Significaria a inexistência de disparidade entre o que o homem é e o que o homem faz: ausência de paralaxe efetuada não pela qualidade da sua razão (como em tantas teorias morais desde Aristóteles até Richard Hare), mas pela integridade do seu estar-no-mundo. O existencialismo francês do pós-guerra tentou estabelecer um ideal como este banindo a "má-fé". Os marxistas tinham a sua noção de práxis. O impulso em todos os casos foi determinar alguma conexão integral entre o que um homem pensa e o que ele faz, e assim ficar filosoficamente à vontade com o que motiva a ação. Porém, a autopresença em todos os modelos que vêm à mente também inclui uma noção de autolibertação.

Pisarev foi quase contemporâneo de Nietzsche e, ao tocar a nota da autolibertação, capturou esse aspecto da revolta nietzschiana contra o idealismo que era o amor pela vida tangível no aqui e agora, a não escravização por abstrações desconfortáveis e mal-adaptadas. Feuerbach escreveu sobre o terrível desperdício quando um homem dirigia a sua energia, o seu entusiasmo e amor para um espaço vazio. Nietzsche, que deve muito mais a Feuerbach do que geralmente é reconhecido, chorou ao compreender pela primeira vez como era fácil um homem não viver plenamente. Pisarev tinha uma experiência pessoal semelhante: o derramamento de falsa devoção que iniciou a sua breve e trágica carreira filosófica.

Pisarev atrai sobre si muitos rótulos — entre eles os de materialista e positivista principalmente —, mas sua herança de Feuerbach combina autolibertação com os efeitos libertadores da ciência. Ele é pró-ciência e pró-razão, e antes, como se Hegel o tivesse convencido de que este era um estado doentio e imperfeito da alma, não gosta de interioridade. Aos vinte e um anos de idade, ele escreveu arrojadamente sobre as insuficiências do idealismo de Platão a partir desse ponto de vista novo, voltado para o exterior e prático.

> Platão tem indiscutivelmente direito à nossa estima como mente poderosa e talento notável. Os erros colossais que esse talento cometeu na esfera do pensamento abstrato não decorrem de fraqueza da mente, estreiteza de visão ou timidez do pensamento, mas do predomínio do elemento poético, do *desdém deliberado pelo testemunho da experiência* [grifo meu], e de um desejo excessivo, comum em mentes poderosas, de extrair a verdade das profundezas do seu próprio espírito criativo em vez de examiná-la e estudá-la nos fenômenos particulares.[14]

Como disse Nietzsche, o homem — o homem do humanismo clássico — deve ser superado. Como disseram Hegel e Herzen, o subjetivismo é debilitante. O homem bom precisa ser capaz de avançar no mundo real. Pisarev era seu irmão espiritual.

O bom sobre Pisarev é que a libertação que desejava para si mesmo ele desejava para todos os homens, e foi isso que o impeliu a querer uma ciência da autolibertação psicológica.

> Eu acho que a humanidade só pode ser plenamente revelada numa individualidade integral que tenha se desenvolvido naturalmente e independentemente, não restringida pelo serviço a várias ideias, uma individualidade que não tenha desperdiçado a sua força lutando contra si mesma.[15]

Por sua cruzada contra a convenção, ele foi um dos "niilistas" russos, mais significativamente, porém, ele seguiu a linha de autolibertação de Nietzsche a Freud, a qual é uma das grandes realizações do pensamento moderno europeu. Ele lutou contra o principal problema da filosofia russa: como reconciliar individualidade com egoísmo. Representou o apogeu "médico cura a si mesmo" do que geralmente é chamado de Iluminismo russo — antes que as circunstâncias russas, combinadas com a sua própria fragilidade psicológica, o engolissem.

*

MÃE RÚSSIA

O Iluminismo russo, tão imbuído da perspectiva utilitarista, foi uma estação secundária na estrada para a revolução e o tipo de sociedade que foi estabelecida depois dela. Porém, o que a história revolucionária nunca salientou foi que o utilitarismo na Rússia, com qualquer nome que fosse, sempre teve clamorosos oponentes. Leontiev, Dostoievski e Soloviov foram três das vozes mais poderosas e individualizadas do século XIX a insistir que a sociedade necessitava de indivíduos morais em si mesmos, não apenas dentes de uma engrenagem útil.

Konstantin Leontiev (1831-1891) defendia um individualismo moral como o único modo para a Rússia compensar a tradição que nunca possuiu do Renascimento. Nisso ele se assemelhava a Herzen. À diferença do Herzen hegeliano, contudo, ele divorciava o homem bom de qualquer processo socializante da história e, com uma nova ênfase em imaginação, tornou os valores do homem bom eternos novamente. Leontiev era uma voz solitária exagerando a importância do espírito livre criativo para combater uma era embotada pela prescrição científica e a busca da média. Um Nietzsche russo de um tipo diferente de Pisarev, Leontiev era um ascético radical. Ele admirava o Renascimento e os benefícios sociais e políticos de aristocracia que esse movimento demonstrava. Como armas para lutar contra a "utilidade universal" e "o processo liberal-igualitário" que tinha tomado conta da Europa do século XIX. E, contudo, Leontiev experimentou um conflito tipicamente russo entre o que devia a si mesmo como indivíduo e como ingrediente auto-humilde da sua fortíssima fé religiosa, o que restringiu agudamente a sua *joie de vivre* nietzschiana e finalmente o inclinou a entrar para um monastério. O que lhe restou foi defender o espiritual contra o utilitarismo.

Leontiev acreditou num retiro contemplativo medieval. Ele sugeriu que o indivíduo plenamente harmonioso não dependia de uma sociedade livre para a sua autoperfeição, mas tiraria benefício de uma repressiva que encorajasse a introspecção. Para Leontiev, a boa sociedade era proveitosamente repressiva, conforme o era para Platão. Ela compelia beneficamente os indivíduos a concentrarem as suas energias espirituais somente em ideias universais. Ela queimava livros medíocres e obras de arte de segunda categoria para manter a elevação dos padrões. A posição de Leontiev é tão impossível hoje quanto a de Platão: radicalmente não democrática e anti-igualitária em seu idealismo ditatorial. Por outro lado, se Leontiev não existisse, esta escritora ia implorar a Deus para inventá-lo, pois, como Dostoievski, Leontiev acreditava que a beleza podia mudar o mundo. Seu valor na Rússia de meados do século XIX foi um antídoto para a medianidade e a estupidez, e uma lembrança de mistério. Ele provocou deliberadamente o "novo homem" ao escrever que "o mais alto grau de prosperidade material e justiça política universal seria o mais alto grau de amoralidade".[16]

Assim, quando satirizou celebremente o impulso utilitarista de assegurar a felicidade universal em *Memórias do subsolo* (1864), Fyodor Dostoiévski (1821-1881) estava apenas amplificando a oposição espiritual existente contra o "novo homem". Em toda a sua ficção, porém mais celebremente em *Notas*, Dostoievski rejeitou os cálculos felicíficos benthamistas. O homem individual era uma criatura imprevisível demais para que outros conhecessem a chave da sua felicidade. A felicidade não era uma ciência. Dostoievski também compreendeu que o modo utilitarista, conforme poderia ser implementado em nome do socialismo na Rússia, como uma ditadura controlada pelas ciências sociais materialistas, ameaçava algo sagrado para os indivíduos. Ele enfatizou a inviolabilidade do espaço pessoal do homem e de sua liberdade para decidir que tipo de homem ele queria ser moralmente. Se esses espaços fossem violados, não só a verdadeira felicidade desapareceria do mundo, mas, o que vem a dar no mesmo, a espiritualidade definharia.

Dostoievski era um defensor da individualidade, todavia atormentado, que a repudiou exatamente com a mesma frequência. Era particularmente difícil para ele conformar a ideia ocidental do homem bom como indivíduo autocultivado com a ideia ortodoxa russa de que o homem bom pertencia altruisticamente à comunidade religiosa. Tendo lido Kant e Schiller e se encontrado com Hegel, ele era atraído pelos homens de vontade faustianos ao mesmo tempo que se sentia horrorizado com o que parecia suceder aos russos que adotavam o modo individualista ocidental. Quando os personagens ficcionais de Dostoievski adquiriram — na América ou alhures no exterior, ou através de leituras estrangeiras — as ideias da razão, viram-se instantaneamente sem orientação moral. Eram espíritos que tinham partido na jornada hegeliana para a maturidade só para descobrir que não havia razão para guiá-los no lugar de Deus. Eles sofreram terrivelmente as consequências do ateísmo.

Em *Os demônios* (1871-1872), Shatov, cujo nome significa o vacilante, o inseguro, tentou a América, tentou a Rússia novamente, conforme fez seu herói amoral e mentor Stavrogin. Quando Stavrogin foi cúmplice no assassinato de Shatov, era como se tivesse providenciado remover um aspecto inconveniente de si mesmo, a saber, o problema da crença em Deus. Não duvidar da sua própria fé significaria que um homem poderia aceitar quaisquer condições da Rússia como vontade de Deus, mas, tendo entrado em contato com a razão ocidental, era difícil sustentar essa fé. As almas russas inteligentes estavam presas entre dois extremos. Em *Crime e castigo* (1866-1867), Raskolnikov, inspirado em sua autodeterminação por leituras ocidentais, fez um esforço perverso de autorrealização "racional" assassinando uma anciã. O curso do romance acompanha então a lenta redução dessa falsa individualidade em seu retorno à comunidade espiritual russa.

Parecia a Dostoievski que a individualidade conforme o Ocidente a entendia, e mesmo se fosse vinculada a reformas sociais no Ocidente, só podia ser sustentada na Rússia ao preço de ódio, luxúria e assassinato. A definição do homem bom na Rússia não podia excluir o elemento religioso latente. Nenhum homem bom russo podia adquirir conhecimento apenas através de si mesmo, independentemente da sua comunidade religiosa, e nenhum outro poderia ser o bom caminho russo.

*

Vladimir Soloviov (1853-1900) era menos pessimista sobre o individualismo e propôs uma versão vigorosa para a filosofia russa. Ele era um oponente igualmente determinado do não espiritual. Filho de um dos mais refinados historiadores russos do século XIX e neto de padre, foi o primeiro pensador russo a criar um sistema de valores místicos para se contrapor à pressão do utilitarismo, materialismo e positivismo que dava sustentação à tradição revolucionária crescente. Depois de uma educação ortodoxa, a sua primeira experiência do mundo o pôs em contato com o ateísmo, o materialismo e o socialismo, os quais o interessaram brevemente. Já na sua adolescência, porém, ele estava lendo os filósofos que mais o influenciariam: Spinoza, Kant, Fichte, Schelling e Hegel, e Schopenhauer. Ele estudou ciências naturais em Moscou, depois obteve um segundo diploma de história e filosofia. Um ano de pós-graduação no Seminário Teológico de Sergiev Posad (na época soviética, Zagorsk), entre 1873-1874, empresta crédito à ideia de que ele teria inspirado Aliocha Karamazov, o personagem ficcional de Dostoievski. Os dois eram amigos íntimos e parceiros intelectuais oponentes.[17] Após seus estudos no Seminário, Soloviov publicou sua tese de mestrado sobre *The Crises in Western Phiolosophy* [A crise da filosofia ocidental], começou a lecionar em Moscou e, poucos anos mais tarde, mudou-se para São Petersburgo, onde, continuando a publicar e a dar aula, tornou-se um nome afamado. A sua carreira universitária foi interrompida abruptamente quando, numa palestra, ele pediu clemência para os terroristas que mataram Alexandre II. Daquele ano, 1881, até sua morte em 1900, ele foi banido da instrução pública e trabalhou de forma independente.

A sua personalidade afável parece antes ter sido feminina, no antigo sentido do termo, e seu temperamento era místico. Quando menino, ele teve visões sobrenaturais e, num curto trabalho autobiográfico, *Three Meetings* [Três encontros], descreveu três encontros com Sophia, sendo que o segundo ocorreu no Museu Britânico, onde passou um tempo lendo sobre misticismo em 1875. Suas leituras certamente contribuíram para essa segunda visão. A terceira o chamou ao Egito, onde quase morreu, pois, como usava seu terno escuro no deserto, os beduínos o tomaram por um espírito do mal. Ele não se casou, mas tinha grande interesse por um Eros cósmico imaginado. Para ele, Sophia, o equivalente russo do Eterno Feminino, era um aspecto de Deus. Andrzej Walicki escreve que "sua natureza era infantil e crédula, e [que] ele tendia a ver tudo em termos espirituais, como 'um reflexo do mundo invisível'; mas, embora pregasse a aceitação da 'mundanidade' através da sua 'transfusão pela devoção', não conseguia chegar a bom termo com sua vida prosaica do dia a dia".[18]

O ponto de partida de Soloviov era familiar à literatura clássica russa: que seres humanos têm necessidades espirituais, que tudo flui dos valores estabelecidos por nossa vida interior, o que dá à nossa existência um significado moral.

> No reino de ideias morais, o pensamento filosófico, por toda a sua independência formal, é em essência diretamente subordinado ao interesse vital da vontade pura, que se esforça rumo ao bem e exige do intelecto uma elucidação mais precisa e plena da verdadeira excelência em oposição a tudo o que parece ser ou é considerado bom sem de fato sê-lo.[19]

A visão social de Soloviov era progressista, sua religião, ecumênica, mas ele resistia ao progresso tecnológico como religião secular. Um dos seus discípulos do século XX, Semion Frank, citou-o como justificação da lacuna que ele estava preenchendo na vida intelectual russa com a dedução de que "nada existe exceto matéria e energia: o homem é um macaco sem pelos; portanto todos devem sacrificar a vida por seus amigos".[20]

Soloviov sustentava, como faziam os filósofos ocidentais desde Descartes até Kant, que era racional acreditar em Deus porque isso dava ao homem o que ele necessitava em sua essência. O argumento fundador de Soloviov era que, se queremos o bem — o que naturalmente queremos — e o maior bem emana de Deus, que escolha poderia ser mais racional que a fé? Nós faremos essa escolha e seremos salvos. A boa vida está ao nosso alcance. Salvação é o que queremos dizer realmente com progresso.

Uma tarefa da filosofia era estimular a consciência do bem elucidando o amor e a criatividade, ou a capacidade do homem de *fazer* do mundo um lugar adequado para viver. A filosofia era uma dona de casa em escala cósmica, com a criatividade, que faz a arte e dá vida a Deus, como o seu principal instrumento e fonte de esperança. Considerando que a criatividade é evidente dentro de todos nós, a esperança de que possamos construir um mundo espiritualmente mais hospitaleiro é justificada. A atenção que Kant e Schelling deram à imaginação encorajou Soloviov a explorar os processos da esperança: a esperança tratada como recurso espiritual; a esperança investida na capacidade criativa do homem para reencantar a alma moderna.

Soloviov escreveu um certo número de livros. *A crise da filosofia ocidental* (1874) atacava a fé mal aplicada na ciência; *The Justification of the Good* [A justificação de Deus] (1897) reviveu a metafísica que Feuerbach tinha descartado. O texto aceitava que, mesmo que a fé religiosa tivesse de ser descartada como tal, ainda era possível considerar o bem um valor superior inatacável. A função de Soloviov num ambiente utilitarista era atraente. Na história filosófica britânica, G. E. Moore — o mais próximo equivalente britânico da bela alma — e em nosso próprio tempo Iris Murdoch foram figuras aparentadas, destacando-se no seu tempo por defenderem o bem como entidade não natural, não aberta ao escrutínio científico, mas provedora de um padrão moral universal. Nenhum filósofo que tenha rejeitado Iris Murdoch tampouco levaria Soloviov a sério.[21] Mas é preciso levar Soloviov a sério em seu contexto histórico russo, pois ele defendeu a necessidade de indivíduos morais numa boa sociedade. Numa etapa pioneira do idealismo religioso russo, ele situou o valor do indivíduo numa perspectiva religiosa, o que pela primeira vez o protegeu; e ele ajustou todos os outros valores da bela alma, sobretudo a arte simbólica, num sistema metafísico que seria muito imitado pelas gerações futuras enquanto estivessem livres.

Soloviov suplementou a sua filosofia técnica com ensaios sobre a poesia que ele admirava, sobre arte e estética em geral e sobre o *The Meaning of Love* [Significado do amor] (1892-1894). Ele também desenvolveu, em *Philosophical Principles of Integral Knowledge* [Princípios filosóficos do conhecimento integral] (1877) e *A Critique of Abstract Principles* [Uma crítica dos princípios abstratos] (1880), o ideal de um tipo de conhecimento diferente do científico. A atitude tinha referência em Khomiakov. Estava em jogo o relacionamento com o mundo orientado para o significado em vez da utilidade. Soloviov estava buscando, disse ele, uma filosofia positiva do tipo "que, partindo de um ponto além das possibilidades gerais, reconheça o ser essencial (*deistvitell'nosushshee*) e ao mesmo tempo dê à vida princípios mais altos".[22]

4

Os populistas

O populismo não estava em guerra contra o idealismo moral. O instinto de ensinar o povo era parte do caráter social de todo *intelligent*. Mas as tendências políticas que se desenvolveram na Rússia a partir de meados da década de 1860 exigiram uma ação de massa imediata impossível de organizar *ex cathedra*.[1] A época testemunhava o protesto social pacífico — *narodnichestvo* —, mas também, nas suas fímbrias, o súbito advento da violência terrorista liderado por uma organização conhecida como Vontade do Povo, *Narodnaya Volya*. Formou-se a partir da desilusão crescente com a abolição da servidão em 1861, o que justificava retrospectivamente o protesto de Chernishevski. Depois de 1861, o Estado estava pagando indenizações aos proprietários de terra, ao mesmo tempo em que deixava o povo sem terras. Quando Alexandre II ofendeu ainda mais o sentimento liberal reprimindo brutalmente a Revolta Polonesa de 1863, o futuro oponente de toda política, o nobre, anarquista e teórico da ajuda mútua Piotr Kropotkin (1842-1921) deixou o exército em protesto e começou a trabalhar clandestinamente em prol do esclarecimento do campesinato.[2] Outro semissoldado, professor de matemática numa academia militar, Piotr Lavrov, chegou perto de tornar-se um *outsider* ativista com o passar da década. O primeiro divisor de águas do populismo foi um atentado malogrado contra a vida do tsar em 1866, perpetrado por um estudante chamado Dmitri Karakozov.

Mikhail Bakunin (1814-1876), que começou sua vida intelectual como estudioso do idealismo e se apresentava como bela alma, representava um aspecto do clamor cada vez mais pungente por mudança violenta entre uma minoria da *intelligentsia* dos anos 1860. Ele tinha tido uma formação filosófica russa modelar, influenciado por Vellanski, Galich e Venevitinov, e foi depois estudar com os alemães, dividindo casa com Turgenev em Berlim.³ Em 1838, ele traduziu *Discursos sobre educação* de Hegel para o russo com uma introdução em que destacava o quanto era apropriado o conceito do autor sobre alienação — o desperdício de belas almas apartadas da sociedade — para a sua geração russa. Bakunin sentia esse desperdício pessoalmente e mais do que a maioria: ele desejava ardentemente pertencer a um todo, a uma fé, a uma comunidade, a alguma esfera de Razão Absoluta maior que ele próprio. Uma frase sequestrada de Hegel, "reconciliação com a realidade", tornou-se a sua meta imaginada. Em 1847, ele escreveu numa carta que estava esperando "minha noiva, a revolução". A ela ele dedicou os trinta anos seguintes.⁴

A sua vida ativista em toda a Europa, que incluiu extradição da Rússia, exílio na Sibéria e uma ousada fuga para Liverpool através do Japão, foi uma ilustração viva da necessidade de filosofia para levar a Rússia adiante — para justificar a ação. A própria vida de Bakunin era a mensagem, e ele fazia uma pergunta filosófica abrangente sobre o que faz as pessoas agirem — razão ou paixão. Num modo hegeliano, Bakunin teria afirmado que a motivação era a razão, mas, nesse texto de 1848, era a paixão que ele tentava atear nos outros.

O que exigimos é a proclamação mais uma vez deste grande princípio da Revolução Francesa: que todo homem deve possuir os meios materiais e morais para desenvolver toda a sua humanidade, princípio este que, segundo a nossa visão, deve ser traduzido no seguinte problema: organizar a sociedade de tal modo que todo indivíduo, homem ou mulher, começando a vida, deva encontrar tão à mão quanto possível meios iguais para o desenvolvimento das suas diferentes faculdades e para sua utilização para seu trabalho; organizar uma sociedade que torne para todo indivíduo, quem quer que ele possa ser, a exploração de qualquer outro impossível, permita a cada um a participação na riqueza social — a qual na realidade jamais é produzida exceto pelo trabalho — somente na medida em que tenha contribuído para produzi-la com o seu próprio trabalho.[5]

A ação era um segmento dos interesses de Bakunin; o outro, demonstrado numa passagem de *Federalismo, socialismo e antiteologismo*, era superar a alienação. A alienação era um mal social possibilitado por uns poucos privilegiados que, de posse do capital, podiam ordenhar a vida dos muitos que não o possuíam, deixando-os, desse modo, sem nenhuma conexão necessária com o mundo, exceto como instrumento de outros homens.[6] O mal da alienação lhe deu o seu programa político. Bakunin era marxista, e, com seus escritos sobre alienação, um lembrete vivo de até onde a lenda da bela alma se estendera no seu período de vida. A ideia romântica de que o homem bom desenvolvia todas as suas faculdades para ser feliz tinha se metamorfoseado num programa de reforma social universal. A boa sociedade era tal que *todos* os homens e mulheres podiam tornar-se belas almas. O deslocamento crucial no pensamento alemão sobre alienação — e este era um tópico inteiramente alemão — veio a partir do modo como Feuerbach e depois Marx leram Hegel. Hegel já era crítico em relação à bela alma por não desempenhar um papel ativo na sociedade. A bela alma era um ser associal, desinteressado e inadequado, que tinha de superar uma vida limitada pela reflexão.[7] Feuerbach aceitava que a personalidade introspectiva era problemática, mas, rejeitando a necessidade de os indivíduos se tornarem mais autocríticos, repassou o problema das almas incompletas e infelizes para a ciência social. Bakunin viu-se preso numa discussão que dificilmente seria a mais apropriada para resolver os problemas mais urgentes da atrasada Rússia, mas à qual ele deu um viés tipicamente russo. Para ele, a única chance de uma população de belas almas era abolir o Estado. Sua mensagem para as almas russas frustradas não foi a integração social, não foram os benefícios do materialismo do bem-estar social, mas o anarquismo.

A teoria política anarquista pela qual ele ficou famoso em toda a Europa emprestava tipicamente um argumento ocidental para afirmar uma velha necessidade russa — livrar-se da aristocracia. Como anarquista, Bakunin acreditava que o Estado era "uma força estranha e antissocial que precisa ser destruída a fim de libertar o instinto social profundamente implantado na personalidade humana".[8] Ele era um típico *outsider* russo: extremo, desorganizado, emocional e excessivo, mas possivelmente com o coração no lugar certo em prol das almas frustradas. Sem ser avesso ao uso da violência para garantir a sua visão política, ele entrou em conflito com Marx, que não gostava dele pessoalmente, e fez com que fosse expulso da Primeira Internacional socialista em 1872.[9] Embora não fosse um filósofo, como qualquer membro da *intelligentsia*, Bakunin podia especificar as fontes da sua crença: era um materialista, ateísta e positivista inspirado por Feuerbach, Comte, Proudhon e Marx.[10] Sua visão de uma condição humana natural libertada repousava em parte numa ideia romântica da comuna camponesa russa, mas também era evidentemente mobilizada pela psicologia pessoal sombria que há muito o fizera perder-se no "povo".[11] Andrzej Walicki observa que Bakunin se associou aos bandidos camponeses da história russa, os assassinos heróis populares de Pugachev e Stenka Razin.[12] A história popular o convencera de que o campesinato russo era o múltiplo desses bandidos populares, uma força política viável pronta para rebelar-se. A estudiosa inglesa Aileen Kelly enfatizou recentemente a tolerância de Bakunin à violência, associada a algumas das suas canhestras tentativas de conspiração. Ele exemplificava o terrorista como *voyeur* impotente. Os bandidos contemporâneos que ele admirava eram Piotr Tkachev, chefe teórico da corrente jacobina do populismo russo, que num momento de sinceridade conclamou ao extermínio de todas as pessoas acima de vinte e cinco anos de idade; o assassino condenado Sergei Nechaev, o homem em quem Dostoievski modelou a figura gratuitamente violenta de Piotr Verhovenski em *Os demônios*.[13]

As correntes dominantes do populismo permaneceram notavelmente intocadas pela violência. Houve uma expansão espontânea da consciência do fosso duradouro existente entre a minoria educada e as massas pobres e ignorantes. Em 1872 e 1874, milhares de estudantes e ativistas se dispersaram voluntariamente como *narodniki* para alfabetizar o povo e instruir sobre seus direitos políticos. A situação estava involuntariamente exacerbada quando o governo ordenou que milhares de estudantes voltassem da Europa em 1874, temerosos de que seus espíritos fossem contaminados pela propaganda revolucionária no estrangeiro.[14]

Os ativistas eram idealistas demais para compreenderem a realidade da situação, que se definia pela degradação moral dos camponeses. Muito idealizado, o "povo" era lento para responder aos estudantes e rápido ao denunciá-los à polícia. Cerca de 770 estudantes foram presos nos primeiros dois meses de 1874, oportunidade em que um *intelligent* retratou seus próprios esforços com a imagem de "peixes batendo contra o gelo".[15] Mas a cruzada populista fracassou de um modo reminiscente do protesto decembrista, que se transformou num triunfo moral. Foi memorável o fluxo de solidariedade que motivou os *narodniki* a agir. Sua coragem e caridade entraram para a história da *intelligentsia* e tornaram-se parte da boa identidade russa. Quando era populista, o jovem Pavel Akselrold conclamou seus companheiros *narodniki* a abandonarem a sua educação e as suas famílias. O eco do chamado de Cristo aos apóstolos é inconfundível nessa exortação para que o homem bom assumisse os riscos, descartando toda consideração prática, de trabalhar por um mundo moral e justo.[16]

O espetáculo da crença dos populistas em si mesmos foi comovente e exemplar. O nome de sua ação em russo, *khozhdenie v narod*, soava como uma missão religiosa. Emocionalmente, nada seria o mesmo na Rússia depois das manifestações do começo dos anos 1870 e, finalmente, depois da tentativa bem-sucedida de assassinato de Alexandre II em 1881. Embora estivesse destinado a entrar em colisão com o marxismo quanto aos meios e objetivos teóricos, o sentimento por trás do populismo ajudou diretamente a estabelecer o que deveria ser a melhor Rússia do século XX. Tratava-se de um movimento romântico de estilo de vida "alternativo" aparentado com o comunalismo eslavófilo e a comunidade cristã simples pregada por Leon Tolstoi. Seus partidários acreditavam que o problema russo, mais cedo ou mais tarde, seria resolvido, diferente do que Chernichevski pensou, alcançando o Ocidente, mas por meio do estabelecimento de um sistema diverso. A esperança recuava ao entusiasmo de Herzen com a *obshchina*, a fundação comunal do socialismo camponês, e também às formas nativas de Khomiakov de comunidade espiritual russa, e estava afinada com o ideal anarquista de ajuda mútua de Kropotkin. Porém, como outras novas ondas até então na criação da perspectiva revolucionária russa, em função dos resultados limitados das campanhas pacíficas, o populismo mais modificou as qualidades da *intelligentsia* do que mudou a sociedade. A *intelligentsia* ainda podia não fazer nada, não chegar a parte alguma, desde que abrisse mão da violência. O populismo tentou duramente fechar o vazio entre a gente comum e a *intelligentsia*, mas, como movimento de reforma, careceu de qualquer outro motor além do coração humano.

Ele também era potencialmente autofágico, correndo o risco de destruir as qualidades dos seus próprios voluntários. Bakunin convocou os estudantes russos a abandonarem as universidades e ensinarem ao "povo" o socialismo ocidental. Na verdade, ele pensava que a *intelligentsia* não devia sequer ensinar, mas aprender: aprender com os camponeses quais eram as suas reais necessidades russas, e não as ocidentais. Tolstoi exprimiu uma versão duradoura do impulso populista pacífico ao pensar nas pessoas simples na sua propriedade, usando as suas roupas e tentando levar a mais modesta das vidas. Com base nesse modelo, como poderia uma Rússia moderna surgir algum dia?

*

No fim das contas, o populismo consistia em autossacrifício. Quando Piotr Lavrov (1823-1900), em *The Historical Letters* [Cartas históricas] (1868-1869), inscreveu a mensagem do movimento na filosofia, ele, como Bakunin, deu um novo viés ao longamente admirado hábito de autoescrutínio moral da *intelligentsia*, herdado de Herzen e Turgenev. Ele o usou para aumentar as apostas no comprometimento social, dizendo que as belas almas que haviam trabalhado o seu conhecimento e refinado o seu sentido de justiça eram na verdade responsáveis pelos males da Rússia, pois seus privilégios repousavam sobre a provação das massas. Para reparar seu erro, todos os homens educados tinham obrigação de trabalhar tenazmente pela transformação da Rússia numa sociedade justa. No passado, uns poucos indivíduos tinham alcançado níveis extraordinários em sociedades não igualitárias. Mas para o progresso acontecer numa sociedade moderna, "a maioria da sociedade deve estar numa posição em que o desenvolvimento seja possível".[17]

As *Cartas históricas* estabeleceram um vínculo entre valor moral individual e o progresso humano em geral num momento pioneiro para o pensamento político e ético moderno. O pronunciamento crucial de Lavrov veio na quarta "Carta":

> A espécie humana pagou caro para que uns poucos pensadores acomodados em seus estúdios pudessem discutir o progresso dela.[18]

A *intelligentsia* ouviu de Lavrov que seus membros deviam tomar uma atitude imediatamente para construir uma sociedade melhor ou continuar a viver como se estivessem sob uma maldição existencial.

> Nós apenas somos responsáveis pelos pecados dos nossos pais na medida em que continuamos esses pecados e tiramos proveito deles, sem tentar retificar suas consequências.[19]

Longe de Moscou, no exílio, enquanto escrevia a sua obra mais importante, Lavrov firmou sua opinião de que ainda havia muito pouca gente na Rússia que sentia o fardo da desigualdade e compreendia, consequentemente, a tarefa imediata:

> A maioria das pessoas (...) ou bem (...) instituem ídolos no lugar da verdade e da justiça, ou se limitam à verdade e à justiça em pensamento, mas não na vida, ou então não querem ver que insignificante minoria usufrui das vantagens do progresso e da civilização.[20]

A resposta era fazer um pequeno número de pessoas enxergarem, sentirem-se culpadas, e esperar que sua culpa as fizesse agir.

A culpa incitada pelas origens sociais privilegiadas faz mesmo as pessoas agirem? Uma vez que a ideia seja criada, uma vez que se torne parte dos valores modernos recebidos, a resposta seguramente é sim, embora a familiaridade do conteúdo da ideia em nada torne mais claro, digamos, se a decisão de não pôr uma criança numa escola privada é uma ação incitada por uma opinião racional ou por uma paixão. Provavelmente, ambos os ingredientes estão presentes. Frequentemente as paixões se racionalizam. Herzen decidiu que se tratava de um impulso estimulado pela experiência, e que a tradição motivava a ação moral. Lavrov apoiou a sua teoria moral diferente retornando a Kant.

Kant disse que o modo moral de agir era seguir o imperativo categórico. O agente moral deve agir de tal maneira que o axioma da sua ação possa tornar-se uma lei universal. A dificuldade para Kant, que Lavrov herdou, era a extensão até onde o agente é livre para escolher o bem se a ação correta é obedecer a lei. Kant insistia na liberdade. O seu espaço ético estava vazio, esperando ações humanas que lhe dessem um conteúdo. Mas não inteiramente vazio, pois o vácuo continha uma indicação de caminho. Plekhanov, entre a geração seguinte de russos, expressaria bem a matéria ao dizer que a ética de Kant era como se o trem e a estrada de ferro existissem, mas o viajante tivesse de comprar o bilhete.[21] Kant valeu-se de sua educação cristã ao sugerir que os seres humanos eram predispostos a escolher o bem.

Lavrov herdou de Kant essa fé *a priori* na bondade humana, e, como Soloviov, que a recebera dos cristãos bem como de fontes filosóficas, ela se tornou um dos principais suportes da sua filosofia. Homens e mulheres plenamente educados e conscientes certamente são capazes de ver a injustiça das suas vantagens e devem querer que o bem seja a diferença entre eles e os outros. A reforma era o seu dever moral e político, mas certamente também o que eles escolheriam livremente. Numa nova tentativa de satisfazer as necessidades da Rússia, Lavrov politizou a bela alma.

Como sugere o título, o outro assunto principal nas *Cartas* era a história, e aqui, mais uma vez, ele se deparou com dificuldades na questão da liberdade. Por um lado, ele era um "sociólogo subjetivo" que acreditava que a história fosse feita por contribuições de indivíduos livres; por outro, ele sentia, em função da sua leitura de Hegel, que a história fosse determinada. Nesse caso, contudo, a incompatibilidade lógica entre essas duas visões era a marca da sua verdade. Muita gente, talvez a maioria, sente que temos de acreditar que somos livres, senão nossas boas ações seriam enfraquecidas, apesar da suspeita de que procedemos ao longo de linhas predeterminadas.

Como quase todos os filósofos russos, os pensamentos interessantes de Lavrov foram incitados por suas leituras de teorias ocidentais. Primeiro Hegel o convenceu de que era a história, e não a ciência, a verdadeira guia do progresso; segundo, contra a influência da visão de história de Hegel, pelo menos como ela é comumente percebida, Feuerbach fez Lavrov lembrar da importância de manter o ser humano autônomo e ativo no centro do palco; ao mesmo tempo, seu terceiro tema ligava a ética deontológica dos tempos modernos ocidentais à velha mentalidade de serviço do *dvoryanstvo*. Acima de tudo, a manobra kantiana foi brilhante e original, pois permitiu a Lavrov fortalecer de pronto um velho hábito ético já profundamente arraigado na *intelligentsia* russa. Até então o seu compromisso moral tinha procedido livremente da experiência. Agora, tal ação era uma exigência metafísica.[22]

Lavrov era um homem civilizado que queria devolver ao pensamento russo um pouco daquela textura espiritual, moral e poética que Chernishevski havia diluído. Então, ele enfatizou a história e a contribuição do homem livre para a cultura e as instituições. Contra a tendência bakuninista absurda de pensar que o caminho para o progresso da *intelligentsia* era abrir mão da sua educação e associar-se à sabedoria do povo, Lavrov insistiu que a Rússia precisava de homens educados na liderança ideológica. A educação era o progresso da autoconsciência. A liberdade, o seu produto. A história "mostrou que, por meio do processo lógico, a aspiração de melhoria e justiça [dá lugar] a protesto e conservadorismo, reação e progresso".[23]

Lavrov era um escritor moderado, até prudente, que suportou um destino russo clemente. O período de exílio interno em 1867 e 1868, que lhe deu a chance de conhecer companheiros intelectuais interessantes e escrever as *Cartas históricas*, foi seguido pela fuga para Paris em 1870, incitada, em parte, por um convite de Herzen. A propósito, um dos absurdos da Rússia tsarista foi que um lugar remoto e atrasado como Vologda, a 420 quilômetros a nordeste de Moscou, para onde tantos intelectuais suspeitos, mas não criminosos, foram mandados para ficarem fora do caminho, tornou-se, em toda a sua simplicidade e isolamento (embora ficasse numa linha de trem), um criadouro de novas ideias. Mas Lavrov tinha de partir, se quisesse viver uma vida política ativa. Ele morou em Paris e, quando os franceses começaram a fazer batidas periódicas contra os revolucionários marxistas, cruzou o canal para Londres.

No exílio europeu, os franceses tiveram um pouco de razão para vigiá-lo, pois ele se tornou mais radical, publicando um jornal clandestino chamado *Vperyod!* [Avante!] e vendo-se preso entre Marx e Bakunin, entre marxistas e bakuninistas. Ele testemunhou a Comuna de Paris e, como outros exilados russos com esperanças socialistas, achou o Ocidente decepcionante. Gradualmente, ele conseguiu aceitar que só o compromisso moral não era bastante para garantir o progresso. Era preciso um pontapé inicial de violência. Mesmo nas *Cartas históricas* ele escreveu que "muito frequentemente é só por meio de agitação e desordem temporárias, só com a revolução, é possível obter uma garantia melhor de ordem e tranquilidade para a maioria no futuro".[24] O seu lado bakuninista falou da necessidade de líderes exemplares, de atos, e não de palavras, de unidade, de táticas de luta.

> Precisa-se de homens vigorosos, fanáticos, que arriscarão tudo e estarão preparados para tudo sacrificar (...). Precisamos de mártires, cuja lenda excederá em muito o seu verdadeiro valor e o seu serviço real.[25]

"Em última análise, Lavrov não era marxista. Era um socialista com inclinações anarquistas." A tragédia cujo caminho ele pavimentou se baseou no fato de que a necessidade urgente de derrubar o tsarismo finalmente exauriu todos os argumentos teóricos disponíveis.[26]

Um traço impressionante da psicologia pessoal de Lavrov era a sua propensão à culpa. Um amigo detectou algo errado no modo como ele assumia responsabilidade por atos que não tinha cometido. Seu exílio em Vologda seguiu-se ao atentado de Karakozov contra a vida do tsar. Lavrov não tinha nenhuma ligação com o crime além de ser conselheiro de homens com opiniões antitsaristas, mas seu amigo relembra como ele esperou ser preso. Sua prontidão para assumir a culpa pessoal coloriu a sua ética. No devido tempo, essa ética ajudou a treinar os perpetradores da Revolução de 1917.[27]

Seria uma ajuda para essa revolução, pois, nos dias de Lavrov, tanto no pensamento russo como no ocidental, estava se tornando difícil insistir na responsabilidade moral individual para mudanças sociais desejáveis. Alguns olharam para as forças da história, desde Hegel até Marx; outros basearam suas esperanças em grupos sociais específicos, como Lavrov na *intelligentsia*, e como Lenin confiaria no partido. Joseph Proudhon (1809-1865) foi um importante porta-voz não marxista da ação de grupo que concentrou as mentes de Lavrov e de outros no papel ativo da *intelligentsia*. Trabalhando na tradição socialista utópica francesa vanguardeada por

Saint-Simon e Fourier, Proudhon disse que a filosofia devia prover normas para viabilizar uma sociedade organizada segundo princípios de justiça. A *intelligentsia* tem de alimentar a sociedade com ideias justas. Um pensamento apreciado por Proudhon era o voluntarismo, o qual já tinha uma adesão estabelecida na Rússia. Ele também foi porta-voz do valor sublime russo da cooperação irrestrita.[28]

Não obstante, graças às suas próprias contradições, foi Lavrov quem continuou a insistir na importância da contribuição individual moralmente determinada para a história. A questão por trás da "sociologia subjetiva" era que os "processos sociais, à diferença dos naturais, são, em parte, determinados por desejos e ideias subjetivos que animam as pessoas por serem considerados justos, e não necessariamente porque se espera que triunfem."[29] Essas palavras das *Cartas históricas* são parte de um ataque severo contra a visão marxista da história como processo impessoal e objetivo. A "sociologia subjetiva" veio à luz porque o clima de positivismo estava consolidando a visão marxista do processo hegeliano como ciência, um desenvolvimento que não faria qualquer favor a uma Rússia adequada. Lavrov via a diferença entre o idealismo de Hegel e o materialismo de Marx em termos da liberdade que Hegel possibilitava. A história era um processo dialético mediante o qual os indivíduos se envolviam significativamente com o mundo que criaram. "Protesto e conservadorismo, reação e progresso" eram os resultados que se alternavam. Mas o processo não era diferente dos indivíduos que o causaram.

Contudo, quanto mais o século XIX avançava, mais o "objetivismo" preponderava. A Razão Absoluta de Hegel, se não for lida cuidadosamente, o positivismo científico de Comte e o materialismo dialético de Marx e Engels, todos ameaçavam a liberdade e o individualismo, considerando-os aberrações subjetivas da lei histórica. Se o materialismo dialético fosse realmente objetivo, racional e baseado em provas empíricas, então quem poderia resistir por si mesmo às suas leis sem parecer perverso?

*

Nikolai Mikhailovski (1842-1904), o outro pensador russo associado à "sociologia subjetiva", foi o último dos utópicos "subjetivistas" civilizados na Rússia antes de a Revolução rechaçar a especificidade que os distinguia de uma vez por todas. Ele era um libertário que argumentava contra a visão determinista do progresso científico. Desde o seu ensaio referência, *O que é o progresso?*, de 1869, até o seu trabalho perseverante na década de 1890, ele sustentou consistentemente a luta pela individualidade.

Um problema na sua teoria era que a individualidade tinha de ser concebida sem conflitos. Em seu ensaio de 1870, *Darwin's Theory and Social Science* [Teoria de Darwin e ciência social], ele insistiu, como sempre numa veia utópica, na cooperação humana, e não na competição. Sua meta era uma filosofia que muito poucas pessoas fora da Grã-Bretanha pareciam jamais ter admirado, o social-darwinismo de Herbert Spencer. Vista por meio de olhos russos do final do século XIX, a visão de Spencer de que a competição aumentava a produtividade social era apenas mais um aspecto deplorável do capitalismo e uma razão renovada para rejeitar, não os indivíduos, mas, se fosse possível, distingui-lo pelo modo de vida individualista. Spencer podia estar certo quanto aos seres humanos não serem naturalmente tão cooperativos quanto os idealistas sociais pareceriam ser. Mas, por duas boas razões, poucos russos endossaram um tal realismo ou pessimismo hobbesiano. Uma delas foi a admirada tradição comunal russa, questão tanto de tradição quanto de direito. A outra foi que a coerência social da Rússia era fraca demais para admitir o princípio do conflito. A lenta modernização do país estava dividida demais para que homens responsáveis se entregassem a pensamentos destrutivos.

Mikhailovski era um "homem novo" na medida em que não era amigo da metafísica. Ele absorvera as mesmas lições pós-hegelianas que Feuerbach e Marx, e aceitava o argumento marxista, definido por Engels, de que a cristandade e o idealismo alemão tinham ajudado a manter as sociedades divididas e dominadas pelas classes educadas e possuidoras. A religião era o que Marx disse ser, "o ópio do povo", e que devia desaparecer na boa sociedade. Mikhailovski, porém, voltou ao romantismo quando, contra Spencer, argumentou que a divisão do trabalho prejudicava a alma do homem. E aqui ele sentiu tão vigorosamente quanto sentiu Rousseau, mas com muito mais industrialização a combater, e tão vigorosamente quanto o indômito Bakunin, que o progresso tinha de "produzir indivíduos integrais".[30] Como podia um homem ser um todo se trabalhasse nas pavorosas condições de uma fábrica? Mikhailovski tinha em mente as condições de uma fábrica real em Tula, as quais iluminou com uma citação de Schiller.[31] O prejuízo social causado pela industrialização em massa não era propriamente o problema da Rússia em 1869. Com Mikhailovski, porém, a Rússia ensaiou mais uma vez um deslocamento que é crucial na história das ideias, do indivíduo realizado para a sociedade que viabiliza a realização da massa. Ao preocupar-se com o homem comum, a *intelligentsia* aceitou, como uma arma extra em seu arsenal altruísta, que até o último homem e mulher, e não apenas os indivíduos privilegiados, deviam ter uma chance de desenvolver-se como seres humanos integrais.

A alienação potencial do trabalhador russo não levou Mikhailovski nem para o anarquismo nem para o marxismo, precisamente porque não era uma questão urgente. Mikhailovski permaneceu com o populismo porque aquele parecia ser o caminho para resistir ao futuro industrial no estilo ocidental. Por que deveria a Rússia seguir a prescrição marxista e passar a etapa do capitalismo, até sacrificando temporariamente a sua humanidade, a fim de realizar uma revolução socialista? O objetivo do populismo era corrigir a divisão entre a *intelligentsia* e o povo, não cortejar novas divisões do trabalho. A alienação, disse Mikhailovski, era como a paixão ardente. Confirmava negativamente a emoção populista avassaladora: amor frustrado pelo povo.[32] O marxismo visava criar um mundo no qual o indivíduo integral e o trabalhador não explorado pudessem florescer. Mas, como a Rússia comunal já possuía um socialismo camponês nativo de maior apelo emocional, por que haveria ela de mudar?

Mikhailovski não idealizava os camponeses da Rússia. Pensava que eram egoístas e reacionários e que necessitavam de uma dose de progresso ocidental. Porém, ele ansiava por uma unidade social ao estilo medieval, pois união e familiaridade eram melhores que isolamento. Típico dos pensadores russos mais ricos e mais humanos, e de muitas maneiras mais próximo dos pensadores religiosos, ele permitiu que o pensamento ocidental lhe mostrasse a excepcionalidade ética russa.[33]

Isso, por sua vez, o levou à sua mais interessante contribuição à filosofia, que surgiu por meio da distinção sociológica entre o tipo e o nível das sociedades. O Ocidente tinha uma cultura material mais elevada, disse Mikhailovski, mas não de um tipo superior. Assim, por que um lugar maravilhosamente cheio de sentimentos como a Rússia deveria querer alcançar um mundo cujos ideais morais e políticos eram definidos por confortos pequeno-burgueses? A pretensão teve os desdobramentos de uma lenda. A noção de que a Rússia era uma civilização de tipo moral mais elevado passou a fazer parte da sua compreensão de si mesma.[34]

A Rússia era certamente diferente, e isso levou Mikhailovski a distinguir entre dois tipos de verdade.

> Olhar a realidade e seu reflexo — a *pravda* como verdade, a *pravda* objetiva — destemidamente nos olhos e, ao mesmo tempo, preservar a *pravda* como justiça, a *pravda* subjetiva — tem sido o dever de toda a minha vida.[35]

Mikhailovski partiu o átomo filosófico moderno ao dizer que não havia uma verdade, mas sim dois tipos de verdade: factual e emocional. Ele liberou uma vasta energia que a Rússia podia investir em ser diferente do Ocidente em virtude dessas duas verdades. A subjetiva era a soma das normas proudhonianas a serem criadas pela *intelligentsia* em nome da justiça. Tratava-se da verdade dos valores na mente das pessoas, em oposição aos fatos que a ciência pode medir. Um filósofo posterior, Nikolai Berdyaev, falaria de *pravda* para descrever verdades emocionais, e de *istina*, que vem de *est'*, o verbo "ser", para a verdade dos fatos.[36]

5
O impacto de Marx

Bakunin convencionou uma das fundações textuais do deslocamento para o marxismo ao traduzir *O manifesto comunista* para o russo em 1869. O outro documento marco foi a tradução de *Das Kapital* por A. F. Danielson, que entrou em cena após a disputa de Bakunin com Marx e produziu a primeira versão em qualquer língua estrangeira do texto alemão de Marx. Quando foi publicado, em 1872, o *Kapital* dividiu imediatamente a opinião russa. Notoriamente, a Rússia não era o país industrializado que Marx disse ser o trampolim necessário para a revolução proletária e a transição para o socialismo. Mas, e se a Rússia fosse vista sob uma certa luz? Fazendo vibrar a corda da impaciência russa, Marx convenceu uma nova geração de pensadores russos a rever a questão. George Plekhanov (1856-1918) convencera-se de que a Rússia estava, então, em curso de industrialização e podia, consequentemente, seguir o caminho da ortodoxia marxista. Ele se tornou o mais devoto admirador russo de Marx.[1]

Plekhanov era filho de um proprietário de terras, e estudou história e economia. Tornou-se populista, mas rompeu com o movimento *Narodnaya Volya* por causa da questão do terrorismo. Ela tinha apenas 24 anos quando as suas atividades revolucionárias obrigaram-no a partir para o exterior. Subsequentemente, todos os grandes momentos da sua carreira — a rejeição ao populismo em favor do marxismo; a aceitação de que Rússia estava numa via capitalista; e a disputa com Lenin sobre o desvio deste das leis do marxismo — tiveram lugar ao longo dos trinta e sete anos que passou fora da Rússia. Na história do pensamento revolucionário, Plekhanov foi o primeiro a aplicar a análise marxista às condições russas e, assim, a pôr o anseio por mudanças numa nova perspectiva. Por um curto período, ele compartilhou a esperança populista anarquista de Bakunin de que a já tão longa insatisfação camponesa pudesse enfim entrar em ignição. Nenhum meio político de mudança era aceitável, pois toda política era exploradora. Contudo, no ano da sua fuga da Rússia, Plekhanov tinha deixado Bakunin para trás e dava amostras da "disposição racionalista" que o fez voltar-se para o marxismo.[2]

Ele admirava a ideia hegeliana-marxista de um ordenamento subjacente na história. Em 1884, tinha estabelecido os princípios do marxismo russo em *Socialismo e luta política*, e no ano seguinte, em *Nossas diferenças*. Lenin disse posteriormente que o primeiro desses ensaios tinha uma significância para a Rússia comparável àquela do *Manifesto comunista* para o Ocidente.[3] Plekhanov rompeu com o pensamento antiocidental do populismo ao declarar que o capitalismo era uma etapa natural do desenvolvimento pelo qual a Rússia tinha de passar. A sua melhor esperança seria acelerar a transição final para o socialismo. O proletariado assumiria a liderança do processo no lugar do campesinato decepcionante.

Se o capitalismo tinha penetrado na Rússia, então, finalmente, o país estava se europeizando; um século atrasado, mas nem por isso menos bem-vindo. Plekhanov recuou até a Revolução Francesa na história europeia para ver a posição da Rússia numa nova perspectiva. A Revolução Francesa era o acontecimento-chave que a Rússia tinha de repetir em vista de passar à frente do Ocidente. A revolução burguesa consolidaria o capitalismo a partir do qual a Rússia procederia para o socialismo.[4]

O marxismo de Plekhanov implicava exatamente no que a versão clássica especificava: a crença de que havia leis objetivas que governavam o desenvolvimento da sociedade e não podiam ser alteradas pela vontade.[5] Essas "leis" encorajaram a fé política da sua geração, e aliviaram, especialmente, os que viviam no estrangeiro — que não tinham contato com as condições reais do seu país. Plekhanov insistiu em necessidade, inevitabilidade e objetividade com frequência suficiente para não deixar dúvidas. Os ativistas dos anos 1890 ajustaram o foco da sua visão da Rússia entregando-se à teoria.[6]

Não foi uma experiência nova para a Rússia. Buscando a melhor fundação para a esperança social, os românticos escolheram entre o idealismo "subjetivo" de Schelling e Fichte e o idealismo "objetivo" de Hegel. Plekhanov foi tão inspirado pela fase hegeliana objetiva de Belinsky que o tomou como seu predecessor imediato. Menos de uma geração antes de Plekhanov, o populismo primitivo contrapunha a "sociologia subjetiva" de Lavrov e Mikhailovski ao positivismo e o determinismo histórico. A cada oportunidade, a opção objetiva dava uma impressão de fundação mais firme sobre a qual o futuro russo poderia ser assentado; um sistema de andaimes para manter o país unido; e um conjunto de argumentos, lançando mão de leis, modelos mais elevados e mesmo fatos para defendê-la. Depender da boa vontade e da iniciativa subjetivas era uma esperança frágil, em comparação. Não obstante, as teorias objetivas podiam facilmente perder contato com as pessoas e os lugares reais e construir castelos no ar.

Quando *Ensaio sobre o desenvolvimento da concepção monista da história* (1894) foi publicado, Lenin saudou Plekhanov como a inspiração das gerações vindouras de marxistas russos. Em 1896, a Rússia tinha um movimento social-democrata vigoroso que prometia realizar o que nenhuma outra força na Rússia tinha feito: um movimento revolucionário da classe trabalhadora.[7] Plekhanov era até então o maior organizador revolucionário que a Rússia tinha conhecido.

Ele fez um movimento decisivo rumo à visão das relações econômicas como base e resposta perfeita ao futuro da Rússia. "O marxismo era um corpo teórico completo e integral abrangente de todas as questões principais da filosofia", e nada precisava ser discutido fora da perspectiva que ele supria.[8] Ele legou à futura utopia marxista a dominância do Partido, a adesão resoluta ao dogma marxista e ao próprio termo "marxismo dialético". Ele, em parte, inventou o realismo socialista na arte, com um vocabulário crítico que transformou a arte e a filosofia igualmente numa luta em prol do real sobre o ideal. Sua admiração pelo banal Chernishevski e pela dimensão mais estereotipada de Belinsky o ajudou a criar o molde pelo qual se afeiçoou o gosto soviético.

A adesão de Plekhanov ao marxismo clássico mostrou ser a sua ruína. Como a consciência revolucionária surgiria em seu devido tempo a partir de circunstâncias materiais determinadas pelas classes, ele insistiu que a revolução na Rússia teria de esperar até o povo amadurecer.[9] Lenin questionou impacientemente a sua opinião. A classe trabalhadora russa não podia alcançar a consciência socialista sozinha e teria de ser enquadrada. Esse desvio da linha clássica deu ao Partido Bolchevique de Lenin a vantagem na política ativista desde o ano da sua fundação, 1903, e Plekhanov acabou sendo forçado a ficar de lado.[10]

Às vezes, ainda sob a influência da sua juventude populista, Plekhanov parecia ser um bom marxista pelas razões erradas. Por exemplo, seu sentido da superioridade cultural da Rússia o protegeu da "heresia" do socialista alemão Eduard Bernstein, o qual afirmou que o marxismo era uma escolha moral que nada tinha de historicamente inevitável. Plekhanov objetou não só por pensar que o movimento ia entrar em colapso sem o seu marcapasso materialista-dialético, mas porque Bernstein estava transformando o marxismo numa busca burguesa de confortos materiais triviais para todos. Como os sindicatos na Alemanha estavam conseguindo melhorar as condições do trabalhador, Bernstein disse que a revolução já não era mais necessária. O revisionismo de Bernstein desanimou Plekhanov, como se verificou que desanimara todos os ativistas russos que buscavam a derrubada da autocracia. Mas Plekhanov também teve a sensação de que Bernstein estava extirpando o romance aristocrático do marxismo. A

Rússia não poderia manter o seu sentido de superioridade cultural sobre o Ocidente se acatasse a via revisionista.[11]

Uma preocupação pessoal tardia de Plekhanov foi a falta de moralidade no marxismo. Nisso, ironicamente, ele concordava — apenas inconscientemente — com Bernstein. O marxismo tinha de ser suplementado pela ética kantiana para poder ser um guia para a boa vida. O marxismo falava das origens de classe da moralidade, mas não tinha nenhum conteúdo ético individual. Ele não oferecia alimento para a alma do homem bom, como Kant tinha feito em sua escrupulosa atenção a motivos e seu sentido de bem absoluto a ser posto em prática.[12] Plekhanov rejeitou a moralidade kantiana como "burguesa", mas suas opiniões no sentido de que "liberdade significa ser consciente da necessidade" o trouxeram direto de volta a Kant.

Após viver no exterior, o mais sincero marxista que já existiu retornou à Rússia depois da revolução de fevereiro de 1917. Desapontado, viveu fora onze meses mais, apenas o bastante para ver os bolcheviques tomarem o poder pela força e ficar horrorizado, pois, na opinião dele, o povo não estava pronto.[13] Se a história fosse realmente uma força a lançar mão dos indivíduos para realizar seus propósitos preordenados, como Hegel e Marx conjuraram, então o marxismo russo certamente usou Plekhanov, cujo temperamento era gradualista, apesar da sua escolha da causa da revolução. Um patriota que, a pedido seu, foi enterrado ao lado de Belinsky e Plekhanov foi frequentemente considerado uma figura trágica.[14]

Mas, nos dias de Plekhanov, pré-Lenin, não era a *intelligentsia* trágica? A melhor parte do século tinha passado, muitas ideias morais boas tinham sido discutidas, mas nada tinha conseguido pôr o tsarismo de joelhos. Belinsky, Herzen, Chernishevski, Bakunin, Lavrov, Mikhailovski: todos fracassaram. Por mais de três gerações a Rússia tinha ansiado por mudanças sociais e políticas que conduzissem a uma sociedade comunal, harmoniosa e sem divisões, e o único resultado foram três gerações de um amontoado extraordinário de sonho sobre sonho. O marxismo significaria algo diferente; não só esperança, mas organização política, articulada com uma filosofia de inevitabilidade histórica. Com a coercitividade e o oportunismo leninistas para levar a inevitabilidade um pouco adiante, a *intelligentsia* leninista teria finalmente uma fórmula convincente para a ação. Chegada a revolução, os ativistas poderiam voltar-se para os moralistas e dizer: vejam, suas esperanças finalmente se realizaram. Nós assentamos a fundação da boa Rússia que vocês sempre desejaram. Mas ativistas e moralistas eram principalmente dois aspectos do mesmo homem, desesperadamente dilacerado sobre meios e fins. O marxismo jamais seria um legado fácil.

Até a vitória bolchevique, em outubro de 1917, o marxismo ainda significaria muitas coisas diferentes na Rússia. Os *Bogostroiteli* ou "Construtores de Deus", como Alexander Bogdanov (1873-1928) e Anatoly Lunacharski (1875-1933), afirmavam ser marxistas, mas fizeram exceção da mensagem estridentemente ateísta que Lenin promovia e advertiram contra a exclusão dos benefícios sociais da fé cristã. Eles estavam a par da visão espetacular de Comte da instituição do culto num Estado pós-cristão, e do apelo de Feuerbach em *A essência da cristandade* (1841) para que a sociedade utilizasse energias até então religiosamente dirigidas. Lunacharski, um homem suave, sem grande força de personalidade, um marxista que ainda respeitava mais os seres humanos que as teorias, especulou que a boa sociedade secular russa podia obviamente tirar proveito de sentimentos como o altruísmo e a modéstia. Lenin o ridicularizou como o tipo impotente de marxista que "se amotinava de joelhos".[15] Quanto a Bogdanov, amplamente aclamado por seus contemporâneos como um pensador brilhante e original, a mistura de brilhantismo e falta de estratégia política tornara-se o problema. Quando Bogdanov publicou uma versão inaceitável da filosofia marxista, Lenin o expulsou do Partido.

Os inimigos ideológicos mais poderosos de Lenin, contudo, eram difíceis de amordaçar. Eram os "Marxistas Legais" — liberais, se chamados por outro nome.

6

A Era de Prata

A geração liberal de peso que surgiu das universidades nos anos 1890 marcou uma época única, fugaz na Rússia. Posteriormente, o filólogo emigrante Roman Jakobson olharia para essa década como o auge da realização cultural da velha Rússia.[1] O "marxismo legal" de Nikolai Berdyaev, Semion Frank, Sergei Bulgakov e do advogado e ativista político Piotr Struve não descrevia qualquer movimento ou ação coordenada, mas apenas que não eram escritores clandestinos como Lenin e Plekhanov, que viviam e conspiravam contra o tsar no estrangeiro. Os marxistas legais ansiavam pelo fim da autocracia e sua substituição por uma democracia liberal. O futuro imediato da Rússia dava mais a impressão de que seria um longo período de aproximação com o Ocidente capitalista: uma perspectiva relativamente amigável. Eles tinham se tornado marxistas enquanto estudantes, pois esse era o ânimo das universidades e porque não havia teorias liberais disponíveis.[2] Homens de cultura profunda, que defendiam valores espirituais e individualistas para a Rússia, principalmente no contexto religioso, nunca esperaram que suas teorias marxistas fossem postas à prova. Em seus escritos sobre arte, criatividade e uma alternativa de civilização para a Rússia, davam boa acolhida ao legado de Khomiakov e Herzen, Lavrov e Mikhailovski, Leontiev e Soloviov, Tolstoi e Dostoievski, e esperavam que tivesse continuidade.

Em 1901, eles estavam desertando do campo marxista por versões recém-recuperadas do idealismo metafísico. Berdyaev publicou *Subjectivism and Individualism in Social Philosophy* [Subjetivismo e individualismo na filosofia social] com uma introdução do tamanho de um livro, feita por Struve, e Bulgakov deixou a sua marca herege com *From Marxism to Idealism* [Do marxismo ao idealismo] (1903). Duas coleções de ensaios saíram logo em seguida, *Problems of Idealism* [Problemas do idealismo] (1903) e *Landmarks* [Marcos de referência] (1909), contendo ensaios de Berdyaev, Frank, Bulgakov e outros. O organizador de *Marcos de referência*, o crítico literário Mikhail Gershenzon, enfatizou, na perspectiva compartilhada pelos colaboradores, "a preeminência teórica e prática da vida espiritual sobre as formas externas de comunidade", e "o sentido de que a vida interior individual é a única força criativa da existência humana e que este, e não qualquer princípio autossuficiente de uma ordem política, constitui a única base firme para toda e qualquer construção social".[3]

Nikolai Berdyaev (1874-1948) nasceu numa família nobre em Kiev e sempre pensou em si mesmo como um aristocrata rural russo. Sua avó materna era francesa, e ele falava francês e alemão desde a infância. Estudou filosofia em Kiev, embora não esteja claro se com sucesso, haja vista ele ter admitido ser incapaz de fazer exames por causa da sua dificuldade de resumir e de memorizar. Ele escreveu em sua autobiografia, *Dream and Reality* [Sonho e realidade] (1950), de longe a melhor introdução ao seu pensamento: "Eu sou um dos 'nobres de consciência culpada arrependidos', mesmo que no passado tenha me oposto e ativamente combatido a sua influência na cultura da Rússia."[4] A sua política era socialista, mas não era acompanhada pelas atitudes utilitaristas e materialistas características do socialismo russo antes dele e, depois, do comunismo soviético. Nesse detalhe, ele se parecia com Herzen. Em muitos dos seus livros, ele combateu o comunismo na Rússia como um mal moral, muito semelhantemente ao modo como Nietzsche combateu a mentalidade de rebanho e o nivelamento empobrecedor do Ocidente. A extrema relutância em comprometer-se e certas limitações de talento tornaram Berdyaev vago, embora, no final, a imprecisão fosse parte da sua mensagem. Ele pertencia a uma tradição anarquista mística de pensadores, desde Angelus Silesius até Jakob Boehme, e de visionários russos, que acreditavam que a compreensão humana do mundo era necessariamente incompleta. Berdyaev citava são Simeão, o Novo Teólogo (949-1022), como um dos seus modelos.[5] Simeão percebia a luz divina inacessível como "fogo incriado e invisível, sem começo e imaterial", e era contrário à Igreja institucional por ser o oposto da espiritual.[6] A sacralidade do incompleto — do adiado — foi tanto a mensagem de Berdyaev, em 1915, quanto seria a de Derrida, em 1975. O vocabulário místico-teológico do começo do século XX de Berdyaev não significa que seu pensamento não tenha contrapartidas, ou mesmo relevância, nos dias presentes. A Era de Prata russa projetou prefigurações interessantes do pós-modernismo ocidental que ainda precisam ser avaliadas.

Como Hegel, Berdyaev apreciava o conflito no pensamento, mas não no mundo. À diferença de Hegel, ele era um discípulo natural da introspecção alemã, sem experimentar a necessidade de que a bela alma fosse emancipada na realidade social. A vida refletida era um valor primário para Berdyaev, como foi para Platão e Aristóteles. Era o meio pelo qual o indivíduo definia a si mesmo e ao seu espaço moral.

> O mundo dentro de mim é certamente muito mais real que o estranho mundo lá fora. Há quem sempre tenha me reprovado por minha inaptidão para reconhecer o movimento de dentro para fora — façanha, realização, sucesso, vitória (...) É verdade que não tenho gosto pelos vencedores e bem-sucedidos: eles me parecem adotar o curso da mera adaptação ao mundo que é situado no mal e é basicamente miserável. Eu não (...) acredito na possibilidade de realização verdadeira no âmbito de um universo alienado, *objetificado* [grifo meu]: a tragédia atingiu fundo demais o coração do mundo.[7]

Berdyaev cunhou o termo "objetificação" para descrever um mundo no qual nenhum valor espiritual está presente. A noção de "espiritual" envolvia a crença no bem como uma presença não natural real no mundo, a qual Soloviov e quase todos os filósofos religiosos russos depois dele endossaram. Consistentemente ao longo de mais de quarenta anos, desde seus ensaios em *Marcos de referência* até seus muitos livros denunciando a secularização e o desencanto do mundo moderno, Berdyaev insistiu que "processos objetivos abstraem e rompem a existência. Eles substituem comunidade por sociedade, comunhão por princípios gerais".[8]

Berdyaev construiu a sua filosofia transformando ideias e argumentos religiosos em argumentos sobre conhecimento e ser, exatamente como os idealistas alemães tinham feito um século antes. Objetificação era, assim, o oposto do pensamento ortodoxo de teósis. Teósis significava uma reciprocidade amorosa entre pensamento e criação. Juntar-se a Deus num vínculo de amor — a deificação do homem por meio da sua participação na realidade espiritual.[9]

Berdyaev, que tinha mãe católica, mas fora criado na fé ortodoxa, tomou da Igreja oriental a visão da comunidade imanente entre a mente do homem e toda existência além dele. Ele representava o homem à vontade no mundo por meio da fé, mas decaído desse estado feliz por sua própria reflexividade e da condição sombria do mundo. O trabalho criativo era necessário para manter a visão inspirada viva. "A natureza deve ser humanizada, libertada, aquentada e inspirada pelo homem (...). O homem tem de devolver o espírito às pedras, revelar a natureza viva das pedras, a fim de libertar-se do seu poder pétreo, opressor."[10] Fazer a escolha criativa representava criar liberdade. *The Meaning of the Creative Act* [O significado do ato criativo] (1914), em que surgiu esse imperativo, embora uma obra longa, errante e insatisfatória, é sem igual no tocante aos hábitos religiosos-filosóficos da mente russa que revelou.

Em meados do século XX, Berdyaev adquiriu reputação internacional como existencialista cristão. Vivendo no exílio na França de 1922 até sua morte, em 1948, ele se tornou bem conhecido como oponente do comunismo e filósofo da cultura de características únicas. Muitos filósofos ocidentais declinariam qualquer interesse profissional por um homem que, apesar de contemporâneo de Russell e de Wittgenstein, não definia seu tema em 1914 como "ciência, mas uma arte (...) [porque] (...) a intuição do filósofo pressupõe gênio, que é uma percepção universal das coisas".[11] A filosofia analítica definiu seu desejo de ser científica expressamente pelo abandono da imaginação romântica por forjar uma aliança com a lógica e a matemática. Mas o valor de Berdyaev está numa tentativa de derivar conhecimento não de um divórcio analítico entre mente e objeto, mas antes de uma coalescência empática. Ele precisaria ser despido de uma tentativa incerta de colocar-se ao lado de Platão e de Kant, e ser apreciado por compreender que o conhecimento e a ética têm de ser criados pelo bem da humanidade. Resposta russa cristã para Nietzsche, Berdyaev acreditava nos benefícios espirituais da imaginação individual culturalmente fomentada. Ele era terrivelmente necessário na Rússia.

Semion Frank (1877-1950), produto de uma mistura de nacionalidades e bagagens religiosas, era, como Berdyaev, um filósofo ao molde de Soloviov, porém mais sistemático e de um temperamento mais calmo, mais erudito. Nascido numa família profissional liberal judaica, ele recebeu educação religiosa judaica básica do avô depois que seu pai morreu. Sua mãe, uma judia alemã educada e talentosa cujos pais só se mudaram para a Rússia depois de seu nascimento, casou-se novamente com um *intelligent* russo quando Semion tinha 14 anos de idade. Ele adotou o interesse do padrasto pelo populismo e o socialismo e cresceu bilíngue. Depois da universidade em Moscou, onde estudou economia e intitulou-se marxista, foi para Berlim estudar, em 1899. Finalmente, em 1912 ele se converteu ao cristianismo. Lecionou em Moscou e em Saratov até ser expulso da Rússia, em 1922, em função das suas opiniões religiosas.[12]

Frank desistiu do seu marxismo precoce por sentir que a moralidade baseada no ser social era limitada. Aspectos-chave da vida moral não derivam do fato de ser membro de qualquer comunidade. Eles concernem à integridade do indivíduo, a qual, por sua vez, diz respeito à relação do homem consigo mesmo ou com Deus. Só o indivíduo pode fazer exceções e só o indivíduo pode realmente agir por princípio, porque só ele pode possuir crenças. Semion escreveu um certo número de livros, tentando construir um sistema filosófico ao velho estilo de Spinoza. Cada um deles provinha do ponto de vista do filósofo idealista pré-hegeliano, que era Frank. O seu maior mentor como pensador foi Goethe, que sugeriu como o abismo entre mente e mundo, idealismo e materialismo, que nunca foi um espetáculo feliz para a mente filosófica russa, podia ser superado numa mescla de observação empírica suplementada por um salto de imaginação. Como descendente de belas almas, Frank também escreveu críticas literárias nas quais expressou sua visão da boa vida.

Sergei Bulgakov (1871-1944), que não era parente do escritor contemporâneo Mikhail Bulgakov, à diferença de seus confrades gigantes da filosofia alternativa na era de Lenin, não era nem aristocrata nem sequer alguém da pequena nobreza, e certamente tampouco um cosmopolita. Ele nasceu numa família pobre e desarmônica cujos membros pertenceram ao clero por seis gerações. Essa origem "entre classes", que ele compartilhava com Belinsky e Chernishevski, fez dele um membro típico da *intelligentsia* revolucionária. Ele estudou economia na Universidade de Moscou junto com Frank. Oscilando entre fé religiosa e marxismo, tornou-se economista antes de encontrar seu caminho de volta à Igreja. Como economista populista, Bulgakov não via razões pelas quais a Rússia devesse desenvolver uma economia capitalista e tornar-se socialista. A sua contribuição mais interessante para a filosofia foi uma teoria de trabalho e de lealdade à terra. A sua "economia sófica" visava resolver o problema da alienação no contexto religioso, ao mesmo tempo que enfatizava o caráter único da agricultura russa em comparação à teoria universal marxista. O termo "agricultura" podia ser lido tanto literalmente quanto como sinônimo da própria Rússia.[13]

Um homem nascido quase cinquenta anos antes de Berdyaev, Frank e Bulgakov, mas que foi mais bem conhecido nos anos 1890, também deve ser considerado pela influência formadora que exerceu sobre a *intelligentsia* antes de o totalitarismo tomar conta. Nikolai Fyodorov (1828-1903) era filho ilegítimo de um príncipe e tornou-se notável por sua vida ascética. Tolstoi e outros chegaram a lhe prestar homenagem. O seu livro mais famoso, *The Common Task* [A tarefa comum], concluído em 1902 e publicado postumamente, era uma filosofia mística da comunidade. Como Bulgakov, Fyodorov explorou o significado filosófico do trabalho e estabeleceu condições para uma filosofia apropriada ao homem trabalhador. Esse homem conheceria o mundo por meio das suas mãos e do trabalho compartilhado em lugar da cerebração, e forneceu a Fyodorov os meios para uma interessante refutação da ética de Kant.

O alcance da filosofia desses homens é demasiado complexo para desenvolver aqui. Seus valores eram justapostos à obra dos poetas e críticos simbolistas que enriqueceram imensamente a cultura russa nos últimos vinte anos do império russo. A distinção entre o ensaio poético e o ensaio filosófico foi uma que poucos russos se preocuparam em fazer. Suas atitudes políticas eram diversas. Berdyaev sempre insistiu que era socialista. Antes da Revolução, foi duas vezes exilado por tomar parte ativa em círculos revolucionários. Ele achou o banimento em Vologda tão a seu gosto que estendeu sua permanência voluntariamente. Acima de tudo, as gerações consecutivas de idealistas, dos nascidos nos anos 1820 àqueles nascidos na década de 1890, denunciaram os danos sociais causados pelo tsarismo, mas, ao mesmo tempo, não queriam ver o tecido social russo destruído. Piotr Struve, que era mais economista que outra coisa, atravessou todo o espectro, desde o marxismo real até o liberalismo cada vez mais direitista, acabando nas fileiras do Exército Branco durante a guerra civil (1917-1920). No ínterim, ele passou por um período de liberalismo de esquerda e, tanto antes como depois da Revolução, suas posições políticas o forçaram a viver no estrangeiro. Em Paris, Berdyaev andava em círculos socialistas cristãos.

Seu companheiro de exílio em Paris, Bulgakov, foi menos bem-sucedido em sobreviver ao desenraizamento forçado, ficando preso à velha Rússia dos tsares e à Igreja.

Filósofos russos — eu insistirei em chamá-los pelo que eram em seu próprio contexto — viajaram e estudaram no exterior com um novo vigor nos anos imediatamente anteriores à Revolução. O neokantismo que predominava nas universidades alemãs foi uma fonte de fascínio e inspiração tão importante quanto o idealismo alemão tinha sido um século antes. A fenomenologia de Edmund Husserl foi retomada por Aleksei Losev (1893-1988) e Gustav Shpet (1879-1937). O filósofo religioso padre Pavel Florenski (1882-1943) também produziu uma obra de grande interesse. Os filósofos e fenomenologistas religiosos-místicos-espirituais, contudo, deixaram uma marca tão fugaz na *intelligentsia* que muitos russos hoje nunca ouviram falar dos seus nomes. Florenski e Shpet morreram nos campos de Stalin, e, exceto por Losev, que viveu discretamente na União Soviética, todos os outros foram mandados para o estrangeiro, por decreto governamental, em 1922.

A expulsão oficial de Berdyaev, Frank e Bulgakov, e dos menos conhecidos Nikolai Lossky (1870-1965) e Fyodor Stepun (1884-1965), de sua terra natal, e a tentativa de apagá-los do registro histórico, decorreu diretamente da visão de Lenin de que qualquer um que não fosse materialista, qualquer um que expressasse uma crença religiosa ou mística era conservador e reacionário de um ponto de vista marxista. Lenin estigmatizou como idealistas perigosos todos os pensadores que não aceitaram que as condições determinavam a realidade. Em contraste com o materialismo de Lenin, os idealistas dos anos 1890 desenvolveram formas de individualismo numa perspectiva religiosa especialmente valiosa num país onde a integridade da personalidade e a sacralidade da vida interior eram tão prontamente depreciadas. Esses pensamentos, contudo, foram mais bem expressados por poetas, personalidades e padres de maneira apropriada a essas vocações. O idealismo metafísico que ganhou asas nas universidades já nasceu obsoleto.

Era uma pseudofilosofia retrógrada, a perda infeliz de um século de repressão. Lossky, que escreveu excelentes memórias da época e se destacava em São Petersburgo, via a si próprio como um neoleibniziano em busca de restaurar o vínculo seiscentista entre razão e fé. Nas mais cruéis palavras que jamais escreveu, Isaiah Berlin chamou Lossky e seus colegas de "um amontoado insignificante de praticantes provincianos enfeitados para parecerem um renascimento intelectual". A conclusiva *History of Russian Philosophy* [História da filosofia russa] (1953) de Lossky convenceu Isaiah Berlin e, consequentemente, todo o mundo anglófono, de que a Rússia não tinha filósofos, somente magos das estepes.[14]

Não obstante, por sua ênfase no valor das pessoas em si mesmas, a obra desses homens não foi sem sentido ou inexpressiva. Em seu contexto nativo, se fracassou em educar mentes, talvez tenha podido cultivar almas pacíficas que se respeitavam mutuamente e o mundo além delas. Talvez tenha ajudado a Rússia a abandonar uma tendência de um século que valorizava a filosofia como um trampolim para a ação prática imediata e mostrar como ela pode ser contemplativa; e também aliviá-la de emocionalismo.

Contudo, o problema para Berlin é precisamente esse emocionalismo, que o filósofo ocidental normalmente desdenharia, que era precioso na Rússia. O academicismo pomposo era definitivamente odioso por parecer querer desviar a atenção dessa herança verdadeira, da qual Belinsky era típico.

São ideias e crenças nesse sentido, conforme são manifestadas nas vidas e obras de seres humanos — o que, às vezes, é vagamente chamado de ideologia —, que perpetuamente excitaram em Belinsky entusiasmo, ansiedade ou aversão, e o mantiveram num estado que, em alguns momentos, equivalia a uma espécie de arrebatamento moral. Ele era muito apaixonado por suas convicções, e sacrificou toda a sua natureza em nome disso (...). As questões que o atormentavam (...) eram (...) sobre a relação apropriada do indivíduo consigo mesmo e com outros indivíduos, com a sociedade, sobre as fontes da ação e do sentimento humanos, sobre as finalidades da vida, mas, em particular, sobre a obra imaginativa do artista e o seu propósito moral.[15]

O que importava como filosofia na Rússia era o que representava manter uma ideia; que esperança estava envolvida; que investimento pessoal e social foi feito; não o que decorre logicamente da tomada de uma certa posição.[16]

O maior cumprimento que Lenin fez ao mundo no qual estava prestes a pôr um ponto final foi dar-se ao trabalho de apresentar a sua opinião em termos filosóficos. *Materialismo e empiriocriticismo* (1908) negava à genuína filosofia o direito de existir, insultava os seus praticantes e punha em seu lugar um ideologia virulenta. Era um livro raso e impróprio, preparado como arma em espantosos nove meses. Ao mesmo tempo, era uma réplica séria às tentativas prolíficas de fazer o pensamento metafísico prevalecer na Rússia.

Lenin, cujo nome de nascimento era Vladimir Ilyich Ulyanov, fazia parte do mundo que ele estava tentando destruir, era um *intelligent* da Era de Prata. Sua família possuía terras. Eles tinham ancestrais judeus alemães. Eles liam os clássicos russos em voz alta em casa, e a geração dos seus pais — o pai de Lenin foi inspetor escolar até sua morte prematura — respeitava o tsar. Os filhos dos Ulyanov receberam educação universitária. Mas tudo mudou na família quando o irmão mais velho, Alexander, foi sentenciado à morte por conspirar para matar Alexandre III. A família foi afastada e teve de mudar-se de sua cidade natal.[17] Vladimir Ilyich logo foi exilado na Sibéria devido à sua própria agitação política, e sua mãe e irmãs o acompanharam.

Para Lenin, o significado da execução do seu irmão dificilmente pode ser subestimado. Autorizou a execução do passado. No poder, ele baniria os primeiros tempos da sua própria vida tornando impossíveis a discussão pública e a publicação de ideias das quais discordasse. Pela força, ele proibiu a atividade favorita da *intelligentsia*: a disputa filosófica. Sob os sucessores de Lenin, as vozes dos pensadores dissidentes na Rússia — os *inakomyslyashchie* do século XX eram literalmente "aqueles que pensavam diferente" — se tornariam quase impossíveis de ouvir. Eles falavam em voz abafada e disfarçada, enquanto os filósofos banidos trabalhavam no exterior, fora de alcance.

Não obstante, a vida da *intelligentsia*, e assim, ao seu próprio modo, a filosofia russa, continuou num caminho que Lenin não logrou interromper. A revolução era uma crise, mas não um fim. O totalitarismo funcionou como um funil em que toda a riqueza do século XIX foi derramada e congelada. Só um gotejamento da rica cultura foi oficialmente descongelado e teve permissão de fluir. O cone do funil reteve a herança da Rússia — não apenas uma teoria da revolução, mas uma filosofia moral do ser. Ele contém toda a filosofia ocidental russificada da esperança, bem como o desejo indelével da Rússia de formar uma comunidade única, não ocidental.

PARTE II
A formação da filosofia russa

7
O mapa moral

O alcance da filosofia russa é sugerido em telas e discussões sobre bons indivíduos e seu papel na sociedade. Assemelha-se a um mapa em que os fatores-chave são morais e móveis — uma paisagem bastante instável. Individualistas e indivíduos, pessoas egoístas e abnegadas, personalidades primitivas e complexas, e almas em Deus: onde exatamente encaixam-se essas peças na utopia da Rússia moderna? Historiadores da filosofia normalmente não ficam montando quebra-cabeças virtuais, mas no caso russo isso parece inevitável. Os poucos argumentos que existem surgem em fragmentos — em histórias e diálogos, frequentemente com uma mensagem política. Mas a indagação filosófica é, principalmente, uma busca moral pelo modo certo de viver. Devo ser um indivíduo? Ou devo abrir mão de minha alma em nome da comunidade dos homens, ou dissolvê-la no fluxo universal das coisas? Ler a filosofia russa é muito como acompanhar um *O Peregrino** alternativo.

Um dos primeiros moralistas do século XIX foi o negligenciado schellinguiano Odoevsky, que rejeitava todo e qualquer modo de vida,

---

*Trata-se da alegoria cristã *The Pilgrim Progress from This World to That Which Is to Come*, do autor inglês John Bunyan, publicada em 1678, importante obra da literatura inglesa que narra a jornada de salvação pessoal de um homem comum da Cidade da Destruição à Cidade Celestial. (*N. do T.*)

todo e qualquer sistema social ou econômico, que encorajava os indivíduos a calcular e perseguir os seus interesses próprios. O alvo do seu ataque era o utilitarismo moral e econômico que florescia na Inglaterra e na América na sua época. De um ponto de vista russo, o princípio do autointeresse parecia profundamente estrangeiro, tanto geográfica quanto espiritualmente. Em *As noites russas*, Odoevsky falou da Grã-Bretanha como o "lugar de nascimento da contabilidade moral". Ele denunciou o "materialismo cru de Adam Smith" e censurou Thomas Malthus como o filósofo que "concentrava em si mesmo todos os crimes e erros da sua época, espremendo deles leis para a sociedade, estritas e embelezadas em forma matemática". Ele rejeitou Benjamin Franklin como "filósofo-manufator" e "o verdadeiro Tartufo da nossa era". Esses homens eram egoístas gananciosos.[1]

As noites russas foi o único romance romântico russo, não uma obra genial mas moderna, muito à frente do seu tempo, a perguntar: "o que a Rússia deve fazer?", "como o seu povo deve viver?". Odoevsky deu uma série de encorajamentos e advertências poéticas, cuja mensagem subjacente era que a Rússia deveria ser ousada, moralmente imaginativa e comunal — com efeito, tão pouco parecida com o Ocidente quanto possível. Uma história, *Town without a Name* [Cidade sem nome], ilustrava o terrível destino à espera dos indivíduos egoístas que viviam num sistema de autointeresse institucionalizado ao estilo ocidental.

> Chegou a hora predita pelos filósofos do século XIX: a raça humana se multiplicou; perdeu-se a relação de proporção entre o que os seres humanos necessitam e o que a natureza supre. Lenta, mas constantemente, a raça humana se aproxima do desastre. Levados pela indigência, os habitantes das cidades fugiram para os campos, os campos se transformaram em povoados, os povoados em cidades, e as cidades expandiram imperceptivelmente seus limites; em vão, o homem tentou usar todo o conhecimento adquirido pelo suor dos rostos através dos séculos, em vão ele acrescentou aos engenhos

da arte a poderosa atividade nascida da necessidade mortal. Há muito as estepes arenosas árabes foram tornadas em pastos férteis, há muito o gelo do norte foi coberto por uma camada de solo; por esforços incríveis, o calor artificial da química animou o reino de frio eterno, mas tudo foi em vão; passaram-se séculos, e a vida animal sobrepujou a vida vegetal, fundiram-se as fronteiras das cidades, e toda a superfície da Terra, de um polo a outro, tornou-se em uma vasta e populosa cidade à qual se transferiram todos os luxos, todas as doenças, todos os refinamentos, toda a devassidão, toda a atividade das antigas cidades; além das cosmópoles, porém, reinava uma terrível pobreza, e os meios de comunicação, que haviam sido aperfeiçoados, só levavam, a todos os cantos do globo, notícias de surtos de fome e doença; os edifícios erguiam-se ainda altos; umas poucas fileiras de milho iluminadas por raios solares artificiais e irrigadas com água artificial davam colheita abundante, mas ela desaparecia antes de poder ser colhida; em toda parte, a cada passo, nos canais, nos rios, no ar, formavam-se multidões, tudo pululava de vida, mas a vida destruía a si mesma. Em vão as pessoas imploravam umas às outras os meios de resistir ao desastre universal. Os velhos evocavam o passado e culpavam os luxos e o declínio moral por tudo. Os jovens apelavam à força da mente, da vontade e da imaginação para ajudar; os mais sensatos procuravam maneiras de prolongar a vida humana sem alimento, e ninguém ria deles.[2]

Nessa desditosa colônia benthamista em algum lugar da América, o egoísmo desenfreado tinha sangrado a natureza até a exaustão. Já incapaz de alimentar a si própria, a sociedade entrara num colapso de violência e anarquia. Essa Nova Bentham, conforme poderíamos chamá-la, sempre foi um lugar feio e excessivo para viver quando florescente, pois sua gente era egoísta e indiferente às necessidades dos outros, em declínio, porém era uma cidade homicida. Como seus habitantes careciam do impulso moral do altruísmo, não havia critério de comedimento numa época de privação. A população de Nova Bentham foi estimulada a maximizar o consumo, mas, precisamente quando a necessidade real se impôs, o egoísmo tornou-se crime. E então, a história de Odoevsky indagava: que será do princípio do autointeresse agora? Se buscamos satisfazer nossa necessidade de pão e de lenha quando ambos estão em falta, é duvidoso que possamos aumentar a prosperidade da maioria. Mas se você fosse um utilitário, se tivesse sido criado num tal ambiente moral, que atitude teria tomado a fim de ser um tipo diferente de pessoa? Se o Ocidente utilitário dificilmente poderia salvar-se, talvez a Rússia possa.

Cidade sem nome tinha elementos de propaganda antiocidental antes de a máquina de propaganda ser inventada. Em sua representação, a história subestimou seriamente a complexidade do comportamento humano e cometeu o típico erro russo de supor equivocadamente que o princípio competitivo econômico tem sua contrapartida, absolutamente inflexível e necessária, na indiferença interpessoal e numa luta brutal pela sobrevivência. Mas tinha um núcleo moral de mais significância na história do pensamento russo porque sugeria que praticar o egoísmo, mesmo que levasse a resultados econômicos bons, era inequivocamente errado. O que importava num mundo melhor eram pessoas de imaginação moral, que pudessem ver que o amor valia mais que o autointeresse. A perguntas utilitárias hipotéticas como "por que haveria eu de querer ser moralmente adequado a longo prazo, se a curto prazo posso pelo menos ser rico?" e "por que estaria eu errado de tratar a vida como um mero cálculo de ganho pessoal?", a resposta de Odoevsky foi que, considerando que como seres humanos nós temos imaginação moral à nossa disposição, e que a imaginação moral é uma coisa boa, nós devemos usá-la. A imaginação moral nos mostraria então que o egoísmo é um guia inferior para a boa vida. A lógica de Odoevsky era persuasiva.

Caso o leitor não compreenda direito, contudo, uma outra história de *As noites russas*, *The Avenger* [O vingador], destacava o papel de uma "Mão

Invisível" que golpearia os homens se não usassem sua imaginação moral. Originalmente de Adam Smith, o termo designava um mecanismo de autorregulação do mercado, e, ao fazer dele um uso místico-moral, Odoevsky mostrou até que ponto a Rússia estava pronta para tomar o individualismo econômico com seu inimigo moral. *As noites russas* eram um indício de como a filosofia econômica de Smith em *A riqueza das nações* desencadeou um voo imediatamente oposto da imaginação russa. Smith causou pânico moral em Odoevsky. O que o tornou punitivo.

The Last Suicide [O último suicida] é ainda outra história de Odoevsky em *As noites russas*, na qual um homem sem amor decide matar-se depois de compreender a pobreza dos cálculos mesquinhos que fizera durante toda a vida. Era infantilmente punitivo. Não lograva antever ocasiões em que a prudência pudesse ter ajustado uma decisão amorosa ou em que uma pessoa inteiramente boa não pudesse buscar nem receber amor. Porém, em algum lugar entre a aversão pelo utilitarismo moral e o desdém por indivíduos egoístas, uma boa ideia de como viver ocorreu a Odoevsky. Nova Bentham mostrava, à revelia, a necessidade, num mundo melhor, de uma personalidade moral baseada na continência voluntária.

Quase duzentos anos depois, Alexander Solzhenitsyn tentaria convencer o público ocidental de que a filosofia russa começou virtualmente com uma aversão por Bentham. A antipatia moral russa pelo utilitarismo foi notavelmente consistente.[3] Em suas histórias, na realidade, Odoevsky estava fundando a distinção típica que Khomiakov, Soloviov, Mikhailovski e muitos outros pensadores russos fariam, de que a Rússia era moralmente superior ao Ocidente, e mostrando o porquê. Menos próspera, tecnologicamente menos avançada, reconhecidamente, mas a cultura russa era de um tipo moral mais elevado, pois interessava-se por algo mais que afirmações cruas como "eu quero" e "isso é meu". Essas são as distinções que conformam a história filosófica da Rússia. Tão precocemente quanto na época de Odoevsky, o desejo do país de não ser ocidental transformou-se numa visão de si mesmo como economia secular mística baseada no desprendimento.

Em defesa de Bentham, o *infâme* russo, sua ética utilitária se baseava na lei, não numa consciência moral individual. Bentham procurava uma maneira de maximizar a liberdade individual no seio de uma estrutura legal benéfica para a maioria. Essa concepção sofisticada seria estranha aos pensadores russos que viviam numa cultura política inconstitucional e arbitrária em que o que importava era a moralidade pessoal ou nada.[4] Em defesa de Smith, *A riqueza das nações* é um tratado econômico, e seu autor expressou uma ética mais complexa em *Teoria dos sentimentos morais*. Não obstante, a crítica russa de Odoevsky desses modos pragmáticos britânico e norte-americano revelava a típica mente russa funcionando. A economia do *laissez-faire* de Smith expressava o otimismo racional ocidental inveterado nos mais modernos termos da busca material e de liberdade. Odoevsky discordava desse racionalismo porque, como religioso tradicionalista russo, pensava que a vida ética não podia ser produto da razão, tendo necessariamente de ter sua origem num sonho de comunidade místico-moral.

Em *Cidade sem nome*, Odoevsky entrou no debate anglo-francês das duas gerações precedentes sobre liberdade econômica, a riqueza das nações e a situação dos pobres. Ele via o comércio livre e suas posições filosóficas associadas como inteiramente responsáveis pela miséria da pobreza e a ruína da natureza. Na Grã-Bretanha, o debate levou finalmente à rejeição das Leis do Milho em 1846, mas Odoevsky assumiu o ponto de vista oposto de que o Estado deveria intervir nos assuntos econômicos, pois somente ele poderia regular suprimentos satisfatórios para todos. Uma pequena restrição imposta de cima seria com certeza uma coisa boa se ajudasse o homem a compartilhar. A novidade de Smith foi falar contra a intervenção do Estado no mercado. Leis, regulamentações e impostos deveriam ser minimizados. "A liberdade ilimitada e irrestrita do comércio do milho, assim como é o único preventivo efetivo contra as misérias de uma falta generalizada de alimentos, é o melhor paliativo das inconveniências de uma escassez." Em *A riqueza das nações*, Smith repetiu cinco vezes a sua crença de que a liberdade do comércio do milho era na verdade a melhor política para os pobres.⁵ Mas *Cidade sem nome* expressava o desacordo de Odoevsky com Smith evocando um mundo de superficialidade moral. A cultura deveria produzir sonhadores morais, enfatizava ele. A qualidade moral importava mais do que a eficiência econômica.

A reflexão sobre essas questões na literatura e na crítica russas do começo do século XIX mostra como a invenção do utilitarismo fez a Rússia olhar pela primeira vez o seu próprio rosto ético no espelho filosófico, onde pôde discernir traços de altruísmo e de um ser moral místico. Isso teve a sua contrapartida imediata em aversão por um modo de vida economicamente competitivo que parecia ser a antítese da imaginação moral. As revelações negativas providas pelo utilitarismo foram tão grandiosas quanto qualquer outra coisa que Hegel pudesse dizer à Rússia sobre o destino das nações. O espelho ocidental revelou que o que os russos admiravam instintivamente era o altruísmo e a comunidade. Numa Rússia ideal, graças à religião ortodoxa e à herança mística, esses valores se enraizariam num fundamento do ser que os tornaria menos em escolhas cotidianas do que num modo natural de vida.

Quando *As noites russas* foi publicado, em 1844, Khomiakov e Kireevsky estavam prontos com sua explicação religiosamente informada de por que o egoísmo não era apenas um erro moral, mas também, e mais fundamentalmente, uma forma de conhecimento iníquo. Um homem egoísta não era somente desvirtuoso, pois em sendo autocentrado não podia conhecer a própria essência da existência. O egoísmo era um crime epistêmico assim como um crime moral, indicaram esses primeiros filósofos russos. Sobre essas fundações, a busca de uma filosofia moral da existência passou a definir a filosofia russa e a orientar a cultura russa.

O altruísmo tinha as suas implicações políticas e econômicas, mas fundamentalmente descrevia a relação justa entre o homem e seu mundo: como buscar a verdade neste mundo. Com todas as suas extensivas ramificações, o ideal de altruísmo — de uma singularidade humana definida pelo amor e não pelo autointeresse — brotou de duas fontes. Uma foi a comunidade tradicional russa. A outra foi a reação contra o Ocidente, que Odoevsky demonstrou, mas a qual na verdade era anterior ao utilitarismo, dizendo respeito diretamente à Revolução Francesa. A resposta conservadora russa a 1789 foi desacreditar a razão iluminista como imoral. Este sentido de ultraje perante a Revolução foi sentido pela Igreja católica francesa, e a Rússia conservadora adotou a sua postura. Assim, a Rússia moral prolongou a aversão religiosa europeia dos modos percebidos da razão por muitas décadas — com efeito, até a sua própria Revolução em outubro de 1917 e depois. O contexto propiciado pela Inglaterra e a França do final do século XVIII permaneceu desde então vitalmente importante para a compreensão antiocidental da Rússia, pois vinculava razão e ateísmo ao livre-pensamento. A direita política do século XVIII associava a nova ciência da economia política de Smith e Condorcet a tudo o que levava à derrubada dos valores tradicionais. Smith disse que o peso das velhas superstições e tradições do passado não devia bloquear a verdadeira liberdade do homem de desenvolver e determinar um mundo racional, habitável e vibrante através da atividade econômica. Mas, para seus opositores religiosos de ambos os lados do Canal, ele falava com língua ferina em nome da "seita do Iluminismo". Lamennais — a fonte de inspiração de Chaadaev — denunciou os *philosophes*, incluindo Smith, como "apóstolos da impiedade" que queriam erigir uma nova religião fundada na razão, e forjar uma combinação criminosa de incerteza cósmica com triunfo da vontade individual. O novo modo de pensar era um "caos monstruoso de ideias [que] imaginam que tudo se possa fazer com dinheiro".[6]

De fato, o *laissez-faire* pouco tinha a ver com os jacobinos, cuja economia era intervencionista, mas um número suficiente de antirracionalistas na Grã-Bretanha e na França fazia a ligação entre eles como duas consequências do racionalismo, e a repetição do erro fez a conexão persistir. Odoevsky ajudou então a levar para a Rússia uma visão de mundo que vinculava moralismo conservador a aversão pelo mercado livre e o individualismo que ele implicava. Racionalismo na filosofia moral, liberalismo na economia e a extinção das hierarquias políticas e sociais: uma maré alta individualista que transbordava a partir do Ocidente, e a tarefa de Odoevsky era estabelecer a cabeça de ponte moral contra ela.

A posição de Odoevsky foi uma característica tão marcante da Rússia ao longo dos 150 anos seguintes que ajuda a explicar uma confusão muito posterior nas percepções ocidentais dos valores russos e soviéticos. Foi certamente pelo fato de a Rússia ter entrado tarde no debate europeu sobre valores econômicos e morais — Odoevsky só retomou o debate anglo-francês dos anos 1780 depois de 1836 — que a partir de então raramente a "esquerda" e a "direita" russas coincidiriam com a percepção europeia de como o espectro político-moral se dividiu após a Revolução Francesa. É por isso que uma história do que significou a oposição ao autointeresse na Rússia é tão importante. O modelo do Ocidente livre, expresso em seu maior grau de liberdade como mercado livre, foi rejeitado na Rússia porque parecia trazer consigo um estilo de vida centrado na afirmação dos desejos e direitos do indivíduo. O "sistema" tornava os indivíduos egoístas, e seu racionalismo os fazia perder de vista o verdadeiro significado da vida.

O próximo homem a entrar no debate sobre egoísmo foi Herzen. A ascensão do socialismo ocidental foi a influência imediata do seu pensamento inicial. Com seus ideais neocristãos de cooperação, o socialismo reforçava a virtude russa da existência altruísta ao mesmo tempo em que tanto a Rússia como o Ocidente estavam transferindo os seus ideais morais-religiosos para o domínio político. O ideal de altruísmo, embora enraizado na ortodoxia, tornou-se assim muito mais claro para o semiocidental Herzen, por meio das suas leituras do socialismo utópico francês. As comunidades utópicas de Saint-Simon e de Fourier o convenceram de que ele não deveria gostar de egoísmo e egoístas e devia negar-lhes lugar numa sociedade decente. O jovem socialista aprendeu que virtude moral era virtude política. Preocupar-se politicamente com o bem-estar social, acreditar que os homens nasceram para cooperar e não para competir, eis a definição do que era altruísmo. Herzen, com 24 anos de idade e pensador progressista, acreditava em todas essas coisas quando escreveu uma história sobre como só podia gostar de homens cuja vida estivesse centrada no bem comum, não em interesses privados.

A história dizia respeito à amizade entre Goethe e Schiller, e já quando Herzen escreveu a sua versão esse capítulo da história da literatura alemã tinha adquirido a força de um mito cultural nas mentes russas. A história de Herzen não tem grandes méritos como literatura, mas seu desejo de contá-la, afinal, por duas vezes consecutivas é parte da história filosófica da Rússia. A base real era que Goethe permaneceu distanciado da Revolução Francesa, ao passo que Schiller, apesar de a guinada jacobina para a violência tê-lo amedrontado, continuou apaixonadamente ligado aos ideais de liberdade, igualdade e fraternidade. Herzen redigiu um primeiro comentário ficcional sobre essa amizade em 1836, intitulado *First Meeting* [Primeiro encontro]. Falava de um jovem russo deslumbrado pelo gênio calmo e altivo de Goethe, mas chocado com as implicações políticas do seu egoísmo. O russo finalmente explodiu: "Não posso gostar deste homem." Schiller, preocupado com o bem-estar do grande número, era a figura moral mais atraente por causa do seu altruísmo.[7]

Herzen, contudo, que era um verdadeiro livre-pensador, achava difícil manter esse ponto de vista doutrinal, pois não gostava do tipo de sociedade que poderia resultar do fato de ele ser amplamente defendido. Numa nova versão do encontro Goethe/Schiller chamada *One Man's Notes* [Notas de um homem] e terminada em 1841, apenas cinco anos depois, ele deixou claro que ser uma pessoa cordial, altruísta e solidária, preocupada com o bem-estar geral, poderia não ser mais benéfico para a sociedade, e provavelmente beneficiaria menos, do que um grande artista. O artista poderia ser um modelo de independência espiritual e promover uma nova compreensão da vida. Com efeito, Goethe era um homem assim, o exemplo de alguém cuja devoção egoísta à própria obra poderia fazer mais pela sociedade do que seu comprometimento ou boa natureza.[8] Herzen estava dizendo que a visão de mundo do ativista benevolente, consequentemente, e ainda mais se fosse dogmática, era demasiado simples como filosofia moral, pois seguramente qualquer pessoa inteligente podia ver que apenas as consequências diretas de ações morais não podiam levar os assuntos humanos a uma condição melhorada. A bondade irrefletida podia ser profundamente atraente, mas qualquer perspectiva que simplificasse o bem a esse ponto, e que a ele exigisse dedicação cega e abnegada, estava errada.

A posição repleta de nuances de Herzen era rara entre seus pares. Conforme observou seu biógrafo norte-americano, depois de ler os escritos filosóficos de Schiller quando jovem, Herzen nunca mais foi capaz de conceber a grandeza humana sem integridade moral e intelecto cultivado. Ele se agarrou aos ramos de uma herança socrático-aristotélica que não lograra deitar raízes na Rússia. Estava destinado a ser levado pela corrente do "novo homem" utilitário e mais tarde pelo populismo, mas antes de partir foi capaz de expressar seu medo de que a noção de homem bom na Rússia corria o risco de tornar-se num culto puritano. Sua resposta ao mundo de Odoevsky já foi uma advertência. Guarde-se de tornar o modelo do homem bom demasiado primitivo.

O risco era que o hábito de subordinar todo valor cultural e político a uma visão de existência moral — uma espécie de utilitarismo místico em que todos os bens são comunais — faria da Rússia uma nação não ocidental, ou, na melhor hipótese, à margem do Ocidente. A chave para o próprio desenvolvimento de Herzen como ocidentalizante foi o modo como ele rejeitou a obsessão com o altruísmo e pleiteou o oposto para a Rússia. O ideal de altruísmo, e o misticismo que pairava em torno dele, tinha de ser abandonado se a Rússia quisesse mesmo se tornar uma cultura rica e moderna, em vez do remoto lar de um puritanismo canhestro e excêntrico.

Em *Cartas históricas,* Lavrov pediu a Herzen para pensar de novo. Ele exigia compromisso abnegado com a causa política, se a Rússia quisesse progredir. Ao abrandar as acusações morais e políticas de egoísmo, Herzen queria estimular a sociedade liberal na Rússia, uma sociedade em que todos os tipos de homens e de mulheres, diferentes, mas não necessariamente imorais, poderiam encontrar seu lugar. Mas Lavrov insistiu num compromisso político do homem moral que envolvesse um autossacrifício do qual todos os demais valores decorreriam. Na Rússia, o homem bom teria de condenar a sociedade que lhe dera um "eu" constrangido. Ele teria de condenar em si mesmo uma espécie de egoísmo sobre o qual não tinha qualquer controle e do qual nunca tinha sido agente, isto é, as próprias circunstâncias do seu nascimento. "Um membro do pequeno grupo dentro da minoria, que tem prazer em seu próprio desenvolvimento, na busca da verdade e na realização da justiça, diria a si mesmo: cada qual dos confortos materiais de que desfruto, cada pensamento que dispus de tempo livre para adquirir ou desenvolver, foi pago com o sangue, os sofrimentos ou o trabalho árduo de milhões."[9]

Lavrov disse a Herzen: ouça, considerando a confusão que é a Rússia, você não pode definir a verdade moral em termos convenientes para você privadamente como homem educado. A causa política tem de vir primeiro. Tudo bem não falar sobre a base mística da existência moral, tudo bem não ser um tipo à moda antiga como Odoevsky, mas a única teoria moral adequada na Rússia tem de ser aquela que cria militantes-modelo para a causa. Todo russo educado deve querer servir seu país e erradicar a injustiça. Não basta na Rússia defender um ponto de vista. Qualquer filosofia moral também tem de ser uma filosofia de ação política. Nós, homens educados, temos de sacrificar alguma coisa. Nós temos de abrir mão do tempo que passaríamos refletindo e tornar este nosso vasto mundo melhor. "Eu não posso corrigir o passado, e, por mais alto que tenha sido o preço da minha educação, eu não posso repudiá-la; ela constitui o próprio ideal que me incita à ação. [Contudo] uma pessoa fraca e não cultivada desaba sob a pressão das suas responsabilidades e foge do mal para o Thebaid ou para a morte. O mal deve ser *vitalmente* corrigido. Eu abrandarei a pressão do custo sangrento do meu próprio desenvolvimento se utilizar esse mesmo desenvolvimento para reduzir o mal no presente e no futuro. Se sou uma pessoa cultivada, sou obrigado a fazê-lo."[10]

Estar preparado para "corrigir vitalmente o mal" tornou-se a definição de Lavrov do homem bom na Rússia. A necessidade de ação contra a injustiça constituiu um objetivo moral a partir da disposição de agir desse modo, independentemente do motivo. Agir era bom em si mesmo, e a ação não devia ser inibida por quaisquer considerações exceto seus resultados ideais. Lavrov ensinou uma versão russa socializada do que Nietzsche chamaria de Vontade de Potência — uma espécie de autossuperação para homens educados, que de outro modo poderiam ser tentados a não perseguir objetivos sociais ativamente. "O mal deve ser vitalmente corrigido (...). Eu sou obrigado a fazê-lo. Mas, pessoalmente, essa obrigação é muito leve, pois coincide exatamente com o que, para mim, constitui prazer: buscando e disseminando a verdade maior, adquirindo a compreensão de que ordem social é mais justa e lutando para realizá-la, eu estou aumentando o meu próprio prazer e, ao mesmo tempo, fazendo tudo o que posso em prol da maioria sofredora no presente e no futuro. E assim minha tarefa se limita a uma única regra simples: viver segundo o ideal que você mesmo estabeleceu como ideia de homem *cultivado*."[11] A Vontade de Potência da Rússia era uma mistura de exortações utilitaristas e kantianas para o homem bom comprometer-se com a causa.

Lavrov fazia apelo à imaginação moral dos homens educados na Rússia, mas, caso hesitassem, ele observava que um imperativo categórico quase kantiano os obrigava a não serem egoístas. Como seres humanos capazes de refletir, eles não tinham escolha, exceto trabalhar para o bem político. Com que tipo de indivíduos ou de eus trabalhava implicitamente a filosofia de Lavrov? Ele era um pensador ao estilo ocidental influenciado por Kant e por Hegel, e certamente tinha em mente os indivíduos como agentes morais responsáveis. Os homens educados que constituíam o seu ponto de partida eram personalidades conscientes da sua capacidade de refletir isoladamente sobre o mundo. Mas as exigências políticas feitas por Lavrov aos indivíduos os tornavam o que eu chamaria de "indivíduos moralmente recrutados". Eram personalidades de que se exigia abrir mão da sua individualidade em nome da causa.

Mais que qualquer outro filósofo russo antes dele, Lavrov se preocupava principalmente com ação política. Para esse fim, ele tendeu a sacrificar valores morais ocidentais que admirava. O resultado o pôs em dificuldades sobre quanto individualismo incontido era preciso para um país fazer progresso — o quanto devia ser permitido. Hegel desenvolveu o argumento do progresso. Ele imaginava uma sociedade complexa ideal na qual um número ilimitado e crescente de indivíduos realizados desempenharia um papel plenamente integrado no produto social. Eles desempenhariam seu papel desenvolvendo-se com seres racionais. Hegel descreveu como amadurecia o homem racional. A comunidade simples era o seu primeiro lar — sua família e a localidade imediata. Porém, à medida que envelhecia e se tornava mais reflexivo, ele se distanciava das suas origens e considerava o seu lugar num mundo mais amplo. O homem realizado para Hegel — o que um filósofo grego teria chamado de homem justo ou excelente — não era portanto nem um rústico camponês feliz nem um solitário introspectivo. Era um indivíduo moderno complexo, cuja tarefa era conhecer um mundo além da sua esfera nativa. Um homem racional hegeliano estendia constantemente a sua vida no mundo exterior, distanciado das suas preocupações íntimas. Não havia limites para esse processo. Esse é o significado das obscuras linhas nas páginas deste livro.

> A força do espírito só é tão grande quanto sua expressão; sua profundidade é apenas igual à profundidade da sua ousadia em estender-se em sua exposição e perder-se.[12]

O vocabulário era cartesiano. Originava-se na divisão do mundo em espírito e matéria, *res cogitans* e *res extensa*. A façanha de Hegel foi situar a busca cartesiana do conhecimento num contexto histórico em evolução.

Para Hegel, conhecimento era progresso e progresso era conhecimento. O conhecimento tornava possível o deslocamento da comunidade simples para a sociedade complexa. Ele possibilitava que almas simples se tornassem eus. Indivíduos livres pensantes emergiram pela primeira vez como força geral na história quando Hegel pôs "eu penso, logo existo" num contexto em que se tornou "eu penso, logo virei a ser".

Os bons argumentos de Hegel convenceram Stankevich e Herzen de que uma boa sociedade estimularia necessariamente os indivíduos a perseguir o conhecimento ilimitado. Stankevich, a bela alma que estudara em Berlim e morrera tão precocemente, declarou, em 1835, que achava que o sentido da vida de Hegel como *processo* intelectual e espiritual era a essência da filosofia moderna. Ele admirava e esperou tornar sua uma filosofia que, "fundada num vasto conhecimento, mostra ao homem o objetivo da vida e o caminho para esse objetivo, e abre a sua mente".

> Eu quero saber até que ponto o homem desenvolveu o seu pensamento, e, tendo-o descoberto, quero mostrar às pessoas seus méritos e sua vocação, eu quero inspirar todas as outras ciências com uma única ideia (...). Eu sou crente, mas sempre quero proteger e fortalecer minha fé com minha mente. Fiquei encantado ao descobrir algumas das minhas ideias prediletas em Hegel. Não foi o encantamento da vaidade, não, eu fiquei feliz que um homem de tão grande intelecto, tendo sofrido todas as dolorosas provações pelas quais a mente deve passar, não fosse estranho a essas crenças.[13]

Em *A fenomenologia do espírito*, livro que Stankevich aparentemente conheceu e que Herzen explicitamente admirava, Hegel descreveu como era estar consciente no mundo. Ele contou histórias sobre como indivíduos se desenvolvem mentalmente, psicologicamente, culturalmente — histórias que sempre lembraram as críticas do *Bildungsroman*, a mais bem-sucedida forma do romance alemão do século XIX. O *Bildungsroman* falava de indivíduos realizando-se no mundo: romances que comparavam começos simples com fins complexos. Num espírito semelhante, a filosofia do desenvolvimento de Hegel expressava fé no progresso, desde que os indivíduos respondessem ativamente ao desafio de um mundo cada vez mais complexo.

A Rússia devia modernizar-se e desenvolver-se por meio da contribuição do esforço e da invenção individuais no processo racional-histórico, concordava Lavrov. Mas poderia o indivíduo livre fazer realmente o bastante? O historicismo de Hegel significava que indivíduos em busca de conhecimento estavam necessariamente aumentando a quantidade de razão na sociedade e tornando-a um lugar mais esclarecido, mas Lavrov achava que só a busca do conhecimento não era bastante para garantir um futuro moderno na Rússia. O objetivo moral tinha de ser explícito por causa das circunstâncias políticas peculiarmente opressivas da Rússia. O motor da mudança, mesmo que a história o pusesse em movimento, tinha de ser abastecido por indivíduos conscientemente inclinados a agir em concerto moral. Nessa medida, no interesse da ação efetiva, uma parte da sua liberdade individual de perseguir diversos fins tinha de ser refreada. Haveria um compromisso dialético entre necessidade e invenção — uma troca de interesses, como se necessidade e invenção fossem dois homens de negócio —, mas ele teria de ser moralmente supervisionado. Eu sugeri há pouco o termo "indivíduos moralmente recrutados" — não exatamente agentes morais livres.

Lavrov estava dividido entre a sua crença em indivíduos livres ao estilo hegeliano e as necessidades da sociedade russa. Como ocidentalizante, ele podia conviver com a individualidade competitiva se fosse capaz compensá-la com um comprometimento moral infalível. Mas muitos pensadores russos que o precederam e seguiram, talvez a maioria, descobriram ter aversão pelo individualismo como tal. O progresso tinha de ser progresso moral. No mínimo dos mínimos, Hegel tinha de ser adaptado.

O quadro de Hegel de um mundo individualista combativo, no qual pessoas e nações se desenvolviam ao definirem-se em contraposição a outras, realçava uma disputa constante por poder. Assim como no mundo de Smith os homens trocam bens em busca de lucro, no de Hegel os indivíduos — mas também o poder mesmo do pensamento — intercambiam ambições pela chance de poder realizá-las. Indivíduos colidem com a natureza e com a sociedade numa tentativa de obter domínio e pela chance de poder expandi-lo. A visão de Hegel era a do Ocidente em desenvolvimento como um motor da razão. Stankevich e Herzen a aprovavam, Lavrov o fazia pela metade. As belas almas aceitaram o benefício moral geral da busca individual irrestrita do conhecimento. A posição mais equívoca de Lavrov equilibrava-se finamente entre o reconhecimento de que a Rússia civilizada necessitava da ética individualista ocidental — e assim de uma escolha de maneiras de ver — e a aceitação de que realizar uma causa moral, não importa o custo, era um bem supremo.

A posição russa radicalmente negativa sobre Hegel era a eslavófila. Khomiakov e seus companheiros eslavófilos sentiram instantaneamente que o mundo competitivo de Hegel, tão apaixonado quanto à sua própria satisfação, com seu detalhe central de indivíduos lutando corpo a corpo por vantagens, era inadequado para a Rússia. O Ocidente simboliza competição, energia e conflito, mas a Rússia moral simboliza comunidade e paz. A tensão mais sutil na filosofia russa emerge do encontro com Hegel, entre eus refreados, voluntária ou moralmente recrutados a partir de fora, e as individualidades não existentes imaginadas pelos eslavófilos — almas simples intocadas pelos engodos do progresso. Quando o liberalismo de Herzen foi deixado de lado, a Rússia reteve duas opções filosóficas sobre o progresso, ambas justificando a imposição de restrições morais à busca do conhecimento. A opção lavroviana imaginava, não em tantas palavras, uma sociedade branda a moderadamente reprimida, na qual os indivíduos hegelianos abriam mão de uma parte da sua liberdade e admitiam ser moralmente recrutados. O outro ideal, estabelecido pelo eslavofilismo, regalava-se numa versão remendada da comunidade tradicional de almas abnegadas. Cada qual desses futuros potenciais para a Rússia tinha uma coloração moral distinta, visível na maneira como tratavam o indivíduo: ou como eus refreados ou como eus não existentes por razões morais.

Qual poderia ser a justificativa para rejeitar a personalidade ou individualidade em favor de uma existência simples repleta de alma e sentimento? A Rússia tradicional não tinha dúvidas. Um ano antes da morte de Khomiakov, as histórias de Hegel sobre o amadurecimento do indivíduo na sociedade ocidental por meio dos seus próprios esforços racionais foram respondidas por um quadro muito mais compatível do mundo russo. O romance de Ivan Goncharov, *Oblomov* (1859), era anti-*Bildungsroman* em tudo, menos no nome. Todas as suas energias foram aparelhadas para zombar do *mythos* hegeliano e refutar o *logos* por trás dele. Obra de gênio acidental, com nada que Goncharov tenha escrito chegando sequer perto, o romance ilustrava a escolha fundamental russa pelo não eu como base para a comunidade ideal. Ele ridicularizava com superioridade a futilidade da competitividade individualista.

"Uma sonolenta lida rumo ao significado", foi como um crítico descreveu a existência de Ilya Ilyich Oblomov, o despreocupado nobre russo que levava cem páginas para sair da cama, e nunca conseguia fazer exatamente o esforço para casar-se com a adorável e moderna Olga. Jovem, ativa e exigente, Olga é um modelo de aspiração e paixão. Oblomov pertence psicologicamente — e também epistemicamente — a um mundo diferente. Goncharov recua a fim de usar o quadro alternativo do conhecimento russo estabelecido por Khomiakov e Kireensky. I. I. Oblomov encarnava o conhecimento consubstancial "integral" para almas em vez do conhecimento agressivo-decisivo para indivíduos.

A questão do filósofo moderno e a essência do individualismo ocidental para Hegel — a diferença entre a consciência individual e o que existe fora dela — nunca ocorrerem a Oblomov. Seu laço com a natureza é não dinâmico e não problemático. Nenhuma energia perturbadora centelha do seu ser individualizado para uma entidade separada chamada "mundo exterior".

Nenhum objeto externo, supostamente "o mundo", precisa ser influenciado, moldado, compreendido e classificado. A distinção entre matéria pensante e matéria estendida é quase não existente no seu mundo pré-cartesiano.

Hegel lança o homem interior contra o mundo exterior da natureza e da sociedade. Na visão do velho mundo russo, porém, não havia muitas lacunas a serem superadas ou sofridas. A maneira pacífica como Oblomov absorvia conhecimento o colocava no centro de um idílio emocional e epistemológico. Seu personagem sugeria um quadro impossível para a filosofia clássica ocidental, isto é, que não havia um problema — pensamento e matéria se combinavam num abraço de urso. Como Oblomov não queria poder nem sobre a natureza nem sobre outros homens, sua existência política seguia um padrão paralelo pacífico, não ocidental. Um senhor feudal, mas um aristocrata e um russo, Oblomov administrava a sua propriedade como um senhor, mas sem escravos. Ele era um senhor, mas explicitamente sem servos. No breve período em que serviu ao Estado como funcionário público, comportou-se como um pai perante os seus subordinados. Ou suas relações sociais e políticas eram de parentesco, ou então não existiam.[14]

Uma indicação de que o seu romance possa ter sido uma resposta deliberada a Hegel era a presença de um personagem anti-Oblomov, um meio alemão chamado Stolz, que competia com o russo por felicidade, por sucesso e pela mão de Olga. O sobrenome alemão de Stolz significava "orgulho", e com sua mãe russa e seu pai alemão ele era um novo tipo na sociedade, e a causa, em 1859, de muita reflexão russa sobre indústria e modernidade. Olga casou-se finalmente com Stolz, que, como símbolo do progresso de estilo ocidental na Rússia, estava plenamente engajado na administração mais eficiente da sua propriedade. Ele acordava cedo, trabalhava, disciplinava-se e perseguia metas. Era ativo e ambicioso. Mas o simbolismo sutil do romance mostrava que Stolz vivia num mundo irreal que só existia como criação de sua própria vontade e desejo. Stolz era uma versão branda do homem-Deus — o indivíduo na mitologia filosófica russa do século XIX cujo desejo de autorrealização era uma tentativa de tomar o lugar de Deus. O termo foi definido por Soloviov, em contraste com o padrão de aspiração ocidental definido por Hegel e Feuerbach. O Stolz hegeliano não era um exemplo monstruoso de um homem-Deus, mas Goncharov tornou a sua realização — a felicidade ao estilo ocidental como recompensa por trabalho duro — moralmente inconcebível.

A vida de "Platão de Oblomovka" tinha uma qualidade suave e uma serenidade feminina. Oblomov é ingênuo, uma criança, satisfeito de existir, abrigando-se na natureza construída como num jardim domesticado. Nem dependente nem independente, e sem jamais duvidar do seu lugar na natureza e em sua própria comunidade, ele rejeita a noção da vida como esforço. Ele não é um pensador. Rejeita a própria noção de pensamento como reflexão. Bastava olhar para o seu quarto de dormir para perceber que

> em vez de objetos refletores, [aqueles espelhos] poderiam ter servido melhor como tabuletas onde lembretes fossem escritos na poeira.[15]

Um homem que não gosta de (autor)reflexão é alguém que não tem uso para a razão. Oblomov não se liga ao mundo por meio da razão. A sua realidade é imediata e indiferenciada, e justamente por isso ele não vê a moderna sociedade competitiva ocidental como o objetivo correto para uma boa Rússia.

Essa psicologia comunal e amiúde religiosa, típica do conservadorismo russo, pode ser o motivo por que Bakunin, quando estabeleceu um diálogo com Hegel, ignorou os quadros de conflito daquela filosofia estrangeira e olhou para a meta de autolibertação mais além. Como não era um mascate metafísico apaixonado pelo processo de autoafirmação, ele ansiava pelo aperto de mão final. Bakunin abarbou Hegel como se o filósofo alemão fosse médico de almas em vez de filósofo da competição. A reflexibilidade perturbava Bakunin. Ele se queixava de que a exposição ao individualismo ocidental tinha feito um eu crítico artificialmente grande crescer dentro dele. Ele desejava ardentemente livrar-se desse crescimento brutal — a razão como uma arma gratuita anexada ao seu ser — a fim de viver em paz com o mundo.

A biógrafa de Bakunin Aileen Kelly descreveu a estranha resolução com a qual Bakunin buscou uma prescrição em Hegel:

> Por meio de um feito titânico de vontade, ele alcançaria a autorrealização como natureza superior e, simultaneamente, perder-se-ia no Absoluto por meio do serviço como instrumento dos propósitos eternos do Absoluto.[16]

Bakunin falou reiteradamente do seu desejo de destruir a personalidade individual que o mundo moderno o tinha impelido a criar.

> A pessoa precisa aniquilar totalmente o seu ego, aniquilar tudo o que forme a vida desse ego, suas esperanças e suas crenças. A pessoa tem de amar e respirar apenas o Absoluto (...) [a] felicidade (...) só é possível por meio do autoesquecimento total, da autonegação total.[17]

Ele trouxe Fichte para o diálogo para assegurar-se de que "quanto mais [o homem] se dissolve no [mundo divino], mais ele se torna homem, mais ele identifica a sua vontade com a vontade de Deus e mais ele se liberta". Bakunin pediu então a Cristo para confirmar que ele fizera a escolha filosófica certa, pois não era Cristo o exemplo acabado do homem cuja divindade fora confirmada através da dissolução do seu ego material?[18]

A psicologia de Bakunin sugere que seu papel natural na vida teria sido de servidor religioso de uma seita mística. Como um indivíduo inquieto com o fardo de uma personalidade autônoma, ele ansiava pelo Julgamento Final. Foi uma criança histérica, portador do tipo de emocionalismo excessivo que o historiador Georgy Florovsky disse que tinha arruinado a

Igreja medieval russa, e que muitos observadores perceberam na sociedade russa quando era comunista. Bakunin, à frente de todos os demais devotos da causa da moral absoluta, viu na "filosofia" ou na "razão" a chance de poder perder-se. Ele era provavelmente emotivo demais para ser um bom exemplo para o indivíduo lavroviano recrutado, mas foi certamente um candidato cujos escritos nos ajudam a avaliar a sua motivação anti-individualista a partir de dentro.[19]

Dostoievski foi outro extremista que só falava sobre a questão da autorrealização a fim de optar pelo autoabandono:

> O uso mais elevado que um homem pode fazer de sua individualidade, do desenvolvimento completo de seu eu, seria destruir este eu, e restituí-lo inteiramente a todos e cada um inseparadamente e supremamente. E esta é a maior felicidade. Desse modo, a lei do *Eu* se funde na lei da humanidade e ambas são um, e eu e todos (o que parece ser dois opostos extremos) são ambos reciprocamente destruídos, enquanto alcançam, ao mesmo tempo, o objetivo superior do seu próprio desenvolvimento individual nessas bases. Este é o paraíso de Cristo. Toda história, tanto da humanidade como de cada parte separada dela, é apenas o crescimento, a luta, o anseio por esse objetivo, e a sua consecução.[20]

A visão de Hegel de uma história feita por indivíduos livres foi quase explicitamente rejeitada aqui, porquanto Dostoievski preferiu o ideal ortodoxo de *kenosis*. A mais alta tarefa moral de um homem é esvaziar-se ou despojar-se de si mesmo para receber Deus. Dostoievski defendia "destruir esse eu" para salvar a humanidade.[21] Ele representava o que um historiador, identificando uma atitude fundamental em relação à vida, chamou de *doleo*. *Doleo ergo sumus* — eu sofro, logo sou — é, segundo a apurada avaliação de Daniel Rancour-Laferrière daquele momento, a verdade emocional russa. Dostoievski buscava desculpar-se diante de Deus por ser um indivíduo.[22]

Mas imagine agora, se desejar, um russo mundano, não um fanático. Eis um homem que não é nem uma criança, um tolo ou um santo, mas que decidiu que a maneira certa de viver é como parte de uma comunidade simples. Homem educado e potencialmente ambicioso, ele aceita que seu objetivo envolve um grau de renúncia ou abnegação. A escritora alemã nascida em São Petersburgo Lou Salomé (1861-1937), ou talvez ela devesse ser chamada de escritora russa residente na Alemanha, em vista das suas percepções e entendimentos, poderia ter sido qualquer viajante ocidental simpático à Rússia, em quase qualquer período desde meados do século XIX, quando conheceu Nikolai Alexandrovich "Kolia" Tolstoi. Esta figura titulada, proprietário de terras — nada a ver com o escritor Leon Tolstoi — a impressionou como um homem que de algum modo encarnava uma atitude russa típica pertencente à aristocracia. Esta memória data da sua visita à Rússia em 1900.

> A originalidade e a solidez dos Tolstoi restam para mim uma impressão inesquecível, a mais forte desde a descoberta do liberalismo e do desinteresse dos emancipadores do povo em Moscou. Voltarei sempre à plenitude dessa experiência para desfrutá-la e para enriquecer-me. Pois o senhor do solar que preserva a sua fé sem nada perder do seu poder individual é muito diferente do camponês religioso, que tem menos necessidade de desenvolver a sua individualidade. Um nobre como Kolia representa em si mesmo talvez um drama, enquanto o camponês resta um hino sereno. Não se trata do drama familiar experimentado pelo rebelde, que se bate contra a tradição, e pelo reacionário, campeão da tradição contra as tempestades que a ameaçam (um espetáculo de que os liberais e os nobres na Alemanha oferecem um exemplo). O drama [aqui] nasceu da convicção de que

a existência crítica elimina demasiados elementos frutíferos, e que a coisa certa a ser feita é imitar o camponês que se curva à lei suprema. O orgulho do nobre torna-se consequentemente humildade, e a força da sua individualidade, buscando impacientemente uma saída, é mais do que uma ênfase posta em exigências de tradição.

Ser russo significa compreender e legitimar as possibilidades frutíferas que estão inscritas na harmonia de cada vida. O russo não critica, ele simplesmente se alimenta das boas coisas que a vida oferece...

Ele se deixa levar ingenuamente pela vida, fortificado pela capacidade de assimilação que é a sua força natural. Talvez a sua vasta alma, que tem de completar tantas sínteses em si mesma, absorver tantos contrastes, quiçá involuntariamente essa alma experimente seu centro de gravidade e sua unidade na tradição e na fé religiosa. Esta seria a motivação mais profunda e a mais instintiva, o gesto pelo qual, em plena consciência viril, ele sacrifica a sua individualidade a uma totalidade que é maior que ele próprio. Isso explicaria como o auge da sua força como homem reside para ele na sua humildade e não em arrogância. Os russos, que dão livre expressão ao seu espírito crítico, muitas vezes carecem da força de ser. Pois essa força é tão poderosa que seu peso pode fazer um homem cair de joelhos.[23]

A descrição feita por Lou Salomé de Kolia Tolstoi é uma parábola notável, um testemunho do quanto ela absorvera do mundo russo, do quanto estava advertida, conscientemente ou subliminarmente, de que a especificidade russa se construía sobre a sua diferença em relação ao sentido alemão de indivíduos e eus. Sua evocação de Kolia — uma espécie de dublê sério, na vida real, de Oblomov — tornou-se uma lição virtual de como homens e mulheres potencialmente críticos em relação aos seus países podem permanecer leais; e de quais seriam os seus motivos e a sua satisfação ao tomarem distância do individualismo ao estilo ocidental. Ela explicou como, a despeito do desejo de encaminhar sua vida seguindo uma linha mais individual, Kolia se conteve em nome da comunidade; como o seu autodomínio não pareceria falso aos seus próprios olhos e aos dos outros; como suas crenças enraizadas na vida comunal, ao contrário, o recompensariam com força pessoal e felicidade.[24]

O etos aristocrático russo conservador não era essencialmente diferente do etos comunal do campesinato, mas mais complexo por causa do fator educação. Como ocidentalizantes, Herzen e Stankevich confrontaram a questão de como um homem educado poderia encaixar-se na terra camponesa atrasada de onde viera. O amigo de Herzen, Ivan Turgenev, fez a pergunta reiteradas vezes nas suas histórias. A resposta dos ocidentalizantes tinha dois lados: aceitá-la e, ao mesmo tempo, transformá-la. Kolia Tolstoi, contudo, com uma visão diferente das necessidades da Rússia, mostrou como um indivíduo educado deve manter seu lugar numa pátria não ocidentalizada. Ele submergiria na vida cotidiana — naquela continuidade da existência que os russos chamam de *bytie*. *Bytie* é existência objetiva, realidade, ser, um padrão que permanece quando todas as superficialidades da cultura e extravagâncias do pensamento humano passaram.

"Ele sacrifica a sua individualidade a uma totalidade que é maior que ele próprio (...) sua força como homem reside para ele na sua humildade." Essa atitude começa a mostrar como o termo que apliquei ao ideal pré-revolucionário de Lavrov de comprometimento com a causa, "indivíduos recrutados", podia ser só um lado da moeda, a qual teria a autolimitação voluntária na sua outra face. A autolimitação voluntária afetaria certamente o sentimento de um homem sobre as suas vantagens educacionais. Buscando, acima de tudo, pertencer à comunidade, ele quereria se abster do seu poder sobre os incultos e substituí-lo por afinidade. Nesse processo, o valor moral do conhecimento seria seriamente arranhado, mas como um populista verdadeiro ele aceitaria isso. Tipicamente, ele diria: '*Eu* sei de Descartes e Hegel, e *eu* até valorizo a liberdade de espírito que eles ensinam, mas *você*, meu irmão russo, você não sabe de Descartes e

Hegel, e de liberdade e responsabilidade, e isso me deixa infeliz com toda a sociedade, que não lhe deu uma chance de saber, e por isso *eu* tenho de pôr meu conhecimento de lado em solidariedade a você.'"

Na Rússia, Khomiakov e Lavrov sentiram ambos a validade desse raciocínio, como sentiu Pisarev, outro homem educado preso fora do laço comunal e pronto a lançar mão de drásticas engenharias sociais a fim de poder entrar.

> Se a generalidade, e não apenas o seleto, há de estudar e refletir e deseja fazê-lo, seria bom expelir da ciência tudo que só pode ser compreendido por poucos e que nunca poderá tornar-se conhecimento comum (...). Abstrações só podem ser interessantes e inteligíveis para a minoria insignificante anomalamente desenvolvida.[25]

O complexo russo de ser parte da comuna, a tragédia potencial por trás dessas palavras, era, como disse Lou Salomé sobre a escolha de modo de vida de Kolia Tolstoi, um drama, mas não um drama alemão. Não era o drama hegeliano de eus individuais forjando seu caminho para a autoexpressão bem-sucedida contra toda a competição de outros e a resistência do *status quo*. Refletia, antes, o drama da alma dilacerada da Rússia. A Rússia do século XIX queria tanto do Ocidente, mas só à condição de não sacrificar a sua própria autenticidade moral. A esperança russa era de um alto grau de civilização, mas só em termos moralmente aceitáveis. O fato — nunca solucionado antes da Revolução — de que a civilização na Rússia fosse privilégio de uma minoria, e só aumentasse o fosso social que a *intelligentsia* existia para fechar, dramatizava a esperança de realização nacional e a transformava numa questão dolorosa para cada cidadão educado. No final, a *intelligentsia* tinha a escolha de lealdade *ou* à Rússia *ou* à qualidade do que o Ocidente tinha a oferecer; levar uma vida satisfatória baseada em discernimento educado ou ser russo. Esse foi o contexto no qual populistas como Akselrod, Bakunin e Pisarev começaram a sentir que os padrões intelectuais ocidentais deveriam ser rebaixados no interesse do povo russo. Eles próprios tinham sido educados com altos padrões, de modo que, como indivíduos, podiam falar de Descartes, Hegel e Platão, mas almejar tal educação para a gente comum equivalia a malevolência. O que mais importava na Rússia era que não houvesse fosso social.

Os russos usavam esquemas filosóficos alemães para construir o seu quadro de uma comunidade idealmente satisfatória de almas — e esta era a condição de todo o filosofar russo — porque o discurso alemão provia as fundações mais apropriadas. Os alemães, com sua chegada relativamente tardia como entidade política e cultural na Europa moderna, e sua unidade nacional foi apenas fachada durante a maior parte de um século, tinham experimentado necessidades semelhantes às dos russos. A simples ideia comunal russa, por exemplo, correspondia ao que os românticos alemães, inspirados por um seminal debate entre Goethe e Schiller, tinham chamado de "o ingênuo". O ingênuo fazia parte de uma visão mitológica do lugar onde, no final do século XVIII, a mente alemã tinha chegado na história do mundo. A noção do ingênuo pretendia marcar o que a mente crítica, moderna e autoconsciente tinha perdido — a espontaneidade dos gregos antigos — e o que ela pretendia recuperar em nome da felicidade. O marxista húngaro George Lukács, que como crítico literário tinha se banhado no mundo clássico alemão, uma vez o chamou de paraíso da ingenuidade ressurreta; a chance de viver tão feliz quanto uma criança outra vez.[26]

Quando enfrentaram a ideia de tornarem-se um país moderno, os russos o fizeram conscientes do fato de que estavam escolhendo a ingenuidade como uma qualidade que eles, à diferença dos intelectuais alemães, nunca tinham perdido. Eles escolheram um mito da simplicidade ligado à comunidade e nomearam "o povo" seu guia. Conforme Khomiakov o compreendia, enquanto os alemães tinham há muito deixado a ingenuidade dos gregos para trás, mas esperavam ressuscitá-la num nível cultural mais alto, os russos nunca tinham abandonado o seu estado ingênuo, e esperavam nunca fazê-lo. Eles queriam o saber simples, o equivalente a não deixar a família e o povoado.

A sua filosofia necessitava de uma história fundamental paralela àquela que Hegel dera aos alemães. Então, Khomiakov e seu amigo criaram um *mythos* da vida coletiva de almas sustentadas por um saber integral, não divisivo. O que a visão grega era para os alemães, a *obshchina* camponesa tornou-se para os russos. Exatamente como o alemão, o modelo holístico russo foi filosoficamente fértil, pois propunha um modo para expressar a mais simples relação do homem com a natureza, e consequentemente as condições que cabiam a almas, não a indivíduos, como buscadoras de conhecimento. A *obshchina* é geralmente discutida de forma factual na qual ela própria se apresenta na tradição revolucionária, a saber, uma associação livremente cooperativa de camponeses que distribuíam periodicamente a terra agrícola a ser lavrada, e cujas decisões sujeitavam todos os seus membros. Mas a *obshchina* também era um mito filosófico, que expressava exatamente aquele pertencer não refletido a uma comunidade e aquela imposição da observância de regras e interesses coletivos que Schiller, Hegel e outros admiravam na Grécia antiga.

A diferença entre as situações alemã e russa em face da ingenuidade era que os alemães sentiam que eram avançados demais intelectualmente para serem bons, ao passo que os russos conservadores tinham orgulho da sua condição oposta, pois isso os deixava espiritualmente intactos. Esses pontos de partida diferentes refletiam as suas necessidades culturais nacionais. Se a Rússia era o último lar europeu do homem integral, cujo conhecimento refletia a condição de sua alma individida, isso significava, com efeito, que o homem bom na Rússia, o homem moral, não precisava de Rousseau ou Schiller para conduzi-lo de volta à natureza.

O que a Rússia de fato precisava, contudo, era modernizar e humanizar a sua economia a despeito do seu desejo de não mudar a sociedade tradicional. Assim, onde os alemães pensavam que lhes era possível ressuscitar a ingenuidade, os russos pensavam que podiam celebrar nunca tê-la perdido, apontando a *obshchina* como o caminho a ser seguido. A *obshchina* significava projetar o socialismo russo como ideal também no futuro. Por extensão, assim como a Rússia escolheu não percorrer o caminho hegeliano-individualista de autorrealização, tampouco ela precisaria seguir a prescrição do hegeliano Marx e tomar o caminho ocidental, isto é, capitalista, para o socialismo; nem recrutar indivíduos morais para realizar o progresso mediante a revolução, já que era possível ao socialismo russo continuar em harmonia com as almas simples.

Segundo esse mito espiritual fundador russo de ingenuidade, o contato que almas tinham com o mundo era consubstancial, amoroso e intuitivo, não individualista e confrontacional. A extensão econômica do mito era o idílio da cooperação camponesa. O ideal russo, o caminho nativo para a felicidade, nunca convidava os homens a tornarem-se indivíduos e pensarem por si mesmos; ele desestimulava ativamente tal independência. Em compensação, ele os convidava a pertencerem, a sentirem-se seguros, e a protegerem-se do Ocidente degradado, desintegrado e agressivo. Até 1991, a Rússia persistiu com sua ingenuidade deliberada; a sua escolha assentada pelo atraso. Mas é claro que a passagem do tempo foi problemática. Um país que, apesar do mito, *se tornara* moderno em algum momento no início do século XX, não queria ser tratado como uma vasta comunidade camponesa, e de fato continha elementos que pensavam por si mesmos. A escolha por manter uma falsa ingenuidade era causa de angústia intelectual.

Em *O primeiro círculo* (1968), o romancista, historiador e pensador russo Alexander Solzhenitsyn enviou um dos seus muitos refletidos personagens, Gleb Nerzhin, um matemático e prisioneiro na prisão especial de Mavrino, numa jornada espiritual para examinar a verdade relativa sobre indivíduos e almas. Todos os prisioneiros políticos altamente qualificados obrigados a trabalhar em Mavrino — uma prisão modelo, um estabelecimento de pesquisa tecnológica — refletiam sobre como a sua condição de membros compulsórios de uma comunidade recrutada afetava a sua visão da história intelectual russa. Seus amigos definiam Nerzhin como o populista entre eles que queria fazer amizade com a gente comum. "A amizade de Nerzhin com o faz-tudo Spiridon foi mencionada clementemente por

Rubin e Sologdin como uma tentativa de 'misturar-se ao povo' em busca das mesmas grandes verdades caseiras que tinham sido procuradas em vão por Gogol, Nebrasav, Herzen, os eslavófilos, os populistas, Leon Tolstoi."²⁷ A crítica de Rubin decorria de ele ser um marxista-leninista convicto, ao passo que, como individualista, Sologdin estava provavelmente expressando as opiniões que o próprio Solzhenitsyn mantinha na época, antes de ir para o exílio no Ocidente e desiludir-se com a realização liberal ocidental. Um Solzhenitsyn diferente estava escrevendo em 1968, equilibrando a esperança que, na época, achava que o Ocidente representava com a solidariedade que sentia por seus companheiros russos. Nem Rubin nem Sologdin concordavam com Nerzhin, mas, como companheiros russos, eles conheciam a forma de esperança e consolo que ele buscava na sua própria comunidade.

Nem Rubin nem Sologdin precisam eles mesmos dessa verdade caseira, pois cada um já tem a sua verdade suprema.

Rubin sabia perfeitamente bem que "o povo" era um construto artificial, uma generalização injustificada, e que todo povo é dividido em *classes*, as quais, de fato, mudam sua natureza ao longo do tempo.

Ver uma chave para a compreensão da vida entre os camponeses era totalmente fútil, pois só o proletariado era coerentemente revolucionário em sua perspectiva — o futuro pertencia a ele, e só o seu coletivismo e abnegação poderiam dar-lhe um significado maior.

Para Sologdin, por outro lado, o povo era apenas um termo geral para todos aqueles indivíduos estúpidos, insípidos e rudes, totalmente absorvidos em suas tristes rotinas diárias. Não era possível construir o grande templo do espírito humano sobre tais fundações. Somente indivíduos destacados, brilhantes como estrelas solitárias no obscuro firmamento da nossa existência, poderiam encarnar o significado superior da vida.

Tanto ele como Rubin tinham certeza de que Nerzhin superaria o seu ânimo presente e pensaria melhor sobre a questão.

Na verdade, Nerzhin já havia passado por várias fases extremas na evolução da sua reflexão.

Com sua angustiada preocupação com os camponeses, a literatura russa do século XIX tinha criado para ele, como para todos os seus demais leitores, a imagem de um Povo venerável de cabelos grisalhos, que corporificava a sabedoria, a pureza moral e a grandeza.

Isso era, porém, algo remoto, existente em livros, em algum lugar nos povoados, campos e caminhos secundários do século XIX. Quando os céus se desdobraram no século XX, esses lugares há muito tinham cessado de existir na Rússia.[28]

A história nos conta que Gleb Nerzhin tinha crescido "numa coisa chamada União Soviética", que valorizava a ciência acima de tudo e cultivava uma elite científica. "O Povo, nessa época, continuava a só existir nos livros, e, como então ele viu, ninguém importava, a menos que fosse altamente educado e tivesse conhecimentos extensivos de história, ciência e arte. Pareceu-lhe óbvio que, a menos que estivesse entre os membros dessa elite, você seria um miserável fracasso." Então, estourou a guerra e, com o país mergulhado numa emergência moral, Nerzhin não era prático. As pessoas comuns riam dele. Mas ele encontrou um papel decente para si, e o respeito delas, dando palestras políticas. Tratava-se evidentemente de uma alma lavroviana, um organizador, um homem educado comprometido em fazer a boa Rússia florescer. Mas então foi preso em circunstâncias que o tornaram dependente da lealdade e da amizade dos seus velhos colegas, belas almas soviéticas, sentiu-se abandonado e renunciou a toda sofisticação intelectual.

E então fechou o círculo, voltando à ideia à moda no século anterior de "ir ao povo".

Porém, à diferença dos seus ancestrais intelectuais da nobreza do século XIX, Nerzhin não teve de vestir roupas simples e buscar laboriosamente uma maneira de encontrar o Povo — ele foi jogado entre eles nas calças e jaqueta rotas acolchoadas de prisioneiro, sendo obrigado a cumprir a sua cota de trabalho lado a lado com eles. Assim ele viveu o cotidiano deles não como seu superior social, que havia condescendido vir entre eles, mas como um igual não facilmente distinguível.

Se Nerzhin aprendeu a pregar um prego sem entortá-lo (...) não foi para afirmar-se aos olhos da gente comum, mas para ganhar seu naco encharcado de pão cotidiano.

Mas ele alcançou finalmente a sabedoria:

A educação brutal da vida no campo de trabalho destruíra ainda outra das suas ilusões: ele compreendeu que (...) o Povo não tinha nenhuma vantagem, nenhuma grande sabedoria caseira (...) aquele povo não era, de modo algum, superior a ele. Eles não aguentavam a fome e a sede melhor que ele (...) não eram mais despachados (...). A única solução que restou, agora Nerzhin sentia, era simplesmente ser ele mesmo (...).

Só o caráter importava, e isso é coisa que todos têm de forjar por si mesmos, com esforços constantes através dos anos.

Só assim alguém pode tornar-se um ser humano e, portanto, ser encarado como uma pequenina parte de um povo.[29]

Em dois romances panorâmicos, *O primeiro círculo* e *O pavilhão dos cancerosos*, ambos escritos em meados dos anos 1960 e publicados no Ocidente em 1968, Solzhenitsyn, o maior historiador intelectual contemporâneo da Rússia de meados do século XX, acabou de uma vez por todas com o mito da comunidade simples de almas. A noção era lixo. A autolimitação voluntária do indivíduo para permanecer parte da comunidade era inútil. A única maneira certa de viver era os indivíduos se desenvolverem livremente e assumirem responsabilidade moral por si mesmos. Todavia, essas coisas eram excruciantemente dolorosas para um russo admitir, pois implicavam chamar de imprestáveis todos aqueles que ele tinha chegado a amar. A maioria de nós não consegue lidar com isso.

Olhando para trás, a dois terços do caminho no século XX, a comunidade, com frequência, pareceu ser a ideia certa para a Rússia. Na filosofia, a busca de um modo de ser moral atuaria como fundamento da verdade. Isso significava que, se a ética estava certa, o conhecimento que propiciava estava certo. O bom homem, o russo justo ou excelente, naturalmente via o mundo justamente como era. Esse mito justificava o saber simples das almas abnegadas, mas também exercia a sua mágica epistêmica nas esferas intelectuais sofisticadas onde funcionavam os indivíduos recrutados, levando-os a acreditar, por um processo inverso de raciocínio, que, se o conhecimento era total e verdadeiro, todos os indivíduos o aceitariam e ele se tornaria uma nova base para a comunidade moral num nível superior. Sob a influência da escolha certa da comunidade moral, a Rússia passou a acreditar que a ciência ia resultar em seu favor moral. A Rússia passaria ao largo da necessidade de individualismo sem sacrificar o progresso científico. Uma maneira de demonstrar essa opinião era fazer uma abordagem diferente de Hegel e, portanto, do seu sucessor Marx. Essa abordagem diferente não poria ênfase na exigência de indivíduos livres desempenharem seu papel no progresso, mas se concentraria na ideia impessoal de progresso racional como verdade necessária em marcha. Nessa leitura de Hegel/Marx, a ciência não podia ser detida. Tudo que os indivíduos tinham a fazer era entendê-la, e aceitar que finalmente ela iria criar uma comunidade moralmente coerente num nível superior. A Rússia aceitou que Hegel — e Marx, depois dele — ofereceu um fundamento moral ontológico para a existência. Eles explicavam a *bytie* como uma espécie de ciência irresistível implícita na história.

Odoevsky estava presente no começo da descoberta do que o idealismo alemão podia fazer por uma Rússia moralmente integrada. O idealismo alemão podia prover uma ideia ou uma ciência para dar sentido à vida de todas as almas em sua esfera de influência.

> Minha juventude se desenrolou num tempo em que a metafísica era tanto a atmosfera geral quanto as ciências políticas o são agora. Nós acreditávamos na possibilidade de uma teoria absoluta por meio da qual seria possível demarcar (mas nós usávamos a forma russificada da palavra estrangeira construir) todos os fenômenos da natureza, do mesmo modo que as pessoas hoje acreditam na possibilidade de uma forma social que satisfaça inteiramente todas as necessidades do gênero humano...
> Então a natureza toda, toda a vida do gênero humano mostrou-se para nós muito claramente, e nós desdenhamos um pouco aqueles físicos, químicos e utilitaristas que vasculhavam a minúcia da crua matéria.[30]

Meio século depois da morte de Odoevsky, o marxismo-leninismo almejaria reconstruir a Rússia sobre um fundamento metafísico-científico-moral desse tipo.

Mas as almas que tiveram seu lugar na *bytie* desconfiavam do projeto racional. A razão hegeliana criava indivíduos e eus desvalorizando almas. Khomiakov insistiu que a "razão" só podia ser o nome de uma força que protegesse a vida russa dos produtos de um pensamento complexo.

> Eu chamo de fé essa faculdade da razão que apreende dados verdadeiros (reais) e os torna disponíveis para análises e consciência por meio da compreensão. Somente nessa área os dados ainda têm a plenitude do seu caráter e as marcas da sua origem. Nessa área, que precede a consciência lógica e que está repleta de consciência

viva que não necessita de demonstrações e argumentos, o homem compreende o que pertence ao seu mundo intelectual e o que pertence ao mundo exterior. Aqui, pelo critério da sua vontade livre, o homem percebe o que no seu mundo (objetivo) é produzido por sua atividade criativa (subjetiva) e o que é independente disso.[31]

Desde meados do século XIX, a maior parte da atenção moral russa dirigiu-se vagamente contra *falsos* fundamentos propostos como guias para a boa vida na Rússia. Soloviov falava de "falsa inteireza"; Berdyaev, de falsa comunidade.[32] Em seu ano áureo de 1841, Belinsky ficou horrorizado ao ver que a razão ou ciência associada a Hegel estava sendo usada para desviar os olhos dos homens da vida real e desculpar toda presente barbaridade que aquinhoava almas anônimas.

Sinceros agradecimentos, Yegor Fyodorych [Georg Friedrich Hegel], curvo-me perante o seu barrete de filósofo; mas com todo o respeito por seu filistinismo filosófico, tenho a honra de informá-lo que, mesmo que eu consiga galgar o degrau mais alto da escada do progresso, mesmo lá eu lhe pediria para prestar contas de todas as vítimas das condições de vida e da história, de todas as vítimas de coincidência, superstição, da Inquisição de Filipe II e assim sucessivamente sem cessar; caso contrário [se o senhor não for capaz] eu me jogaria de cabeça desse degrau mais alto. Eu não quero a felicidade, mesmo em troca de nada, se não puder ficar em paz quanto a cada um dos meus irmãos de sangue — osso de meus ossos e carne da minha carne.[33]

O ponto de vista moral de Belinsky era que a razão ignorava as almas. Ele defendia a consciência moral russa que buscava proteger almas não assertivas, não individualizadas, contra a autoridade. A consciência era de irmãos contra autoridade externa. Fosse a autoridade política ou racional, dava no mesmo. Almas eram vidas humanas em sua forma mais básica.

Desde os seus primeiros anos, a Vida foi, na filosofia russa, uma força presa numa disputa com a razão por essas questões morais. Na verdade, mal era possível falar sobre a Vida. Era uma entidade mística, cuja verdade ou bem se revelava na experiência imediata pessoal ou na arte, ou então devia ser aceita cegamente. Mas a afirmação moral da nação dependia disso.

Leon Tolstoi (1828-1910) confessou que numa ocasião se sentira atraído pelas respostas da razão conforme Kant as estabelecera em seu *A crítica da razão pura*; mas então outra parte dele, em outra ocasião, leu a segunda crítica de Kant sobre o desempenho da razão na vida prática, e ficou feliz com todo o júbilo do artista e do anarquista que havia nele de o homem ser livre. Andrzej Walicki observou, sobre esse momento de discernimento da parte de Tolstoi em 1887: "A razão denega a vida, escreve Tolstoi, mas é em si mesma a filha da vida. A vida é tudo." É como milhões de pessoas vivem, sem duvidar que sua experiência irrefletida seja significativa.[34]

Isaiah Berlin retomou a discussão por Tolstoi.

> É o sentido essencialmente presente de [uma] estrutura (...) como algo "inexorável", universal, difuso, não alterável por nós, fora do nosso poder (no sentido de "poder" em que o progresso do conhecimento científico nos deu poder sobre a natureza), que está na raiz do determinismo de Tolstoi (...). Tolstoi sabe que a verdade está lá e não "aqui" — não nas regiões suscetíveis de observação (...) das quais ele é tão intensamente o maior mestre do nosso tempo; mas ele mesmo não a viu face a face; (...) ele (...) não tem uma visão do todo; ele não é (...) um ouriço, e o que ele vê não é uma coisa, mas (...) com (...) uma lucidez que o enlouquece, muitas coisas.[35]

Tolstoi, escreveu Berlin num ensaio elaboradamente adornado, era tanto um ouriço quanto uma raposa. Como ouriço, ele queria acreditar na existência de uma ordem única superior de Razão, mas o que via na verdade como raposa era uma multiplicidade, a miríade de possibilidades da Vida.

Segundo Lev Shestov, Tolstoi, certa vez, expressou sua desconfiança quanto à realidade racional ser um lugar em que ele não poderia ser bom. O que Tolstoi e Odoevsky provavelmente sentiam é que a razão utilitarista, que reduzia a realidade a quantidades e conceitos, definia um mundo que excluía a fonte real da moralidade. Silenciosamente, Tolstoi pôs Deus, o Inalcançável, contra a ciência, e sugeriu que o futuro de um mundo *bom* dependia de compreender a diferença. "A verdade sempre foi a verdade, mas eu não a reconheci porque, tivesse eu reconhecido que dois e dois são quatro, teria tido de reconhecer que eu não era bom. Mas sentir que eu era bom era para mim mais importante e mais necessário do que dois e dois serem quatro."[36] Tolstoi e Odoevsky sustentavam ambos que o homem necessita do ambiente espiritual certo para ser bom. Que Tolstoi não pudesse ser bom num mundo sem inspiração moral também era o porquê de Odoevsky não poder ser bom no "lugar de nascimento da contabilidade moral". A necessidade na Rússia era menos de comunidade simples do que de comunidade moral, a qual era fadada a sustentar-se com alguma forma de religião ou misticismo.

Dostoievski fez Shatov fazer a Stavrogin esta pergunta em *Os demônios*, que situa o problema da filosofia moral da existência diretamente num contexto religioso:

Se lhe fosse provado matematicamente que a verdade estava fora de Cristo, você permaneceria com Cristo em vez da verdade? Foi o que você disse?[37]

Oito anos mais tarde, *A lenda do Grande Inquisidor*, a parábola ao centro de *Os irmãos Karamazov*, dramatizava a escolha entre a verdade de Cristo e a Razão. Dostoievski tomou a rejeição de Hegel por Belinsky, em 1841, como seu ponto de partida. O desapontado racionalista ocidental Ivan Karamazov ameaçou "devolver o bilhete da Utopia" se a Razão consentisse que uma só criança sofresse; se a verdade da Vida tivesse de ser suprimida, então o custo da Razão era alto demais.

Sergei Bulgakov conferenciou para uma plateia universitária em Kiev, em 1901, sobre "Ivan Karamazov como modelo filosófico", e, nessa palestra, publicada em 1903 como parte do seu livro *Do marxismo ao idealismo*, escreveu:

> Ivan Karamazov é um *intelligent* russo da cabeça aos pés, com seu apreço por questões universais, com sua tendência a discussões prolongadas, com autoanálises constantes, com sua consciência doentia, torturada (...) Ivan Karamazov é um verdadeiro russo precisamente por estar inteiramente preocupado com o problema ético; a indiferença dessa robusta mente filosófica a qualquer outro problema de filosofia — por exemplo, a teoria do conhecimento — é impressionante.[38]

Bulgakov, que na verdade fazia como a maioria dos russos, tratou o conhecimento como questão de ética, cativou a sua audiência:

> O jovem professor (...) tratou de um conjunto tão original e convincente de questões que elas não podiam deixar de causar espanto (...) A principal façanha da palestra foi trazer o problema moral, a questão da ética, há muito banida da discussão pública explícita, para o primeiro plano. A palestra de Karamazov propôs as vexadas questões do bem e do mal.[39]

Uma versão irritadiça e ateia da tese de Dostoievski pode ser encontrada em sua própria novela de vinte anos antes, *Memórias do subsolo*, na qual o protagonista, insistindo na liberdade de ser perverso, empilhou invectivas contra o falso saber de 2+2 = 4. A parábola do Grande Inquisidor foi mais poderosa porque permitiu que a Razão ou Utilitarismo reagisse. Para Dostoievski, a forma da moral social do utilitarismo era o socialismo, que estabelecia um mundo de certos valores para fazer os homens felizes.

O motivo do socialismo era a felicidade e a segurança da maioria. Os que tentassem deixar seus limites seriam punidos. O socialismo era uma nova forma de Inquisição. Não obstante, o seu motivo caridoso significava que Cristo, que na história aparece ao Grande Inquisidor e lhe beija a testa, não podia repudiar totalmente o socialismo como mal. Para Dostoievski, contudo, o socialismo continuava a ser uma base moral falsa, um modo de existir contrário à verdade. Ele punha os cálculos da ciência social no lugar da verdade moral. A vida, a realidade do amor de Cristo, tinha de ser preservada dessa grosseira depredação moderna promovida em nome do progresso.

Lev Shestov (1866-1938), que emigrou antes da Revolução e continuou seu trabalho em difíceis condições na França, anunciou que a batalha para conter a Razão, em prol da Vida livre, era tarefa da filosofia russa. Seguindo conscientemente as pegadas de Dostoievski e de Belinsky, Shestov começou a interpretar um século de quadros e fragmentos. A filosofia seria "um cultivo do impossível".[40] Trataria de ganho espiritual. A razão, que põe o mundo em uso, nos tira coisas. "Interesse infinito é o começo da fé."[41] Filosofia é fé, não no racional, mas no impossível. Hegel afirmou que "a verdade só pode ser buscada na razão e [que] o que a razão não aceita não é verdade".[42] Mas o racionalismo negligenciou a onipotência de Deus, por virtude da qual nenhum fato histórico ou lei científica é irreversível ou eternamente necessário."[43] O conhecimento racional era uma restrição pesando sobre a vida, que era como Deus a havia planejado, e não continha negação. "O conhecimento restritivo é uma abominação de desolação, a fonte do pecado original."[44] "A luta da fé: uma luta insana pelo possível [que os racionalistas chamam de impossível]. As verdades providas pelo conhecimento [racional] são vencidas pelo sofrimento humano."[45]

Shestov inventou um Cristo dionisíaco em seu ensaio *Athens and Jerusalem* [Atenas e Jerusalém] (1938) para levar os homens para longe da Razão. Como o Zaratustra de Nietzsche, esse salvador revolucionaria a alma humana e a manteria responsiva à Vida irracional. Ele agiria contra a tradição racional "encarcerante" que o mundo moderno herdou dos gregos pós-socráticos. A razão era associada na Rússia a uma ordem estrangeira imposta a partir de cima. A vida e as almas humanas sempre estariam alhures, em desafio ao poder da Razão, enquanto a Vida pudesse sobreviver.

Era, porém, a razão, que seria imposta na Rússia pela maior parte do século XX sob a forma de uma verdade única oficial e incontestável, realmente tão nociva? Não provia ela apenas uma fundação moderna realista para a existência comunal-moral que a Rússia ansiava, uma vez que o mito do povo fora deixado para trás? Essa seria uma maneira de olhar para o comunismo soviético como uma realização moral real. Para sua própria surpresa, o Solzhenitsyn de 1968 descobriu que era capaz de ver esse argumento. Segundo *O primeiro círculo*, as condições em Mavrino, onde os prisioneiros trabalhadores cerebrais se dedicavam a projetos científicos em benefício do Estado, tiveram, inesperadamente, um resultado quase ideal.

> Os homens que flutuavam naquela arca tinham distanciamento, e seus pensamentos podiam vagar desimpedidos. Eles não estavam com fome e não estavam satisfeitos. Eles não estavam felizes e, por conseguinte, não eram perturbados pela perspectiva de serem privados da felicidade. Suas cabeças não estavam cheias de preocupações triviais com emprego, intrigas de escritório ou ansiedades quanto a promoções, seus ombros não estavam curvados por responsabilidades de moradia, combustível, alimentação e vestuário para os filhos. O amor, fonte de prazer e sofrimento que tem a idade dos homens, não tinha o poder de tocá-los com suas agonias e expectativas. Seus tempos de prisão eram tão longos que nenhum deles começou a pensar na hora em que seria libertado. Homens de intelecto, educação e experiência notáveis, que normalmente eram demasiado devotados às famílias para terem o bastante de si mesmos para reservar à amizade, reservavam-se aqui inteiramente aos seus amigos. Daquela

arca, lavrando serenamente o seu caminho na escuridão, era fácil para eles examinar, como de uma grande altura, todo o tortuoso e errante fluxo da história; ao mesmo tempo, contudo, como pessoas nele completamente imersas, eles podiam ver cada seixo nas suas profundezas.

Naqueles anoiteceres de domingo, o mundo físico material nunca se intrometia. Um espírito varonil de amizade e filosofia pairava sobre a abóbada em forma de velame do teto. Terá sido esse, talvez, o estado de bem-aventurança que todos os filósofos da antiguidade tentaram em vão definir e descrever?[46]

Mavrino não representava as condições usuais da vida soviética para milhões de almas anônimas, mas, sob seus auspícios, certas condições foram levadas a efeito, as quais tinham valor simbólico para os indivíduos. A *intelligentsia* tinha lutado durante um século e meio para definir a boa vida, e aquele era um resultado plausível. Mavrino era uma comunidade moralmente recrutada a serviço da ciência. Exigia de indivíduos desenvolvidos, em troca de satisfazer suas necessidades básicas, que levassem vidas abnegadas em comunidade intelectual. Exigia trabalho mental benéfico à pátria, mas os deixava livres. Nessas condições, os homens recrutados canalizavam todas as suas emoções para a amizade, e, ao mesmo tempo em que o faziam, compreendiam que suas condições soviéticas eram, em algum sentido, ideais. Eles levavam vidas dedicadas à fraternidade e ao conhecimento. A prisão os purificou de todos os aspectos pessoais e assertivos da busca individual da verdade e os transformou em buscadores abnegados. Eles levavam a vida rarefeita de uma elite. Eles tiveram um vislumbre da sabedoria que pode advir a um Guardião Platônico após anos de disciplina e pesquisa, isto é, o significado da existência e o seu lugar dentro dela. Naquela prisão privilegiada, eles se sentiram na presença do grande e eterno ideal do individualismo refreado em busca da verdade absoluta. A ironia era apenas que o sistema soviético tinha aperfeiçoado a visão ocidental do que a razão era capaz de realizar. A Rússia tinha alcançado e ultrapassado o Ocidente nesse único modo. Ela *quase* realizara uma fundação moral ideal de existência para a Rússia, mas não exatamente.

O título do romance de Solzhenitsyn explicou esse "não exatamente". Segundo Dante, o "Primeiro Círculo do Inferno" era o lugar do inferno mais próximo do paraíso. No Quarto Canto, Dante o chama de "um clarão [...] que dentre as sombras irrompia", descrevendo como ele passou por ali com Virgílio. "Andando fomos rumo à luz que eu via, de matéria tratando tão divina, que co'o silêncio mais lhe dou valia."* Havia luz num paraíso próximo, mas também um limite para a luz. Mavrino simbolizava o que o homem podia realizar por meio de uma combinação de conhecimento técnico e autodisciplina: quase tudo; exceto o domínio da escuridão logo além.

Quando pensadores russos de Odoevsky a Khomiakov e a Shestov insistiram que nenhuma construção humana podia conter o mundo de Deus, que para que o mundo fosse bom tinha de haver uma base suprema de existência moral, além do acesso humano, era isso o que queriam dizer. A esperança para a Rússia, a esperança para o gênero humano, a promessa de luz jamais poderia ser construída artificialmente, mas tinha de estar de acordo com o plano cósmico. Um mundo artificial segundo o modelo de Platão, por mais que brilhante e bem-sucedido, tinha de finalmente revelar-se uma fraude. A verdade absoluta jaz inefavelmente logo além, e consequentemente, embora esse lugar ideal russo estivesse tão perto do paraíso, continuava a ser o inferno.

A cena do filosofar russo foi dominada pela luta política do século XIX e a realidade política do XX. Contudo, claramente a sua natureza era moral antes de ser política. Ela se interessava por indivíduos, eus e almas

---

*Ambas as citações conformes com a tradução de Cristiano Martins, *A divina comédia*, Belo Horizonte, Ed. Itatiaia; São Paulo, Ed. da Universidade de São Paulo, 1976. (*N. do T.*)

em várias combinações como fazedores e motores da boa sociedade. O ideal iluminista da boa vida liberalmente governada, legalmente protegida e individualmente livre gerou quatro metas na Rússia, todas alimentadas por idealismo moral:

1) Servir ao povo livrando a Rússia do tsarismo;
2) Fechar o fosso entre a *intelligentsia* e o povo e fazer da Rússia uma sociedade harmoniosa e integrada;
3) Evitar os defeitos da vida socioeconômica do Ocidente, tais como a ganância, o egoísmo e o individualismo excessivo;
4) Encontrar um caminho alternativo para florescer como sociedade educada, capaz de dar uma contribuição à história mundial nos tempos modernos.

Para alcançar esses objetivos, a Rússia exigia o serviço de seres humanos abnegados e não individualistas, fossem indivíduos moralmente recrutados ou almas simples, e um caminho tinha de ser encontrado para garantir o progresso científico sem desenvolver formas mais assertivas de individualismo. Desde antes de meados do século XIX, estava claro que a razão não podia ser a base da vida moral na Rússia por causa da suspeita que o individualismo atraía — assim como na vida, também no conhecimento. A Rússia estava destinada a ser um lugar de moralidade alternativa. Dado o progresso mundial, seria difícil sustentar a sua especificidade em relação ao Ocidente. Ela se moveria para preservar o seu domínio moral-ontológico especial artificialmente. Entender as tensões filosóficas do século XIX — os sublevantamentos que alçaram as feições do mapa moral — é compreender como ocorreu a angústia moral do período soviético. Não é justificá-la, mas estimar que, embora fosse mentira num sentido, no sentido moral para o seu próprio povo não o era.

8
Rejeitando a visão de Descartes

Kostoglotov: — Havia aquele filósofo, Descartes — disse ele. — Suspeitando de tudo.
— Mas isso não tem nada a ver com o nosso modo de vida — lembrou-lhe Rusanov, levantando um dedo em advertência.
— Não, claro que não — disse Kostoglotov, completamente pasmo pela objeção. — Tudo o que estou dizendo é que não devemos agir como coelhos e pôr toda a nossa confiança em doutores.[1]

O diálogo, no romance de Solzhenitsyn *O pavilhão dos cancerosos* (1968), entre Rusanov (o russófilo) e Kostoglotov (o homem que tinha engolido um osso) foi um momento de poderosa concisão. No que esses homens pensam da pátria — e no simbolismo dos seus nomes — jaz toda uma história da filosofia russa em miniatura. No começo do século XIX, uma parcela significativa dos pensadores russos rejeitava a razão porque sentia que o destino da Rússia era diferente do da Europa. Eles rejeitaram Hegel, mas, com consequências mais profundas, eles rejeitaram Descartes. Seguiram-se dois séculos de contrarracionalismo, quando a filosofia russa levantou âncoras numa cruzada poética para salvar a vida da cogitação.

Os primeiros ataques russos contra Descartes vieram dos filósofos religiosos do início do século XIX. Eles atacavam a visão cartesiana do conhecimento, considerando-a incompatível com um modo de vida moral. Para Khomiakov, o *cogito* cartesiano, começando com a premissa "penso, existo", jamais poderia propor um quadro verdadeiro da realidade. Khomiakov e Kireevsky não eram epistemólogos sofisticados, mas idealistas sociais que se preocupavam que a filosofia do *cogito* pudesse levar a uma vida espiritualmente empobrecida. Reiteradamente ao longo do século seguinte, eles exemplificaram o modo como a questão do conhecimento imparcial examinado ia ser de pobre auxílio para o modo de ser correto.

A Descartes eles preferiam Pascal. Descartes para o Ocidente, Pascal para a Rússia. Pascal, célebre por sua "aposta" nas vantagens de acreditar em Deus, achava Descartes absurdo. Falando com a sabedoria do coração, ele chamou o fundador do método científico moderno de Dom Quixote.[2] O romance de Cervantes mostra um tolo de bom coração impondo-se à realidade que lhe resistia. As iniciativas que Quixote empreendia como úteis para os outros eram ridiculamente deslocadas. Semelhantemente, as excursões racionais de Descartes deixavam intocada a verdade plena da vida.

A diferença entre Pascal e Descartes podia ser vista claramente na sua interpretação do papel da dúvida. A busca do conhecimento indubitável por Descartes começa com duvidar das certezas do eu sobre si mesmo. Ele era cético quanto à evidência dos seus sentidos equivalerem à verdade. Embora não duvidasse propriamente que o mundo tivesse sentido, ele acreditava que a significação do mundo tinha de ser estabelecida em novos termos para a idade moderna. Ele quis submeter a sua própria fé ao crivo da ciência. Poderia o mundo de Deus ser racionalmente justificado? Poderia ser conhecido pela razão? Descartes sentiu que seu trabalho era provar que isso era possível. Pascal, em contraste, arriscou acreditar sem prova. Fez um salto não racional protoexistencial ao significado a partir de uma posição de desconhecimento absoluto. Talvez Deus existisse, talvez

Ele não existisse. Possivelmente, crença é absurdo. Mas, como a razão sozinha não podia prover significado e propósito, o absurdo potencial da fé tinha de ser pesado em contraposição aos seus benefícios.

A prontidão com que os pensadores russos se associaram a Pascal foi observada anteriormente pelo historiador jesuíta da filosofia, padre Frederick Copleston:

> A apreensão da verdade que pode nos guiar na vida não é função de qualquer poder ou faculdade isolada, seja raciocínio lógico, imaginação ou quaisquer outros, mas do espírito humano como um todo; o ser humano considerado como uma unidade. Pascal teve um vislumbre disso ao sublinhar as limitações da razão na sua célebre afirmação de que "o coração tem razões que a própria razão desconhece". Segundo Kireevsky, "os pensamentos de Pascal podiam ter sido um embrião refletido para esta nova filosofia do Ocidente", sendo a referência a uma filosofia nas linhas sugeridas por Port-Royal e por Fénelon. Mas não era assim que as coisas iriam se desdobrar.[3]

Sob uma égide anticartesiana, nem sempre assim nomeada, proeminentes pensadores russos rejeitaram a razão em favor da intuição e da existência moral. Kireevsky e Khomiakov estabeleceram uma preferência à qual todos os principais idealistas religiosos depois deles aderiram. Com a decisão contra Descartes, uma primeira filosofia alternativa russa se pôs em marcha.

Para Soloviov, a tradição pascaliana seria um bastião contra o positivismo científico. Para Berdyaev, uma maneira de atacar o racionalismo científico de Marx. Numa época em que estava na moda falar do colapso do Ocidente, Shestov, contemporâneo de Berdyaev, se veria ao lado de Pascal contra a civilização ocidental como tal. O Ocidente tinha pego um desvio errado no século XVII ao elevar o método cartesiano acima do salto de fé de Pascal.[4]

Só pessoas raras e solitárias, como Pascal, não compartilham a alegria e exultação gerais, como se sentissem que a luz clara e distinta ou *lumen naturale* oculta em si uma grande ameaça, e que o espírito da época, possuindo sem exceção as melhores mentes do dia, é o espírito da falsidade e do mal, e não da verdade e da bondade. Como eu disse, porém, Pascal situou-se fora da história (...). Nossa história de Pascal como filósofo está calada.[5]

Ilya Lapshin, contemporâneo de Shestov no exílio, um dos filósofos acadêmicos secundários da Era de Prata, que se especializou em Dostoievski e, depois de fugir do bolchevismo, se instalou em Praga para lecionar, foi outro idealista metafísico do começo do século XX a insistir que a filosofia moderna começava com Pascal.[6] Semion Frank foi eloquente em favor de Pascal, assim como Boris Vysheslavtsev.[7] Na verdade, em cada época russa desde o começo do século XIX, sempre houve um pensador para dar passagem a Pascal e abrir caminho para o crescimento do existencialismo místico russo.

A atração em retrospecto tanto da imagem como da substância de Pascal parece óbvia. Pascal era uma figura dissidente na tradição ocidental, cuja igreja institucional expulsou por heresia. Seu destino como forasteiro sobre quem a história silenciou encarnava o que tantos *intelligenti* russos pensavam sobre a própria posição da Rússia na cultura mundial. Deduzir uma mensagem histórica do destino de Pascal fazia sentido para uma Rússia propensa a arriscar-se e não seguir o Ocidente rumo ao ateísmo. A mensagem essencial de Pascal, a sua insistência no valor da fé sobre a razão, não necessitou de quaisquer endossos num país ainda primitivamente religioso. De Soloviov a Shestov e Berdyaev, Vysheslavtsev e Frank, o idealismo religioso russo tentaria mostrar o quanto a aposta de Pascal era válida como base moral num país cristão, mas não ocidental. A própria textura da vida ocidental foi estreitada pela exigência de provar que valores espirituais eram vantajosos. A Rússia era um tipo mais elevado de civilização porque mostrou-se pronta a responder a Deus voluntária e *criativamente*. Berdyaev gostava de citar o místico alemão Angelus Silesius (1624-1677) sobre a disposição do homem de estabelecer um vínculo de amor cognitivo com o mundo.

> Eu sei que, sem mim, Deus não pode viver um minuto
> Se eu me tornar nada, a carência O fará perder Seu ânimo.

O ato criativo define esse espiritualismo voluntarista como a maneira certa de ser. "Eu continuo a acreditar que Deus chama o homem à atividade criativa e a uma resposta criativa ao Seu amor."[8]

O "ato criativo" refletia a ideia de Kant de que os seres humanos nasceram livres, mas positivamente inclinados a construir um mundo moral significativo. Indiretamente, também representava um gesto em favor de Pascal, haja vista a diferença de Kant em relação a Descartes, pois Kant percebia dois tipos de razão. Em contraste com o tipo puro, que não podia ir além do alcance dos seus próprios instrumentos, tinha de ser pesada a razão prática ou moral à qual a mente dos homens tinha acesso absoluto. Quando a tradição contrarracional alemã aproveitou a sua oportunidade para basear-se na ética de Kant, e numa brecha semelhante à sua estética, resultou um século de pensamento alemão e russo romântico e neorromântico — neokantiano. A mensagem da herança romântica alemã era que beleza, criatividade e o salto moral da fé abriam o caminho para a verdade.[9]

Shestov, mais um pensador metafísico do que um religioso idealista, associou-se pessoalmente à "solidão" de Pascal e ao fracasso da posteridade ao apreciar a realização contrarracional de Pascal. Pascal ajudou Shestov a perceber que criticar Descartes seria uma maneira de fundamentar o seu próprio pensamento. Em *Discurso sobre o método* (1637) e *Meditações sobre a filosofia primeira* (1641), Descartes tinha sugerido que o conhecimento podia ser testado segundo a sua capacidade de nos permitir formar ideias claras e distintas da realidade. O "método" de 1637 era um procedimento que, por meio do exame de toda e qualquer razão pela qual devêssemos duvidar da evidência dos nossos sentidos, estabeleceu finalmente bases para a certeza científica. Anticartesianos de Pascal a Shestov rejeitaram essa abordagem da verdade. Eles não eram anticiência, mas não pensavam que um método apropriado às ciências sociais também pudesse medir a realidade incluindo o espírito humano. Essa noção mais ampla de realidade é crucial para o seu argumento. A ciência podia ser objetiva, mas realidade e objetividade não eram a mesma coisa. A realidade esgotaria o que pode ser objetivamente conhecido. Nem tudo que está além da compreensão da ciência estaria simplesmente esperando a explicação final do homem; tampouco seria ilusão; mas seria mais do que o homem podia compreender com seus meios humanos finitos.

Os detratores russos de Descartes pretendiam que a verdade incluísse as dimensões do sentimento e da imaginação, exatamente o que Descartes dizia que tinha de ser excluído para que o conhecimento pudesse ser confiável. Eles queriam que a verdade fosse, de alguma forma, pessoal. Queriam reservar um lugar dentro da realidade para o que não pode ser conhecido. O resultado para a literatura foi magnífico, mas o cultivo da razão sofreu na mesma proporção. Descartes e Kant, como a maioria dos filósofos, não eram inimigos da imaginação na sua própria esfera. Sua questão era uma separação judiciosa das faculdades. Também, se viam a razão como uma hipótese e um instrumento, eles certamente nunca a viram como uma arma. Os idealistas russos estavam demasiado ansiosos por defender a vida-conforme-é-desfrutada-plenamente contra a arma percebida. Fora a inexperiência cultural, eles foram incapazes de suspender o julgamento e deixar a hipótese científica operar e basear uma cultura racional; não interferir na fé, mas ter assento ao seu lado. A posição russa parece, hoje, principalmente uma escolha infeliz para a sociedade, embora uma fonte possível de inspiração para indivíduos.

REJEITANDO A VISÃO DE DESCARTES

A defesa do ponto de vista russo contra a intromissão demasiado ampla da ciência na realidade adquiriu uma relevância política imediata ao ligar-se com a reação conservadora contra a Revolução Francesa "racionalista". Depois, ela ampliou seus alvos filosóficos incluindo o positivismo, provavelmente a maior ameaça à crença religiosa no século XIX. O positivismo era uma fé exagerada e monolítica na ciência, influentemente esposada por Comte, Feuerbach e Marx. O idealismo passou a ser conhecido no século XX como um ponto de vista conservador e reacionário por causa do papel desempenhado por essa herança da ciência na esquerda política. O que podemos ver agora é que seu objetivo principal foi defender a integridade de almas individuais e a integridade da natureza contra a ameaça de conceitos restritivos que, contudo, poderiam mostrar-se falsos, como o materialismo dialético. Quanto ao mundo acadêmico ocidental, que considerava o idealismo religioso russo pouco civilizado, vale lembrar que até a década de 1960 o Ocidente manteve a sua fé desembaraçada na razão e uma bem-marcada simpatia socialista pela União Soviética. Esses dois fatores encorajaram o tratamento do pensamento religioso russo como obscuro e reacionário, o que, por sua vez, levou a uma visão muito parcial da Rússia. Para qualquer um que se preocupasse em olhar sob a superfície religiosa, a rejeição de Descartes na primeira filosofia real russa explicaria o fenômeno comunista mais que qualquer tentativa de tratar o comunismo como manifestação da razão. Era a chave para entender a escolha da Rússia por um caminho antiocidental.

Foi central para a filosofia idealista russa a sua capacidade de reconhecer o problema *moral* que o racionalismo apresentou para os anticartesianos. Um racionalista cartesiano tinha de ser um individualista cognitivo porque, por definição, o *cogito* se preocupava com como "eu" penso e formo um conceito. A objeção russa era simples: como pode a verdade depender de um homem? Seguramente, a verdade é compartilhada e evidente para todos, ou não vale a pena procurá-la. O modo idealista russo era rejeitar a verdade dependente de discriminação individual, e desdenhar a moral e o valor social de uma teoria que isolaria sujeitos nas suas próprias percepções. Como poderia a verdade repousar sobre uma teoria cuja implicação secundária imediata seria a obscuridade interpessoal? Como poderia o mundo ser harmônico se o que se passa na sua cabeça a respeito do mundo for totalmente diferente do que se passa na minha?

Nem todos esses pontos foram levantados imediatamente, e especialmente não sob a forma que os filósofos ocidentais conhecem como o problema das "outras mentes". Mas eles estavam implícitos num sentimento geral de que a razão cartesiana não era capaz de alcançar verdade viva, real. Tolstoi exemplificava o mal-estar do idealista russo nesse ponto. Na veia anticartesiana, Isaiah Berlin percebeu que ele sentia que aquelas "construções claras, lógicas e científicas — os padrões bem-definidos simétricos da razão humana — pareciam polidas, adelgaçadas, 'abstratas' e totalmente ineficazes como meio de descrição ou de análise de qualquer coisa que viva",[10] Berdyaev escreveu, em 1904, que o racionalismo era o "pecado original de quase toda a filosofia europeia".[11] Khomiakov, Soloviov, Berdyaev e Frank cumpriram todos a sua tarefa de resgatar o sujeito cartesiano isolado. Segundo a epistemologia mais amigável, o verdadeiro conhecimento não resultaria de um confronto entre o ego e o mundo, mas de um intercurso amoroso entre sujeito conhecedor e o objeto conhecido.[12] Diferenciados em suas variações imaginativas sobre o tema, todos esses pensadores estavam ligados por sua insistência numa verdade viva além da compreensão da ciência. Soloviov imaginou um cosmo erótico, no qual conhecimentos humanos e divinos se interpenetravam.[13]

O próprio Isaiah Berlin era um anticartesiano ao estilo russo. A sua verdadeira identidade filosófica esteve essencialmente oculta nos seus escritos, deixando a impressão de um pensador desassossegadamente preso entre o século XIX e o XX, mas sua percepção do quanto a tradição anticartesiana russa era importante responde a pergunta senão ainda em aberto feita por seu biógrafo Michael Ignatieff sobre o porquê de esse homem da razão russo empregado em Oxford ter feito tantas jornadas mentais no

REJEITANDO A VISÃO DE DESCARTES

não racional.[14] Toda a sustentada escrita de Berlin foi devotada a figuras do contrailuminismo — Vico (1688-1774), Hamann (1730-1788), Herder (1744-1803) e Joseph Maistre (1753-1821). Maistre, embaixador jesuíta sardo em São Petersburgo por mais de vinte anos até morrer, demandou em termos estridentes que a Rússia resistisse ao espírito revolucionário francês e restasse uma Inquisição moderna de um tipo sem paralelos.[15] Berlin apresentou esses poetas do conhecimento blakeanos das orlas do Iluminismo a um público anglo-americano racionalista e cético, em cujo meio eles estavam fadados a tocar uma nota inusual. Os eloquentes ensaios de Maistre sobre a destrutividade espiritual da liberdade moderna parecem ter substituído as posições conservadoras e religiosas russas que Berlin declinou investigar, embora ele escrevesse sobre a maioria dos pensadores ocidentalizantes. Por que ele não trabalhou sobre Odoevsky, Khomiakov, Kireevsky e Shestov? Como ele disse, os representantes ocidentais — apenas ocidentais — do contrailuminismo defenderam o argumento antirracional mais claramente.[16] Eu os chamo de "apenas ocidentais" porque, como o próprio Berlin, que era de Riga, Herder e Hamann vinham ambos da área báltica da Prússia Oriental, à fronteira entre a influência cultural russa e alemã. Essas não são matérias da filosofia propriamente dita, mas interessa à história saber por que um historiador escreveu como Berlin escreveu. Como pensador meio russo com um pé no século XIX, Berlin parecia pagar tributo às suas origens em seu ensaios sobre o contrailuminismo, ao mesmo tempo em que se envergonhava do provincianismo e obscurantismo russos. O foco do seu trabalho histórico é uma boa indicação sobre como o contrailuminismo europeu, embora não fosse uma fonte direta do anticartesianismo russo, explica as mais profundas ligações por trás das opções feitas pela Rússia ao longo de dois séculos.

A rejeição da revolução científica liderada por Vico, na Itália, e por Hamann, na Prússia Oriental, concentrou-se, na segunda metade do século XVIII, numa nova interpretação alemã de Spinoza, que se combinava com um ataque igual e oposto contra Kant. Friedrich Jacobi atacou a razão pura e insistiu na necessidade prática da crença irracional. Hamann, Herder e Goethe (1749-1832) compartilharam todos, em algum momento, o seu ponto de vista. Hamann representava o sentimento blakeano comum de que os homens deveriam pensar como seres integrais, e não apenas com sua mente lógica. Jacobi cunhou o termo "niilismo" para descrever a consequência do mero racionalismo, e insistiu em que a razão se acoplasse à fé baseada numa intuição do bem absoluto.[17]

O contrailuminismo era fascinado pelo *Homo sapiens* como *Homo faber* — o homem como fabricador que cria verdade. Numa passagem citada por Berlin, Hamann certa feita comparou um homem que só tinha a lógica à sua disposição a um homem incapacitado para o amor sexual.[18] A imaginação noética incorporava amor e poesia em grande escala ao pensamento. Ela dava significado e satisfação espiritual à vida. Pensar era usar palavras — símbolos emprestados por Deus — e tentar compreender o fluxo inefável da verdade, não analisar. Todas as generalizações envolviam falsidade, e só o gênio criativo podia ter êxito onde a análise fracassou. Antes de essas ideias virem à tona em Odoevsky e Kireevsky, elas seriam encontradas poeticamente expressas por Hamann.

Os românticos que, todavia, quiseram escrever filosofia em vez de poesia elegeram Spinoza (1632-1697) para ser seu Pascal na nova guerra contra a razão. No filósofo português judeu de nascimento, outro excomungado e *outsider*, eles admiravam a ideia de que Deus e a natureza eram dois aspectos de uma substância viva; que o conhecimento era o amor intelectual de Deus, que tudo estava em Deus, que Deus tudo causava no mundo. Tipicamente, o modo anticartesiano era liderado por um poeta que também era cientista. Goethe exaltava Spinoza como o filósofo que tanto amava a natureza viva e dinâmica que requeria uma nova ciência do "fenômeno puro". Exigia-se "contemplação participativa" ou "participação mental e espiritual" do novo tipo de cientista que pudesse ver o ideal no real.[19] Isso podia dizer-se numa prosa laudatória da extraordinária delicadeza e fascínio do mundo criado:

REJEITANDO A VISÃO DE DESCARTES

Um ser orgânico é tão multifacetado em seu exterior e é tão multifário e inexaurível em céu interior que não é possível escolher pontos de vista bastantes para contemplá-lo; a gente não pode desenvolver órgãos bastantes para analisá-lo sem destruí-lo.[20]

Ou em poesia. O homem não sabe por onde começar para compreender o milagre da natureza.

Nada está dentro, nada está fora,
Pois o que está dentro é o que está fora.[21]

À diferença do modelo estabelecido por Descartes, o "eu" goethiano não era neutro no conhecimento. Era amoroso e crédulo. Sua tarefa era estender-se rumo a um mundo conformado e dinamizado pelo mesmo Deus que fez o próprio homem. Natureza e homem, o mundo fora e o mundo dentro, eram dois aspectos da mesma substância spinoziana. Contra todo cartesiano que duvidasse de por que o escrutínio científico necessitava de uma mescla de empatia para alcançar sua meta, Goethe destacou que, para ele, bons resultados científicos repousavam na "solidez interior" de sua própria natureza. A qualidade de sua atitude afetava a qualidade do seu resultado científico.

Meu hábito de ver e interpretar todas as coisas como elas são, deixando a luz dos meus olhos ser meu fiel suporte [*meine Treue*], livrando-me de toda pretensão, me faz feliz, especialmente quando tudo está calmo. Todos os dias, um novo e notável objeto, imagens novas, grandiosas e incomuns, e uma totalidade na qual se pode pensar longamente e sobre ela sonhar sem jamais alcançar na imaginação (...) o que me dá a mais profunda alegria é o efeito que sinto em minha alma: uma solidez interior, com a qual a mente é timbrada, por assim dizer; seriedade sem aridez e um ser composto com alegria. Acho que posso sentir as abençoadas consequências desse fluxo em toda a minha vida.[22]

A locução *"mein Treue"* reflete lealdade simples, fidelidade no casamento, boa-fé no trato com os outros; mas também é a chave para a observação da natureza que Goethe transformou na sua própria marca de ciência. Trata-se de um sentimento de estar em casa no mundo, o qual abre caminho para um método de compreendê-lo, como um objeto familiar, e espiritualmente como família.

Numa afirmação mais formal do seu método, Goethe o chamou, aparentemente numa resposta direta a Descartes, de "ceticismo ativo". O cientista tinha de ter visão crítica dos seus dados, mas também projetar-se emocionalmente para o mundo que estava buscando entender.

> Um ceticismo ativo: o qual está incansavelmente preocupado em superar-se, a fim de chegar mediante a experiência controlada numa percepção confiável sob certas condições.[23]

O método de Goethe, o seu equivalente da *nuova scienza* de Vico, era dialético. Baseava-se num intercâmbio fluido do que o sujeito perceptivo esperava encontrar no mundo e o que, em retorno, o mundo objetivo tinha a oferecer. O intercâmbio engendrava a verdade, pois a verdade, como uma relação humana, tinha de ser criada. O método dialético era um modo de ter acesso ao potencial dinâmico da matéria de tornar-se algo verdadeiro em conjunção com o homem. Tratava-se de uma elaboração constante da relação entre dois aspectos da substância divina e viva da pessoa.

Poucos anos antes de sua morte em 1831, Hegel escreveria a Goethe que nenhum homem, nenhum filósofo, tinha influenciado a sua obra mais do que o grande poeta-cientista de Weimar.

REJEITANDO A VISÃO DE DESCARTES

> (...) quando examino o curso do meu desenvolvimento intelectual, vejo que o senhor nele entrelaçou-se em toda parte, e fantasio chamar-me um dos seus filhos; pois meu mais recôndito ser recebeu do senhor o alimento e a força para suportar a abstração e corrigiu seu curso seguindo, como tochas, os produtos da sua imaginação.[24]

"A força para suportar a abstração" deve ser uma das frases mais irônicas que um filósofo jamais escreveu por sobre o abismo entre o que pretendia escrever e o que seus leitores subsequentes hão de ter suposto que tenha escrito. Herzen foi um raro leitor a sentir que Hegel tinha dado o seu recado. "Eu sei que ninguém além de Goethe, que compreendeu a vida tão plenamente e é capaz de expressá-la como conceito (...). Ao final de [*A fenomenologia do espírito*] parece que entramos num mar — tamanha profundidade, tamanha transparência — eis os suculentos frutos da realidade."[25]

Como chegou Hegel a acreditar que podia "suportar a abstração"? Como pensou ele que seu sistema representa a Vida, e não, no vilipendiado sentido russo, a Razão? A pergunta traz consigo o *pathos* de dois séculos de desastre intelectual para a Rússia. O que persuadiu Hegel foi a ideia de um método não cartesiano de acesso à verdade: o "ceticismo ativo" de Goethe. Isso levou Goethe a acreditar que um método combinado de investimento emocional e reflexão descobriria constantemente verdades realmente novas no mundo material. Elas não seriam meras abstrações, meras fantasias da mente humana, mas fenômenos reais, exemplos tangíveis do ideal. O método dialético era possível porque o melhor tipo de mente humana, o tipo goethiano, autorizada pela fé — *Treue* —, estava ancorado na mesma substância que a natureza. As duas coisas eram uma só. Natureza e mente encontravam-se engajadas numa criatividade compartilhada. O método da natureza de dar-se a conhecer era em si mesmo dialético, pelo modo como ela interagia com o homem para fazer esse conhecimento ocorrer. Quando Hegel tornou o método de Goethe uma chave para uma nova compreensão, não só da natureza, mas também da história, tornou-se possível acreditar que a verdade não era apenas o que encontramos no mundo, mas o que disso fazemos para satisfazer nossos sonhos de felicidade — e, segundo Hegel, esse processo também poderia ser chamado de caminho da razão.

Os anticartesianos russos não descobririam Goethe até Soloviov ter lhes mostrado o caminho, e eles não absorveram realmente o Hegel poético até — ironia das ironias — Marx mostrar-lhes como, num novo contexto político. Em vez disso, a geração de Khomiakov começou com o legado de Spinoza, Jacobi e Goethe conforme absorvidos por Schelling. Como resultado, o relativamente obscuro Schelling tornou-se uma figura maior do pensamento russo.

Friedrich Schelling (1775-1854) nasceu em Württenberg e estudou no seminário de Tübingen com Hegel, seu pupilo ocasional, e Friedrich Hölderlin, o poeta das glórias perdidas da Grécia antiga. A época foi legendária. O trabalho que esses amigos fizeram, desenvolvendo ideias de Kant em bases poéticas, transformou o idealismo religioso numa teoria do conhecimento e numa visão do futuro. Eles se afastaram do contrailuminismo menos pelo que acreditavam do que pela forma que o apresentaram. Reapropriaram-se da palavra "razão" e da ambição de escrever filosofia sistemática, mas, ao mesmo tempo, sob a superfície, permaneceram poetas e teólogos. Eram, se alguém quisesse rotulá-los, pós-kantianos neospinozianos.

Kant argumentou que os grandes racionalistas — Descartes, Leibniz e Spinoza — estavam errados ao pensar que o conhecimento pleno da verdade era possível. Sua objeção a Descartes era que "a-coisa-em-si" é incognoscível à mente humana porque nosso equipamento mental estabelecia condições. Nós afirmamos saber fatos sobre o mundo, mas o que realmente conhecemos são as nossas criações. E como a mente humana também cria tempo e espaço, não podemos nos afastar dessas criações e vê-las em algum outro contexto. A mente humana é conhecível, mas não a realidade em si mesma.

Kant, porém, achavam os românticos, podia ser reinterpretado. Arte e personalidade eram saídas para os antolhos racionais, e Kant o admitia. Pois não estava o conhecimento moral absolutamente ao alcance humano desde que desejássemos atuar sobre ele? Seres humanos eram livres para criar um mundo moral ideal. Eis a dádiva de Kant aos românticos: conhecimento absoluto como criatividade, uma espécie de superfaculdade de liberdade mental ilimitada. A arte também permitia o discernimento da verdade superior, pois era mais uma reflexão da liberdade. O futuro do mundo dependia, então, da criatividade e da imaginação.

Johan Gottlieb Fichte (1762-1814) desenvolveu o primeiro Idealismo Absoluto nos anos 1790. O Eu Absoluto em cada um de nós cria o mundo por "suposição" ou como um objeto cognoscível. O mundo é gerado continuamente porque o pensamento cria objetos por si mesmo. Nós formamos sentenças transitivas simples do tipo sujeito-verbo-objeto e a realidade é construída. A criação-percepção fichtiana pensa ou escreve como pura potência humana. O pensamento é originário. O mundo faz sentido porque os sujeitos humanos o percebem/fazem/agem/falam sobre ele. Ele é perfeitamente cognoscível porque tem o mesmo caráter que a mente humana e, certamente, é parte e complemento dela. Assim como o Deus bíblico de "no começo era o Verbo" criou e preencheu o mundo de Spinoza, do mesmo modo o homem que pensa e verbaliza criou o de Fichte.

Schelling moveu-se ao lado de Fichte para desenvolver uma filosofia baseada na identidade entre mente e natureza. Ele enfatizou que os padrões da natureza e da mente correm em paralelo e elucidam-se reciprocamente. Ciência natural e filosofia cognitiva, Newton (ciência natural) e Leibniz (metafísica racionalista), deviam combinar-se para formar uma ciência nova a fim de tornar essa verdade viva mais clara. Schelling queria descobrir por meio da ciência natural o tipo dos padrões cósmicos que, em Leibniz, mostravam a mente de Deus e a mente dos homens trabalhando em sincronia. A descoberta paralela na natureza e na mentalidade era possível por causa de "uma ligação divina de conhecimento" por meio da qual a mente humana era casada com a divina.[26] A "intuição" — *Anschaunng* — podia ver como os dois reinos se interpenetravam. Ela usava imaginação e metáfora para encontrar o que estava procurando.

> Nós todos temos dentro de nós a capacidade secreta prodigiosa de nos retirarmos do fluxo do tempo, de tudo que vem a nós a partir de fora, para o nosso ser mais interior e despojado, para lá contemplar o eterno em nós na forma da imutabilidade. A intuição [*Anschauung*] é a experiência mais recôndita e pessoal, da qual depende tudo o que conhecemos e acreditamos do mundo supersensual tomado isoladamente. É essa intuição que nos convence em primeiro lugar de que algo é no sentido verdadeiro, ao passo que tudo o mais apenas parece ser.[27]

Autorreflexão intensa, *Anschauung*, tornou acessível a experiência metafísica. O homem passaria à percepção superior por meio de um portão e veria a natureza revelada diante dos seus olhos como um vasto processo autopropulsado, com a manufatura da mente humana como sua maior realização.

> Que é então esse vínculo secreto que liga nossas mentes à natureza?
> A natureza tem de tornar-se mente visível, a mente tem de tornar-se natureza invisível.[28]

Anschauung era o oposto do pensamento mecânico. Era imaginação, porém, mais exatamente, era imaginação moral por causa do mundo que queria construir. Tratava-se da imaginação criativa, desejosa de fazer uma obra de arte, e, consequentemente, também uma forma de vontade, insistindo em criar um mundo significativo, digno de amor.

REJEITANDO A VISÃO DE DESCARTES

A filosofia não tratava mais da verdade dos fatos. Tratava de todas as formas de perfeição com que a mente jamais sonhou. Descartes e depois dele Kant tentaram manter todos esses elementos imaginativos e estimativos, seja fora da filosofia ou sob estrito controle. Os românticos, contudo, reverteram a restrição da imaginação dramaticamente, colocando a maior proeza da imaginação ocidental — a noção de Cristo como simultaneamente divino e humano — no centro da sua filosofia. Dessa primeira ideia ocidental de perfeição, tudo o mais procedia. Os mistérios da Trindade e da Encarnação, eternas esperanças humanas, foram então recondicionados como triunfo da metafísica. O maior poema de Hölderlin, "Pão e vinho", continha os versos:

Miraculoso é o favor do Louvado,
E ninguém sabe de onde e o que a alguém é concedido.
Assim movem-se o mundo e a alma esperançosa da humanidade,
Nenhum sábio pode sequer compreender o que se prepara, pois assim
Deseja o Deus supremo, Ele que muito vos ama, e por essa razão (...)[29]

Filosofia à maneira schellinguiana dizia respeito a como "uma pessoa moral" quereria que o mundo fosse:

A primeira ideia, é claro, é a de mim mesmo como um ser absolutamente livre. Com o ser livre autoconsciente, todo um mundo surge simultaneamente do nada — a única criação verdadeira e imaginável a partir do nada. Aqui eu desço aos reinos da física: e a questão é esta: como deve ser feito o mundo para uma existência moral? Quero dar asas novamente à nossa física, que tão lenta e desajeitadamente anda de um experimento a outro.[30]

Para Schelling, como para Fichte e como seria para Hegel, o casamento anticartesiano e antikantiano da razão com o misticismo, que eles urdiram quando jovens, lançou as fundações de uma nova ciência *alemã*:

> Toda ciência alemã tendeu ao seu objetivo desde o início, isto é, empenhou-se em ver a vitalidade da natureza e a sua unidade interior com o ser intelectual e divino (...). A nação alemã se empenha com toda a sua natureza rumo à religião, mas uma religião ligada ao conhecimento e fundada na ciência [*Wissenschaft*].[31]

Só restava Schelling acrescentar que, como os devotos dos mistérios esotéricos dos Antigos, ele sempre vira a sua filosofia como portadora de verdades gerais, mas somente para mentes especialmente qualificadas. Ela necessitava de homens versados na densa poética do idealismo alemão — homens de excelência grega, *arete*, homens como os guardiões de Platão — para interpretarem as esperanças para o futuro da espécie humana.[32]

O idealismo subjetivo de Schelling deu à filosofia anticartesiana russa duas grandes dádivas: um mundo de emoção afim e uma estrutura quase filosófica. E também lançou um convite para os russos pensarem as suas realizações em termos nacionais. Se o qualificativo "alemã" fosse substituído por "russa" na passagem acima, as palavras de Schelling em 1811 seriam verdadeiras para o que os filósofos religiosos russos do século seguinte esperavam poder fazer; o que os convenceu de que podiam chamar-se filósofos.

> Toda ciência russa tendeu ao seu objetivo desde o início, isto é, empenhou-se em ver a vitalidade da natureza e a sua unidade interior com o ser intelectual e divino... A nação russa se empenha com toda a sua natureza rumo à religião, mas uma religião ligada ao conhecimento e fundada na ciência.

Os idealistas russos eram anticartesianos. Eles queriam um conhecimento que unisse as pessoas. Mas, provavelmente, sempre foram mais comunais em seus pensamentos que os românticos erótico-individualistas alemães a sonhar com a Diotima de Hölderlin. Ela era amante de um homem, ao passo que os russos queriam o amor fraternal. A centralidade do "eu" do *cogito* não funcionaria como modo de vida nem como uma filosofia de esperança, pois estimulava a obscuridade interpessoal. A *lumen naturale* que brilha sobre os objetos, se for a luz da verdade, também tem de revelar clara e distintamente o que une o homem ao homem — que vem a ser a caridade, não o amor erótico, a despeito da visão de Soloviov da divina Sophia.

Os russos eram anticartesianos, e, assim como os românticos alemães apontaram seus últimos canhões antirracionalistas contra Kant, eles o estavam apontando agora contra Hegel, haja vista terem-no compreendido. O *cogito* não oferecia perspectiva de unidade e de salvação coletiva. Tampouco a filosofia podia começar, como propunha Hegel, de "coisas dividindo-se em dois".[33]

Khomiakov falava com a voz de um Schelling russo:

> Considerando que [toda a filosofia da escola kantiana] tem de lidar apenas com conceitos, nunca poderá encontrar em si mesma um critério para a definição do interno e do externo, pois ela tem a ver apenas com o que já foi apreendido e que, consequentemente, já se tornou interno.[34]

Tinha de haver um caminho diferente para chegar à verdade pré-lógica. Se a razão fosse reconfigurada como conhecimento a partir de dentro, isso poderia ser um passo adiante. O que tinha de ser evitado era o conhecimento que estabelecia o sujeito contra o objeto.

> Eu chamei de fé essa faculdade da razão que aprende dados verdadeiros (reais) e os torna disponíveis à análise e à consciência por meio da compreensão. Somente nessa área os dados ainda têm a plenitude do seu caráter e as marcas da sua origem. Nessa área, que precede a percepção lógica e que é preenchida com uma consciência viva, que

não necessita de demonstrações e argumentos, o homem compreende o que pertence ao seu mundo intelectual e o que pertence ao mundo exterior. Aqui, pelo critério da sua vontade livre, o homem percebe o que no seu mundo (objetivo) é produzido por sua atividade criativa (subjetiva) e o que é independente disso.[35]

O conhecimento não deve ser divisivo, nem dividir o homem do homem nem o homem do seu mundo. Os seres humanos e seu mundo circundante formam um todo contínuo. Depois que a percepção fez seu trabalho, resta algo que

> (...) é o mundo de Deus, como dizem os russos (...) mundo de Deus tem conosco principalmente o significado de bênção e beneficência, mas acho que não sem uma mescla do conceito de "geral" ou "universal".[36]

O mundo de Deus existe independentemente de quem o perceba. É o ser em que tudo está encerrado.

Numa metáfora surpreendente que questiona a tradição epistêmica cartesiana como um todo, que depende de "o sujeito vendo o objeto", e também ataca Kant e Hegel, Khomiakov falou do estudante cego de ótica, cujo conhecimento da luz não lhe era próprio.

> Ele conhece as leis da luz que a ele é inacessível, mas ele as aceita como fenômenos com *fé nos sentidos de outros homens* [grifo meu]. Em todas as circunstâncias possíveis, o objeto (ou fenômeno ou fato) é um objeto de crença; ele é plenamente transformado em objeto de consciência somente pela ação da consciência. O grau de consciência nunca excede os limites, ou mais exatamente não muda o caráter do modo através do qual o objeto foi aceito inicialmente (assim, o estudante cego de ótica sempre saberá que a luz é apenas um episódio na vida de outro, não na sua própria).[37]

REJEITANDO A VISÃO DE DESCARTES

Não poderia haver afirmação mais eloquente da inquietação russa com o racionalismo ocidental do que a metáfora de Khomiakov. Ela vinha articulada a uma defesa redobrada do mundo contra a agressão dos conceitos.

Por meio das próprias fontes de Schelling, os antirracionalistas russos fizeram a viagem de volta ao misticismo medieval a fim de incrementar a construção da sua tradição. Eles se ligaram a místicos de Plotino (205-270) a Meister Eckhart (1260-1327), Nicholas de Cusa (1401-1464) e Jacob Boehme (1575-1624), embora Berdyaev fizesse uma divisão marcada entre o primeiro par e o segundo, o primeiro sendo mais uma vez demasiado racional e insuficientemente em contato com o calor da vida, na opinião dele. A herança mística mais positiva da Rússia, de Boehme, era repleta de "tudo que é concreto, pictórico, estreitamente ligado ao rosto de Cristo e ao rosto do homem, tudo que é permeado de consciência antropológica", disse Berdyaev.[38] Setenta anos antes, as percepções de Odoevsky abrangeram Boehme, o místico inglês John Pordage, o fundador da seita martinista francesa, Martinez de Pasqualis (1715?-1779), e o pupilo de Pasqualis, Louis-Claude de Saint-Martin (1743-1803). O misticismo na Rússia foi encorajado no começo do século XIX pela franco-maçonaria, uma força sempre temida pelos governantes russos. Na época de Odoevsky, os maçons russos tinham recém-publicado o livro de Saint-Martin, *On Errors and Truth* [Sobre erros e verdade], e Boehme foi outra descoberta do período.[39]

A outra fonte a alimentar o pensamento religioso e místico russo foi evidentemente a ortodoxia. Foi aí que o misticismo anticartesiano juntou forças com um profundo sentimento de comunidade russa. A noção de que a natureza é sacrossanta, mas infectada por pecados humanos, fortaleceu a perspectiva anticientífica, assim como a ideia de *kenosis*.[40] A ideia kenótica foi uma das mais proeminentes da cristandade de Kiev, abrangendo as virtudes da pobreza, da humildade e do amor. Ela sugeria, arquetipicamente em João Crisóstomo, que os homens deviam ser iguais no que são e no que sabem. Em sua ida ao povo, João Crisóstomo foi um defensor dos pobres e um professor de *ágape*, o amor cristão.

Onde a Igreja russa afetou poderosamente a filosofia russa foi no fortalecimento do que Schelling idealizou como as *Mitwissenschaft*, conhecimento-com.[41] A doutrina tinha prevalecido nas Igrejas cristãs orientais e ocidentais durante o século IV. Cristo era de uma única substância ou consubstancial, *homoousios*, com o Pai. O Credo Niceno, que forma parte do serviço da Eucaristia na Igreja anglicana, e a Missa Católica ainda são um som familiar nas igrejas ocidentais:

> Creio em um só Deus, Pai todo-poderoso, criador do céu e da terra, de todas as coisas visíveis e invisíveis. E em um só Senhor, Jesus Cristo, o Filho Unigênito de Deus, nascido do Pai antes de todos os séculos: Deus de Deus, luz da luz, Deus verdadeiro de Deus verdadeiro; gerado, não criado, *consubstancial ao Pai* [grifos meus]; por quem todas as coisas foram feitas.
>
> *Credo in unum Deum, Patrem omnipotentem, factorem coeli et terrae, visibilium omnium et invisibilium. Et in unum Dominum Jesum Christum Filium Dei unigenitum, et ex Patre natum ante omnia saecula: Deum de Deo, lumen de lumine, Deum verum de Deo vero;* genitum, non factum, consubstantialem Patri; *per quem omnia facta sunt.*

No culto russo, a doutrina da consubstancialidade, os termos que ainda podem ser ouvidos no texto em latim do credo, era acompanhada por uma ênfase na teose, ou a ideia de que o homem podia tornar-se parte da substância divina viva.[42] O que Khomiakov salientou muito mais do que o alemão individualista Schelling foi que a capacidade de ver a vida como um todo, e de ver realidade espiritual na material, só ocorria quando o indivíduo era parte de uma comunidade amorosa. Exatamente o oposto da verdade esotérica de Schelling, o conhecimento de Khomiakov só era acessível a membros genuínos da comunidade religiosa, e uma comunidade ortodoxa.

REJEITANDO A VISÃO DE DESCARTES

A incumbência de Soloviov foi sistematizar o viés anticartesiano na filosofia russa. *A crise da filosofia ocidental* (1874), com seu subtítulo "Contra os positivistas", sugeria que a tarefa tinha de ser cumprida porque o espírito científico estava destruindo a filosofia ocidental. Ainda que não pela ação de Descartes ele mesmo, a revolução cartesiana tinha posto a ciência no lugar da metafísica e deixado o mundo sem meios para sistematizar o conhecimento em sua dimensão mais ampla. Isso provocou um doloroso divórcio entre ciência e religião. Restabelecendo a metafísica, Soloviov tentaria prevenir o que o filósofo polonês Leszek Kolakowsky descreveu como o grande dano causado pelo positivismo científico a uma verdadeira cultura racional. Ao espalhar-se por toda a Europa desde meados do século XIX, o positivismo empobreceu a cultura da razão com sua definição estreitamente instrumental.[43]

Um aspecto-chave do pensamento de Soloviov foi adaptar a doutrina da teose ao uso filosófico. O tema foi desenvolvido nas *Lectures on Godmanhood* [Lições sobre a Divino-humanidade] (1878), que Tolstoi e Dostoievski vieram assistir em São Petersburgo. Outro nome do tópico era "cristologia", ou a crença de que a natureza dual de Cristo também fosse compartilhada pelos homens. A Divino-humanidade de Cristo viabilizaria a vida ética e espiritual. Na época de Soloviov, o alvo do antirracionalismo já não era Descartes, mas Auguste Comte (1789-1857) e Feuerbach. A Divino-humanidade de Soloviov foi uma tentativa de refutar as visões desses homens de um mundo salvo pela ciência. Comte sugeriu que a ciência ocuparia o lugar da religião e da metafísica, tornando-se a fonte definitiva do saber humano. Para Soloviov, essa perspectiva alarmante caracterizava um passo para trás deliberado na história da filosofia.

Soloviov retornou a Kant para buscar um modo de expandir a razão, exatamente como os românticos alemães tinham feito. O seminarista russo releu Kant como se fosse possível ver as formas ideais de Platão nas próprias coisas e, assim, por meio da intuição, como Schelling, contornar todas as restrições que pesavam sobre o conhecimento absoluto. Contudo, por não querer acabar promovendo um homem-Deus individualista, ele insistiu em reinscrever a sua filosofia romântica alemã da intuição no seio da fé russa. O instinto artístico e moral mostrava aos homens que eles eram livres para criar o seu mundo ideal, mas não que esse ideal entrasse nas suas cabeças pela própria produção delas. Numa das mais acabadas realizações da tradição moral-religiosa russa, Soloviov deixou claro que a humanidade necessitava de formas elevadas de estímulo para ser ética e criativa. Numa série de trabalhos — *Beauty in Nature* [Beleza na natureza] (1889), *The Overall Meaning of Art* [O significado geral da arte] (1890) e *The Power of Love* [O poder do amor] (1892-1894) — ele sugeriu como o bem encontrado no amor, na beleza, na natureza e na arte estimulava os homens a serem plenamente humanos. "A atividade artística em si não tem objeto particular, supostamente mais elevado, mas [...] serve ao objetivo vital geral da humanidade em seu modo e por seu intermédio."[44]

A filosofia de existência cristã de Soloviov trouxe mais uma vez à atenção do pensamento russo o problema moral que Descartes tinha deixado para trás, do fosso existente entre a mente e o mundo. Na Rússia, Descartes suscitou preocupações, não com as condições do conhecimento, mas com a condição do coração do conhecedor. O "eu" de "eu sei" teria o conhecimento certo se fosse um ego com intenções moralmente boas. Pela maior parte da sua carreira, Soloviov não chegou a conceber esse homem bom sem que ele tivesse fé em Deus.

Soloviov estabeleceu o primeiro princípio da filosofia mística russa: o de que não pode haver separação entre fatos e valores. Nem Descartes nem Kant poderiam tê-lo aceito. Mas para o idealismo russo, era o amor, a grande ponte entre fatos e valores, que tornava possível o conhecimento da realidade. Eis uma resposta tardia ao *amor intellectualis dei*, o amor intelectual de Deus, de Spinoza, revestido de entusiasmo místico e cristão recente. O sujeito ideal da filosofia russa não ansiava apenas por um outro especial, mas por toda uma comunidade. Seres humanos, cuja condição era terem decaído do divino, percebiam a unidade original que os vinculava, e sentiam o poder de reconstruí-la. A história do mundo, com o primeiro Deus-homem como seu modelo e propósito, era a história da unidade humana crescente. Mas a terminologia religiosa não era estritamente necessária, e, nos seus últimos anos, considerados marcados por uma fé minguante, Soloviov abandonou os suportes cristãos e falou mais do bem. *A justificação de Deus* (1897) fez da crença no bem a sua própria justificação. Dirigindo-se a indivíduos, seu autor deu razões metafísicas pelas quais os seres humanos deveriam proteger ativamente a comunidade, cuidar do mundo natural e refinar sua sensibilidade por meio da arte. Soloviov sentiu, com frequência, estar lutando para unir, na sua filosofia, o melhor das Igrejas oriental e ocidental. A sua resposta a Chaadaev cinquenta anos depois foi interessante, uma pequena tentativa, em prol da Rússia, de um renascimento do individualismo protegido pela fé.

A filosofia anticartesiana russa moveu-se, principalmente, ao longo de caminhos secundários após Soloviov, enquanto a força do racionalismo como modo de ser alternativo — embora não da razão como instrumento crítico — cresceu e espalhou-se.

Ao final do século XIX, apenas Shestov continuava a medir sua resistência ao racionalismo simbolicamente em termos de Descartes e Pascal. O inimigo racionalista era o positivismo para Soloviov e o marxismo para os homens da década de 1890, como seria para os antirracionalistas e humanistas clandestinos pelos cem anos seguintes.

Berdyaev estimulou a *intelligentsia* da virada do século a pensar que o misticismo estava no seu sangue e que, por causa disso, ela devia resistir ao marxismo. Em *Philosophical Truth and the Pravda of the Intelligentsia* [Verdade filosófica e a *pravda* da *intelligentsia*], uma das suas duas contribuições ao volume *Marcos de referência*, de 1909, ele sugeriu que a fragilidade filosófica da Rússia era também a sua força:

> Não é sem bases que a *intelligentsia* assume uma atitude negativa e desconfiada quanto ao academicismo abstrato, quanto à dissecação

da verdade viva (*istina*) (...) em suas exigências de uma relação integral (*tselostnyi*) com o mundo e a vida, pode-se discernir os traços de um sentimento religioso inconsciente.[45]

Contudo, a geração de Berdyaev teve de enfrentar a dificuldade resultante do fato de que, embora a *intelligentsia* russa tenha adquirido consciência dos seus haveres espirituais por meio da filosofia mística, o mesmo anticartesianismo havia atrapalhado o seu desenvolvimento intelectual crítico. A Rússia não podia gabar-se de nada comparável à realização racional ocidental. Em *Marcos de referência*, Frank ecoou Berdyaev, mas só para enfatizar uma posição não mitigada de fragilidade:

> Estética teórica, valores religiosos não têm poder sobre o coração da *intelligentsia* russa, que os sente baçamente e sem intensidade.[46]

A ênfase nessa passagem recai sobre a palavra "teórica". Para a *intelligentsia* russa, a busca da "verdade teórica, científica" e um "empenho desinteressado em prol de uma representação intelectual adequada do mundo" não tinham nenhum valor, segundo Frank.[47] Chaadaev, certa vez, o expressou ainda mais acerbamente quando acusou seus compatriotas de não se preocuparem em distinguir o verdadeiro do falso. Um raro escritor francês do século XIX a estudar a mente russa, Théophile Funck-Brentano descobriu previsivelmente que os autocríticos russos tinham toda a razão. Foi exatamente a ausência de ideias cartesianas claras e distintas que condenou a Rússia a um estilo de filosofia que fracassou completamente em abranger o mundo real por não ser capaz de distinguir entre o concreto e o quimérico. Numa resposta curiosa e possivelmente consciente a Khomiakov, Funck-Brentano falou de um cego tentando escrever uma filosofia das cores.[48]

*

REJEITANDO A VISÃO DE DESCARTES

O racionalismo cartesiano não era antissocial; propunha a racionalidade como comunidade. Descartes poderia ser facilmente defendido contra a acusação de que dividiu os homens onde devia tê-los unido. Primeiro, o "eu" do *cogito* era um ego operacional ou instrumental, não um ego psicológico. A racionalidade cartesiana era um procedimento profissional, não uma ameaça ao fato de pertencer a uma comunidade. Segundo, o *cogito* não era tão "subjetivo" quanto foi considerado por uma leitura psicológica tosca, pois, no empenho de pensar, os homens se comprometiam com condutas racionais e com a rejeição de opiniões que não se conformassem com a evidência. A razão era uma escolha, um clube, um lugar social onde os homens podiam sentir-se à vontade na companhia de outros que a respeitassem. A evidência de o *cogito* não ser subjetivo era a realidade testável do mundo, o mundo era compartilhado pelos homens, a questão nada tendo a ver com Deus.

A emocional Rússia, porém, não queria entrar para o clube ocidental, pois, se entrasse, perderia um dos seus maiores ativos, o seu sentido de comunidade.

Havia uma grande força poética no exame feito pela Rússia das alternativas filosóficas à razão, mas a sua rejeição do *cogito* não a deixou bem situada no mapa mundial da filosofia. Por exemplo, ela não reconheceu, em consequência, a questão de "outras mentes", problema fundamental deixado por Descartes para a filosofia ocidental. Paradoxalmente, isso significou que a Rússia, apesar de todas as suas preocupações morais, acumulou pobremente os benefícios éticos de uma das grandes questões ocidentais. O sentido do quanto é difícil saber o que está além do alcance da nossa própria mente é conducente ao respeito por outras mentes e, porque exige padrões altos da nossa própria, estimula a humildade no tocante à verdade. Haja vista ser isoladamente responsável pela verdade, o indivíduo cartesiano tem uma obrigação moral de não falsear a sua evidência. Como ser humano isolado, ele podia abandonar alegremente a sua solitária tarefa, mas tem um dever a cumprir perante a razão. Esse dever é social. Embora só possamos ter acesso à verdade isoladamente, a razão que usamos para chegar a ela não é uma linguagem privada. Na pior hipótese, a aplicação equivocada pela Rússia do critério ético para denegrir a atividade racional não conduz a absolutamente nenhum valor social passível de ser aplicado à integridade epistêmica do indivíduo.

É interessante ver o que um pensador ocidental cogitou sobre valor moral de Descartes, e da tradição cartesiana francesa, num momento difícil do seu país. A situação era a França logo após o fim da Segunda Guerra Mundial e o filósofo é Jean-Paul Sartre, que fora preso durante a ocupação alemã. Um argumento intensamente patriótico sobre o posteriormente renegado Descartes veio à tona numa introdução de 1946 ao seu pensamento. Ele até o repetiu em seu famoso ensaio do mesmo ano, "Existencialismo e humanismo". A afirmação foi que, com o *cogito*, Descartes teria simultaneamente lançado a fundação da ciência moderna *e* a base da liberdade democrática moderna. Sartre escreve tão decididamente sobre esse ponto que é difícil entender como pode ter se tornado comunista em solidariedade à União Soviética, a menos que o tenha feito por extrema ignorância. Mas, mesmo que não estivesse propriamente prestes a abrir mão de seu comunismo, a guerra o conscientizou da existência de alguma bondade intrínseca no seu próprio mundo intelectual. As suas ruminações resultantes iluminam a debilidade russa.

> Assim, Descartes acaba juntando e explicitando, em sua descrição da liberdade divina, a sua intuição primária de sua própria liberdade. (...) Mas nós não reprovaremos Descartes por ter dado a Deus o que nos cabe exclusivamente; nós antes o admiraremos por ter lançado as bases da democracia, por ter levado às últimas consequências as exigências da ideia de *autonomia* e compreendido que o único fundamento do Ser é a liberdade.[49]

REJEITANDO A VISÃO DE DESCARTES

Para Sartre, no melhor de sua carreira, a garantia da liberdade moderna repousa sobre a instituição da interioridade cartesiana. O *cogito* teria provido uma fundação moral para o individualismo responsável e a sociedade livre. O verdadeiro significado do *cogito* seria "Eu penso, logo sou livre".

Quanto à rejeição dessa tradição pela Rússia, os críticos de Berdyaev diriam que ele era parte do problema. Mas ele tinha clareza quanto à escolha de Pascal sobre Descartes. Significava que, "em sua tendência básica, a filosofia russa continua a grande tradição filosófica do passado, a grega e a alemã; o espírito de Platão e o espírito do idealismo clássico alemão vivem nela".[50] Para o melhor, para o pior, essa herança platônico-pascaliana foi o rosto da Rússia moderna. Seu problemático legado era mais poético que crítico, mais moral que científico. A filosofia existente se construía sobre bases fracas de busca da verdade, mas seu interesse pelas recompensas espirituais da esperança era incomparável.

9

A luta do bem e do mal

Definir a filosofia russa em termos da sua tradição plural no século XIX e investigar as raízes dessas tradições na história mais longa do pensamento ocidental e da comunidade russa seria começar a entender a Rússia nos seus próprios termos, como uma cultura única nas fímbrias do Ocidente. Seria entender que a busca russa por uma filosofia moral da existência afeta e limita o conhecimento, e que limitar e conformar o conhecimento é moralmente justificado. Assemelhar-se-ia à justificativa de Pascal para acreditar em Deus. Valeria a pena aceitar o risco de falsidade, se trouxesse recompensas espirituais que a vida crítica não pudesse igualar. Felicidade e um mundo saturado de significado moral poderiam justificar desviar o olhar de fontes de dúvida. O esforço pascaliano russo ao longo dos últimos duzentos anos, e, particularmente, no último século, faria sentido na medida em que revelou a necessidade desesperada de um princípio ou conjunto de crenças que mantivesse o país coeso como uma comunidade ou sociedade coerente. Compreender-se-ia que as tradições filosófica e revolucionária da Rússia se encontraram na sua crença compartilhada de que a esperança — esperança contra a razão e contra o testemunho da experiência — poderia prover uma estrutura básica para a comunidade social, espiritual e política; esse seria o nexo para entender a singularidade — para não falar da tragédia — da cultura russa.

Um filósofo contemporâneo russo sugeriu que a necessidade de manter a sociedade coesa foi o primeiro motor do pensamento russo:

> O sentido do filosofar na Rússia não pode ser compreendido separadamente do fato de que esta sociedade é internamente desorganizada, pende periodicamente para o localismo, para a desintegração, o que alcançou proporções de cisma. Por essa razão, a luta por síntese, por inteireza na filosofia russa, pode ser considerada uma reação aos aspectos negativos do desenvolvimento sociocultural, aos perigos de desintegração espiritual, organizacional, econômica, política e outras (...). O *pathos* prático da filosofia russa é dirigido a impedir que parte se extravie do todo, o que tem um número infinito de formas: o homem a extraviar-se de Deus, o povo da autoridade, a *intelligentsia* do povo, o indivíduo do coletivo, e assim sucessivamente.[1]

O que precisa ser entendido são o zelo, a esperança e a prontidão morais incomensuráveis de assumir a fé implicada por essas palavras, "*pathos* prático"; e como o *pathos* do "extravio" e do romance do reencantamento encontraram encarnação igual nos campos místico-religioso e "racional". Dos primeiros schellinguianos aos últimos comunistas, durante a sua longa tradição de 1815-1991, a filosofia russa visou integração. Ela tentou construir um todo social coerente e prover o cimento social que o aglutinasse. Por volta do começo do século XX, a tarefa da *intelligentsia* revolucionária russa *e* da filosofia moral russa era tornar a sociedade um todo — talvez pela primeira vez — uma vez encontrados os meios para a coerência.

Porém, igualmente, desde o início da filosofia russa, a Vida resistiu aos esquemas racionais para subordiná-la. Aos olhos de um hegeliano russo, lentamente a Razão Absoluta estava se tornando uma força social real na Rússia; mas, obviamente, conforme Belinsky compreendeu quase de imediato, esse não era o caso. Não só a verdade da Vida era completamente diferente da verdade da Razão, mas a filosofia da construção social era uma ameaça para as vidas individuais reais. A experiência da filosofia como construção social cindiu, consequentemente, o discurso filosófico-político em dois modos contrários: um construtivo, o outro anárquico. A Rússia nunca foi, num sentido cartesiano ocidental, uma cultura de razão, mas em todas as suas formas filosóficas havia uma cultura de esperança. Só que essa esperança tomou duas formas. Os construtivistas traduziam esperança em ordem dependente do comprometimento ativo de indivíduos dedicados ou moralmente recrutados. Eles buscavam uma ideia ou princípio que trouxesse a inteireza; enquanto os anarquistas viam esperança na qualidade mística da vida-como-era-vivida — uma espécie de unidade natural da existência que protegeria a integridade das almas simples. Os anarquistas descreviam em termos positivos um extravio da ordem conceitual e um modo de resistir à prisão do significado definitivo.

O anarquismo supõe que a principal ameaça ao espírito humano não seja a desordem, mas sim a coerção por alguma autoridade externa. Na esfera política, essa autoridade seria o Estado, mas para a filosofia russa, mesmo antes da Revolução, a ameaça parecia vir de linguagem e conceitos. A tendência anarquista russa atacava os próprios instrumentos que tornavam a filosofia possível como empreendimento racional. Os anarquistas filosóficos russos se opunham a todas as formas de nomear e fixar. Eles acreditavam — para ecoar o Terceiro Mandamento — que a filosofia não devia pronunciar nenhum nome em vão e que todos os nomes e conceitos operacionais em sociedade minavam dois valores sagrados: a autonomia da pessoa e a integridade do mundo. Os anarquistas eram contrarracionalistas e místicos, e, embora alguns dissessem que esta fosse a forma de combate que o individualismo liberal tinha de assumir na Rússia, sua posição era extrema, pois nenhuma instituição política liberal a ela correspondia.

Berdyaev falou da "base sem base" do pensador místico do século XVII Jakob Boehme. O seu "infundamento" refletia a necessidade de a mente manter-se aberta para uma realidade fluida e sem fundo.[2] O próprio anarquismo de Berdyaev levou a uma negação de toda descrição da sua obra que lhe cruzasse o caminho, embora, em *Dream and Reality* [Sonho e realidade] (1950), ele falasse de "anarquismo metafísico" e de "anarquia moral" com uma coerência que tornou três propostas discerníveis:

1) o homem deve "manter-se afastado da sociedade";
2) a única verdade vem da relação do homem com Deus;
3) a contradição é sempre preferível à conclusão.[3]

Ele escreveu:

> Eu acreditei, acima de tudo, que a verdade não podia ser aprisionada em nenhuma rede social (...) e que aqueles que buscam o conhecimento da verdade saem incansável e ousadamente de verdadeiras prisões rumo a mundos que têm mais para eles do que a sociologia ou ciência jamais poderá conter. Meu pensamento foi portanto deixado livre para mover-se em qualquer direção que escolhesse. Eu defendi a liberdade do conhecimento filosófico no contexto da ortodoxia religiosa.[4]

O anarquismo filosófico russo elaborado por Berdyaev, Frank e Shestov pode ser definido como de interioridade radical. Ele autorizava a pessoa soberana a retirar-se íntima ou interiormente de toda restrição mundana. Frank acreditava que "o ser-para-si primário imediato é uma realidade na qual e por meio da qual o homem transcende o mundo do fato objetivo e descobre uma dimensão inteiramente nova da existência; nessa dimensão, ele encontra as profundidades supremas da realidade e as tem diretamente em seu próprio eu".[5] Os anarquistas filosóficos russos encontraram uma maneira de garantir o que, na sua explicação de Descartes, Sartre chamou de "intuição primária da sua própria liberdade", ao mesmo tempo em que não abriram mão da sua adesão à verdade mística.[6]

Contudo, o que definia essa interioridade como algo diferente de individualismo radical e convite ao caos social era o contexto religioso. Referir-se a Deus era evocar a verdade absoluta e eterna da pessoalidade e sublinhar a relativa desimportância de verdades sociais passageiras. Acreditar em Deus era uma maneira de estar em paz com a desordem mundana. Longe de sucumbir a essa desordem, retirar-se das normas sociais-racionais era um passo rumo a uma existência verdadeira compartilhada e ilimitada. Não se tratava de perda social, como Hegel o teria chamado. Para Frank, "o caminho interior não é uma fuga do objetivo comum do mundo para a esfera fechada da subjetividade. Muito pelo contrário. Só mediante nossa entrada na realidade primária poderemos encontrar nosso vínculo interior com o mundo objetivo. O caminho interior (...) leva não ao encerramento obscuro, mas ao contrário (...). O vínculo interior com a realidade primária nos liberta do poder do mundo e nos capacita para termos um papel criativo dentro dele".[7]

Os anarquistas filosóficos russos foram individualistas liberais disfarçados na medida em que, nos poucos anos até ser silenciado, o anarquismo filosófico tornou-se o primeiro discurso de liberdade da cultura russa. "Eu sempre acreditei que a vida em Deus é liberdade, fuga sem obstáculo, anarquia no sentido verdadeiro da palavra", escreveu Berdyaev. "O verdadeiro chamado da liberdade não deve ser pensado em termos morais ou psicológicos, mas sim metafísicos."[8] Sob a pressão da tradição hegeliana de construção social durante a maior parte do século XIX, qualquer filósofo russo desejoso de defender a integridade do indivíduo tinha de enfatizar a natureza em aberto e mística da verdade. Tinha de insistir que nenhum conceito racional poderia reordenar arbitrariamente a vida russa caótica, mas vital, uma vez que nenhum deles podia ser finalmente verdadeiro.

O anarquismo de Shestov foi o mais influente pela maneira como sugeriu que precisamente a longa experiência russa de poder estatal arbitrário era prova de que nenhuma cultura "racional" de construção social era aceitável. Shestov estabelecia um paralelo entre a agonia de Cristo no jardim do Getsêmani com uma experiência assustadora de Dostoievski em 1849, quando, acusado de conspiração política, ele e um grupo de companheiros revolucionários — como foi Dostoievski na sua juventude — foram submetidos a uma falsa execução. Um dos homens do grupo enlouqueceu por causa do choque.[9] Shestov inscreveu um século de sofrimento russo na sua filosofia anarquista. Toda a dor, martírio e desperdício de amor e talento — dos filósofos destruídos Radishchev, Galich e Chaadaev, ao desespero criativo e religioso de Gogol, a Chernichevski e Pisarev na prisão, a Herzen banido, a Belinsky lutando para sobreviver, ao sofrimento de Turgenev por uma terra improdutiva, à súbita apreensão tardia por Soloviov da realidade do mal, ao terrorismo e assassinato em nome do que Soloviov chamava de "falsa inteireza" — Shestov absorveu todas essas experiências russas extremas numa filosofia que condenava toda empresa humana.

Os seres humanos eram responsáveis por trazer a negatividade ao mundo, declarou ele.[10] A tentativa de conceituar verdades superiores sempre resultou em distorções da verdade sendo impostas a seres humanos reais, o que é comparável à tortura física e mental. O método científico era uma armadilha, e a liberdade só podia ser buscada num estado imaginado de existência, no qual nenhuma verdade era certa, nada era fixo, e a incerteza era o mistério supremo a ser respeitado. Tal era a tarefa filosófica russa — aceitar e superar a negatividade e a dor, e ver o vazio como abertura positiva.

Cerca de uma geração antes, o Ocidente individualista anti-hegeliano testemunhara os protestos do anarquista individualista alemão Max Stirner e de Nietzsche de que a racionalização estava corroendo a existência social, que a Vida deveria poder fugir da tirania das abstrações, que a autonomia da pessoa tem de confrontar o conceito social. Não obstante, o anarquismo teve uma importância única na filosofia russa. Pois se o "anarquismo ocidental é, em essência, individualismo liberal",[11] a sua contrapartida russa foi provavelmente individualismo liberal forçado por circunstâncias culturais a assumir uma forma extrema. Segundo, se o anarquismo filosófico russo era "fuga", não era uma fuga individualista, haja vista a longa tradição religiosa da teose, que põe os homens em contato recíproco com Deus num reino de existência imanente. E terceiro, de importância pelo menos igual aos dois outros pontos, o anarquismo místico operou como a outra metade crítica da filosofia russa. Funcionou como um controle para os excessos da construção social, assim como a construção social fez com o anarquismo. Toda tentativa de formular um modo de fazer a sociedade racional ter coerência na Rússia foi uma vitória sobre sonhos improdutivos, mas uma filosofia russa de anarquismo foi desesperadamente necessária desde o momento em que a coerência se tornou prisão. Os dois momentos filosóficos são parte de uma parceria frustrante, mas, em última análise, salutar.

Uma dificuldade com o anarquismo, do ponto de vista dos que ansiavam por um melhor ordenamento da sociedade russa, e pela qual ele tinha de ser rejeitado, foi não dar nenhuma orientação moral. Nesse aspecto, era tão incompleto quanto o utilitarismo no Ocidente, porque fazia de todos os valores e motivos reais uma questão particular. Dostoievski esteve inseguro sobre as virtudes do *infundamento* anos antes de Berdyaev e Shestov se conjurarem com ele. Ele não achava que fosse psicologicamente possível suspender o desejo humano de certeza e conforto indefinidamente. Esse era um dos significados, dos muitos contidos em *A lenda do Grande Inquisidor*, que potencialmente apoia a posição do inquisidor. Dostoievski pediu aos seus leitores para considerarem os confortos de um socialismo repressivo institucionalizado que, ainda assim, pudesse fazer os homens felizes, e para compararem essa realidade alcançável com o amor de Cristo, que era só uma promessa e um beijo. Ele pediu então para considerarem se poderiam suportar a força do beijo anarquista, sem querer retornar ao domínio dos valores fixos. Shestov optou pelo beijo, mas o próprio Dostoievski era ambivalente. Nas suas mãos, nas de Odoevsky, nas de Soloviov e outros, a filosofia russa ocupou uma posição nalgum lugar entre a construção social e o anarquismo ao centrar sua atenção na personalidade moral. Como individualistas morais que acreditavam que a personalidade moral fosse o único caminho para chegar à boa sociedade, esses homens introduziram uma nova nuance no quadro filosófico. Praticando uma outra forma sitiada de liberalismo, sua dificuldade, entretanto, era de onde viriam os padrões morais. Dostoievski aceitava a necessidade de esperança moral, mas, ao mesmo tempo, rejeitava todas as formas sob as quais ela estava disponível, exceto a fé religiosa. Pode-se, portanto, dizer que a inadequação do anarquismo filosófico como força moral construtiva deu lugar a uma força muito prevalecente no pensamento russo, isto é, a uma preocupação com a metafísica das morais.

Em sua ficção, Odoevsky e Dostoievski buscaram uma fonte transcendente de valor moral para colocar o estado então corrente da sociedade russa em perspectiva. Sua metafísica das morais começou com um amor pelo voluntarismo, que Dostoievski associava a Kant. Odoevsky, provavelmente por ignorância, não estabeleceu a ligação com Kant, mas seu encontro com o utilitarismo em *As noites russas* mostrou com a mesma prontidão de *Memórias do subsolo* o que havia de errado com questões como: "Por que estou enganado ao tratar a vida como um simples cálculo de ganho pessoal?" Ele deu a própria resposta de Kant, considerando que, como seres humanos, nós temos imaginação moral à nossa disposição, e que a imaginação moral é uma coisa boa, nós devemos usá-la. O egoísmo racionalista dificilmente poderá ser um guia para a boa vida se ignorar o maior dom moral em nossa possessão — a capacidade de imaginar o bem universal. Contudo, vivendo mais tarde que Odoevsky no cada vez mais ateísta século XIX, Dostoievski se preocupou com a nutrição dessa imaginação. No seu mundo ficcional, os que acreditavam no poder de salvação da beleza eram privilegiados por sua visão, mas também iludidos, pois, conforme constatado, o mundo belo só se lhes revelou porque estavam doentes.[12]

Pensadores russos mais sóbrios de ambos os lados de Dostoievski concluíram que a personalidade moral necessitava de estímulo positivo da sociedade. À diferença do que Kant considerava ser o caso, a personalidade moral na Rússia não podia fazer suas escolhas com base exclusivamente na liberdade interior. A sociedade precisava estimular valores morais que capacitassem os indivíduos a transcender as próprias limitações daquela sociedade. Ela precisava estimular a crença moral encaminhando os seus membros para uma lei moral superior. Na colônia benthamista arruinada de Odoevsky, pessoas educadas no egoísmo não eram capazes de lidar com uma emergência porque tinham perdido o hábito da restrição voluntária e da cooperação recíproca. O risco com uma perspectiva utilitária era que a personalidade moral acabava ficando sem prática. Mas a mesma deficiência podia resultar de outros tipos de sociedade também.

Soloviov, o amigo de Dostoievski, sugeriu que a arte e a crença religiosa manteriam o homem bom no curso, e que o Estado ético deveria encorajar essas formas culturais. Meio século mais tarde, quando a metafísica da moral perdeu terreno tanto na Rússia como no Ocidente, Frank, cujo anarquismo ontológico estava firmemente ligado a uma crença em Deus, considerou que a vida moral da sociedade russa — tão preciosa para a *intelligentsia* tradicional — não poderia sobreviver sem valores morais objetivos.[13] Particularmente, na Rússia, a personalidade moral necessitava do ambiente cultural adequado. O homem bom na Rússia era um voluntário que podia ser facilmente afastado do curso — pelo ateísmo, pelo subjetivismo e pelo materialismo filosófico.

Sempre houve algo místico quanto ao valor russo atribuído à personalidade moral. Se o Ocidente do século XIX era sustentado por um utilitarismo econômico, o Oriente — o modo russo — repousava sobre um utilitarismo de tipo místico por meio do qual o eu, preservando a sua alma poética, se dissolvia no bem geral. No desenho ideal de Odoevsky, boas ações individuais acrescentariam ao bem da comunidade, mas de um modo que não podia ser identificado em números. O clima ético russo era, e continua a ser, predominantemente cristão. Mas é claro que assim tinha de ser, pois, se era para os valores éticos objetivos em que Frank insistiu terem o seu lugar social, eles só poderiam ocorrer na Rússia como conceitos de Deus e, emprestado de Kant, do bem. Berdyaev tinha em vista algo como um socialismo cristão para a Rússia. Desafiando tanto os ateístas orientais e ocidentais como as tendências materialistas do seu tempo, e sobretudo desafiando o construto social sem vida do comunismo, ele disse: não equiparem valores morais com a moda presente nos valores sociais e políticos. Valores morais são aspectos de personalidades morais que não têm medo de evocar os valores metafísicos eternos de Deus e do bem. Personalidades morais não têm medo de evocar valores absolutos, pois estão preparadas para dar um salto de fé: não para debater se esses valores existem, mas para aceitar os benefícios espirituais da crença. Berdyaev era socialista cristão e foi o primeiro cristão russo existencialista.

Conforme emergiu no final do século XIX, a filosofia russa opôs proveitosamente as suas tendências contrastantes favoráveis à construção social e ao anarquismo místico. Moralmente, ela se interessava sobretudo por voluntários do bem — homens que tivessem a percepção de que estavam seguindo uma lei moral, não improvisando ações em seu próprio interesse. Porém, restava sobre a cena do filosofar uma chaga que afetou todas as tentativas de melhoria social e que finalmente estimulou não só ondas de anarquismo e misticismo, mas também de desesperança. Talvez a principal experiência emocional do *intelligent* que se preocupava em monitorar seus sentimentos honestamente tenha sido que, enquanto visões imaginativo-especulativas de vidas totalmente significativas avultavam dos estudos de Hegel e de Marx e das páginas de Kant e de Schiller, as mentes críticas russas só podiam reportar-se na vida real ao lugar falso onde viviam; um lugar onde aquelas ideias não estavam em casa. Dostoievski falou de "schillerismo" e de "cultura livresca" para explicar como era viver na sombra morta da Europa, entre cópias de cera de ideias vivas. A maneira como os súditos russos estavam presos um ao outro sob o domínio dos tsares deixou um vácuo social onde um significado deveria ter entrado, e onde a filosofia *prometera* que entraria, mas não entrou. A realidade russa nunca poderia equiparar-se à visão construtiva, e a visão anarquista só tornou as coisas piores. Experimentar uma pretensa grande nação numa desordem sem fim era desorientador e moralmente solapador tanto para construtivistas quanto para crentes. Era como se Deus risse deles. No caos social que a própria razão estimulava, a Rússia do século XIX já tinha um sabor de pós-moderno e de fim da filosofia.[14]

Hegel oferecia razão em lugar de Deus, e o socialismo secular prometia a aparente inevitabilidade de uma ordem social justa. Dostoievski, porém, que morreu em 1881, deixou este mundo sem estar convencido. Ele viu o diabo na fenda existente entre a aspiração e o que podia ser feito dela. Soloviov teve uma visão do Anticristo. Juntos esses dois amigos estiveram entre os homens mais prescientes da Europa sobre o mal que estava à espreita na filosofia da esperança.

Em *Os demônios*, Shatov, "o vacilante", lutou contra o ateísmo antes de matar-se. Ele foi viver na América, que Dostoievski considerava ser o lar do ateísmo, e depois voltou para a Rússia, mas ainda assim não encontrou Deus. Seu herói, Stavrogin, "o carregador da cruz", pode ter dado significado à vida daqueles à sua volta, mas ele também era inseguro quanto a um Deus cuja existência testava com atos de profanação. Dostoiévski descreveu uma vida intelectual tão altamente carregada, tão frenética e tão consumida pela dúvida na sua Rússia que sugeria que nenhum homem pudesse viver lá apenas pela razão. Para que a ordem e a calma prevalecessem, tinha de haver Deus. Mas talvez Ele não existisse.

O mal foi completamente ignorado pela filosofia clássica ocidental, apesar de ser claramente esse o significado por trás da última das seis considerações de Descartes, em *As meditações*, sobre o que podia obstruir a busca da verdade. Podia haver um *malin génie* a embaralhar deliberadamente nossas percepções de qual é o caso. E se o *malin génie* — o último sucessor infernal do Deus das teodiceias medievais — funcionasse realmente assim, então, em vez de tudo no mundo ser justificado pela existência de Deus, nenhuma ordem seria conhecível, e nós sequer poderíamos saber que ela não era conhecível. Descartes tentou, mas desistiu de imaginar como as coisas seriam, se de fato nosso mundo fosse um desastre metafísico — uma catástrofe que certa vez Walter Benjamin chamou de "resultado do mau humor de Deus".[15]

A Rússia nunca meditou as dúvidas sobre a confiabilidade dos sentidos e a verdadeira existência de um mundo objetivo que constituíram o método científico de Descartes e a sua verdadeira realização secular aos olhos ocidentais. Consequentemente, quando a dúvida russa veio como experiência súbita do secular e do moderno, importados do Ocidente, o resultado não foi uma revisão paciente do método filosófico, mas uma catástrofe espiritual. Para Dostoievski, a forma russa da dúvida cartesiana era uma apreensão social e psicológica caótica ameaçando destruir toda e qualquer alma individual que não pudesse mais acreditar no "homem", na "humanidade" e num universo moralmente coerente.

Dostoievski era cheio de dúvidas. Dúvida sobre a existência de Deus, mas também dúvida sobre o poder do Iluminismo: realmente o medo do que aconteceria se o homem fosse deixado só. Depois daquele simulacro de execução e do exílio na Sibéria, seu sentido de descrença no "homem" e em qualquer traço de nobreza que pudesse estar ligado a esse nome cresceu com sua experiência de ter vivido numa "Casa dos mortos". Ele foi afetado pela esmagadora aleatoriedade existencial das coisas. O solipsismo autodilacerante do narrador de *Memórias do subsolo* foi comparado ao que Hegel significou com Consciência Infeliz. Mas o que aquele homem sem nome passou já era Hegel despojado do mito redentor da Razão. O Homem do Subsolo pertencia a um mundo no qual não havia nenhum bom Plano, e nenhum meio de coerência. Porque a Rússia não era o Ocidente cético e ateu, não era o pior lugar da terra, Dostoievski ainda pôde voltar-se para a espiritualidade russa para tentar escapar da dúvida. Mas na maioria das vezes ele falhou ao tentar encontrar o que necessitava. Enquanto isso, a sua experiência real da Rússia do dia a dia só agravou seu dilema, pois o que ele via não eram sequer problemas de razão como tal, mas a sua paródia. Ele imaginou a total alienação dos "homens pequenos" nas cidades semieuropeizadas da Rússia. Ao longo da Avenida Nevsky, ele viu homens que usavam ideias estrangeiras como ternos emprestados que lhes cabiam mal; homens, portanto, que não podiam entrar em relação um com o outro autenticamente, ou consigo mesmos. O progresso depende de educação, mas o manuseio de palavras e ideias por uma massa de pessoas semieducadas produzia dificuldades e tentações que a filosofia clássica jamais tinha considerado. Assim, a dúvida metafísica de Dostoievski sobre Deus, que tinha de ser uma dúvida sobre o gênero humano como verdade e aspiração universais, expandiu-se ainda numa dúvida sobre os homens reais; sobre a própria possibilidade de cultura.

Seu conceito de "cultura livresca" — *knizhnost'* — era a educação pobre elevada a um grau de horror metafísico. Ele fazia um sentido particular na Rússia, pois era o oposto do conhecimento concebido sob o manto do *sobornost'*. O que Dostoievski viu foi que numa paródia inconsciente, ou demoniacamente inspirada, do ideal de conhecimento consubstancial, a principal experiência de "cultura" da Rússia era não ter absolutamente nenhuma conexão com a verdade. A educação, um sinônimo para filosofia sempre que prometia tornar a sociedade russa mais coesiva, até então resultara na autoalienação do país numa escala maciça.[16]

A Consciência Infeliz de Hegel abrigava-se num homem que não conseguia fugir de si mesmo porque só tinha palavras e ideias à sua disposição, sem nenhuma realidade a elas vinculadas. Uma sociedade racional deve julgar esse homem inadequado. A tarefa do homem é perceber, ajustar, fazer progresso. Mas sob o olhar pasmo de Dostoievski, a vida na Rússia simplesmente incitava uma consciência ilimitadamente infeliz, porque em si mesma era irreal. Fraude e imitação eram as suas qualidades definidoras. Como cultura, ela era na verdade somente uma ausência. Suas palavras não diziam respeito a nada real. O Homem do Subsolo protelou a admissão desse vazio rindo de um mundo intelectual do qual ele era tanto parte quanto, para o bem da ficção, um estrangeiro superior: ele era, graças somente à ficção, uma consciência que podia sair da órbita da espécie e ver o *malin génie* trabalhando. Assim, falando intermitentemente por meio do monólogo do Homem do Subsolo no que parecia ser a sua própria voz, Dostoievski tratou do Fim do Iluminismo.

Seu alvo superficial era Chernichevski, o positivista utilitarista que defendia o racionalismo popular. Como Belinsky, Dostoiévski se opunha implacavelmente aos sistemas construtivistas da Razão e sua pretensão de ordenar a vida às expensas do Ser real, diverso, irracional, perverso, humano. Ele via isso acontecer tanto com o socialismo quanto com o capitalismo. A sua causa positiva era a Vida, a Vida plena, mas para poder persistir na sua fé, ele precisava que essa vida fosse boa. Assim, a sua real preocupação na filosofia era Kant. Nele Dostoievski encontrou a nobre fé na capacidade do homem de determinar o bom e o belo. O efeito da ética de Kant redundava — como observou Tolstoi — numa fé continuada em Deus ou, mais exatamente, na capacidade do homem de acreditar no "homem". Só que ficou claro para Dostoievski que essa fé já não era mais possível. A cultura humanista em torno dele, tanto no Oriente como no Ocidente, fora rebaixada. Ele não podia nem descartar Kant nem acreditar nele.

Com a *knizhnost'*, a filosofia russa começou a pensar de uma maneira muito moderna — e pós-moderna — sobre a recepção de ideias, e como elas se relacionam com as mentes que as estão pensando. Palavras não eram confiáveis, escrever desencaminhava. Há vários ensaios do período 1860--1862 nos quais Dostoievski expressou sua aversão à *knizhnost'* e, especificamente, a uma versão papagueada do idealismo alemão. Em *Memórias do subsolo*, ele chamou essa versão em quadrinhos da herança cultural superior imediata do Ocidente de *schillerismo*, porque por muito tempo Schiller tinha sido a sua figura de proa. Ideias tornavam-se o seu oposto, davam lugar a suas cópias, sem nenhuma garantia de onde a verdade chegaria a repousar. Esse destino cabia a ideias e também a pessoas. Toda identidade tinha de lutar para preservar-se contra a corrupção e a paródia. Hegel tinha dito que todas as ideias desfrutam de duas vidas. Elas aparecem uma vez na história como elas mesmas e uma segunda vez como paródia. A força do termo *schillerismo* de Dostoievski era que a Rússia intelectual redundava em nada mais que uma paródia da mentalidade alemã.

O que o Homem do Subsolo nos possibilita sentir é o efeito social e intelectual de toda fragmentação e despropósito que a filosofia russa temeu desde a Revolução Francesa a tornar-se então verdade. A mensagem é passada por meio da manipulação do texto literário. O Homem do Subsolo rebaixa constantemente a verdade de tudo que ele acabou de afirmar. Ele antecipa a resposta provável do leitor só para miná-la e repudiá-la. Ele zomba do próprio meio do qual depende para a sua única satisfação, isto é, o relacionamento entre ele e o leitor. Como narrador original inconfiável, sua relação com o leitor duplica a sua relação com o mundo em geral. Nada é certo no texto, e nenhum ponto de vista é fixo. Por meio da cultura inválida de leitura e escritura que *Memórias do subsolo* apresenta, Dostoievski transmite uma impressão vívida do que significa ser deserdado de toda certeza. A fé na humanidade estável desmoronou. As perguntas que surgem em seu lugar são: como é viver uma vida que não se relaciona com nada do que nós alegamos acreditar? O que é não "tencionar" os valores sobre os quais nós baseamos esta vida? O que é usar palavras sem "significá-las"?

A única solução de Tolstoi foi não deixar esses problemas "pós-educacionais" e "pós-iluminismo" se colocarem. Mas Dostoievski sabia a forma que a doença da modernidade estava tomando. Para ele, o único oposto factível da *knizhnost'* era a *pochvennost'*, envolvendo um novo retorno ao sentido medieval de comunidade enraizada na Existência. *Pochvennost'* era terralidade ou pertencimento ao solo. Idealmente, numa civilização retornada à terralidade, a aprendizagem seria de um homem para outro, oralmente. O conhecimento progrediria na forma do ensinamento de um Ancião da Igreja (*staretz*) como o padre Zósima. Não haveria alienação porque o sacerdote se tornaria a mente e o coração do seu pupilo. Dostoievski, porém, tendo voltado à posição de Khomiakov e de Kireevsky por meio de um caminho doloroso e tortuoso no qual ele sacrificou sua inocência, nunca foi inteiramente convencido pela solução junto-do-solo--nativo, o qual significaria encerrar todo o mundo moderno como que num monastério. Alem disso, a confusão secular era o seu tema. Fascinava-o. É por isso que sua ficção é tão cômica e tão mundanamente desesperada ao mesmo tempo. Seu universo está abarrotado de palavras. Nos romances, todos estão tagarelando, sem notar que ele ou ela estão presos na insignificação. Tudo que é bom ou belo é parodiado. O significado é esquivo. O demônio está trabalhando. A filosofia ri silenciosamente.[17]

A maior contribuição de Dostoievski à filosofia foi examinar, com referência à experiência da Rússia de autoalienação, como funcionaria o que um dia se chamaria cultura pós-moderna. A dor moral de viver num mundo que não respeitava a liberdade e a dignidade, combinada à angústia causada por uma educação malfeita, resulta numa experiência de horror. A prática da servidão na Rússia significava que a tradição de repugnância moral na Rússia era mais velha e, afinal, mais profundamente enraizada do que a tradição de esperança. Chaadaev falou da terrível mancha ou mácula da servidão. A experiência russa de malignidade incluía a burocracia desumanizante à qual Gogol dedicava as suas histórias, e a inércia provinciana estagnante da sociedade que ele descreveu em *Almas mortas*. Essa malignidade dizia respeito à falsificação deliberada, a não se preocupar com verdade e justiça, com bem e mal, e a não respeitar o indivíduo e seu trabalho, a sua dignidade e a sua propriedade. Dizia respeito ao abuso de poder num nível que deixou tal choque de desordem que abalou as fundações metafísicas. O tipo de bom esquema das coisas que a prova de Deus de Descartes garantia já estava dilacerado num mundo que negligenciava a beleza, no qual a Igreja era corrupta, e no qual o tsar, representante de Deus na terra, abusava da confiança de seu povo. A consciência russa do período posterior ao século XIX começou a acumular uma percepção de que o mundo estava sendo desconjuntado. Havia uma consciência intensa de que o mundo mental russo não estava batendo harmoniosamente, as suas partes correndo em paralelo, conforme Leibniz reassegurou ser o caso no melhor de todos os mundos possíveis no século XVIII europeu. As dúvidas de Descartes podiam ser heurísticas e temporárias numa mente que tivesse fé igual em Deus e na razão, mas numa mente como a de Dostoievski, que conhecia a Rússia e temia o seu deslocamento e vazio, eram dúvidas reais sobre a existência da bondade.

O poder da comunidade espiritual paira sobre as narrativas de Dostoievski, tentando restaurar ao rebanho o indivíduo inexperiente ferido. Comunidade é a resposta — não o anarquismo, não a construção social —, mas onde pode a comunidade ser encontrada sob uma forma não coagida? Todos os ateístas experimentados por Dostoievski são indivíduos atormentados que não conseguem se afastar completamente da comunidade e da fé, e tampouco são capazes pacificarem-se à ideia de a elas retornar. A alienação começa na Rússia como uma doença intelectual estrangeira, mas se torna uma intensa experiência do dia a dia de autoalienação e inautenticidade. É sua própria tradição na falsidade, a sua própria falta de critério universal, que produz a alienação profunda do intelecto e do espírito dos pensadores russos honestos, e que evoca um sentido de vazio e insignificância como resultado, de geração após geração, de esforço mal-aplicado e desperdiçado, e de edifícios intelectuais, sociais e culturais baseados na ausência de virtude.

Com Dostoievski, a Rússia passou pelo choque da incoerência social muito mais cedo do que Spengler captou em seu *Declínio do Ocidente*. O sentido ocidental de *Untergang* na esteira da Grande Guerra e o colapso dos velhos impérios na Áustria e na Alemanha chocaram Heidegger depois que a alma russa já estava perdida. E, contudo, Dostoievski nunca desistiu da esperança de uma ressurreição russa mediante a qual a Rússia finalmente emergiria como espiritualmente superior ao Ocidente, uma vez que tenha dominado a sua dúvida e transcendido a sua própria irrealidade.

O desejo de construir uma sociedade boa, o anarquismo místico, uma alienação social profunda e um sentimento inextinguível de que a comunidade tradicional russa era a resposta foram as quatro grandes experiências que fizeram da filosofia russa do século XIX uma mescla de esperança e catástrofe e um campo de batalha do bem e do mal. Um escritor brilhante sobre Hegel e Marx há trinta anos sugeriu o porquê. Depois de Hegel ter criado a explicação mais perfeita e detalhada do que poderia ser a vida racional, tanto os alemães quanto os russos precisaram de um antídoto de senso comum para introduzir alguma flexibilidade e ceticismo saudável no jogo filosófico. Eles precisavam de um filósofo que nunca existiu, um David Hume alemão. Herzen o sentiu e moveu-se rumo a uma posição humiana quando decidiu que a moralidade era uma questão de impulso ensinado por tradições e instituições. O problema para a Rússia foi que as suas únicas instituições aceitáveis eram religiosas e profundamente anti-individuais e antiprogressistas. Os chamados humianos russos, que incluíam a figura arquiconservadora de Kostantin Pobedonostev em fins do século XIX, tiveram de aceitar que havia um vazio em que o tipo certo de tradição tinha estado. Filosoficamente, a Rússia necessitava de um empirista que acreditasse que a verdade era uma questão de impressões vívidas, das quais as ideias na mente guardavam apenas memórias desvanecidas; que personalidades eram apenas pacotes de impressões, não entidades metafísicas, e que moral e comportamento social eram assimilados como parte da tradição em vez de alcançados por meio das discriminações da razão.

Um Hume alemão teria insistido nisso tudo, em nome do senso comum. Em vez disso, o filósofo que entrou nos sapatos de Hegel foi o materialista-médico Feuerbach, que pavimentou o caminho para o desastre. A verdade do seu materialismo não podia ser experimentada. Que uma única substância, "matéria", suportasse a vida como um todo era em si uma ideia metafísica, não uma inferência a partir do que podia ser visto e sentido. Como o materialismo não era mais amigável que o idealismo para com a experiência real, os amigos filosóficos russos e alemães de experiência, da vida-como-ela-é-vivida, foram empurrados para o anarquismo, uma posição mais extrema do que a que eles poderiam de outro modo ter tomado. Como o materialismo era uma teoria tão metafísica quanto o idealismo, a filosofia mística russa teve de defender a integridade do mundo e das pessoas contra inimigos como a "sociologia", a "ciência" e o "progresso". Foi essa a posição defendida por Max Stirner e por Nietzsche, no lado alemão. O fato de o materialismo absolutamente não ser substituto para um empirismo saudável e cético foi exatamente o porquê de a filosofia russa ser inundada por anarquistas comunais-religiosos defendendo a Vida contra o mal do pensamento conceitual — e todavia a experiência real dos homens, o além-do-bem-e-do-mal real, foi negligenciada.

Os impulsos para o anarquismo e a construção social rivalizaram constantemente um com o outro, o último tentando tornar a Rússia moderna e dinâmica, o primeiro buscando maneiras de salvar a última fonte de satisfação, dignidade e sanidade no vínculo com a natureza; um subordinando a vida a conceitos, o outro tentando resgatá-la como um bicho de estimação maltratado. Essas tensões intelectuais tornaram difícil para a Rússia transformar-se numa sociedade secular moderna florescente no mesmo momento em que faziam da Era de Prata russa uma das mais brilhantes em termos de filosofia alternativa em todo o mundo.

PARTE III
Contra o idealismo: cura ou destruição?

10

Lenin e a visão a partir de ninguém

A filosofia é a infância do intelecto, e uma cultura que tenta saltar essa fase nunca amadurecerá.

Thomas Nagel, *Visão a partir de lugar nenhum*

Lenin entrou na cena do filosofar quando o marxismo e o idealismo religioso entraram em guerra aberta. Por um período notável de 25 a 30 anos — 1895-1925 —, embora mais tardiamente sob crescente pressão política para desistir, a Rússia praticou as suas duas tradições. O positivismo científico colidiu com a espiritualidade solovioviana. Em busca da esperança, a *intelligentsia* oscilava entre os polos humano (anárquico) e abstrato (construtivista) da crença mística. Quando Berdyaev dividiu os místicos não platônicos e cristãos entre aqueles positivamente do lado da vida e aqueles cujo misticismo autorizava a ideia perfeita, ele retratou inconscientemente a batalha contemporânea. Toda filosofia russa exceto o positivismo era teologia no fundo. O que importava era preservar um conjunto de crenças que protegessem almas individuais.

O projeto de Lenin não contaria imediatamente entre os misticismos negativos aos quais pertencia o romance do comunismo. Seu objetivo era um positivismo simples — um foco concentrado em fatos mensuráveis. Ele tencionava construir um país moderno, secular e socialmente integrado, livrando-se de todos os sonhos e incertezas que passaram pela filosofia russa. Um gênio para o poder o convenceu de que o que a Rússia precisava em sua conquista do século XX nada tinha a ver com sutileza intelectual, individualismo místico e poesia. A cultura russa estava manchada pela fraqueza intelectual, como os oponentes de Lenin, os autores de *Marcos de referência*, prontamente admitiram. Lenin era um *intelligent* russo clássico a quem a escritura de um tratado filosófico coube como necessidade política em vez de vocação. Numa ocasião, ele repudiou o seu papel de filósofo. Noutra, ele aceitou que com Marx a filosofia se tornara práxis, mais questão de ação do que de reflexão, o que se apropriava bem a ele.

Tivesse a Rússia de recompor-se, quase literalmente, como uma sociedade moderna secular, o que necessitaria seria de uma filosofia anti-idealista de progresso. O ímpeto do pensamento de Lenin estava provavelmente latente desde o momento em que ele estudou o marxismo, mas o que o desencadeou foi a ocasião em 1906, quando Bogdanov publicou a sua versão alternativa da filosofia marxista para a Rússia. Bogdanov não era capaz de ver o que era politicamente necessário na visão de Lenin. Entretanto, os oponentes liberais de Lenin vociferavam, exigindo que a cultura russa fosse baseada no individualismo liberal. O futuro organizador de *Marcos de referência*, Mikhail Gershenzon, estava pronto a prestar tributo ao Ocidente como a mais bem-sucedida cultura da história moderna: "A afirmação dos seus próprios desejos e direitos é uma grande força: é isso o que faz da burguesia ocidental um poderoso instrumento inconsciente da obra Divina na terra."[1] A versão definitiva de Lenin da filosofia marxista para a Rússia antecipou a declaração liberal. *Materialismo e empiriocriticismo* foi publicado no outono de 1908.

Lenin lançou um marco de referência para o poder das ideias na Rússia quando reconheceu que aquilo que o partido bolchevique representava na arena política tinha de ser reforçado por uma filosofia apropriada. Fosse

LENIN E A VISÃO A PARTIR DE NINGUÉM

Lenin emendar o país, teria de emendar a filosofia junto com ele. Ele decidiu que a filosofia como construção social tinha de prosperar, e tinha de ser de um tipo tal que livrasse a Rússia da sua frivolidade intelectual endêmica. A filosofia tinha de criar autoridade intelectual. O que era certo e apropriado para um membro daquela sociedade saber e pensar teria de ser definido de modo a não restarem opções individuais-místicas-anárquicas.

O que Lenin teve de combater em 1908, de certo modo, não era diferente da interioridade improdutiva que Hegel quis enfrentar em 1807. A Rússia era uma nação politicamente aleijada "desperdiçando-se em anseios".

> A "bela alma", carente de existência real, enredada na contradição entre seu eu puro e a necessidade desse eu de externalizar-se e transformar-se numa existência real, e demorando-se na imediação da(...) existência pura ou do vazio do nada — esta "bela alma", então, estando consciente dessa contradição na sua imediação irreconciliada, encontra-se perturbada ao ponto da loucura, desperdiça-se em anseios e consome-se em desgosto. Por meio disso, ela de fato capitula a existência-para-si ao qual tão obstinadamente se agarra.[2]

A Rússia era hiperemocional e politicamente subequipada. Tinha de afastar-se do misticismo comodista. A rejeição da bela alma introspectiva e religiosa foi o ponto de partida de Feuerbach no primeiro ataque violento da filosofia "positiva" contra o idealismo nos Manuscritos de Paris de 1844. Agora, ela também estimularia Lenin.[3]

O idealismo, conforme Engels o explicou, pretendia uma sociedade desequilibrada, dominada por uma elite econômico-intelectual, a burguesia. O idealismo significava a educação — e os meios materiais para sustentá-la — restrita a um grupo social estreito, o que significava, por sua vez, que somente uma pequena parcela da população experimentaria satisfação pessoal e felicidade. Em contraste, uma sociedade moderna seria uma sociedade de massa na qual todo homem teria a chance de melhorar a sua sorte material e educacional e entrar em sociedade num vínculo ativo recíproco. Esse deslocamento no equilíbrio entre felicidade e poder político era o que o materialismo prometia. Como sinônimo de uma sociedade do bem-estar social integrada e igualitária, o materialismo emprestava uma certa legitimidade ao que Lenin estava em vias de fazer.

O idealismo hegeliano, de um tipo que transcendeu eventuais momentos emocionais de fraqueza subjetiva, era uma robusta filosofia do sucesso. Indivíduos hegelianos alcançavam o sucesso quando encontravam um modo de realizar seus talentos particulares em sociedade. Indivíduos racionais por definição buscam emancipação social. Exercem pressão na sociedade progressiva para que se expanda a fim de acomodar seus talentos. Sua competitividade abastecia o motor do progresso, o qual a razão numa forma superior predeterminava como condição das nações modernas. Modernização e busca do sucesso eram portanto, simultaneamente, tópicos voluntários para indivíduos e predeterminados para os Estados esclarecidos, que davam aos indivíduos alcance para se desenvolverem. Esses Estados, uma vez que tenham atingido um certo grau de desenvolvimento, podiam esperar tornarem-se ainda mais dinâmicos e racionais.

Sessenta anos antes de Lenin, Herzen tinha visto o quanto a análise de Hegel do que impedia o progresso moderno se aplicava à Rússia. O fosso entre a *intelligentsia* e a massa da sociedade arruinava o país. Em seus dias, Herzen ainda esperava por uma Rússia liberal que acabasse com essa praga e possibilitasse aos indivíduos capazes desempenhar um papel confiante e autônomo numa sociedade socialmente complexa. Lenin, em vez disso, escolheu a via marxista. Tratava-se, junto com o sonho liberal, de uma proposta igual de modernização e sucesso, mas tirava a ênfase da emancipação individual segundo o esforço e o talento. Em vez disso, confiava o projeto de modernização a um motor determinado pela classe social. Lenin engatou a Rússia ao trem marxista da história. O nome do trem era esperança. A história, cujos desígnios os marxistas reivindicavam ser capazes de detectar, movia-se a favor de um Estado com valores "materialistas históricos". Com a ajuda de um partido político dedicado, e um livro-texto como *Materialismo e empiriocriticismo*, a Rússia estava prestes a tornar-se uma sociedade moderna com uma filosofia materialista. O marxismo virtualmente definiu a modernidade política como a mudança do idealismo para o materialismo. Esse era exatamente o modelo para Lenin. A ideia era de Engels, que estabeleceu grande parte da teoria marxista. Engels acreditava que, por meio da mediação de Feuerbach, o trabalhador alemão tinha herdado a filosofia hegeliana para seu benefício, uma vez que a formulação idealista de Hegel fosse retrabalhada numa visão materialista.[4] Essa reformulação era a tarefa do marxismo, e seu resultado era materialista porque, em vez de preocupar-se em maximizar a razão no mundo, colocou-se a tarefa de maximizar o bem-estar material. O bem-estar material era a única base sobre a qual todos os homens podiam empreender o caminho da inteireza pessoal e da emancipação social que Hegel tinha representado. O marxismo tinha que mudar as condições materiais do mundo a fim de que a visão de Hegel se tornasse verdade.[5] "O culto do homem abstrato (...) tinha de ser substituído pela ciência dos homens reais e seu desenvolvimento histórico. Esse desenvolvimento ulterior (...) foi inaugurado por Marx."[6] "A ciência dos homens reais e seu desenvolvimento" era uma descrição da potência do marxismo. A racionalidade da história tornava esse desenvolvimento inevitável. A história, da qual a luta de classes era o motor humano, era progresso. A luta de classes era o modo como a classe com mais discernimento, o proletariado e seus porta-vozes, reconhecia no que consistia a história.

Assim armado, Lenin assumiu a filosofia como uma tarefa de combate. Ele assumiu o controle de uma parcela do território da filosofia e declarou guerra civil contra o resto. O idealismo tinha de ser aniquilado. O marxismo, porém, com Marx e Engels já mortos, de algum modo carecia de argumentos que o fortalecessem numa batalha contra três séculos de idealismo filosófico.[7] Nem Marx nem Engels tinham cuidado da batalha que Lenin necessitava travar contra o anarquismo místico russo. Lenin, então, representante do país mais filosófico do mundo, no sentido de que sua própria existência parecia depender de ideias, arregaçou as mangas para completar a tarefa teórica.[8]

Lenin reagiu de uma maneira peculiarmente russa quando compreendeu que a chave para fazer o marxismo funcionar na Rússia era desenvolvê-lo como uma teoria do conhecimento e uma fundação da existência moral. Os fundadores do marxismo tinham deixado de elaborar uma teoria do conhecimento. Marx poderia ter argumentado que não precisava de uma para lutar pelos direitos de trabalhadores, mas Lenin claramente precisava. Com a expansão do interesse filosófico ao longo do século XIX, os marxistas na Rússia, esse lugar exageradamente teórico, restaram particularmente vulneráveis aos ataques de duas variedades de idealismo: os neokantianos e os "machistas".* Então Lenin estudou a história da epistemologia e escreveu uma resposta que assentou o marxismo em bases filosóficas mais sólidas na Rússia — mais sólidas no sentido de que, pelo menos agora, existia uma teoria que pudesse tornar-se o discretamente ridicularizado, mas compulsório, evangelho da filosofia soviética russa.

Sem a instrução formal, com apenas os hábitos de um autodidata maníaco preparado para fartar-se nos textos do mundo no Museu Britânico, Lenin resolveu negativamente mostrar por que todas as teorias idealistas da percepção, e todas aquelas com outros nomes que se assemelhassem a elas, eram indefensáveis para um marxista russo. Para o idealismo, toda mente individual era descrita como livre para ver o mundo da sua própria maneira. Isso era tão inaceitável quanto a ideia de que o homem exercesse o livre-arbítrio na história. Pois, assim como a história se desenvolve segundo as leis objetivas do materialismo dialético, o conhecimento também funciona sem nenhuma contribuição do sujeito. Os fatos são os fatos. Nossa tarefa humana é registrá-los.

---

* Em referência ao suíço Auguste Mach. *Ver páginas 227-228.* (*N. do T.*)

Lenin levou nove meses, da gênese à publicação, para ver as 350 páginas da sua extraordinária cruzada contra a subjetividade no prelo. Ele há de ter sido importunado quanto ao prazo miraculoso, pois não há pessoa comum que pudesse ter se encarregado de ver a filosofia renascida como política totalitária em um semestre e mais as férias de verão. Em *Materialismo e empiriocriticismo* resta um testemunho da diligência de Lenin e, apesar da crueza e pressa, da sua abrangência política. Entretanto, tinha uma textura como nenhuma outra obra na história da filosofia. Era um delírio de citações empacotadas tão densamente em cada página que a proliferação de aspas parece uma doença tipográfica. O tom era uma mistura de raiva, sarcasmo e insultos pessoais, tudo que se possa esperar de um homem ignorante com rancor da "filosofia" ou de um homem que tenta atrair a simpatia de uma plateia.

Lenin atacou o idealismo sob todas as formas com que topou. Ele tentou superar Bogdanov em cada uma das suas fontes históricas desde Berkeley para aguçar o assalto. Se o idealismo era uma ferramenta usada pela burguesia para reprimir o povo, e se isso devia ser apresentado como argumento na filosofia por meio de um ataque irresistível contra o papel do sujeito no conhecimento, então metade da filosofia moderna tinha de ser desmontada. Conforme revelou-se, Lenin menos desmontou o idealismo do que aviltou e ridicularizou toda teoria que não o atraísse. Berkeley afirmou celebremente que *esse est percipi* — é o que é percebido —, uma teoria do conhecimento que estabeleceu o sujeito ativo e discriminador no centro da realidade.

Ele não sabia, mas em sua ruptura filosófica usaria uma forma de materialismo derivada de Spinoza para despachar o "subjetivismo" de Berkeley. Seus aliados conscientes eram, além de Spinoza, homens obscuros e triviais, mas serviram ao seu propósito. Um deles foi Joseph Dietzgen, autor de *Das Wesen der menschlichen Kopfarbeit* (1903). Ele foi escolhido porque "Joseph Dietzgen é um materialista dialético".[9] Metade do futuro soviético repousa apenas nesse título, que os historiadores marxistas traduziram erradamente por *A natureza dos processos da mente humana*, mas que significava "a natureza do trabalho do cérebro humano". Numa disputa ainda central para a filosofia ocidental hoje, já um século depois, Dietzgen optou por "cérebro" em vez de "mente". Onde Hegel teria escrito *Geist* e significado uma combinação intraduzível de mente e espírito, Dietzgen escolheu o rombudo e prosaico *Kopfarbeit* — "trabalho feito pela cabeça". Graças à ideia de trabalho da cabeça, os artistas e intelectuais russos estavam prestes a assumir seus novos papéis como "trabalhadores da tinta" e "engenheiros da alma".

Lenin explicou a sua escolha por Dietzgen:

> Em filosofia, Marx e Engels foram partidários do princípio ao fim, foram capazes de detectar todo desvio do materialismo (...). E, quaisquer que tenham sido os erros particulares cometidos por J. Dietzgen na sua exposição do materialismo dialético, ele apreciou plenamente e assumiu a maior e mais preciosa tradição dos seus mestres (...). Ele declarou firme e categoricamente: eu sou um materialista; nossa filosofia é uma filosofia materialista.[10]

Mais obviamente para o leitor de hoje, Dietzgen deu uma aula de simplificação intelectual rematada por uma língua afiada a serviço da causa. Lenin deleitou-se com expressões dietzgenescas como "o sacerdócio científico" da filosofia idealista lado a lado com "politicagem clerical aberta" da Igreja. As palavras de Dietzgen aparecem aqui entre aspas, suplementadas pelos comentários de Lenin a fazer-lhes a ponte:

> "Em particular, a esfera da epistemologia, o equívoco da mente humana, é um tremendo ninho de piolhos" em que ambos os tipos de sacerdotes "põem seus ovos". "Lacaios graduados", que, com sua conversa sobre "bênçãos ideais", embrutecem o povo com o seu "idealismo" tortuoso — eis a opinião de J. Dietzgen sobre os professores de filosofia.[11]

Juntos, Lenin e Dietzgen declararam que a epistemologia era uma ciência partidária cujos professores, nas palavras de Lenin, eram "representantes de vendas instruídos dos teólogos". O mestre russo da polêmica marxista deixou claro que, tanto na ciência econômica como na filosofia, a tarefa do time da casa era "extirpar a tendência reacionária, seguir a sua própria linha e combater toda a linha das forças de classes hostis a nós". A mudança pronominal no meio da frase sugere um homem preso à sua mesa e subitamente arrebatado, a imaginar-se discursando para a multidão ativista.[12] *Materialismo e empiriocriticismo* foi uma obra sub-hegeliana variegada, repleta de telas, personalidades, cores e metáforas. Ao longo de suas páginas, o idealismo adquiriu sinônimos surpreendentes: "este 'eu' despido, engajado em fantasias filosóficas vazias. Uma ocupação estúpida e infrutífera". "Escolástica vazia servindo de seteira para o fideísmo." "Esta filosofia descerebrada", "solipsismo (...) nu (...) bagatela ruidosa", "velho, velhíssimo solipsismo".[13] Interessa portanto lembrar que suas 350 páginas foram ditadas por um fenômeno único na história intelectual russa, o qual explicitara para Lenin a ameaça vinda dos marxistas "revisionistas" — neokantianos principalmente, mas, com efeito, qualquer um que tivesse uma ideia diferente, e, acima de todos, Bogdanov.

Em *Empiriocriticismo* (1904-1906), Bogdanov teve a ideia de que nem tanto a Rússia, mas o protelariado tinha sido espoliado pela filosofia. A classe que o marxismo existia para defender, exaltar e impelir para a vanguarda da cultura europeia necessitava de uma filosofia adequada e sua.[14] O projeto devia ter interessado. Evidentemente, porém, já que ninguém ia falar ao proletariado como marxista russo, Lenin o faria. Então ele assumiu o projeto de Bogdanov, percebeu suas fragilidades políticas, ridicularizou-as e as substituiu. Haveria uma filosofia moral da existência para aquela classe, mas não seria o empiriocriticismo.

Qual era a fragilidade de Bogdanov? Ou, mais realisticamente, quem era o inimigo político? Eram as forças estrangeiras de inspiração de Bogdanov, o austríaco Richard Avenarius e o suíço Auguste Mach. Para facilitar a mira, Lenin os rotulou de "machistas" e lidou com eles em conjunto. Mach tinha chamado a sua filosofia de empiriocriticismo. O tolo Bogdanov não conseguiu ver que isso deixava a porta aberta para o idealismo. Bogdanov, o imprestável para o bolchevismo, estava cego para a "utilização de classe do empiriocriticismo pela burguesia reacionária".[15] Bogdanov era um daqueles russos marxistas como Lunarcharsky que "se amotinara de joelhos" contra a inadequação epistemológica do marxismo.[16] A revisão, ou revisionismo (pois Lenin transformava tudo em *-ismo* ficcional), capitaneada por Bogdanov e outros "cabeças-duras" da sua laia, era um completo equívoco.[17] Não era possível ser *marxista* e defender os pontos de vista de Mach.

Bogdanov, que se formou como médico e retornou ao laboratório depois que Lenin o afastou do Partido (depois da Revolução, ele tinha assumido a direção de um "Instituto do Esforço pela Capacidade Vital"), passou toda a sua vida como um marxista e bolchevique apaixonado. Parece que a experiência em seu próprio sangue que o matou foi em busca da chave científica do vitalismo bergsoniano — projeto russo tipicamente bizarro.[18] Vale a pena estudá-lo em relação a Lenin, pois seu objetivo genuíno não era escrever uma filosofia do controle social, mas uma que se apropriasse ao modo de ser do trabalhador. O resultado não foi uma filosofia que o trabalhador pudesse ler — ainda havia epistemologia e outras *-ogias* demais para que assim fosse —, mas uma que ele pode ter sido levado a acreditar que representava melhor seus interesses que o idealismo kantiano ou hegeliano. O empiriomonismo de Bogdanov era uma teoria da percepção oposta a toda explicação metafísica. Ela defendia o homem natural de Feuerbach.

Bogdanov era um positivista tão ardente que sua tendência teria hoje de ser chamada "cientismo". Na década de 1920, ele convocou a abolição de toda filosofia, à luz da primazia das ciências naturais.[19] Foi a adoção da ciência natural que fez a sua filosofia soar como uma resposta aos sonhos filosóficos russos. Como um "monismo", ela soou como uma visão única da verdade, a qual manteria o país unido. Ao mesmo tempo, suas verdades eram empíricas — o resultado de experiências, não de especulações. O empiriomonismo *soou* como se fosse prover uma base científica para a unidade social, e *soou* como se essa unidade fosse natural e não coagida. Como um benefício colateral da onda de entusiasmo pelo positivismo na Europa, a invenção de Bogdanov soou como se fosse um modo de descobrir Hume para a Rússia. A sua humanidade era um pouco mais tosca do que qualquer coisa que Hume tenha imaginado, mas, ao menos, era um golpe na noção de uma cultura do povo comum a aglutinar naturalmente as pessoas. Articulada com o marxismo que derrotaria o tsarismo, era uma tentativa de teoria boa o bastante para suportar um futuro prático melhor para o homem comum na Rússia.

Mas o problema pelo qual Lenin jamais deixaria Bogdanov e os machistas escaparem é que o empiriomonismo deixava os indivíduos livres para verem o mundo de diferentes maneiras. No fim, com uma teoria da percepção baseada nas sensações que o mundo excita *em nós*, em vez de nossa apreensão direta do mundo, o empiriomonismo não tinha necessidade de provar ou de preocupar-se com a existência ou não de um mundo objetivo. Segundo Lenin, os machistas não compreendiam que, nesse respeito, o que eles estavam provendo era um idealismo extremo.

Eles pensaram ser realistas comuns, mas na verdade eram berklianos, dizendo que as coisas no mundo só existem quando são percebidas. Ou, descrito mais modestamente, em um dos dias mais gentis de Lenin, eles eram como Hume, que dizia que o conhecimento vem a nós por meio das impressões dos sentidos, cada um de nós sendo um pacote dessas impressões. De qualquer modo, atribuir ao homem comum a liberdade berkeliana de habitar sua própria cabeça, ou uma liberdade humana de viver no seu próprio mundo sensível, era politicamente inaceitável. Como disse Lenin, apesar de os machistas representarem a "visão comum, não filosófica e ingênua que é nutrida por todo povo que não se preocupa se eles mesmos existem e se o ambiente, o mundo externo, existe". Mas os machistas estavam errados. Seu desvio era, como diria um político moderno ainda leninisticamente moldado, obsceno, e não era possível permitir que exercessem influência.[20]

Numa das seções-chave de *Materialismo e empiriocriticismo*, que vale ser lido por sua importação histórica e estilo demolidor, Lenin combateu Avenarius e Mach sobre quem era o titular do território chamado "realismo ingênuo". Os machistas, é claro, não tinham nenhum direito. Seus argumentos eram "sofismas do tipo mais ordinário".

> O "realismo ingênuo" de qualquer pessoa saudável que não esteja internada num asilo de loucos ou não seja pupila dos filósofos idealistas consiste numa visão de que as coisas, o ambiente e o mundo existem *independentemente* da nossa sensação, da nossa consciência, do nosso *eu* e do homem em geral.[21]

Os grifos na passagem são do próprio Lenin. O primeiro marxista-leninista da Rússia grifou o seu alvo filosófico único e simples. Tratava-se de salientar que as afirmações idealistas da independência mental do homem em relação ao mundo à sua volta eram pura tolice. O que o realismo ingênuo quereria realmente dizer é que há os homens e há o mundo, e que nada ocorre entre eles e nada parece estranho sobre nosso conhecimento de como as coisas são porque *é* assim que as coisas são, e se você não consegue percebê-lo é que deve haver alguma coisa errada com você.

> Nossa sensação, nossa consciência é apenas uma imagem do mundo externo, e é óbvio que uma imagem não pode existir sem a coisa imaginada, e que esta última existe independentemente daquele que a imagina.[22]

Eis a chamada "teoria da cópia", do conhecimento como cópia, de Lenin. Ela nunca foi suficientemente atacada.

Isso significava ceder o sujeito humano, o espaço que tendemos a pensar como dentro de nós e contendo a nossa liberdade, a um processo impessoal imaginado, construído a partir da política, da ciência econômica e da teoria da história. Isso significava fazer do ceticismo uma coisa do passado. Também significava, e significa, negar o individualismo ético, pois este mundo tem de ser baseado numa percepção de fatos morais, os quais não podem estar na cabeça de um homem que só tem uma imagem em cópia "do que existe". Fatos morais, afinal, não se parecem com nada. Com efeito, a teoria de Lenin pretendia negar a filosofia. Pretendia acabar com o sujeito de uma vez por todas, jogando os clássicos da investigação cética em alguma cava de fundação enlameada na qual, finalmente, uma estrutura de concreto vasta e barata, sem qualquer mérito arquitetônico ou social, seria erguida para abrigar os prazeres amesquinhados de uma massa humana indigna desse nome. Tratava-se de uma terrível traição ao gênero humano, comum ou outro.

Lenin queria que o critério da verdade não fosse "como isso me impressiona", mas sim "a visão a partir de ninguém". Ele queria uma teoria da percepção em que o "eu" da mente individual fosse completamente passivo em face do mundo exterior, como as lentes de uma câmera. Ele queria um "eu" degradado e um mundo objetivo magnificado, um equilíbrio que viabilizaria a certeza e a abrangidura do mundo medieval. Acidentalmente, pois Lenin não era instruído a esse ponto, a sua teoria era a refutação suprema de Descartes. Ela visava destruir o *cogito*, que lançara as bases do mundo ocidental moderno.

Contudo, por meio de um mistério que nunca seremos capazes de sondar, a teoria do conhecimento como cópia nas mãos de Lenin foi uma resposta russa profunda ao problema levantado pela modernidade ocidental e pela filosofia ocidental, e Lenin foi um pensador russo, foi capaz de abrir um rico veio emocional. A sua teoria do conhecimento como cópia corre paralelamente à resposta religiosa e espiritual russa mais comum e mais simples ao estrangeiro, questionando o Ocidente individualista e disruptivo. Filosoficamente, a teoria do conhecimento de Lenin não valia esse nome. Na melhor das hipóteses, parecia uma versão rude e reduzida do racionalismo spinoziano, despojada do refinamento e da graça de Spinoza. Mas era politicamente útil e era apropriada, e dizia algo ao povo russo.

A frase crucial vinha diretamente a seguir da definição da teoria do conhecimento como cópia. Lenin a redigiu com ênfase especial:

> O materialismo faz *deliberadamente* da crença ingênua da humanidade a fundação da sua teoria do conhecimento.[23]

Lenin não escondeu nada. Estava deliberadamente simplificando a Rússia.

O caráter deliberado da escolha de Lenin deve ser sublinhado, assim como a sua sinceridade. Ele acabara de iniciar a sua pesquisa para *Materialismo e empiriocriticismo* quando, em 7 de fevereiro de 1908, escreveu imparcialmente ao escritor Máximo Gorki. Gorki era parceiro eventual de discussão filosófica de Lenin, e até tentou atraí-lo à Ilha de Capri, embora sem sucesso, para ele compartilhar as suas cogitações com exilados russos.

> Não sou filósofo. Estou malpreparado neste terreno. Eu sei que minhas formulações e definições são vagas, rudes; eu sei que filósofos vão acusar meu materialismo de ser "metafísico". Mas essa não é a questão. Não é que eu apenas não filosofe com a filosofia deles. Eu absolutamente não "filosofo" como eles. A maneira deles de "filosofar" é despender fortunas de inteligência e sutileza sem qualquer outro propósito, exceto *ruminar em* filosofia. Eu, ao contrário, trato a filosofia diferentemente. Eu a pratico, como Marx pretendeu, em obediência ao que é. Por isso sou um "materialista dialético".[24]

O tom de Lenin aqui quase torna possível ver por que tantos homens e mulheres sensíveis, inteligentes, letrados ao longo do século XX podem ter pensado que ele estava certo, e por que desconsiderariam a suspeita de que o materialismo dialético fosse com efeito uma nova forma de idealismo.

LENIN E A VISÃO A PARTIR DE NINGUÉM

A amiga de Lenin, Lyobov Akselrod, explicou a controvérsia empiriomonista dizendo que o idealismo subjetivo levaria ao conservadorismo social.[25] Ela deixou claro que a razão por que a autonomia mental era politicamente indesejável para o marxismo-leninismo era que podia levar à introspecção psicológica e ao escapismo. Lenin encontrou uma maneira de obrigar homens e mulheres a serem o que Chernichevski e Pisarev (e Hegel antes de todos eles) apenas esperaram que um dia eles seriam, isto é, ativos, práticos, socialmente significativos; e não depressivos, dissidentes, irracionais e aborrecidos. Psicologicamente falando, o marxismo-leninismo foi uma receita nada boba contra a *anomia*.

A teoria do conhecimento como cópia justificava tratar como doentes os que não podiam enxergar a "realidade". Se uma pessoa vê as coisas como "elas não são", só podia significar que seu cérebro estava disfuncional, pois *é* assim que as coisas são. Daí a terrível justificativa, na prática marxista-leninista, dos *psikushki* soviéticos, os hospitais psiquiátricos onde dissidentes como Vladimir Bukovsky e Leonid Plyusch foram confinados e medicamente torturados.[26] A teoria do conhecimento como cópia permitiu a Lenin vociferar contra todas as visões de mundo que divergissem do quadro fixado e punir todos os pensadores alternativos. Ela teve consequências perniciosas. Se você fosse um pensador pós-teodiceu poderia acreditar tratar-se da obra do *malin génie*. Esse "materialismo [que] faz deliberadamente da crença 'ingênua' da humanidade a fundação da sua teoria do conhecimento" selou o destino intelectual da Rússia pelos setenta anos seguintes. Contudo, também é terrivelmente compreensível. Pensar oficialmente tornou-se muito simples na Rússia porque a vida tradicional era caótica. A filosofia, ou um rebaixamento dela, era necessária para manter a sociedade coesa, pois o real era demasiado inconfiável.

PARTE IV
A tradição longa

11
Como a tradição longa sobreviveu?

Lenin transformou a filosofia num instrumento totalitário por meio da combinação de um realismo antipessoal — a teoria do conhecimento como cópia — e um subjetivismo histórico. Essas eram as principais características da única visão de vida bolchevique admissível.[1] O formato da teoria do conhecimento como cópia já foi delineado. O materialismo a escorou como teoria marxista. Ela pretendia que todo pensamento era gerado pelas condições materiais do pensador. O subjetivismo histórico descrevia a crença de que o pensamento mudava quando mudava a história material. Quando os bolcheviques se tornaram o único partido no poder em 1817, o destino filosófico da Rússia cristalizou-se nessa senda pelos setenta anos seguintes. A filosofia oficial não era impermeável; umas poucas mentes independentes conseguiram expressar-se. Politicamente, porém, a ideia de uma filosofia oficial foi imensamente efetiva. Em 1931, o Partido Comunista da União Soviética foi declarado árbitro final da verdade filosófica. Exigiu-se, daí em diante, que os filósofos fossem *parteiny* — que se submetessem às posições do Partido.[2] Nos vinte e dois anos seguintes, o Partido foi Stalin e o texto obrigatório em filosofia foi *A breve história do Partido Comunista da União Soviética*. Quarenta páginas com cabeçalho "Materialismo dialético e histórico" apresentavam "a perspectiva mundial do partido marxista-leninista".[3]

Nos rigorosos anos 1950, quando o estilo de comunismo de Lenin alcançou a sua expansão máxima, exigia-se de todo estudante no império soviético de 200 milhões de pessoas, e de todo estudante nos recém-adquiridos países-satélites — Polônia, Tchecoslováquia, Alemanha Oriental, Hungria, Romênia e Bulgária —, com uma população combinada de 110 milhões de habitantes, que dominassem o *diamat* [versão soviética do materialismo dialético]. Os estudantes representavam 10% da sua geração, portanto, aproximadamente 30 milhões de pessoas; além disso, muitos mais precisavam pelo menos de um conhecimento superficial do *diamat* para poderem se virar nos locais de trabalho. Sob condições de massa, a filosofia marxista-leninista oficial tornou-se muito mais simples e muito mais ridícula, embora ninguém na época ousasse dizê-lo. "Stalin reduziu o materialismo dialético a [um] esqueleto descarnado."[4] Ele fez da filosofia um catecismo para estudantes aprenderem de cor e transformou seus professores em funcionários públicos ideológicos. "A timidez dos filósofos russos os manteve repetindo monótona e palavrosamente aquelas poucas afirmações, declinando sequer acrescentar carne aos ossos."[5] Os estudantes da *Breve história* aprendiam que:

1) o mundo é por natureza material;
2) a matéria é primária, uma realidade objetiva que existe fora e independentemente de nossas mentes, ao passo que a mente é secundária, sendo um reflexo da matéria;
3) o mundo e suas leis são plenamente conhecíveis, com o conhecimento autêntico sendo testado por experiência e prática.[6]

Só a terceira dessas proposições, referente à dialética, era de algum interesse filosófico. Ela é de Marx em vez de Lenin, contém um elemento de liberdade e chega quase a dizer ao mundo capaz de discernir que o *diamat* era uma espécie de metafísica disfarçada. Depois da morte de Stalin, *Fundamentos da filosofia marxista-leninista* (1958), revisado numa segunda edição, tomou o lugar da *Breve história* para prover as fundações metodológicas de toda pesquisa no seio de uma sociedade marxista-leninista.

O método do materialismo dialético, aplicável igualmente à natureza e ao pensamento, funcionava como uma tabela da verdade básica usada por lógicos para determinar todas as formas possíveis de argumento sadio.[7] Valores podiam ser medidos com ela como se fosse uma tábua de logaritmos. O método envolvia os princípios do historicismo, do evolucionismo e do sociologismo — eis aqui um mundo que, seguindo o exemplo de Lenin, adorava os *-ismos*. O historicismo pretendia que a história de toda coisa ou evento natural ou social era a condição para que ela fosse verdadeiramente conhecida. O evolucionismo, base "científica" do otimismo soviético, dizia que cada coisa evoluía segundo leis ou princípios objetivos, do mais baixo para o mais alto, das formas menos perfeitas para as mais perfeitas. O sociologismo configurava a história como uma interação ("luta") de grupos ("classes"), em vez de indivíduos.[8]

Stalin modificou o materialismo histórico porque necessitava de teoria marxista-leninista oficial para corresponder à sua própria prática como secretário-geral do Partido. Considerou-se, então, que a sociedade soviética era conformada não só pelas condições materiais, mas também, e talvez predominantemente, pelas ideias, teorias e instituições políticas. A *Breve história* encontrou um modo de argumentar, o qual se trata de um desenvolvimento perfeitamente legítimo do marxismo soviético sem negar a origem material das ideias.[9] O efeito, porém, foi empobrecer a interação criativa imaginada pelo jovem Marx da teoria com a experiência, e torná-la mais rigidamente *dirigista*.

Outras áreas da vida soviética careciam do privilégio de alterar a teoria do *diamat* para satisfazer suas necessidades. Em particular, as ciências exatas lutavam contra restrições ideológicas. No Ocidente, as ciências físicas são geralmente consideradas imunes à intromissão ideológica. Na União Soviética, o materialismo dialético provê uma fundação metodológica para as ciências. E também faz afirmações semicientíficas (por exemplo, que o universo é infinito) que têm de ser aceitas. Qualquer teoria que vá contra essas afirmações não é rejeitada com base em dados experimentais, mas por contradizer o *diamat*, verdade que é afiançada pelo Partido."[10] O considerável sucesso da ciência e da tecnologia soviéticas refletia o fato de que, na prática, elas ignoravam o *diamat* sempre que podiam, e que as ciências correlatas à matemática não podem ser manipuladas facilmente.[11]

Porém, colisões entre a ciência e a ideologia estavam fadadas a acontecer, e várias tornaram-se célebres. Em 1948, o fato de a necessidade de submeter-se às posições do Partido ter tornado a teoria da relatividade de Einstein inaceitável — *Materialismo e empiriocriticismo* de Lenin a denunciara diretamente — enfureceu os físicos nucleares encarregados de desenvolver a energia atômica. Piotr Kapitsa, conhecido internacionalmente e proeminente em seu campo, fez um apelo a Stalin para tirar seu escudeiro Lavrenty Beria da presidência do alto comitê científico do país, porque Beria nada sabia de ciência. A relatividade tinha de ser uma teoria aceitável se a Rússia quisesse construir a bomba atômica.[12] O banimento de Einstein foi suspenso pragmaticamente. No mesmo ano, outro eminente cientista nuclear, Andrei Sakharov, que depois se tornou o mais famoso dissidente soviético do século, denunciou publicamente a espúria agrobiologia de Anatoly Lysenko. A teoria de que a genética não importava e que características adquiridas podiam ser herdadas — lançando as fundações de um ímpeto rumo a supercolheitas e, quem sabe, um super-homem — devia mais ao evolucionismo marxista-leninista do que a resultados empíricos. Sakharov lembrou à Academia de Ciências que "a ciência continua a ser a pedra angular da civilização, e intromissões não sancionadas nesse domínio são inadmissíveis".[13]

O filósofo escocês e, às vezes, marxista Alasdair MacIntyre escreveu, em 1968, que o comunismo soviético precisava de Lysenko para estimular a crença numa agricultura soviética cada vez melhor, assim como o catolicismo medieval necessitou de milagres. Para um filósofo refinado, foi um comentário lamentável a ser posto no papel, sugestivo da desonestidade da cultura soviética.[14] Como disse Chaadaev, em 1831, e infinitos exemplos soviéticos posteriores mostraram, a tentação russa era manusear a verdade perenemente sem muito custo. Para a filósofo emigrado Alexandre Koyré, em 1922, foi precisamente porque a filosofia crítica cartesiana nunca se enraizou na Rússia que esse tipo de abuso da verdade foi possível.[15] Estudiosos ocidentais dos anos 1960 observaram sobriamente que o materialismo dialético era uma metodologia não cartesiana.[16]

Não obstante, havia algo a entender por trás do que não era apenas uma tática soviética, mas sim uma prática russa duradoura de adaptar a verdade à esperança; pois não haviam Kireevsky, em 1845, e Mikhailovski, em 1869, visto que a Rússia, de algum modo, necessitava de duas verdades: uma lógica, ou técnica, e uma "integral" para a sua alma moral? A verdade cindida que a filosofia soviética perpetuava e queria, à altura da sua invenção, era ser benéfica para a comunidade russa. Por essa razão, os pronunciamentos soviéticos, que no Ocidente eram simplesmente repudiados como mentiras, não eram totalmente mentirosos para alguém que estivesse preparado para admitir a existência de uma verdade "moral" ou "emocional" ligada à ideia de um mundo melhor. Eram mentiras factuais, mas tinham um pé numa necessidade humana — que certamente não se restringe apenas à Rússia — de a verdade ser emocionalmente satisfatória. Muitos indecisos ocidentais foram convencidos contra toda evidência de que a Rússia soviética era um lugar decente por causa do apelo sincero dos seus objetivos sociais comunais e de suas declarações em favor da paz mundial.

Mais que apenas esclarecer a delicada situação de companheiros viajantes, a verdade cindida russa certamente tinha características válidas. Tomemos a observação de Plekhanov, que podia ter sido feita por qualquer propagandista marxista ou marxista-leninista ao longo do século seguinte: "os cientistas burgueses tratam de garantir que suas teorias não sejam perigosas para Deus ou para o capital".[17] Plekhanov estava destacando que o que conhecemos é frequentemente o que escolhemos conhecer em nome de nosso bem-estar moral ou material. Em outras palavras, prestar atenção não é apenas um ato cognitivo. Os pioneiros da bomba atômica, que posteriormente renunciaram às suas pesquisas no interesse da humanidade — Robert Oppenheimer nos Estados Unidos e Sakharov na Rússia soviética —, agiram pela crença de que o vínculo fato/valor podia apresentar ao cientista o pior dilema possível, obrigando-o a dar as costas às suas descobertas em nome da qualidade da vida humana. Um pensador radical como Solzhenitsyn diria hoje que o poder político soviético, enquanto buscava malignamente expandir seu domínio global, explorou uma tendência tradicional da ética russa de vincular fatos e valores, mas que, ao seu próprio modo, esse vínculo era bom.[18] Seu objetivo para a Rússia por muitos anos foi o socialismo ético. O fato de o vínculo entre fatos e valores ter sido politicamente explorado pelo marxismo e pelo leninismo não significa que não haja vínculos. Trata-se de uma questão perturbadora, que, desde Hume, tem sutilmente dividido os filósofos ocidentais.[19]

Não obstante, a não investigada fusão fato/valor foi uma das fraquezas que tornou a filosofia genuína impossível na Rússia. Ela decorreu da rejeição de Descartes e da aceitação de valores como fatos, porque os fatos em questão eram desejáveis. O sovietismo foi uma forma extrema de subjetivismo nacional. De que valeria uma grande visão social se os membros daquela sociedade nunca foram educados em julgamento imparcial e integridade dos fatos? De que valeria uma sociedade moderna se seus membros só podiam ser seguidores e lealistas? Se a cultura filosófica soviética incorporou muitos traços morais tradicionais russos que explicam retrospectivamente como o ideal se manteve coeso, e até exerceu um certo apelo no mundo livre, ela também expôs o quanto a cultura da busca da verdade era frágil por não ter produzido sujeitos cognitivos discriminadores. Uma comparação interessante seria com a experiência marxista ocidental, que, conforme sua ideologia, tampouco reconhecia fatos imparciais, mas cujos adeptos tinham uma educação humanista normal, viviam de fato em sociedade livre e, portanto, podiam protestar quando as verdades do Partido mostravam-se impossíveis de aceitar.

COMO A TRADIÇÃO LONGA SOBREVIVEU?

A ideia de uma verdade absoluta do Partido funda um conflito potencial com as verdades da ciência natural, mas era sentida principalmente como uma pressão sobre a ética. Partidos comunistas em toda parte, ao longo do século XX, foram traumatizados em ocasiões em que a exigência de predomínio da lealdade e solidariedade partidária os fez esposar uma falsidade moral particular. A assinatura por Stalin de um pacto em tempo de guerra com Hitler foi um exemplo relevante, embora a meu conhecimento a experiência russa não esteja bem documentada e deva ser inferida. Dois relatos ocidentais desse dilema, um de um filósofo, outro de um romancista, iluminam o problema geral.

Alasdair MacIntyre, por exemplo, examinou o seu próprio dilema ético como membro do Partido Comunista, primeiro em 1940, mais tarde em 1956, quando a União Soviética invadiu a Hungria. Ele avaliou que, nas situações em que a sua ética comunista o inclinou a sensibilizar-se voluntariamente e agir segundo as necessidades da classe trabalhadora, o imperativo moral que ele estava subscrevendo na prática era o de promover os interesses do Partido a todo custo.[20] Ele era uma espécie de voluntário kantiano do bem que fora sutilmente coagido a uma postura subutilitária sórdida. Era um buscador (embora mal-orientado) da verdade, pronto a subordinar-se às leis objetivas da história, de quem se exigiu, na realidade, que fosse um funcionário político emudecido. O escritor húngaro e por fim membro do movimento comunista internacional com centro em Moscou, o Comintern, Arthur Koestler, captou o dilema em seu romance *O zero e o infinito* (1940). Um "filósofo militante" que sempre acreditara entender do que o povo necessitava, pois "trabalhava na matéria-prima amorfa da própria história"; que aceitava que a "culpa ou inocência subjetiva não fazia diferença", que "o indivíduo é nada, o Partido, tudo" e que "o Partido nunca pode estar errado"; descobriu, ao preparar-se para a sua própria execução, que simplesmente não era verdade que "eu", a visão de um alguém discriminador, fosse somente uma "fraqueza humanitária".[21] O filósofo militante arrependido, Rubashov, reconheceu então o dano que ele — um agente moral ativo — tinha causado a um número infinito de almas humanas desprotegidas. O tom de Koestler sugeria um Dia do Juízo Final bíblico tendo lugar na mente de Rubashov.

Nossa determinação era firme e pura, nós devíamos ter sido amados pelo povo. Mas eles nos odeiam. Por que somos nós tão odiosos e detestados? Nós lhes trouxemos a verdade, e na nossa boca ela soou como mentira. Nós lhes trouxemos a liberdade, e nas suas mãos ela parece um chicote. Nós lhes trouxemos uma vida vigorosa, e onde nossa voz é ouvida as árvores murcham e há um sussurro de folhas secas. Nós lhes trouxemos a promessa do futuro, mas a nossa língua balbuciou e ladrou.[22]

A mentalidade revolucionária, a tentativa de justificar o terrorismo do Partido como busca da verdade em nome do povo, e para o bem dele, foi o desdobramento final de uma linha da filosofia russa: a linha que vinculou o projeto de razão em construção à inevitabilidade da história e à prontidão dos discípulos lavrovianos para agir em prol da causa. Era a filosofia de ação revolucionária entrelaçada com misticismo anti-individualista comunal tradicional, e o resultado foram dois séculos curtos de derrota intelectual e moral para a Rússia.

Contudo, há aspectos da herança filosófica da Rússia que devem ser avaliados independentemente dessa derrota. Eles interessam porque deram as bases para o otimismo e a autoconfiança de pelo menos meio século de comunismo eticamente empenhado — homens e mulheres cuja ética pessoal não era exatamente inferior àquela das pessoas vivendo no Ocidente, mas, em geral, superior. Eles foram convencidos por uma moralidade socialista que era uma versão secular do amor ao próximo cristão e, num nível mais profundo, nem sempre consciente, por um argumento de que o mundo haveria de aproximar-se mais a cada dia do seu objetivo utópico, se ao menos as pessoas assim o desejassem.

COMO A TRADIÇÃO LONGA SOBREVIVEU?

Antes da guerra, talvez a maioria dos cidadãos soviéticos acreditasse mais ou menos no comunismo, sugeriu o dissidente Andrei Sinyavsky.[23] A ideia sedutora, com uma sólida história filosófica, era que a verdade comunista podia ser criada. O que hoje soa como um tipo de chiste político particularmente britânico — ser "criativo com a verdade", uma analogia com "contabilidade criativa" — nada tinha a ver com isso na teoria comunista-marxista, que podia mapear o seu veio imaginativo de volta até Aristóteles.

A definição da dialética dizia que tanto as leis do pensamento quanto essas mesmas leis, ao governarem a realidade objetiva, podiam ser analisadas, reduzidas a elementos contraditórios que não se excluíssem reciprocamente, mas que compusessem a verdadeira natureza da coisa ou processo analisado.[24] Uma ideologia que encorajava a aceitação de contradições tornou-se alvo de mais brincadeiras ocidentais, as quais foram inteiramente justificadas pelo senso comum, mas fracassavam em esclarecer o mistério russo ao olhar geral do Ocidente. Por que uma potência mundial estava pronta para iludir-se quanto à sua própria realidade? A resposta está numa atitude filosófica — na sua encarnação soviética, o materialismo histórico e o evolucionismo — que legitimou acreditar na realidade do que ainda não estava presente. Essa crença era muito mais complexa do que um simples compromisso com a existência do sobrenatural. Na verdade, era todo o oposto. Vários especialistas observadores ocidentais do cenário filosófico russo nos anos 1960 comentaram não conhecer nenhum outro país tão permeado pelo hegelianismo quanto a União Soviética.[25] Exatamente, Hegel tornou possível acreditar no ainda-não-real. A Sophia russa — a Sabedoria como Eterno Feminino, como Soloviov a imaginou — nunca amou Hegel no século XIX, mas, no XX, tornou-se a sua noiva arranjada. Na sua forma original, a dialética hegeliana apresentou à Rússia o romance de mudança. Ofereceu uma visão radiante do que podia ser o futuro mediante a captura dos pensamentos em progresso, do mais simples ao mais complexo. Ela argumentou, vejam, as pessoas amadurecem na sua compreensão e se tornam adultos plenamente desenvolvidos, e é assim que as sociedades mudam também. Elas se tornam mais inteligentes, absorvem uma gama mais ampla de experiências, e finalmente acrescentam seu saber à sociedade, que, em consequência, torna-se mais progressista. Hegel só é difícil de ler por causa da sua concentração extrema no processo do pensamento. O resultado destilado da sua filosofia — uma espécie de feliz resultado que ele impôs a si mesmo — é, infelizmente, muito mais simples.

O processo do pensamento dialético põe-se em movimento com uma primeira ideia encontrando a sua antítese, e mostra como, a partir de uma oposição criativa, emergia um terceiro pensamento mais rico. Segundo Hegel, os melhores elementos de ideias contraditórias são sempre levados adiante, enquanto os aspectos inferiores cancelam-se reciprocamente; nada de bom era perdido enquanto o progresso seguisse o seu curso. Os piores aspectos do passado eram descartados, os melhores ganhavam vida numa forma nova, superior. Tratava-se do processo de *Aufhebung* — um termo de que nenhuma tradução única para o inglês dá conta. De algum modo, a abstração ela mesma é desagradável para o inglês. É possível que Carlyle tenha brincado com isso em *Sartor Resartus*.[26] Porém, em função da necessidade de construção social, a ideia de um princípio único de progresso foi imensamente atraente na Rússia. Se Hegel disse tratar-se de um princípio racional, tanto melhor. Ele teve a sua audiência cativa no século XX.

O que precisava ser compreendido sobre a filosofia de mudança, por mais racionalidade que Hegel e Marx a ela atribuíssem, era, é claro, que ela nada tinha de racional. As suas origens são tão místicas quanto qualquer visão da vida boa na Rússia pudesse derivar de sua própria tradição cristã — uma razão pela qual as esperanças hegelianas se adequaram tão bem à psique russa. Hegel traduziu a esperança cristã de reconciliação dos homens com Deus num mecanismo miraculoso de progresso humano. A ideia cristã era que Deus tinha dado seu filho, Jesus Cristo, ao mundo para que os homens pudessem entender a natureza de Deus. A separação do ideal e do real foi transcendida na Ressurreição, quando o homem real em Cristo foi elevado ao nível de filho ideal de Deus. A história cristã era a história suprema de mudança: mudança como transfiguração, e como milagre. De que outro modo poderia a terra tornar-se o paraíso senão por algum processo semelhante à consubstanciação do pão e do vinho? Um racionalista o chamaria de crença em mágica; um cristão, apoiado pelo vasto e persuasivo corpo da arte ocidental, e por dois mil anos de inspiração moral, faria referência ao poder da fé.

Hölderlin, criador de uma poesia de beleza sem igual na mais longa das tradições ocidentais, sabia em que seu companheiro seminarista e jovem filósofo Hegel estava mirando. A dialética hegeliana incorporava a resposta cristã à possibilidade de uma vida humana elevada e transformada. O fato de Cristo ter existido a um só tempo como Filho de Deus e Filho do Homem torna a ideia de progresso de Hegel possível. As origens dessas noções não determinam a sua natureza, mas, no caso russo, apontam para o seu duplo, a sua sombra emocional, a esperança religiosa continuada que afetava a sua aura. Elas mostram o quanto o materialismo dialético era uma filosofia da esperança com ingredientes religiosos prontamente capazes de encontrarem base na tradição emocional-comunal.

A consequência imediata da natureza espiritual subjacente da dialética foi que se acreditou que esse conceito — o instrumento da compreensão racional humana — representasse somente um estágio passageiro, incompleto, da verdade. O conceito presentemente válido era somente um aspecto da realidade em construção. Para um hegeliano, portanto, a realidade estava sempre propensa a tornar-se outra coisa, embora o que parecesse fosse parte da verdade. A filosofia hegeliana tratava de conceitos em movimento. Ela tentava captar o momento entre a sua primeira formulação especulativa e sua redundância pendente. Qual o valor de um conceito quando a realidade já tivesse seguido adiante? A única verdade suprema é o processo de mudança. Um historiador ocidental da filosofia imergiu nos modos soviéticos em meados dos anos 1960 e, finalmente, levantou as mãos e gritou: "Eu desafio os soviéticos a me mostrarem um conceito fluido!"[27] Mas isso era exatamente o que Hegel e a filosofia soviética pensavam que podiam fazer. Num mundo materialista dialético, nenhum conceito deveria ser fixo: a teoria era constantemente modificada por novas práticas e pensamentos adicionais. O resultado absolutamente não devia ter sido totalitário, pois o conhecimento estava continuamente em processo de ser testado pela experiência. O marxismo-leninismo era infinitamente experimental. O comunismo resistia necessariamente a definição por ser uma condição futura.[28] Um pós-estruturalista derridiano — essencialmente pós-marxista — diria que a definição da verdade foi adiada definitivamente.[29]

A filosofia religiosa romântica alemã, pelo modo que era baseada na ilimitada criatividade humana — e mesmo, poder-se-ia dizer, numa resposta de braços abertos a Deus —, era uma espécie de sonho no qual a humanidade jamais cometeria um erro conceitual que não pudesse desfazer. O sonho estava deslocado, pois as consequências de aplicar conceitos à vida real e a pessoas reais não podem ser prontamente desfeitas. Como mostrou o trágico século XX, as consequências foram terríveis.[30] Mas o que se pretendia com isso era algo quiçá oposto, uma das principais fontes do totalitarismo. A fonte não era autoritária. Envolvia, antes, subordinar a razão às necessidades do coração — o tipo de necessidades, diria Kant em seu *A crítica do juízo estético*, que significava que a mente humana busca unidade e harmonia em tudo o que toca, e imagina, quase sempre por engano, que o que está na arte também existe na natureza e na sociedade.

A linhagem filosófica em que o romantismo alemão e o *diamat* russo posterior se inspiraram, nesse aspecto muito mais antiga que Hegel, possuía uma tensão criativa especial entre matéria e ideias. O hilomorfismo era uma teoria, demonstrada por Aristóteles e por Spinoza, detestada por Kant, ressuscitada por Goethe e Schelling, segundo a qual a matéria tinha as mesmas propriedades inatas que a mente. Hilomorfismo — do grego *hule*, significando matéria, e *morphe*, forma — dizia que mente e matéria eram da mesma substância, com uma interação ativa constante entre elas. Um naco de argila estaria predisposto a tornar-se a escultura em que o artista o modelaria. A argila teria dentro de si uma espécie de aspiração de adquirir uma forma superior. A sua verdade material era a história do potencial de forma que ela continha. A filosofia soviética ainda estava viva quando estava discutindo a relevância de Spinoza para o materialismo dialético, *grosso modo* durante os anos 1925-1932.[31] O interesse russo por Spinoza se estendeu desde os *lyubomudry* até Frank, que publicou suas opiniões críticas sobre Spinoza pouco antes da Revolução.[32] Plekhanov dizia que Spinoza era o seu filósofo favorito.[33] Lunacharski escreveu um livro chamado *De Spinoza a Marx* logo após a Revolução, quando a filosofia teve um novo começo. O ano de publicação foi 1926. Mais ou menos na mesma época, Abram Deborin (1881-1963) reafirmou a relevância de Spinoza para o novo século materialista, chamando-o de "Marx sem barba".[34] Spinoza, como nenhum outro filósofo, compreendeu o potencial da matéria e sua relação com a perfeição.

Figura forte e controversa, Deborin imediatamente dividiu os neo-spinozianos da Rússia soviética em, de fato, românticos sem limites contra racionalistas precisos.[35] Os deborinistas insistiam na liberdade do homem para construir o seu próprio mundo e seus valores a partir das condições materiais dadas. Os mecanicistas — os filósofos Alexander Bogdanov e Lyubov Akselrod e o autor bolchevique de *ABC do comunismo*, Nikolai Bukharin — prefeririam a supremacia das ciências naturais. A história soviética introduz a questão de uma maneira leninista típica, como se fosse um choque de facções políticas. Hoje, parece que ocorreu uma batalha por um grau de liberdade intelectual — embora ficando ao lado dos mecanicistas fosse possível sentir que o senso comum na Rússia era um valor mais promissor do que a liberdade intelectual de enganar-se tão terrivelmente.[36]

A batalha teve lugar em 1929, quando a filosofia soviética resistiu ao desenvolvimento da filosofia idealista depois de Feuerbach suceder Hegel. Os deborinistas argumentaram corretamente que a filosofia era um instrumento superior nas mãos de Hegel e devia continuar a ser a ciência das ciências. Em 1931, porém, eles tinham perdido a sua autoridade, tendo sido estigmatizados de "demasiado abstratos". O *diamat* foi ajustado para tornar-se mais "científico-mecaniscista" e menos "criativo-deborinista". Mas era exatamente esse o problema. Não era ciência genuína o que os mecanicistas estavam em posição de defender para o futuro russo. Era ciência de um tipo romântico, que só significaria algo se mantida aberta e criativa. Com efeito, tanto a imaginação quanto a ciência perderam a batalha, e o totalitarismo entrou em cena, fazendo uso desses ingredientes onde para tanto estivesse inclinado. A batalha foi perdida quando Stalin não encontrou resistência ao insistir que as ideias, em vez das condições materiais imediatas, conformavam a realidade soviética. Esses movimentos combinados garantiram que toda abertura remanescente à experiência desaparecesse da cena filosófica soviética. A ciência tornou-se uma forma de blefe filosófico — o maior embuste do século XX. Uma "metafísica de comando" tomou o lugar de uma metafísica da criatividade. A metafísica de comando — o termo é meu — pretendia que a realidade podia ser convocada a existir. Se um dia conceitos fluidos foram operacionais — e talvez eles, de fato, residissem na mente dos projetistas da sociedade que viam a si próprios como, no sentido de Goethe, "céticos ativos" — este foi o momento em que toda fluidez se petrificou e os céticos foram aniquilados. Durante todo o século XIX russo, os impulsos para a anarquia criativa, por um lado, e a construção social, por outro, lutaram pela posição mais alta. Agora os anarquistas-românticos tinham sido totalmente derrotados.

Não que fosse necessário um Stalin para esmagar a esperança experimental e delicada no relicário "do conceito fluido" ou sua reencarnação na noção de *différance* de Derrida nos anos 1970.[37] O experimentalismo é certamente uma maneira improvável para construir uma sociedade e manter um Estado. Porém, mais que isso, as idas e vindas do intelecto humano em busca de polinização são principalmente toscas. Todo refinamento intelectual e artístico — e não há como enfatizar demais o quanto, originalmente, a dialética foi um ato de imaginação — é simplificado à medida que vai passando por mentes sucessivas.[38] Tendências normativas estão em operação universalmente na compreensão humana. Só românticos como Marx, Abram Deborin e Derrida acreditam que podem dominar um processo que esteja fora do controle humano.

A Rússia como um todo, de fato, manteve o seu interesse na filosofia romântica da criatividade, pois o idealismo religioso de Berdyaev, Frank e outros a perpetuou quase em sua forma espiritual original. O anseio por uma realidade espiritual interativa ligando o homem a Deus, o real ao ideal, era anátema para Lenin e parecia ingênuo aos olhos de observadores racionalistas de fora como Isaiah Berlin, mas era o outro lado do fenômeno russo do século XIX — seu complemento —, só por isso já digno de ser levado a sério. Os filósofos religiosos foram os românticos e anarquistas que tiveram de ser banidos por causa da sua paixão por "abertura". Eles tampouco representavam uma maneira de construir um Estado moderno. Intelectualmente, porém, a sua função foi vital na Rússia. Em parceria com os construcionistas, os anarquistas deram à Rússia a sua única forma nativa, na cultura e, consequentemente, na política de equilíbrio de poderes.

Durante a longa era glacial filosófica, poucos historiadores das ideias soviéticos tinham de fato consciência da tradição filosófica maior da Rússia. Eles sabiam que ela se cindira em doutrinas materialistas e religiosas extremas conflitantes, e que a forma religiosa-anárquica-criativa tinha sido empurrada para debaixo da superfície da vida russa permissível. Discretamente, eles tentaram manter vivo algo mais próximo da versão criativa-espiritual, ou não totalmente perdido de vista à distância.

A história a seguir é de minha própria observação de um comentário em segredo sobre as origens alemãs da filosofia soviética oficial — comentário este que ousou expressar-se nos anos 1960. O período trampolim de 1961-1964 foi uma época de relativo relaxamento na União Soviética, o que tornou a ideia de criticar "o sistema" possível depois de um longo período de silêncio aterrorizado. O secretário-geral em exercício do Partido Comunista era Nikita Kruchev, que, tentando livrar o país da herança de Stalin, parecia quase estimular a liberdade de expressão. O terceiro degelo, como os russos passaram a conhecê-lo, foi sinalizado ao mundo pela publicação, em 1962, de *Um dia na vida de Ivan Denisovich*, de Solzhenitsyn. Esse romance, situado num campo de prisioneiros, foi publicado no *Novy Mir*, o mais prestigioso jornal literário, o que lhe dava em selo implícito de aprovação do Partido (embora isso fosse contestado por funcionários posteriormente responsabilizados). *Ivan Denisovich* patenteou "não só que a maioria dos prisioneiros soviéticos era inocente de qualquer crime, mas também que as políticas soviéticas oficiais contradiziam o sentido moral inato de homens ou mulheres russos honestos".[39] O romance de Solzhenitsyn falava abertamente em favor da realidade soviética contra a teoria, e do senso comum contra as normas ideológicas.

Imagine então que uma janela semelhante de oportunidade se apresentasse, por um breve lapso, na filosofia. Um tema rico em possibilidades de comentário crítico codificado sobre o *status quo* soviético foi a "estética filosófica", chamada inicialmente de área de pesquisa soviética legítima, em 1962, por Valentin Asmus (1894-1975). Asmus intitulava-se "professor e escritor filosófico". Ele lecionava na Universidade Estatal de Moscou e era muito amado pelos cursos que dava fora, na sua casa de campo, na colônia de escritores de Peredelkino. "Um dos últimos portadores na Rússia da tradição filosófica nativa, ele confiava, na sua atividade pedagógica, na experiência acumulada quando era estudante."[40] Seus entusiasmos de juventude incluíam Spinoza, Schopenhauer, o neokantiano Wilhelm Windelband e, surpreendentemente, mas instrutivamente, Descartes e os cartesianos. Em Peredelkino, onde seus alunos nos anos 1960 e 1970 podiam olhar para lembranças de Pasternak nas paredes, o curso dado por Asmus era sobre Kant, o qual foi o tema do seu último livro antes de morrer, publicado em 1973.

O simbolismo dessas ocasiões em Peredelkino abrangia o que Asmus representava para a filosofia e, sem dúvida, como homem. O escritor e poeta Boris Pasternak, nascido em 1890, tinha morrido em 1960. Ele e Asmus eram da mesma geração filosófica, eles eram vizinhos e compartilhavam muitos interesses. Pasternak tinha estudado neokantismo em Marburg, e também estava profundamente mergulhado na poesia simbolista e nas filosofias da cultura da Era de Prata russa, que nasceram das ideias de Soloviov.[41] *O doutor Jivago*, escrito nos anos 1930 e publicado em 1957, era substantivamente uma obra sobre como a bela alma russa sofrera a Revolução, a guerra civil e a sovietização do seu amado país. Na verdade, era uma espécie de odisseia poético-filosófica, um *Bildungsroman* espiritual, sobre como Yury Jivago tornou-se o homem que ele era por meio da inspiração de seu tio, Nikolai Vedenyapin, um filósofo-historiador ficcional da geração de Soloviov. Jivago acreditava na integridade da verdade preservada no reino simbólico da cultura.[42] Ele fora formado pelas mesmas ideias alemãs da virada de século que deram lugar à carreira de Ernst Cassirer e ao seu *The Philosophy of Symbolic Forms* [A filosofia das formas simbólicas] (1923-1931). Cassirer baseou seu pensamento num estudo sobre *Kant's Life and Thought* [A vida e o pensamento de Kant] (1918). Pasternak criou, portanto, duas gerações de pensadores ficcionais que foram educadas conforme as mesmas linhas neokantianas alemãs que o próprio Asmus.

Para Pasternak-Jivago, contudo, o maior simbolismo cultural e fonte de toda filosofia russa genuína era a história de Cristo. Como Alexander Blok em seu famoso poema revolucionário *The Twelve* [Os doze], através de Yuri Jivago, Pasternak avaliou 1917 em termos apocalíptico-religiosos. A visão resultante elevou-se acima da realidade artificialmente arrumada do bolchevismo, e lá permaneceu como um momento poético eterno. Quando *O doutor Jivago* foi finalmente publicado — e tornou-se a inspiração para o Prêmio Nobel de Pasternak em 1958 —, Pasternak foi condenado ao ostracismo pelo *establishment* soviético. Seu espírito era alienígena, e, ainda pior, ele o tinha publicado no Ocidente e embaraçado seu país, que se ofendia tão facilmente. Fizeram com que sua vida se tornasse profundamente desagradável por causa disso, e ele morreu não muito depois. Seu funeral em Peredelkino ficou célebre pela traição da sua memória por ainda um outro escritor russo de educação alemã, Konstantin Fedin (1892-1971), que, à diferença de Pasternak, sucumbiu à pressão oficial e deixou em algum lugar esquecido o seu talento inicial. Diante do túmulo de Pasternak, Asmus, por outro lado, não só prestou homenagem abertamente mas incluiu com ousadia em seu discurso uma menção ao "grande" Soloviov. Em palavras quase não ditas, mas que seriam compreendidas pelas poucas mentes que ainda portavam a tocha, Pasternak perpetuou a tradição ético-romântica de Soloviov.[43]

Em contraste com a filosofia oficial, que nas palavras de um comentador russo contemporâneo "mais parecia um ataque generalizado do que uma análise séria e profunda", Asmus falou ao lado do túmulo de Pasternak da "pureza exclusiva e do charme moral" de Soloviov.[44] Na tradição russa, essas palavras só podiam significar que Soloviov era uma bela alma que tinha para si — e para todos como ele — um lugar reservado no coração dos russos. Onde quer que pudessem, Pasternak e Asmus e um punhado de outros continuaram a manter viva e a defender a tradição romântica idealista em seu aspecto pessoal.

O fato de Asmus ter estudado com os últimos representantes dessa tradição em solo russo conformou a sua vida. Ele assistiu às palestras de Vasily Zenkovsky (1881-1962), que deixou a União Soviética para tornar-se uma figura religiosa de destaque e historiador da filosofia russa no exílio.[45] O jovem Asmus também leu a obra do padre Pavel Florenski, que publicou o seu livro mais influente, *The Pillar and Ground of Truth* [O pilar e a base da verdade], em 1914. Em contato com o melhor da Era de Prata, Asmus devorou avidamente a produção da editora idealista Put', que no curto período de existência que lhe coube por destino entre revolução e extinção publicou Berdyaev, Bulgakov, Kireevsky, Chaadaev e outros.

O primeiro trabalho publicado de Asmus, em 1924, foi uma contribuição para o debate ainda vivo sobre o método dialético. Talvez a coisa mais corajosa que ele tenha feito foi escrever todo um livro sobre Soloviov, em 1940, três anos depois de Florenski e Shpet terem sido mortos pela

NKVD, a polícia política de Stalin. Durante a guerra, e com a destruição espiritual da Rússia à sua volta, o terror de Stalin e dos campos, o estudioso humanista russo se consolou estudando a maior bela alma da Rússia, mesmo que seu livro pudesse jamais ser lançado. Ele foi publicado pela primeira vez em 1994, quando a era soviética tinha acabado.

Um dos alunos de Asmus, Yury Mann, retomou a tocha idealista romântica nos anos 1960, dando continuidade a uma linha de pensamento menos abertamente subversiva, mas que estava destinada a enriquecer os leitores especialistas soviéticos que ainda possuíam um grão de independência. Sem ostentação, *Russian Philosophical Aesthetics* [Estética filosófica russa], publicado em Moscou em 1969, reabriu a história do materialismo dialético retornando às suas origens alemãs e russas. O tema legitimou falar de Schelling, dos schellinguianistas e de belas almas russas como Venivitinov, o grande hegeliano Stankeevich, e os *lyubomudrets* Odoevsky e outros. Mann devolveu a César o que lhe era devido, reconhecendo que os métodos e valores que estava discutindo *não* eram os do mundo soviético, muito pelo contrário, pois a filosofia soviética era materialista, não era?, e, como disse Engels, "o idealismo alemão era o materialismo de cabeça para baixo".[46] Aqueles que se desesperaram não tiveram escolha a não ser seguir a linha.[47] Mann pagou o preço obrigatório para todos os escritores do mundo comunista, passando a citar Marx, Engels e Lenin independentemente do assunto tratado.[48] Nesse ínterim, os leitores soviéticos inteligentes não haveriam de deixar de perguntar-se: o que exatamente significou pôr o idealismo de cabeça para baixo? Como Mann estava evocando uma filosofia que ligava o ideal e o real, e que falava da inteireza do "sistema" e da sua capacidade de dar uma explicação completa da vida e do universo, não estaria ele fadado a desencadear um certo trem de pensamento? Os leitores pensariam: é esta com certeza a filosofia pela qual continuamos a viver? Ou alguma versão corrompida? Nesse caso, era esperado que o resultado fosse diferente.

Mann pesquisou como os românticos alemães tinham passado adiante a sua ideia-chave aos fundadores da filosofia russa. Ele mencionou e investigou Nedezhdin, editor de Chaadaev, Venevitinov, Kireevsky, Odoevsky, Stankevich e o crítico Shevyryov, pondo-os todos subitamente num quadro em geral reservado à história revolucionária. A estética romântica de Shevyryov, que tinha influenciado Belinsky, deu a Mann uma oportunidade especial para realçar as origens do método dialético numa visão poética da verdade. Shevyryov salientava que a prática deve preceder a teoria, que a ação deve preceder o conhecimento. Tendo retomado essa ideia dos alemães, Shevyryov quis desenvolvê-la numa teoria apropriada à Rússia.[49]

O que exatamente Mann quis dizer em 1969 sobre essa herança alemã na Rússia contemporânea? Discretamente, que ela tinha provocado não uma, mas duas respostas centrais na cultura russa. Que havia duas linhagens de respostas russas: a primeira criativa e em aberto, a segunda, *"hélas"*, uma fome de utopia. Em termos adequadamente convolutos que manteriam os críticos indesejados longe da sua cola, o verdadeiro discípulo de Asmus, um segundo estudioso-filósofo escondido, descreveu

> uma tendência na qual a crítica social tomou principalmente a forma de "antissistematismo" (tanto científico como social) enquanto uma plenitude e vitalidade irreprimível de elementos, fossem fatos numa teoria científica ou pessoas na comunidade, eram sugeridas sob o disfarce de uma quantidade desconhecida ou, *hélas*, um ideal utópico.[50]

A crítica não mitigada do que a filosofia oficial soviética tinha feito das ideias que herdou do idealismo alemão reside na pequenina palavra *"hélas"*. A Rússia soviética tinha deixado de manter a dialética aberta. Tinha banido os elementos anárquicos "irreprimíveis" tão profundamente enraizados no pensamento russo e rejeitado o testemunho da experiência cotidiana, a fim de aderir a um ideal utópico. Era a seu modo uma verdadeira utopia, um não lugar.

COMO A TRADIÇÃO LONGA SOBREVIVEU?

No começo da década de 1960, o futuro dissidente ucraniano Leonid Plyushch também estava estudando, lecionando e discutindo filosofia em Moscou, Kiev e Kahrkiv. Seu caminho de volta aos dias antes de a filosofia russa cristalizar-se veio, como também aconteceu no Ocidente contemporâneo com a "Nova Esquerda", com uma paixão pela leitura dos recém-descobertos Manuscritos de Paris do "jovem" Marx, de 1843-1844.[51] A resposta ainda vital de Marx a Hegel continha observações cruciais sobre alienação. A noção de alienação sugeria fatores de origem mental que faziam do mundo um lugar infeliz para viver — uma casa pobre para o espírito. A ideia teve um efeito peculiarmente poderoso no Leste reprimido e alienado pós-Stalin. À diferença de Asmus, Plyushch não era uma romântico idealista. Ele se via como uma materialista não cerceado. Mas o que ele aprendeu com o jovem e ainda romântico Marx o pôs em contato com uma rebelião anarquista russa profundamente enraizada contra o conceito racional inerte. Por sua vez, ele compreendeu o que a vida soviética tinha se tornado, e quis evocar uma espécie de senso comum para defendê-la contra os efeitos horríveis de quem quer e do que quer que tenha prendido as ideias. "Eu aprendi que todas as coisas criadas pelo homem têm uma tendência a escapar do seu controle e a tornarem-se alienadas e hostis a ele (...) ideias, trabalho, produtos do trabalho, assim como a organização e o Estado."[52] Lecionando em Moscou em 1966, Plyushch observou: "Em filosofia, tratados sobre a alienação estavam brotando como cogumelos depois da chuva. Primeiro, os filósofos argumentaram que estavam estudando o jovem Marx antes de ele tornar-se marxista (...)."[53] Três anos mais tarde, Plyushch e seus amigos ainda estavam discutindo o jovem Marx e "problemas éticos e o significado da vida".[54] Em resumo, as críticas filosóficas ao sovietismo tinham encontrado um pretexto para se expressarem.

Mas o tempo estava acabando para esses não totalmente — ou não ainda plenamente declarados — hereges soviéticos. Yury Mann publicou seu livro bem na hora, em 1969, que foi o mesmo ano em que Solzhenitsyn foi expulso do Sindicato dos Escritores. Kruchev tinha sido derrubado em

1964. Um ano antes do livro de Mann, em 1968, um dos anos cruciais para o mundo comunista, um filósofo da ética tinha publicado um artigo sugerindo, como Plekhanov e Bernstein tinham feito 60 anos antes, que a moralidade marxista era um guia insuficiente para a boa vida, e tinha de ser suplementada pela ética de Kant. A arriscada iniciativa foi um convite silencioso aos russos, ou um apelo aos seus líderes, para que eles pudessem pensar por si mesmos; e também que sua política não devia ser agressiva. A publicação do artigo coincidiu com a Primavera de Praga de reforma do comunismo na Tchecoslováquia, uma das culturas satélites soviéticas intelectualmente mais ativas. Porém, uma lei kantiana superior aplicável em todos os tempos, a todos os homens, e que chamava a atenção para a qualidade dos motivos morais em lugar dos resultados úteis, era mais do que a burocracia soviética podia tolerar. Um congresso especial de filósofos de toda a União foi convocado às pressas, em Moscou, em fevereiro de 1968, e o argumento kantiano de Iakor Abramovich Mil'ner Irinen foi consignado inexoravelmente à lixeira da história[55] (uma perspectiva moral kantiana teria posto claramente em questão a "utilidade" da invasão soviética da Tchecoslováquia, que teve lugar em agosto daquele ano).

Em 1970, a vida soviética sob Leonid Brezhnev estava prestes a entrar num novo período de conservadorismo e estagnação punitiva. Oleg Bakhtianov, amigo de Plyushch, foi levado a juízo em fevereiro de 1970 por realizar cópias de obras inaceitáveis, como *The Origins of Russian Communism* [As origens do comunismo russo], de Berdyaev, e enviado para a prisão por três anos.[56] O próprio Plyushch seria preso em 1972 e horrivelmente maltratado num hospital psiquiátrico — um *psikushka* — por mais de três anos antes de a pressão ocidental crescente conseguir libertá-lo e à esposa para ir para o exterior. A sentença contra ele era absolutamente coerente com a teoria do conhecimento como cópia: o que é verdade é verdade, e se você não consegue ver é porque algo deve estar errado com você. Discretamente, enquanto isso, o estudo de como a filosofia romântica alemã impactou a Rússia do século XIX foi restaurado aos termos do código estrito nos dois volumes esmagadoramente conformistas de *Russian Aesthetic Treatises of the First Third of the Nineteenth Century* [Tratados estéticos russos do primeiro terço do século XIX], publicados em 1974 por Z. A. Kamensky. O materialismo dialético foi plenamente recuperado como metafísica dirigente, e o Partido ficou responsável pela estética. Pensamentos potencialmente vivificantes foram recongelados sob formas mortas.

Só mais uma maneira como a mais velha tradição idealista germano-russa viveu nos tempos soviéticos, mas logo foi privada de qualquer significado, deve ser mencionada: ela está na ideia de trabalho. Num país que ainda idealiza as suas comunidades camponesas no limiar do século XX, tanto a realidade como a ideia de trabalho encheram-se de nostalgia e esperança — e tentaram amagalmar-se com o que Marx tinha a dizer sobre trabalho e classe trabalhadora.

A noção de trabalho, ao mesmo tempo um fato e um valor, tinha um duplo poder na filosofia. Era uma moral comunal na prática social, ao passo que na teoria propunha um solução moderna engenhosa para o velho problema filosófico de como a mente se relaciona com o mundo. Hegel — no fim das contas, o homem sem o qual a filosofia russa não teria existido — tinha estabelecido o precedente mostrando como o trabalho-no-mundo agia como uma ponte entre os ideais na cabeça dos homens e a vida social real. No trabalho, os homens tanto eram plenamente eles mesmos como plenamente seres universais.

> O que quer que o indivíduo faça, e o que quer que aconteça com ele, que ele tenha feito consigo mesmo, é isso o que ele *é*. O indivíduo, portanto, sabendo que em seu mundo real ele nada pode encontrar, exceto unidade consigo mesmo, ou somente a certeza de si mesmo na verdade do mundo, só pode experimentar alegria dentro de si.
>
> Em seu trabalho, ele se colocou inteiramente no elemento de universalidade, no vazio inqualificado da existência.[57]

Hegel deu ao problema de como a mente pode ter conhecimento verdadeiro do mundo a solução psicológica da satisfação do trabalho. Nós sabemos aquilo com que trabalhamos, porque ao trabalhar em algo nós o tornamos nosso; nós o tornamos útil para nós. Mas o trabalho também nos dá uma identidade social. Em ambas essas funções, o trabalho se opõe à alienação e recria a natureza como um lar humano adequado. Hegel mostrou, desse modo, como o trabalho provia um lar espiritual para o indivíduo assim como um cimento social para a sociedade. Da mesma forma como os homens fazem seu lar material no presente real, a verdade ideal de uma sociedade futura perfeita torna-se possível.

Na Rússia, Pisarev foi um dos primeiros filósofos a falar sobre trabalho. O trabalho teria uma aplicação ética, pois modificava o ideal romântico de introspecção. Não era por meio do autoconhecimento moral privado, mas pelo trabalho que os homens realizavam o seu pleno potencial orgânico. Na verdade, o trabalho tornava as pessoas boas. Pisarev desenvolveu uma ideia do trabalho como base para a comunidade moral altruísta. Um homem que tenha encontrado o seu legítimo trabalho no mundo não podia ser egoísta, disse Pisarev, porque fazia aquele trabalho por amor e por isso amava o mundo.

> Confiando no trabalho que amam, que é vantajoso para eles e útil para os outros, os novos homens organizam as suas vidas de modo que seus interesses pessoais não contradigam, de modo algum, os reais interesses da sociedade.[58]

As qualidades metafísicas e empíricas do trabalho como solução para problemas do século XIX deram imenso apelo ao tema para os pensadores sociais, não somente na Rússia. O modo como Pisarev valorizou o resultado moral do trabalho satisfeito evocava Ruskin e William Morris na Inglaterra vitoriana e também se harmonizava com o entusiasmo de Herzen pela oficina comunal camponesa ou *artel'*. Perícia profissional e

COMO A TRADIÇÃO LONGA SOBREVIVEU?

vocação supriam uma nova ideia de inteireza. O artífice e o homem que fizessem o trabalho que amassem eram as últimas belas almas. Trabalho significativo, não alienado, era um novo bem em si mesmo. Herzen, Pisarev e, uma geração depois, Kropotkin, todos viram no trabalho em comunidade uma maneira de evitar a atomização social da vida moderna.

O belo trabalhador surgiu das cinzas da bela alma e assumiu a sua tarefa metafísica: erguer uma ponte sobre a lacuna entre razão e imaginação, entre fato e valor. O belo trabalhador representava, em termos mundanos, um objetivo progressista, mas em sua gênese filosófica era quase uma figura religiosa. Por causa da força da tradição russa, e do entusiasmo com que o ideal do trabalho foi assumido, o entusiasmo soviético inicial pelo trabalho e pelos trabalhadores, especialmente conforme expresso na poesia e nas artes gráficas, teve uma qualidade visionária; e durante todo o período soviético, a ideia, pelo menos, de santidade do trabalho, do trabalho como um instrumento moral, negou-se a sair da atmosfera. A realidade soviética corrupta, enfadada e ineficiente era absurda, mas a noção do trabalho era bela.

O trabalho era belo porque respondia o problema fundamental, partilhado pela filosofia e pela sociedade, de propor de onde viria a unidade para dar aos homens padrões éticos. Como homens de espírito ficariam à vontade no mundo da natureza e uns com os outros? Como podiam compartilhar valores e significados? No período em que o marxismo ganhou popularidade em toda a Europa, e a reforma trabalhista estava em todas as agendas políticas radicais, o trabalhado pareceu ser uma panaceia filosófica. O homem bom clássico era a alma reflexiva; o novo homem bom era um trabalhador. Ser responsável por seus próprios recursos, aplicar seu trabalho no mundo e beneficiar-se do resultado era uma existência verdadeira que trazia consigo uma sugestão de transcendência. Fé na humanidade como entidade ideal era possível porque o trabalho era fundamentalmente significativo. O impacto do idealismo do trabalho prático sobre a história social foi enorme em termos de campanhas por direitos dos trabalhadores, sindicatos e assim por diante, e parecia tremendamente novo. Mas, por trás dele, a filosofia estava lidando descuidadamente com um problema muito antigo.

As duas correntes de pensamento que se juntaram na Rússia na virada do século XX, uma preocupada com as condições reais da vida trabalhadora e a outra provendo uma justificação quase metafísica de por que o trabalho era a grande solução, eram ricas e não necessitavam de nenhum suplemento ocidental. Ambas tinham afetado Tolstoi, que ora falava sobre trabalho num contexto filosófico, ora adotava pessoalmente o modo de vida do trabalhador nos campos. A maneira como os trabalhadores na sua propriedade viviam à vontade com a natureza o impressionava, por causa de sua aversão ao seu embaraço e isolamento intelectual dentro de sua própria alma. Como antídoto para seu sentimento de divórcio crítico com a vida, ele ansiava por dias monótonos de fé e lida, quando estaria uno com a massa sofrida.

O poder ético do trabalho para disciplinar a alma do homem, para proteger seu intelecto da arrogância individualista ocidental, é bem conhecido como um forte motivo russo do século XIX. Para os personagens de Dostoievski, que ansiavam por emancipar-se do peso da disposição de independência da mente ocidental, o trabalho também foi uma solução. Para Tolstoi e Dostoievski, fé e trabalho constituíam um duplo arnês com que almas potencialmente errantes podiam atar-se em nome de sua redenção. Como aconselhou Shatov ao demoníaco Stavrogin em *Os demônios*:

> Tu és ateu porque és filho de um rico ocioso, o último dos ricos ociosos. Tu perdeste a capacidade de distinguir entre o bem e o mal porque perdeste o contato com o povo do teu próprio país (...). Ouve, Stavrogin, encontra Deus através do trabalho. Esta é a essência de tudo. Encontra Deus ou desaparecerás sem um traço como um fungo apodrecido. Encontra Deus pelo trabalho.
>
> Que tipo de trabalho? [pergunta Stavrogin]

O trabalho de um trabalhador, de um camponês. [responde Shatov][59]

Para os grandes escritores russos do século XIX, trabalhar era ser restaurado a Deus, ou ser capaz de ser bom.

A ideia de trabalho como vida ética perfeita e perfeição do conhecimento humano foi finalmente expressa para a filosofia russa por Nikolai Fyodorov, o filósofo estético tão admirado por Tolstoi e outros. Seu livro célebre, *The Philosophy of the Common Task* [Filosofia da causa comum], foi concluído em 1902 e publicado postumamente. Ele continha uma defesa da vida de trabalho que começava com um ataque contra a ideia de Kant do que ligava universalmente os homens. A noção de Kant de humanidade universal era uma questão abstrata nas mentes de indivíduos reflexivos. Ela não emanava da fraternidade real do povo trabalhador sofrido. Com efeito, nada tinha a ver com a expressão de interesses humanos comuns.

> *A crítica da razão prática* nada sabe de uma espécie humana unida; ela não estabelece regras para a ação comum da raça humana como um todo (...). Ela não conhece a experiência que tem *todo povo em toda parte e sempre* (...).
>
> Toda a dúvida negativa de *Crítica da razão prática* está baseada na inevitabilidade presumida da divisão entre os homens e na impossibilidade da sua unificação numa causa comum (...).
>
> *A crítica da razão prática* também se baseia no reconhecimento inconsciente da inevitabilidade da divisão, no vício da divisão (...). Kant (...) transferiu os princípios do absolutismo esclarecido para o mundo moral; é como se estivesse fazendo Deus dizer: "Tudo para o povo e nada por intermédio do povo."[60]

Fyodorov fez vibrar a corda do trabalhador como nova fonte de definição da filosofia — ou talvez fosse mais acurado dizer que tenha deixado uma marca definitiva com sua picareta — quando insistiu que as pessoas reais, não a razão, geravam o bem ao realizarem projetos reais. A lei moral universal de Kant era apenas um sonho. Fazer o bem no mundo exige ação, especificamente, o trabalho físico é exigido para unir todos os homens. Um mundo ético tem de ser construído com amor e suor, martelo e foice, não apenas com pensamento abstrato.

Em *The Philosophy of Economy* [A filosofia da economia] (1912), Sergei Bulgakov, tendo deliberadamente estudado Marx, tentou imbuir a vida dos camponeses russos com criatividade solovioviana. Sua tarefa, como uma vez foi expresso semelhantemente por John Locke, era dar um sopro de vida ao mundo físico por meio do seu trabalho criativo e transformador. Na véspera da Revolução, a questão da boa sociedade, não alienada e unida no trabalho manual, era, acima de tudo, uma visão cristã e uma visão ética na Rússia. As jovens de classe média de Tchecov que gritavam ansiosamente "Nós precisamos trabalhar!" mostravam até onde a ideia tinha permeado os níveis da sociedade numa forma moral geral.

Para o médico sensível de Tchecov, Fyodorov era o místico extremista. Ele encarnava aquela filosofia anti-intelectual e quase anárquica russa que estava pronta a sacrificar todos os produtos da mente em nome da harmonia social. Como Lavrov, ele estava pronto a arrancar o controle da causa comum daquelas mãos educadas molengas e desajeitadas. Como ao longo do século XIX os homens educados fracassaram na causa comum, "os ignorantes (...) que punham o trabalho acima do pensamento" assumiriam agora o encargo. Os russos na tradição de Tolstoi, Dostoievski e Fyodorov estavam mais em contato com a vida trabalhadora real do que Marx, mas, ao mesmo tempo, eram místicos de um modo que Marx teria achado totalmente alienígena. Por sua vez, a tradição essencialmente populista russa diferia radicalmente da incitação de Marx aos trabalhadores do mundo ocidental de vingança de classe, e a imposição sobre eles de uma disciplina política de Partido. Porém, crer que o trabalhador pudesse resgatar o aflito *intelligent* russo e dar-lhe a comunidade pela qual ele ansiava claramente não seria obstáculo para o desenvolvimento da ideologia do trabalho marxista na Rússia soviética. O *intelligent* russo não tinha nenhuma razão para interessar-se por coesão do proletariado internacional, mas o marxismo lhe deu algo que ele podia usar dentro da Rússia com bom efeito comunal.

"Uma grande parcela do apelo marxista-leninista é moral (...) isso frequentemente perdeu-se ou ficou submerso nos escritos de Lenin e de Stalin."[61] Com certeza. O apelo moral — e mesmo a natureza cristã — da União Soviética era geralmente sentido pelos visitantes ocidentais em proporção inversa à sua aversão pela ideologia oficial e seu sentido subliminar do que jazia sob ela. Algo desse valor moral jaz no sentido natural de igualitarismo e comunidade que era visível sob condições mais favoráveis. Como tentei sugerir, foi em parte o idealismo romântico imorredouro da história filosófica do país que de algum modo brilhou por meio das formas amortecidas do materialismo oficial. Mas também o código moral estrito russo ajuntado à teoria marxista-leninista do conhecimento criou um mundo autoritário com um gume de qualidade moral. Os textos oficiais do final dos anos 1950 e começo dos anos 1960 inspiravam-se no anti-individualismo e no altruísmo clássicos russos para definir a ética comunista. "A moralidade burguesa é caracterizada pelo princípio do individualismo e do egoísmo; a moralidade proletária ou comunista, pela devoção ao comunismo, ao coletivismo e à ajuda mútua."[62] Bons comunistas eram exortados a purgar a sociedade e suas próprias vidas "dos resíduos do capitalismo: luxúria, avareza, ganância, inveja, raiva, preguiça e o desejo de possessões e de honras".[63] *Bourgeois Morality — A Tool of Imperialist Reaction* [Moralidade burguesa — um instrumento da reação imperialista] (1951), *Questions of Marxist-Leninist Ethics* [Questões da ética marxista-leninista] (1960) e *Fundamentals of Marxist Ethics* [Fundamentos da ética marxista] (1961) — todos do filósofo do Partido Alexander Fyodorovich Shiskin — valorizavam o sentido russo de superioridade moral sobre o Ocidente moralmente enfraquecido. O desejo positivo da Rússia de ser uma "outra terra" não ocidental era mais verdadeiramente sentido na esfera moral, tanto pelo povo quanto pelos visitantes perspicazes.

A ética comunista combinava cooperação socialista e solidariedade de classe marxista, e a antiga paixão russa pela comunidade à nova aversão russa pelo utilitarismo ocidental. O Reino Kantiano dos Fins, que afirmou que nenhum homem devia tratar um outro como um meio, encontrou um lar natural. Marx sequestrou uma verdade ética ideal para justificar a verdade totalmente falsa subjacente à sua invenção da luta de classes. A afirmação mais absurda do marxismo foi dizer que a classe trabalhadora era, por definição, a classe que não explorava nenhuma outra e que a moralidade proletária era, por conseguinte, a melhor do mundo. Muitos russos teriam admirado o princípio da não exploração, se ao menos ele expressasse uma ideia de bondade. Eles estavam mais felizes com seu kantianismo puro. Nenhuma outra civilização moderna parece ter produzido tantos voluntários para uma vida moral, apesar de as formas tomadas pelo voluntarismo sob pressão poderem, às vezes, ser perversas.[64]

A força da vida moral compartilhada compensou, a um grau impossível de medir, as falsidades factuais embutidas na ideologia soviética. Ela criou um mundo que era possível entender e de ter orgulho como alternativa ética verdadeira ao utilitarismo ocidental. A cultura moral também compensava a cultura material esgotada. Velhos hábitos ortodoxos, talvez, mas geralmente um sentido de prioridade não materialista estimulava a aceitação de privações físicas. A União Soviética era uma congregação de milhões a cantar o autoconfirmador *doleo, ergo summus* — "sofro, logo somos". É claro, nem todos cantavam a mesma canção e nem todos os não materialistas com prioridades de alta ética eram escravos do masoquismo coletivo. Entretanto, à medida que o século progredia, cresceram os hábitos consumistas. O aburguesamento só foi retardado na Rússia ética; não foi evitado. Mas essas são aqui apenas tendências ideais, que nos ajudam a compreender o fenômeno soviético e as ideias por trás dele.[65]

COMO A TRADIÇÃO LONGA SOBREVIVEU?

Berdyaev caracterizava o mundo comunista como "ascetismo sem graça".[66] Ele atrelou os recursos éticos de uma população de cristãos, kantianos e comunidades camponesas simples a um fim político mundano. Em função da crença comunista em si mesmo, era ainda mais horrível ouvir que o Ocidente era uma ameaça à paz mundial e, para aqueles que sequer tinham informação para se opor à linha oficial, mais uma razão por que a Rússia devia mesmo ser a boa sociedade.

A prática soviética institucionalizou e não destruiu completamente os velhos hábitos russos de voluntarismo e populismo. Ela introduziu um dia "voluntário" extra de trabalho, o *subbotinik*. Ela pediu ao desejo livre e abnegado das pessoas para construir o socialismo e torná-lo ideologicamente compulsório. Nesse ínterim, os professores populistas do século XIX tornaram-se os comissários políticos do XX — os *politruki* nas forças armadas e os conselheiros do Partido em todos os locais de trabalho. Seu trabalho era ajudar a massa do povo a entender o modo comunista soviético.[67] Professores eram assimilados com a tradição populista com um viés autoritário especial. Em consequência do hábito admirável dos estudantes do século XIX de partirem para povoados remotos e até abrirem mão da sua própria educação, o Partido aprendeu a enviar todo graduado de atitude independente com ideias políticas potencialmente disruptivas para comunidades tão distantes quanto possível, onde suas ambições podiam arruinar-se. Outra forma de institucionalização de hábitos do século XIX aconteceu na literatura e, numa extensão menos óbvia, em todas as artes. A tendência russa, estabelecida inicialmente por Belinsky como princípios da literatura, era conceber que a arte era socialmente útil. Com a estética simples de Chernichevski para basear-se, e a teoria hegeliana algo reduzida sobre a tensão entre o ideal e o real por meio de Plekhanov, foi construída a doutrina soviética do realismo socialista. O *Agit-prop* foi um fenômeno de vanguarda de vida curta que combinou o desejo populista de ensinar a um desejo quase dionisíaco de celebrar a verdade compartilhada nas ruas. O elemento genuíno de novidade — e ligações mais fortes com Nietzsche e Wagner do que com Chernichevski e Plekhanov — garantiu que ele não pudesse sobreviver como prática cultural soviética.[68]

Pela maior parte da sua duração, a União Soviética foi considerada um experimento a projetar-se num possível futuro humano. Mas foi uma tentativa drástica de retardar a modernidade moral. A dificuldade que as mentes mais modernas teriam para aceitá-la era que o código ético comunista, qualquer que fosse o seu apelo intrínseco, era desvalorizado porque era usado simultaneamente como meio de controle político-ideológico primitivo. Pode-se argumentar que tinha de ser, pois a Rússia precisava ser "construída". Era preciso torná-la coerente. A ética tinha de substituir-se à tradição e criar uma lei moral poderosa que exigisse que o povo se vigiasse. Mas o grau de coerção era inaceitável.

A extensão até onde o mundo autoritário era antimoderno pode ser vista comparando-o com o que a autocracia quis manter para a Rússia apesar da Revolução Francesa. Tem-se a impressão de um século XX russo institucionalizando os ideais de Lammenais-Odoevsky: fé moral estrita, rejeição do mercado livre e rejeição da liberdade individual egoísta. Como lugar ideal, a Rússia soviética era como Hegel imaginara que o mundo tinha sido antes do advento do criticismo, o que para ele queria dizer antes de a Revolução Francesa ocorrer. Hegel via que um certo idílio — o qual ele estabelecia na Grécia de Homero — estava fadado a desabar no mundo livre moderno, a menos que fosse inaturalmente defendido. O que ele viu foi limpidamente parafraseado por um dos seus melhores intérpretes políticos:

> [O] povo da Era Heroica [de Hegel] tem a integridade espontânea de um povo inteiro. Coletivamente, esses cidadãos são um povo individual, e um todo que age livremente. A situação não pode resistir. A harmonia de um tal povo é irreflexiva, e essa é sua grande deficiência.[69]

Mas este também era o ponto fraco soviético — o povo não ousava refletir sobre a natureza da sua harmonia. Quando Khomiakov e Kireevsky leram Hegel, decidiram resistir, ater-se ao idílio, comprar "ingenuidade" para o país ao preço da modernidade, e o sovietismo assumiu esse hábito de comunidade ingênua como uma instituição totalitária. Todo insumo cultural era escrutinado em busca do dano potencial que podia trazer para a harmonia social. O resultado, finalmente, foi o surgimento na Rússia de uma sociedade única educada e igualitária, unindo tanto trabalhadores como *intelligenti*. Alcançou-se uma uniformização das disposições — felicidade para muitos, deve-se dizer, e ordem social — mas a que preço? O custo da sua unidade e ordem social é algo que os russos ainda têm de resolver, no seu passado e no seu presente.

Um hábito psicofilosófico que precisaria ser estudado pelas pessoas que o viveram, mas que provavelmente jamais o será naquele país, foi o modo como acreditou-se irrefletidamente no comunismo — quase de olhos deliberadamente fechados, não porque fosse economicamente bem-sucedido, não porque fosse justo, não porque nunca dissesse mentiras nem aprisionasse, assassinasse ou de algum outro modo desperdiçasse seres humanos, já que o oposto disso tudo é que era a verdade, mas porque provia há muito a procurada fundação russa da existência moral. *As noites russas* de Odoevsky, de 1844, continham a proposição: "quer se comece de uma posição verdadeira ou de uma estúpida, a estúpida pode incitar um caminho belo e correto."[70] O hábito era anterior ao sovietismo, e, ainda em 1990, um sociólogo norte-americano encontrou russos que aceitavam que as suas vidas tinham sido baseadas, *à la* Pascal, num "belo erro".[71] Quando era estudante, o futuro dissidente Andrei Sinyavsky abordou um amigo muito mais velho, membro do Partido, com sua preocupação de que as autoridades estavam torturando prisioneiros políticos a fim de extrair confissões de culpa. "Felizmente ele não era um informante. Mas sua resposta totalmente sincera, não motivada pelo medo, foi esta: 'Não me fale de tortura. Mesmo que seja verdade, eu não quero saber sobre isso. Porque eu quero acreditar, eu tenho de ter fé."[72] Em 1991, mais de quarenta anos depois, o último líder soviético Mikhail Gorbachev disse a um entrevistador que "não é que eu meramente acredite no socialismo. Ele é o meu conhecimento, é o meu pensamento".[73]

As palavras de Gorbachev são particularmente interessantes porque deixam claro que só a ideia de "crença" não é bastante para transmitir o que o comunismo soviético abrangia. Tinha de haver um sentido em que a crença não fosse opcional, mesmo sendo pessoal. Gorbachev repetiu três vezes que a verdade era "dele". O que ele transmitiu foi uma visão de mundo que combinava compromisso voluntário e certeza factual. Ele sentia o seu compromisso para com o que era verdade e, ao mesmo tempo, sabia sem dúvida como era o mundo. Era exatamente assim que a verdade soviética era ensinada como filosofia: o comunismo era o resultado inevitável da história e, ao mesmo tempo, apenas o que qualquer pessoa boa escolheria livremente.[74] Em duas frases curtas, Gorbachev disse ao mundo exterior — um mundo incompreensivo, deve-se presumir — como era ter uma mente e um coração conformados pela dialética. O colapso do modo de vida soviético no final de 1991 foi tão profundamente chocante para os russos que o experimentaram quanto a Revolução Francesa foi em Paris em 1789. Não só eles perderam todas as suas certezas, mas, finalmente, a revolução social moderna pôde acontecer. A Rússia foi exposta à busca ilimitada da liberdade individual, ao mercado livre de Adam Smith e a um tipo diferente de lógica.

O marxismo soviético, o tipo de crença de Gorbachev, nunca foi uma forma de racionalismo. Era um existencialismo sob disfarce. Exigia o tipo de salto pascaliano de fé que Kierkegaard, Heidegger e Sartre também tinham exigido na filosofia, tivesse o mundo moderno de ter algum significado. O mundo soviético deu ao existencialismo uma perspectiva totalitária. Como se tratava da Rússia, um lugar espiritual com uma longa tradição pascaliana, um lugar com Pascal como seu único filósofo de verdade, era quase como se os russos tivessem sido preparados para arriscar a sorte no comunismo. Era uma forma institucionalizada de existencialismo em nome de um país existente desesperadamente em busca de criar a sua essência coletiva. Jean-Paul Sartre disse a um participante após a sua primeira palestra *Existencialismo e humanismo* em 1946: "Para nós, o real problema é definir condições nas quais possa haver universalidade."[75] Sete anos antes, no começo da guerra que criou a sua perspectiva moral, ele disse a Simone de Beauvoir que ser "autêntico" era viver com uma atitude consciente, ativa, rumo à sua situação histórica. "Eu o considero meu destino, entendido que ao escolher ser dessa era eu estava me escolhendo para esta guerra."[76] Ele situa o dilema existencialista em termos que qualquer *intelligent* russo tradicional poderia solidarizar-se, ao afirmar que o conhecimento objetivo compartilhado — as verdades da ciência e os fatos do dia a dia — não era o problema. O que os homens necessitavam era de um sentimento compartilhado da verdade. Sartre afirmou que os existencialistas criavam seus valores livremente — porque eram indivíduos livres —, mas que suas escolhas não eram arbitrárias porque seu pensamento procedia da sua existência e a sua existência era desde o princípio social. "O homem se encontra numa situação organizada na qual ele é envolvido; sua escolha envolve a humanidade na sua inteireza, e ele não pode evitar escolher."[77]

A atitude existencialista, procedendo do primado da realidade social, estava evidentemente em conflito com a escolha de Sartre de Descartes como guardião da liberdade pessoal primária de cada um de nós de viver em nossas próprias cabeças. Como Sartre vivia num país livre, seus críticos puderam apontá-lo. Não obstante, uma vez terminada a emergência da guerra, o existencialismo era a filosofia que ele queria esposar. Enraizada no contrailuminismo do século XVIII, ela fora renovada no século XIX quando Kierkegaard e Nietzsche — e também Feuerbach — estrondearam contra a tirania do conceito hegeliano e insistiram na responsabilidade do sujeito de criar significado.[78] No século XX, essa tradição contrarracional cindiu-se em duas vertentes, embora poucos de nós tivessem consciência na época. Enquanto o Ocidente falava apaixonadamente de existencialismo — *grosso modo* de 1945 a 1965 —, a Rússia pôs o existencialismo em prática totalitária no Oriente.

No contrailuminismo, a essência do existencialismo estava contida na ideia de Vico do *verum factum* — que o homem só pode conhecer completamente e com certeza aquilo que ele mesmo modelou. Goethe sustentou eloquentemente a prática existencialista quando explicou que "a teoria e a experiência/o fenômeno estão em oposição um ao outro em constante conflito, toda unidade na reflexão é uma ilusão [e] elas só podem ser unificadas numa conduta ativa com o mundo".[79] A forma secular soviética de existencialismo coexistiu com a forma religiosa reprimida de Berdyaev.[80] Mas, e se apesar de Vico, Goethe, Berdyaev e Sartre, a Rússia fosse a mais imprópria cultura do mundo para o existencialismo tornar-se a filosofia oficial sob disfarce? E se, apesar da boa vontade de sujeitos prontos a darem o salto e converterem existência em essência, não houvesse um mundo social ao qual ligar-se o indivíduo? E se o "eu" existencial — procurando por condições nas quais pudesse haver universalidade, interessado em levar uma vida autêntica — estivesse de fato numa posição em que não tivesse nenhuma chance de conseguir? Dostoievski já tinha visto a possibilidade de pesadelo no seu próprio tempo pré-soviético, e é certamente verdade dizer que, nos piores tempos soviéticos, a sociedade genuína tinha desaparecido. O peso de uma verdade punitivamente imposta quase extirpou da existência toda subjetividade e possibilidade de valor. Essas perguntas e essa experiência produziram uma única filosofia realmente alternativa no século XX na Rússia, a qual era ao mesmo tempo um comentário sobre o que acontecera e uma redescoberta do anarquismo russo como saída.

Mikhail Bakhtin (1895-1975) aceitou o desafio de mostrar o que tinha acontecido com o sujeito criativo sob a pressão política totalitária. Juntamente com um inevitável e inestimável retrato do significado da vida sob

Stalin, ele desenvolveu uma teoria de individualidade residual num tipo de mundo humanitário eclipsado que Sartre não poderia sequer começar a imaginar. Bakhtin teorizou uma experiência ética única de repressão que ele também viveu em si mesmo.

Homem que compartilhava a mesma bagagem neokantiana que Pasternak e Asmus, mas só havia estudado na Rússia, Bakhtin publicou o seu primeiro livro, *Problems of Dostoevsky's Art* [Problemas da arte de Dostoievski], em 1929. Ele aprendera seu neokantianismo dos amigos com quem tinha estudado na Alemanha, enquanto Lossky e seu colega, o kantiano universitário Vvdensky, versavam Bakhtin na tradição nativa russa.[81] O livro sobre Dostoievski, e talvez também o fato de que seu irmão Nikolai tenha lutado ao lado dos Brancos e imigrado para a Inglaterra, pôs Bakhtin imediatamente em dificuldade quando Stalin tomou o controle da Rússia. Já em 1929, ele foi sentenciado a cinco anos num campo de trabalho na Mordóvia.[82] Devido, porém, à saúde fraca, ele apenas cumpriu um período equivalente de exílio no Cazaquistão e, depois, só teve permissão para trabalhar no Instituto e, posteriormente Universidade Pedagógica da cidade mordóvia de Saransk. Ele permaneceu na universidade como teórico literário e historiador até 1961 — quando novamente a saúde fraca o obrigou a demitir-se — e ficou em Saransk por quase todo o resto da sua vida. De uma maneira ou de outra, ele aproveitou bem a sua sobrevivência e tornou-se gradualmente conhecido no estrangeiro. Em sua última doença, o Kremlin cuidou dele num hospital especial — uma sugestão de quanto as autoridades estavam cientes dos seguidores ocidentais desse estudioso semibanido.

> Nós vimos como o medo cósmico, e imagens de catástrofe mundial, e teorias escatológicas ligadas a isso, cultivadas nos sistemas da visão de mundo oficial, encontraram uma gargalhada equivalente nas imagens de catástrofes carnavalescas, profecias paródicas e afins, que libertaram o povo do medo, trouxeram o mundo para mais

perto da pessoa, aliviaram o fardo do seu curso e o transformaram no curso festivo do tempo jubiloso de mudanças e renovações.[83]

A escrita do trabalho de Bakhtin de 1946 sobre Rabelais era opaca porque seu autor havia disfarçado a sua função. Como filósofo, Bakhtin escreveu numa espécie de código. Ao falar sobre a literatura da França do século XVII, contudo, estava claro para os que se preocupavam em refletir que ele também estava, talvez principalmente, falando da Rússia de Stalin. Assim, no parágrafo acima, os valores que importavam cabiam de ambos os lados de uma clara equação. De um lado a "visão de mundo oficial", do outro, "gargalhada", "carnaval", "paródia" As três últimas forças unem-se a "liberdade" e "alívio" para trazer "o mundo para mais perto da pessoa" e atenuam o peso de circunstâncias temporais. A mensagem era claramente antiutópica para aqueles que podiam entendê-la. A realidade soviética era uma "teoria escatológica" e uma "visão de mundo oficial" que inspiravam medo e afastavam o mundo da pessoa. O sistema justificava a si próprio como defesa contra a catástrofe, afirmações em resposta às quais o povo ria, embriagava-se, fornicava e praguejava. "O tempo jubiloso de mudanças e renovações" era reminiscente de uma esperança religiosa de transformação amiúde detectável em Bakhtin. Mas o que ele parecia estar escrevendo principalmente com sua teoria do "carnaval" era uma ética da sobrevivência.

Ele estabeleceu os termos dessa ética celebrando o que o romance podia fazer em benefício da vida. A sua "teoria literária" de fato reenergizou o anarquismo, que era um pilar tradicional da filosofia russa. Eis um meio russo há muito honrado de minar qualquer ordem infligida que ameaçasse a verdade da vida-como-ela-é-vivida. O romance foi associado a "formas festivas, modo de falar familiar, profanação".[84] Com poder de satirizar e parodiar, sua tarefa era libertar o objeto do poder da linguagem no qual ele se enredara; destruir e homogeneizar o poder do mito sobre a linguagem; libertar a consciência do poder da palavra direta, destruir os espessos muros que aprisionam a consciência dentro do seu próprio discurso, dentro da sua própria linguagem.[85]

Sua agenda era desfazer as falsas ligações.

Entre as boas coisas deste mundo aqui-e-agora também encontram-se igualmente falsas ligações que distorcem a natureza autêntica das coisas, falsas associações estabelecidas e reforçadas pela tradição e sancionadas pela ideologia religiosa e oficial (...) pelo pensamento escolástico e teológico e a casuística legalista (...) É necessário destruir e reconstruir inteiramente o falso retrato do mundo (...) é necessário libertar todos esses objetos e permitir que entrem em uniões livres que lhes sejam orgânicas.[86]

Como Asmus e Mann no domínio inovador da estética filosófica, por meio de sua invenção de uma teoria literária, Bakhtin encontrou um caminho disfarçado para salientar como a filosofia oficial tinha feito um grilhão mortal de uma ideia viva. Mais ousadamente ainda, ele criou uma alternativa heroica ao aprisionamento dialético, uma contrateoria chamada provocativamente de dialogismo, mas expressa principalmente em outras palavras. O que a teoria trabalhava — o "falar em muitas línguas" da palavra grega *heteroglossia* — também era uma indicação da sua própria natureza polivalente. A boa dialética seria "um sistema... [em que pontos de vista] se interanimam reciprocamente e ideologicamente", "uma mescla viva de vozes variadas e opostas [*raznorechivost'*]".[87] Dito de maneira simples, uma verdadeira filosofia não imporia uma única construção à natureza da realidade. Contudo, quando em extratos para exame concentrado como aqui, as críticas filosóficas de Bakhtin soavam mais ousadas do que eram quando encobertas em comentários literários. No texto original, elas descreviam a variedade da linguagem em *Eugene Onegin* de Pushkin. Por outro lado, era útil, para dizer o menos, que textos literários também pudessem ser descritos como sistemas em termos estruturalistas — e uma razão suficiente para inventar uma metodologia estruturalista num país totalitário. Daí em diante, o dialogismo abriria buracos no autoritarismo comunista enquanto a realidade viva da literatura refletiria como era possível para pessoas de carne e osso escaparem de algumas das repressões.

A visão de mundo oficial soviética proibia falar em muitas línguas, suprimindo toda individualidade. Ao mesmo tempo, quase destruía a verdade social mediante a eliminação da linguagem. A língua oficial, em vez de captar a diversidade da vida-como-ela-é-vivida, petrificava tudo em que tocava. A realidade era completamente obscurecida por fabricações ideológicas. Bakhtin se opunha, tentando medir a verdade do contato natural entre pessoas por meio de discurso e gestos. A verdade, sugeria ele, jaz no alcance do resultado aberto e imprevisível do encontro de dois seres vivos. A teoria se aplicaria a condições entre pessoas e também a ligações entre a consciência individual e o mundo além dela. Sua leitura neokantiana da fenomenologia lhe dava esse interesse primário sobre como a consciência existe junto com o que é entendido. Para um fenomenologista, a consciência abre a possibilidade de muitos aspectos de compreensão do que é dado. Assim, o dialogismo tornou-se um método para desfazer as operações de uma realidade ditatorial de mão única.

"[O dialogismo] é uma ideia tirada inicialmente da fenomenologia, de uma análise filosófica da 'coisa' chamada significado. Ele trata com efeito dos aspectos duplos de significados, mas em nenhum sentido necessariamente de duas pessoas. Refere-se, antes, ao que outros escritores chamariam de qualidade de intersubjetividade de todo significado: o fato de que o significado se encontra sempre no espaço entre expressão e compreensão, e que esse espaço — o 'inter' que separa sujeitos — não é uma limitação, mas a própria condição de elocução significativa."[88] O dialogismo, porém, também redescobriu o que fez a "dialética" atrair inicialmente a imaginação romântica. Quanto a Goethe, tratava-se de uma busca da verdade por meio do "ceticismo ativo" e da "observação participativa". O dialogismo se expressava à moda e elusivamente como teoria linguística, e foi recebido desse modo no Ocidente, nos anos 1970, numa onda de entusiasmo pelo "estruturalismo" de Bakhtin. No contexto russo, porém, Bakhtin sempre se viu como um filósofo que se voltou para a teoria da língua porque não tinha outro caminho politicamente permissível para expressar-se.[89] Sua tarefa filosófica passava pela comunicação não verbal e pela linguagem de rua para estabelecer um valor moral para a personalidade em sua forma mínima.

A maneira como Bakhtin disfarçou a sua atividade filosófica pode ser vista na passagem seguinte, na qual ele discute o papel do romancista na compreensão da vida. Trata-se de simples código usado para exprimir suas verdadeiras ideias? Mesmo que assim pareça agora, certamente não teria sido fácil para o censor encontrar as indicações.

> O romancista carece de alguma máscara essencial formal e genérica que possa servir para definir a posição a partir da qual ele vê a vida, bem como a posição a partir da qual ele torna essa vida pública.
>
> Precisamente aqui (...) as máscaras do palhaço e do bobo (transformadas de várias maneiras) vêm ajudar o romancista. Essas máscaras não são inventadas; estão profundamente enraizadas na gente do povo. Estão vinculadas à gente do povo por meio do privilégio há muito consagrado que tem o bobo de não participar da vida, e pela há muito consagrada objetividade da linguagem do bobo; elas também estão ligadas ao cronótopo da praça pública e aos ornamentos do teatro. Tudo isso é da mais alta importância para o romance. Foi finalmente encontrada uma forma para representar o modo de existência de um homem que está na vida mas não é da vida, perpétuo espião e refletor da vida; finalmente, formas específicas foram encontradas para refletir a vida privada e torná-la pública.[90]

O romancista vê como as pessoas se libertam da desumanidade confinante das verdades oficiais. Elas persistem na sua humanidade por evasão e ocultação. E assim deve agir agora o filósofo russo. Substituindo "romancista" por "filósofo" e retraduzindo a gente do povo de Rabelais no século XVII por "povo da Rússia no século XX", e "teatro" por "mídia", o parágrafo fica assim:

> O *filósofo* carece de alguma máscara essencial formal e genérica que possa servir para definir a posição a partir da qual ele vê a vida, bem como a posição a partir da qual ele torna essa vida *conhecível*.
> Precisamente aqui (...) as máscaras do palhaço e do bobo (transformadas de várias maneiras) vêm ajudar o *filósofo*. Essas máscaras não são inventadas; estão profundamente enraizadas no *povo*. Estão vinculadas ao *povo* por meio do privilégio há muito consagrado que tem o *filósofo* de não participar da vida, e pela há muito consagrada objetividade da linguagem do bobo; elas também estão ligadas ao cronótopo da praça pública e aos ornamentos da *mídia*. Tudo isso é da mais alta importância para a *filosofia*. Foi finalmente encontrada uma forma para representar o modo de existência de um *sujeito filosófico* que está na vida mas não é da vida, perpétuo espião e refletor da vida; finalmente formas específicas foram encontradas para refletir *a vida do sujeito* e torná-la *conhecível*.

Uma experiência traumática para a filosofia estava refletida nesse parágrafo, e para a humanidade do filósofo, que tinha sempre de estar em guarda, mesmo quando dissimulava, misturava-se à gente comum, deslizava sobre as mentiras dos jornais, tentava encontrar maneiras de virar a vida oficial do avesso e assim mostrar o que era "verdade" sobre ela. A vida em si mesmo podia sobreviver, talvez, mas podia o filósofo fazer afirmações significativas sobre isso? A sua primeira tarefa em circunstâncias de opressão é dizer que a vida é incomensurável, seja qual for a afirmação feita sobre ela. E a filosofia deve ainda capturar a vida do sujeito conforme ela é vivida — talvez no final mediante juntar forças com a literatura. Uma filosofia verdadeira para com a vida deve, de algum modo, capturar o sentido de que cada consciência humana tem de estar na vida, mas de não ser da vida, não inteiramente determinada por ela. Provavelmente não por coincidência, a frase sobre estar na vida mas não ser da vida era uma citação direta de Schiller, o maior filósofo alemão da liberdade através da introspecção.[91] Bakhtin também poderia virar a mesa na cultura da citação. Ele fez o comentário derradeiro sobre o seu próprio trabalho, que era de teoria do romance, ao descrever Sócrates como o primeiro romancista. Claramente, a tarefa de ambos era a mesma.[92]

A tarefa era destrinçar absurdos. No contexto soviético, tentar soltar a mordaça que o discurso oficial impôs à vida e permitir que o povo vivesse novamente numa sociedade não alienada. Mas no gesto de Bakhtin de aproximar a filosofia e a literatura no interesse da verdade viva havia um elemento de pensamento que também pode ser encontrado no filosofar ocidental quase contemporâneo: a ideia, expressa, por exemplo, por Martha Nussbaum, de que termos gerais são tão pobres no tocante a vidas reais que têm de ser compensados por histórias pessoais, contadas oralmente, uma por uma, porque todos nós, ao dizermos "eu", ao mesmo tempo estamos em vida e não somos da vida. Na nossa condição separada, nós mantemos um traço de integridade inalienável.[93]

Contudo, ainda noutro sentido, Bakhtin estava apenas voltando ao velho sentimento russo pela verdade da "existência" — o vínculo fundamental entre viver e conhecer que sempre foi uma orientação para a autenticidade, ainda que *in extremis*. Tratava-se de uma maneira de encontrar a verdade na própria condição de permanecer oprimido e sem liberdade. Quando quis concluir satisfatoriamente o seu *Soviet Civilization* [Civilização soviética], Sinyavsky citou um poema de Olga Berggolts, escrito sobre o cerco a Leningrado durante a Segunda Guerra Mundial.[94]

> Naqueles dias, a vida cotidiana
> Desapareceu, reapareceu.
> E bravamente, existir
> Retornou por si mesmo.

O contraste nessas linhas situava-se entre vida cotidiana, *byt* e *bytie*. A crença em *bytie* tornava possível espremer um valor espiritual mesmo de sofrimentos terríveis. Dava a um só tempo um sentido de resistência comunal e de fuga individual à contemplação mística. *Bytie* podia até sugerir uma ordem não banal das coisas, a qual poderia ser a fundação da boa vida ainda possível de realizar. *Bytie* podia prometer o "sentido jubiloso de renovações e mudanças" da primeira passagem de Bakhtin citada acima.

Por mais que a típica filosofia russa da existência pareça admirável, certamente não é uma teoria moral universal viável. Trata-se mais de um tipo de alucinação perene russa, engendrada por uma série constante de emergências como guerras, fomes generalizadas e repressões políticas. Tais desastres deram a ilusão de uma existência reduzida autêntica esperando além da esquina por nossa compreensão, se ao menos abríssemos mão de nossas obsessões covardes com ordem e felicidade imediatas. É só por retirar-se tão rapidamente que o sentido de uma realidade superior parece tão significativo. Normalmente, porém, é o mundo trivial que tem sentido. Em contraste, digamos, com um místico extremo como Shestov, Bakhtin foi capaz de dizer isso. Afinal, ele não era um místico, mas sim um amante de uma turbulenta comunidade russa de indivíduos: na verdade, algo mais próximo de *byt*.

As realizações da vida soviética, e da filosofia no grau pequeno em que podia refletir aquela vida real, diziam respeito à ética do povo, à destreza do dissidente e a um sentido sutil de ligação com a tradição mais ampla que fora banida. A dificuldade para o historiador é o grau até onde vidas alternativas foram levadas, mas sem expressarem-se de um modo que possibilitasse à posteridade ater-se a elas. Bakhtin é uma exceção a ser altamente valorizada, tanto pelo que revela quanto pelo que argumenta. De outro modo, nós só temos o depoimento de umas poucas testemunhas lúcidas como a viúva de Andrei Sakharov, Elena Booner, que escreveu há poucos anos que "aqueles que perceberam a falsidade da sociedade soviética intuitivamente fugiram das mentiras das ciências humanas e assumiram profissões concretas". Foi por isso que

> com a queda do regime totalitário — com a morte de Stalin, o discurso de Kruchev, o Degelo, e a emergência dos liberais dos anos 1960, chegou a era dos dissidentes. Entre eles havia números desproporcionalmente grandes de físicos, matemáticos, engenheiros e biólogos, e quase nenhum historiador ou filósofo. Os dissidentes eram apenas um punhado (...). É difícil dizer se tinham uma visão filosófica distinta, mas a clareza da sua visão diferia daquela de milhões de outras pessoas. Isso lhes dava a força necessária para rejeitar mentiras e preservar o seu respeito próprio, sem o que não há respeito pelos outros e pela vida em geral, e o qual em última análise engendra o sentido de felicidade.[95]

As ciências humanas na União Soviética foram corrompidas pela mesma falta de verdade que os filósofos tinham observado quando detectaram a carência de uma tradição racional por volta do início do século XX. As artes, conforme foram afetadas pelo otimismo chernyshevskiano, eram insultuosamente infantis. Bonner falou da dificuldade de "quando educada em mentiras, uma sociedade não pode amadurecer ou assumir responsabilidades". Sua avaliação falava sobre uma sociedade apartada da tradição clássica ocidental e sem nenhuma moralidade do conhecimento adequada para preencher a lacuna. Exatamente como no século XIX, quando chegou a uma acomodação com a imobilidade da autocracia, a *intelligentsia* russa posterior, do século XX, viu que não tinha nenhuma alternativa exceto abrir mão da sua vocação natural de trabalhar na área das ciências humanas e desencadear protestos políticos. A tradição política revolucionária tinha de ser reinaugurada.

Quanto à vida oficial soviética, toda e qualquer história tem de registrar quão pouca providência tomou quanto a exceções. Um punhado de indivíduos brilhantes teve permissão de florescer sob condições quase perfeitas para o desenvolvimento da sua ciência ou arte. Essa era a mensagem por trás do retrato feito por Solzhenitsyn dos cientistas em Mavrino. Foi exatamente por existirem tantos controles políticos e ideológicos que foi possível a essas belas almas platônicas se dedicarem ao ideal de uma vida reflexiva. Justamente por isso, a União Soviética foi capaz de suportar uma cultura restrita de alta excelência artística. Um século de protecionismo cultural autoritário também significou que os altos padrões da *intelligentsia* tradicional, sob a forma de uma educação ampla e uma exigência de que toda pessoa educada devia cultivar ativamente a arte (não o híbrido burguês "as artes"), também subsistiram na vida soviética. A vida artística-intelectual soberba que a Rússia soviética alimentou — o último exemplo sobrevivente de um mundo respeitoso de belas almas — foi revelado, e, infelizmente, forçado a vender-se a um Ocidente perplexo, nos anos 1990. Paradoxalmente, durante todo o período soviético, a cultura russa continuou a acreditar em si mesma como seu próprio reino da verdade. Lá onde ela pôde sobreviver às pressões rudes e punitivas, a Rússia neokantiana de Pasternak subsistiu.

Uma minúscula cápsula do tempo da grandeza russa foi de algum modo preservada na cultura artística, ao mesmo tempo em que a filosofia se desintegrava. Aqui eu quero usar a palavra para significar tão somente a apropriação da verdade pelo homem médio. A única justificativa para chamá-la de filosofia é um sentido de que essa apropriação, de fato, depende do que está emanando das fontes de autoridade cultural ou o que quer tenha ocupado o seu lugar durante a sua ausência. Nos anos 1960, Plyushch retratou uma vida intelectual secretamente repleta de sartrianos, neokantianos, positivistas lógicos e seguidores de Wittgenstein autoproclamados, mas na qual, na prática, todos se conformavam. Assim, manter um crença não tinha significado.[96] Na juventude, o dever de Plyushch foi ensinar o *diamat*. Quando registra que alguns dos seus colegas na universidade simplesmente não apareciam nessas tediosas sessões e que o restante passava o seu tempo discutindo Tolstoi e o significado da vida, parece claro que ele estava nos mostrando como a vida intelectual russa tinha preservado algum sentido do seu próprio valor em suspensão, por abstenção, por assim dizer. Mas, ao lermos no mesmo fôlego que eles passaram do significado da vida a experimentos com hipnose, ficamos com uma percepção dessa vida a extraviar-se, o que é amplamente confirmado por outras fontes. Uma ideologia soviética inexpressiva criou gerações a vir de desorientados.[97] Um século curto de autofagia acarretou a remoção grotesca de um número demasiado grande de *intelligenti* do mundo racional dominante.

Em seu romance de 1970, *Moskva-Petushki* [Moscou-Petushki], Venedikt Yerofeyev tentou capturar a percepção do seu país morrendo. Um bêbado levado ao desespero pelo sistema soviético chega à última parada e a um fim de linha existencial, assim como a Rússia também. No mundo à sua volta, uma versão travestida de filosofia foi usada para construir o pleito moral russo. Mas o pleito é tolo e infectou todos os homens e mulheres que viveram por ele com o desejo de suprimirem-se.

> Eu me lembro claramente, era Hegel. Sim, ele dizia: "Não há diferença, exceto a diferença de grau, entre graus de diferença e a ausência de qualquer diferença." O que quer dizer, traduzido em bom russo, "Quem não bebe hoje em dia?"[98]

Poucos anos depois, o romance de Alexander Zinoviev, *The Yawning Heights* [Cumes bocejantes] (1979), apresentava um país chamado Ibansk em que, por definição — *yebat'* é foder —, todo mundo era fodido por um sistema absurdo.

Para o romancista contemporâneo Viktor Pelevin, um século curto de absurdo produziu uma das sociedades mais grotescas e em ameaça de extinção do mundo, incapaz de fugir das suas próprias fantasias. O brilhante *Yellow Train/Omon Ra* [Trem amarelo/Omon Ra] (1993) e o caótico *Metralhadora de argila* (1997) descrevem uma forma de demência e aleatoriedade que pode ter sido sonhada pelo *malin génie* de Descartes, determinada a destruir a crença humana num mundo coerente. Pelevin disse a um entrevistador ocidental que suas histórias bizarras da vida russa fora dos trilhos, mentalmente aberrante, foi o que ele encontrou, não o que ele inventou.[99]

As origens do *diamat* sugerem, por um lado, uma obsessão marxista-leninista com o avanço tecnológico, e, por outro, uma indagação spnoziana-schellinguiana sobre quando Deus e o Homem se tornariam a mesma substância outra vez. Algo dessa mistura de ciência com misticismo veio a expressar-se num povo cientificamente educado, mas invadido por uma excentricidade da Nova Era. Em *Dead Again: The Russian Intelligentsia After Communism* [Morta outra vez: A *intelligentsia* russa após o comunismo] (1997), Masha Gessen, cujo avô foi um jornalista político importante na Era de Prata e, depois, na emigração, descobriu, numa pesquisa no começo dos anos 1990, que um após outro *intelligenti* de cada geração pareciam viver em universos privados conformados por vastas teorias nacionalistas ou religiosas ou paranormais, muitas delas "feias, assustadoras (...) e desesperadas". Nenhum dos seus entrevistados jamais pensou em submeter suas teorias ao teste da verdade; grande parte deles acreditava que sua teoria estava prestes a explicar o universo.[100]

A filosofia russa no século XX tornou-se um casamento quase insondável da esperança com a necessidade, valores e fatos e experiência maligna. Era um híbrido de teoria marxista e necessidade social russa constantemente arrastada numa terceira direção pelo misticismo residual. Quanto à vida soviética, Sinyavsky disse que destruiu a *intelligentsia*, embora Solzhenitsyn, então nos seus oitenta anos, insistisse que devia continuar existindo para continuar a desempenhar um papel moral.[101]

12
No limiar da razão

Parece possível que a longa tradição na Rússia tenha terminado em 1991. Não se pretende significar aqui que a Rússia tenha aberto mão dos seus modos característicos em filosofia, dilacerada entre construcionismo e anarquismo, mas que ela não pode mais pretender, como cultura, que a Revolução Francesa não ocorreu. O que seus pensadores temeram desde 1789 — o efeito negativo do individualismo, do egoísmo, do ateísmo, da competição, da prosperidade — arrombou a porta e mudou as fronteiras do domínio filosófico. Por que a Rússia resistiu tanto tempo como uma Outra Terra, a ser criada pela filosofia como um lugar não ocidental? Não pode ter escapado ao leitor que a descrição de Odoevsky em 1843 daquele terrível lugar ocidental, Nova Bentham, em que todo cidadão agarrava o que podia e sangrava a sociedade sem cuidar do seu próximo ou do estado da natureza, se parece mais com a Rússia de hoje do que jamais se pareceu com o Ocidente real. O desdém russo pelo Ocidente, sua percepção de ser moralmente superior, sempre conteve a sombra de um temor de que a Rússia fosse o lugar inferior. Em sua incerteza, o homem bom na Rússia queria que a base mesma do seu ser fosse moral, para sustentá-lo. Para ser um homem bom na Rússia — ser melhor que o homem ocidental típico — ele precisava estar cercado de estímulos para ser moral. Ele era eticamente realista sobre as suas limitações. Subliminarmente, ele soube por duzentos anos que, ao passo que o grau de liberdade disponível na Rússia geralmente aumentou nos momentos da sua história em que ela estava preparada para tolerar o caos (como o presente), a qualidade da vida intelectual, literária e moral geralmente aumentou com o esforço de encontrar coesão. A percepção de um fim vem com um novo sentido de incerteza quanto ao lugar a que pertence a cultura russa. A Rússia foi subitamente precipitada num mundo moderno demais — incontido demais — para seu conforto.

O filósofo Alasdair MacIntyre, no passado marxista, hoje católico, argumentou há 25 anos que o Ocidente moral tinha chegado a uma condição que ele chamava de "Depois da Virtude". A moralidade predominante centrada no eu parece ser uma "obscura manifestação de deslocamentos maciços na sociedade". Só um mundo caótico se abstém dos "laços sociais e modos de vida que podem exclusivamente dar significado e dignidade à atividade humana".[1] Não pode haver uma moralidade coerente sem um conjunto fechado de valores ao qual essa moralidade possa se referir — valores de razão, ou a Igreja, ou a comunidade. Nesse caso, o único caminho para uma ética significativa é para trás. Em algum sentido que os russos já haviam reconhecido, MacIntyre expressa sentimentos tipicamente russos. Russos orgulhosos da sua ética comunal passaram os dois últimos séculos tentando não andar para a frente. Nem MacIntyre nem o tipo de moral tradicional que o comunismo russo encorajava — e que Solzhenitsyn ainda representa — tem inclinação liberal.[2]

MacIntyre sempre teve consciência de que o *pathos* do que mantém sociedades íntegras são totalidades éticas. Num ensaio de começo de carreira sobre Hume, ele imaginou Hume conhecendo Marx. Hume abria a conversa afirmando que era o interesse comum que tornava a moralidade possível. Na Inglaterra do século XVIII, em uma nação que tinha interesses comuns, ele podia falar com confiança. Para Marx, porém, apesar do que Hegel tinha dito sobre nações, os interesses comuns no mundo moderno seriam mais provavelmente inter-nacionais e definidos por classe.[3] O problema que MacIntyre enfrentou pessoalmente mais de vinte cinco anos antes foi que se revelou subitamente que o marxismo resolvera o problema da coerência artificial e temporariamente. Em *Marxism and Christianity* [Marxismo e cristandade] (1968), ele disse que "o projeto marxista (...) continuava a ser o único que tínhamos para restabelecer a esperança como virtude social".[4] Apenas poucos anos mais tarde, porém, ele teve de admitir que o marxismo tinha falhado. Viver "depois da esperança de virtude" é a experiência da Rússia de hoje. Surgirá um filósofo para realçar, como MacIntyre, que o único caminho para o significado ético é para trás, rumo a um protecionismo moral novo ou renovado? Parece provável.[5] Mas (...) pode ser feito? MacIntyre precisa defender o que Leontiev escolheu fazer em meados do século XIX: retirar-se num monastério. Pensadores russos contemporâneos, correspondentemente atraídos e repelidos pelo protecionismo moral, mantêm evidentemente viva a tensão entre eslovófilos e ocidentalizantes com que essa história se abriu.[6]

Na época em que eu estava escrevendo, os filósofos russos pareciam presos entre as seduções do pós-modernismo e a descoberta renovada dos seus próprios filósofos religiosos.[7] Uma maneira de ver a situação da filosofia russa num contexto mais amplo, contudo, como essa história tentou fazer reiteradamente, é ver o pensamento russo passando por uma crise que acometeu o Ocidente continental há cerca de trinta anos. Filósofos russos sem comunismo — a sua forma particular russa de "projeto iluminista" — estão enfrentando o mesmo cataclismo que acometeu a filosofia francesa por volta de 1970:

> Além da razão, ardis implacáveis amordaçaram as esperanças de criar um mundo melhor (...). Já não era mais possível exaltar ingenuamente o progresso contínuo da liberdade humana com lucidez, nem manter a visão humanista segundo a qual o homem é o senhor aperfeiçoável do seu destino, marchando para a perfeição.[8]

No limiar do pós-modernismo ou pós-estruturalismo, filósofos franceses viram que "já não era mais possível exaltar ingenuamente o progresso contínuo da liberdade humana com lucidez". O marxismo foi exposto como uma forma de ingenuidade. Ele foi um passo deliberado para trás, a fim de preservar a comunidade e a ideia de humanidade contra as forças da desintegração individualista — só os que o esposaram não tinham entendido a diferença entre uma ficção benévola e a verdade objetiva. Eles tinham identificado desde o momento em que o projeto iluminista lhes foi oferecido que a "razão" era um "ardil implacável". Por outro lado, sem a disposição dos ocidentalizantes para acreditar na razão, não como uma forma de ingenuidade, mas como desejo genuíno de encorajar o melhor na natureza humana, uma cultura moderna russa poderia jamais ter existido, trazendo com isso um respeito desesperadamente atrasado ou vencido pelo indivíduo. Tampouco foi do conflito entre razão e obscurantismo que os anarquistas filosóficos estabeleceram a sua cabeça de ponte, atacando a razão-como-cimento-social e defendendo a integridade das almas. Lendo a tradição espiritual russa desde o começo do século XIX, parece claro que a filosofia russa sempre tratou das questões que tornaram o Ocidente autodestrutivamente pós-moderno no último terço do século XX, com efeitos continuados hoje. Em qualquer cômputo, Bakhtin deve ser considerado o primeiro pós-modernista ou desconstrucionista na Rússia.[9] Por outro lado, a "razão" que era sua tarefa minar era maligna. O efeito da razão iluminista no Ocidente certamente não foi.

Desde Foucault e Derrida, o pós-modernismo flertou com a experiência da periferia ocidental. Mas a Rússia *é* a franja filosófica do Ocidente, e do momento mesmo em que compreendeu seu papel, ela cortejou o caos e incluiu elementos de iniquidade em seu papel anti-iluminismo. Um dos mais lamentáveis da filosofia russa no século XX foi Alexandre Kojève (1902-1968), que deixou a Rússia depois da Revolução, estudou filosofia com Karl Jaspers e depois mudou-se para Paris, onde deu aulas e palestras para toda uma geração sobre como entender Marx por intermédio de

Hegel. Em meio a um exame crítico de Hegel como o último filósofo a predizer o fim da história, e trabalhando para o governo francês no projeto europeu, Kojève difundiu a sua visão de extremo desdém tanto pelo Oriente quanto pelo Ocidente, imaginando um forma única de satisfação material acrítica e de massa, alcançada às vezes pelo totalitarismo e outras pela totalidade da satisfação do consumidor. Ele foi visto como pioneiro da política pós-moderna.[10]

A experiência russa de Kojève nunca foi satisfatoriamente destrinçada. Um filósofo e xará da geração de seu pai foi discípulo de Soloviov e amigo de Fyodorov, o filósofo da "causa comum". Parece possível que Kojève, cujo pai morreu quando ele tinha dois anos, e que perdeu seu padrasto em circunstâncias violentas em 1917 e ficou traumatizado por um período numa prisão bolchevique aos quinze anos de idade, possa ter inventado um patrimônio para levar consigo para o Ocidente. Um dos poucos detalhes biográficos certos é que ele era sobrinho de Vassily Kandinsky e vinha de uma família rica imbuída na cultura da Era de Prata. Kojève estudou a bela alma de Soloviov e seu anseio de juntar as Igrejas do Oriente e do Ocidente, e leu a obra de Dostoievski. Ele observou o medo tardio de Soloviov da "falsa inteireza" e da vinda do Anticristo, e depois, em seu próprio trabalho, apresentou esses medos como o futuro do mundo. Kojève imaginou uma satisfeita distopia Oriente-Ocidente na qual uma massa indiferenciada de pessoas materialmente satisfeitas se estabelece para uma vida de menos que liberdade. A obra de toda a sua vida poderia ser lida como um ato de vingança pelos sofrimentos da Rússia, por sua violação pelo comunismo e por sua posição à margem do Ocidente. Imbuído do ódio pela Europa de Dostoievski, Kojève deleitou-se explorando e zombando da ingenuidade do Ocidente.[11]

Os críticos do pós-modernismo como fenômeno cultural superficial no Ocidente parecem não compreender que seu modo fissíparo repousa no problema desesperadamente sério de chegar a uma acomodação com a perda de esperança, à medida que sucessivas posições desde Hegel até Marx tiveram de ser abandonadas. A ideia de que a herança do iluminismo — uma crença na capacidade humana de alcançar a perfeição por meio da razão — acabou no duplo erro do nazismo e do stalinismo, do Holocausto e do Gulag, de que o iluminismo culminou na experiência moderna consumada do mal, levou ao fim da sua influência cultural. O argumento parece tão errado quanto imprudente. Seguir de todo coração a senda pós-moderna, qualquer que seja a aparente justificativa, é arriscar submeter-se ao prejuízo de Kojève. Vale dizer, submeter-se a um mundo desprovido de valores em que a liberdade e a dignidade não importam mais. É melhor aceitar, como o mais sereno filósofo pós-metafísico alemão Jürgen Habermas, que agora todos nós somos pós-hegelianos.[12]

Contudo, Habermas poderia ter dito: agora nós somos todos companheiros de Belinsky. Pois, como argumentou Belinsky em 1841, nenhuma ideia superior é aceitável se justifica a perda de uma só vida inocente. Eu faço essas observações não porque vá haver qualquer aproximação da filosofia russa e da filosofia ocidental no futuro previsível — as tradições permanecem profundamente divididas e diferentemente ditadas —, mas porque, ao longo dos últimos trinta anos, durante o período do colapso das certezas humanistas no Ocidente, revelaram-se mais experiências comuns entre a Europa e a Rússia do que eu posso assimilar confortavelmente como cartesiana racionalista. Eu vejo a mim mesma definindo as mais ricas ideias da herança russa, para a minha mentalidade ocidental, informada pelo pós-modernismo mas formada pelo humanismo, como extraordinariamente perigosas.

Não obstante, a verdade da posição russa está no limiar da razão. Mesmo o seu humanismo é extremo. A tradição não cartesiana russa define o fim do Ocidente: o limite extremo. Por outro lado, isso não significa que o pensamento não cartesiano ou contracartesiano tenha um valor positivo nem que não possa revitalizar os aspectos mais rígidos da filosofia ocidental clássica. Três vertentes do pensamento russo, uma mescla de política, moralidade e poesia, parecem-me particularmente prontas a esclarecer e enriquecer a compreensão da condição humana pela filosofia.

Num canto obscuro de *A República*, Platão se pergunta por intermédio de Sócrates como o homem bom deve viver num mundo inamistoso. Como devia Sócrates, um homem bom, mostrar-se em sociedade, se queria que as pessoas *soubessem* que ele era bom e aprendessem com ele?[13] O problema em parecer bom é que a maioria dos homens maus o fazem. Sócrates teria de tentar parecer mau, senão as pessoas o tomariam por um homem mau fingindo ser bom. Para parecer um homem mau, ele se poria fora da sociedade, não valorizaria amigos, abriria mão do amor, faria cara feia para os estrangeiros e deixaria deteriorar sua aparência. O público em geral logo estaria convencido e jamais suspeitaria que, por uma boa razão, ele não era o que parecia. Ao considerar se Sócrates devia ou não dissimular, Platão tocou na primeira filosofia do "viver na verdade".

Os que nasceram em sociedades despóticas e totalitárias reconhecem esse problema moral, mas raramente o registraram. Há quinze anos, o romancista inglês Anthony Burgess apresentou uma interessante leitura da peça clássica de 1831 de Griboyedov, *Woe from Wit* [Aflito por inteligência]. Nessa peça, o personagem principal tem de disfarçar a sua inteligência e bondade potencial a fim de sobreviver. Burgess deu à sua tradução em inglês da peça o subtítulo *A importância de ser tolo*. Bakthin tornou o disfarce tópico central da sua filosofia. Ele questionou se a vida moral era possível sob condições de repressão extrema. O título original de Griboyedov era *Gore ot uma* — *How One Comes to Grief from Having a Mind* [Como prejudicar-se por ter mente].

O homem bom na Rússia, com uma história de vida sob repressão política, frequentemente não teve a liberdade de ser o seu eu moral. Em tempos difíceis, sua escolha moral foi estreita e extrema: conformar-se ou não. Se não se conformasse, o faria passiva ou ativamente? O não conformismo passivo consistiria num diálogo consigo mesmo no qual ele evocaria os valores fora da sua presente situação. Contudo, para ter certeza da sua autenticidade moral, ele teria de agir segundo suas crenças — dar um salto existencial ou saltar em protesto. Uma segunda questão se colocaria então: teria seu gesto — viver-na-verdade — algum valor moral, exceto para ele mesmo?

O protesto tem valor porque é corajoso e porque atua como evocação de valores que não são padrão numa sociedade padronizada. Por outro lado, a autodestruição dos homens morais é certamente um desperdício, pois uma sociedade moralmente exígua necessita de todos os exemplos de que puder dispor. Situações de emergência, tempos de repressão, do tipo com que a Rússia está há muito familiarizada, criam uma tensão na ética entre ser e mostrar. É melhor ser um homem bom aos seus olhos ou mostrar-se um homem bom aos olhos dos outros? No caso do homem bom que decide não protestar abertamente e destruir assim a si mesmo, mas ater-se à vida de modo a, de vez em quando, poder dar um exemplo ao mesmo tempo em que salva a própria pele, coloca-se a questão: até que ponto pode ele apequenar-se e, ainda assim, manter seu respeito próprio? Deve o homem moral aceitar-se genuinamente como algo que ele não é para um dia poder revelar os valores em que realmente acredita? Deveria ele aprender a língua do inimigo por ser esse o único meio do dissidente potencial ser efetivo? Essas questões foram experimentadas por gerações de russos e também, mais recentemente, na Europa Central e Oriental. O autor teatral tcheco e dissidente sob o comunismo Václav Havel escreveu e atuou no palco e representou na vida os dilemas do viver-na-verdade.[14] O fato de o protesto ativo poder fazer de uma vida-na-verdade abertamente declarada um fato moral foi certamente suficiente para fazer desse o argumento crucial numa sociedade totalitária, já que mostra que a totalidade não foi inteiramente mantida; que a consciência como valor ético supremo vinha de alhures.

Mas não é somente nas sociedades totalitárias que o desejo de mostrar valores inspirados fora parece ser um impulso ético valorizado. O manifestante que protesta numa sociedade utilitária também tem um problema para fazer-se notar. Se a boa sociedade é aquela em que a busca do autointeresse incrementa o interesse comum, como pode meu ato isolado de desafio registrar seu valor? Eu não estou pedindo para ser vista como uma heroína, só para o valor da minha posição ser aceito como tal, e não como parte de um cômputo global. Uma sociedade moral tem de prestar atenção ativa, e não apenas tolerar o protesto individual. Quando utilitários contemporâneos insistem que há lugar para todos numa sociedade inclusiva, eles esquecem da necessidade que certos indivíduos têm de fundar seu campo moral fora de tudo que a sociedade presente — ou possível — proveja. Uma pessoa desejosa de mostrar que possui valores diferentes dos da sociedade prevalecente pode sentir que precisa pular de um edifício alto, atear fogo nas vestes ou, para usar um exemplo de manchetes norte-americanas em 2001, lançar um ultraleve contra um edifício alto para mostrar que ele também desaprova os valores tradicionais com os quais foi educado. O fato de o protesto ser individual não garante que as ações e valores do protestador sejam bons. O homem que ateia fogo em si mesmo ou o rapaz que lança o avião pode não ter causa maior que apenas a autoexpressão. Mas como é difícil ser um indivíduo em qualquer lugar, e sob qualquer sistema político moderno, e como o juízo individual parece ser a fundação adequada para a vida moral, esses gestos mostram a necessidade de o território moral ser mapeado. A experiência manifesta de sociedades repressivas como a União Soviética deve tornar explícitas as fragilidades aparentes do Ocidente. Kojève as viu imediatamente. Porque o Ocidente é "livre", pensa que é melhor do que é.

O lugar da rebelião precisa ser entendido. Há um ímpeto em certos indivíduos morais de não serem incluídos em avaliações do que é bom para a sociedade, pois nela eles não conseguem ver o seu reflexo. Eles não conseguem encontrar a sua moralidade em Hegel ou Marx, mas tampouco no utilitarismo. Eles querem ser bons em si mesmos e buscam o teste. O protesto não é uma atividade moral *a priori*. Protestadores não são pessoas boas porque sua causa é boa. Berdyaev argumentaria que o protesto perde o seu valor moral no momento em que é "objetificado" ou "socializado", porque perde nesse momento a sua garantia de autenticidade pessoal. Quanto mais valores morais sejam socializados sob a forma de causas organizadas, mais o homem moral genuíno fica sob pressão para demonstrar que seu compromisso é pessoal e genuíno.[15] E talvez esse momento autoindividualizante seja o que os filósofos da moral devessem capturar: o potencial moral em querer ser um indivíduo. Berdyaev diria que o que o homem e a mulher realmente são em conversa consigo mesmos é o que interessa. Quem o Rubashov de Koestler realmente *é* quando fala com o "parceiro silencioso" em sua consciência constitui o núcleo ético de *Darkness at Noon* [Escuridão ao meio-dia]. O que importa para a ética, mais do que nunca na esteira da experiência de repressão política da *intelligentsia* oriental, é colocar esse desejo de ser um indivíduo moral no centro do palco e respeitá-lo.

A filosofia russa sozinha jamais poderá dar um valor ao protesto. Desde os primeiros mártires russos — Radishchev e Chaadaev — o protesto como valor moral na Rússia elevou-se fundamentalmente fora do contato com a razão ocidental e, assim, fora da diferença negativa entre a Rússia e o Ocidente. Na verdade, pode revelar-se que a filosofia russa deu suas maiores contribuições para um quase não tema, mas um que, mais uma vez, não devia mais ser ignorado — digamos, a filosofia da felicidade. Quando Khomiakov elevou a *sobornost'*, a forma tradicional temente a Deus de vida comunal, à condição de primeiro princípio da existência *e* do conhecimento, o resultado foi claro: para ser feliz na Rússia, o camponês tinha de sacrificar a sua individualidade e liberdade. Mas só um estrangeiro (ocidental) crítico veria esse gesto epistêmico como sacrifício. "O estudante cego de ótica" era um homem capaz de confiar que a comunidade lhe desse o conhecimento que ele não podia obter em primeira mão. A comunidade o formou como alguém cujo prazer de pertencer ao grupo superava o seu interesse pessoal na verdade. Ele era, por sua disposição de aceitar limitações epistêmicas, capaz de ser feliz.

O conhecimento e felicidade exibidos nos exemplos de Khomiakov são dos mais simples. O camponês que responde à sua comunidade e desfruta conhecer seu lugar no mundo é como uma cadela que responde ao chamado de seu dono. Ela vem correndo, não porque o teme e se submete às suas ordens, mas porque gosta do seu contato. Pertencer ao seu dono define o alcance da sua existência, e precisamente a sua alegria introduz o grau de liberdade da relação. Khomiakov via esse mundo primitivo, pobremente individualizado, como o maior haver moral da Rússia. A jubilosa confirmação da identidade social às expensas da liberdade individual é característica dos animais mais inteligentes, entretanto, não de Sócrates. Assim, o que a linha dominante da filosofia russa põe à disposição do nosso escrutínio são, mesmo quando positivas, ideias de extrema simplicidade moral e epistêmica.

Na Rússia camponesa simples, o modo como "estudantes cegos de ótica" aprenderam a se orientar deu-se menos por seus discernimentos do que por personalidades aptas a comunicar o que era bom. O camponês olhava para líderes de comunidade e grandes homens como homens especiais em contato com o saber. Tolstoi — com mais que apenas um toque de ironia, diz Isaiah Berlin — incluiu em *Guerra e paz* o camponês Platon ("Platão") Karataiev como modelo de saber-na-existência. Num nível diferente, em nada irônico, contudo, estava o personagem associado do general Kutuzov. O líder russo vitorioso contra Napoleão existiu como mau êxito para o racionalismo individualista ocidental de Napoleão. Kutuzov era um homem bom, e tomou as decisões certas porque sua alma estava misteriosamente enraizada no fluxo da existência russa. Seu saber supremo vinha de comprometer passivamente o seu país com o desígnio de Deus, não de dissipar-se em ações autoassertivas. Ele foi o que a cultura russa queria que ele fosse, um herói epistêmico — um homem que mostrou como saber.

Líderes políticos comunistas, e o próprio Partido, foram investidos da mesma sabedoria infalível no século XX que os heróis populares do século XIX. A elevação da personalidade a expressar-se acima da verificabilidade da afirmação de verdade estabeleceu-se como um traço da vida russa que perdurou até hoje. Uma das mais importantes autoridades ocidentais em Bakhtin ficou espantada ao encontrar-se, em meados dos anos 1990, com sua contraparte russa, que exaltava o trabalho de Bakhtin como verdadeiro porque ele era uma grande personalidade. Vadim Kozhinov escreveu em 1995:

> Eu penso que Bakhtin seja uma figura muito grande. Acima de tudo porque essa pessoa era representante do tipo essencialmente heroico na cultura russa, ao qual ninguém no mundo é comparável, especialmente no século XX (...). E dir-se-ia que esse heroísmo entra no conceito da cultura como parte constituinte, isto é, eleva-a ainda mais alto, pois a cultura, se quiser formular assim, é intrinsecamente preciosa (...) Em que sentido? É intrinsecamente preciosa no seio da humanidade, e é, afinal, um tipo de saída no sentido mais elevado dos limites estreitos do temporal, do espacial, do dia a dia, e mesmo da condição compulsória do indivíduo.[16]

O estudioso norte-americano Ken Hirschkop observa que essa atitude eleva a personalidade acima da ciência. Quando Kozhinov credita a Bakhtin um discernimento superior da verdade por causa do seu caráter, ele parece estar operando no mundo primitivo pré- ou pós-letrado em que todo ensinamento é transmitido por meio de exemplo e não de argumento. Sua avaliação "crítica" da personalidade de Bakhtin está extraordinariamente desconectada dos padrões acadêmicos ocidentais. Há de se ter cautela com a grande personalidade "progressista" eterna também comum na cena russa, cuja política democrática é ambígua, mas cuja capacidade de liderar e inspirar é inquestionável. A ideia é a do herói folclórico, e faz parte da tradição popular pensar que a personalidade importa como medida do homem bom. O velho hábito soviético do "culto à personalidade", de tempos em tempos oportunisticamente denunciado como crime, era uma extensão de um hábito popular.

O que decorre de usar a personalidade como indicador de conhecimento verdadeiro é a elevação de qualidades pessoais ao nível de "virtudes epistêmicas". A personalidade exemplar no padrão primitivo russo tem virtudes pessoais especiais que lhe dão acesso à verdade. Ele pode ser forte, devoto, fisicamente bonito, capaz de suportar a bebida ou um grande conquistador: suas virtudes não precisam estar ligadas diretamente à busca do conhecimento. Na verdade, ser coerente, diligente ou paciente com certeza estragaria a sua aura. A teoria primitiva da virtude epistêmica seleciona como exemplares de conhecimento aqueles que, de alguma forma, parecem ter sido "abençoados pelos deuses". A prática não se limita à Rússia dos séculos passados. Sociedades populistas ocidentais, como a Grã-Bretanha em 2004, o praticam todos os dias, sem reconhecer o seu primitivismo.[17]

A filosofia clássica, contudo, fica extremamente constrangida — e acertadamente — com essas teorias de "virtude epistêmica". Elas não são científicas. Questionam o esforço fundamental do *cogito* de remover todas as variáveis e incertezas pessoais do quadro da verdade. O conhecimento é "matéria igual para o discernimento por pessoas competentes", mas esta competência nada tem a ver com virtudes pessoais como paciência, diligência, obstinação ou uma capacidade de suportar a bebida ou exsudar atração sexual. Algumas dessas características podem tornar a pesquisa mais fácil — todas exceto a última resultariam certamente em horas mais longas à escrivaninha —, mas nenhuma delas pode *tornar* conhecimento em verdade, que é o que eventuais expoentes da virtude epistêmica teriam de argumentar. Em termos de verdade científica, os fatos falam por si. Seu valor é soberano.[18]

Não obstante, camponeses preferem virtudes epistêmicas a procedimentos científicos, e também os românticos. Para uma romântica, a presença de uma centelha divina no seu ser a levará aonde a razão isoladamente não pode chegar. Ou talvez certas substâncias na sua corrente sanguínea abrirão os portões da percepção, ou com ou sem elas ela alcançaria o paraíso em seus sonhos. Os românticos alemães acreditavam em virtudes epistêmicas glamourosas e no arrebatamento poético, e, imbuído nas ideias deles, Dostoievski levou mais longe a sua disposição mental. O príncipe Myshkin em *O idiota*, o homem que acreditava que a beleza mudaria o mundo, era o portador de tais privilégios epistêmicos, motivo por que outros estavam quase preparados para amá-lo, apesar de tão desajeitado, apesar de tão avoado, porque algo na sua epilepsia sugeria que ele tinha um discernimento especial, e que valia a pena segui-lo. A tentativa de Dostoievski de fazer da doença uma virtude epistêmica — ele o fez de novo com a epilepsia reveladora de Kirilov em *Os demônios* — era filosoficamente primitiva, ricamente poética, nada usual para um romancista.[19] Mas onde acabaria a cultura russa se a verdade não tivesse fundação mais firme que o empíreo encantado? Quando Kirilov perguntou a seu mentor, Stavrogin, se ele permaneceria na verdade-em-Cristo se fosse matematicamente provado que a verdade estava com a ciência, Stavrogin, um homem-da-cruz russo, pareceu dizer que sim.[20] Stavrogin acreditava numa teoria que iria justificar a sua própria posição no romance como herói epistêmico e personalidade exemplar. Mas, haja vista ele também ser um assassino, é claro que até Dostoievski tinha suas dúvidas sobre a proposição.

Descartes estabeleceu condições clássicas para testar a verdade científica. Elas incluíam a necessidade de dúvidas da evidência dos nossos sentidos, excluir qualquer influência capaz de distorcer que pudesse ser causada por doença, febre e sonhos. Qualquer um que estiver convencido da sabedoria básica de Descartes deve concluir que a filosofia russa não pode começar até que tenha deixado para trás o mundo supersticioso pré-científico da comunidade camponesa do século XIX e o romantismo que a substituiu nas mentes educadas. Ela tem de separar valores de fatos e personalidades de verdade se quiser ser algo mais que poesia.

Contudo, o elemento poético é tão importante no pensamento russo que, numa forma sofisticada, ele insistirá que a contribuição russa para a mente ocidental deve refletir um mundo epistêmico alternativo. O conhecimento é incompleto se reside num "eu" cartesiano destacado. A sofisticação epistêmica destrói o vínculo natural entre o homem e o mundo do qual depende a felicidade. Que a ciência seja respeitada em sua própria esfera instrumental. Mas algo resta a ser conhecido de uma maneira diferente.

Khomiakov falava de "mundo de Deus" como o mundo antes de a mente humana imaginá-lo. Para Kant, tal mundo não era conhecível. Contudo, que satisfação há numa filosofia que possa me falar precisamente sobre o conteúdo da minha própria mente e nada sobre o meu lugar no mundo? Três momentos sucessivos no pensamento europeu levantaram essa objeção ao racionalismo cartesiano e ao racionalismo crítico de Kant. Eles vieram de homens do contrailuminismo, dos românticos alemães e dos filósofos religiosos russos, os quais insistiram cada qual a seu turno que a realidade era absolutamente conhecível, mas por meio da intuição, que importava mais que a razão. A filosofia idealista russa se definia colocando a intuição no centro do palco epistêmico. Ela deu à intuição o seu valor epistêmico, e também um valor moral adicional por causa da sua capacidade de restaurar o vínculo do homem com o mundo. O fato de que *tenhamos* visão poética dentro de nós, diz Odoevsky, de que tenhamos imaginação epistêmica, significa que podemos evitar o caos do mundo dos objetos se desintegrando, e o sentimento de que nós existimos sem nenhuma conexão necessária com a natureza.[21] Um certo instinto de preservar as coisas inteiras também preserva nossa humanidade de excessos racionais. A razão instrumental despoja o que toca. O conhecimento como pertencimento deixa o mundo intacto.

O idealismo russo, do qual Berdyaev nomeou Khomiakov fundador, deixa coerentemente dois pontos claros. Um foi o desejo de defender a integridade do mundo contra a interferência da mente humana. O outro foi uma defesa pascaliana da integridade suprema do coração. Ambos decorriam de uma visão circunspecta do *cogito*. Para um idealista russo, o pensamento crítico tinha de ser secundário àquele primeiro momento da existência, quando afirmamos a nossa posição essencial no mundo.

"Eu penso, eu existo" não pode ser o começo da filosofia, mas "eu sou, eu penso". A cogitação é uma aberração se não respeitar a integridade anterior do mundo, do qual o pensador é uma parte inerradicável.[22]

O saber camponês russo podia fornecer imediatamente um modelo para esse tipo de conhecimento integral. Pense no agricultor que "sabe" como o tempo será amanhã. Ele lê as nuvens, cheira o ar, levanta um dedo. Suas predições têm uma boa chance de estarem certas por causa da sua longa experiência de gente comum. Mesmo que se revele que ele não está certo, seu modo de viver e de conhecer parece impressionante, como se a natureza o estivesse recompensando por conformar-se a ela. Ele é o último equivalente europeu do herói grego escolhido pelos deuses, uma das pessoas Heroicas de Hegel. O vento, o céu e a terra escolheram confiar nele. Sua recompensa visível é graça epistêmica. Ele conhece o mundo da maneira que os animais conhecem, e animais sempre são epistemicamente impressionantes. A cadela de meu marido sabe que está chovendo sem olhar; ela não precisa de evidência externa, ao passo que ele e eu precisamos sentir a chuva por nós mesmos, ou vê-la, ou ouvi-la. Nós somos dignificados por nossa busca da verdade, ao mesmo tempo que a natureza parece marcar-nos como criaturas epistemicamente desajeitadas. Nós temos de trabalhar muito duro para termos certeza do que há. Em contraste, o agricultor e a cadela têm uma aura epistêmica. Mas a crença de que animais e pessoas "naturalmente escolhidas" têm um dom especial de conhecimento pode ser enganosa, pelo qual sua essência é poética e sentimental. A admiração de Tolstoi pela vida simples camponesa era desse tipo. Ele queria o conhecimento simples porque ele parecia reforçar a existência de uma ordem natural das coisas na qual o homem tinha um lugar coerente e valioso.

O conhecimento simples frequentemente envolve passividade. A mente simples é mais um receptáculo ou uma superfície expugnável do que um instrumento afiado — mais feminina do que masculina, como se costumava dizer, antes de esses estereótipos culturais serem abolidos; e os russos sempre viram a sua tradição oblomoviana anti-hegeliana oitocentista como "dócil".²³ Esses são precedentes interessantes e genuínos da imagem russa comunista. Mais uma vez, um grão de verdade estava no núcleo de uma mentira política. O Kutuzov de Tolstoi nada fez contra Napoleão a fim de conduzir o curso certo para a Rússia. Por sua passividade, ele convidou a sabedoria de Deus. O amante da paz Oblomov fez o mesmo.

Mundo de Deus, conhecimento integral, passividade abençoada. Por essas vias a filosofia russa finalmente chega a uma questão séria, isto é: como podemos oferecer hospitalidade epistêmica ao mundo em vez de confrontação? A questão russa poderia ser: como em nossa busca do conhecimento podemos ser mais parecidos com cantores do que com guerreiros? Foi quase o que Goncharov perguntou em *Oblomov*. (Eu uso a cantora para exemplificar conhecimento passivo e o guerreiro para representar o tipo ativo.) Pode haver um tipo de conhecimento sem individualismo e orgulho? Segundo o modelo da cantora, a resposta é sim. Pois quando canta, a cantora não está presente na música como seu "eu". A técnica que faz dela uma grande cantora deixa a respiração fluir livremente através dela. O ar faz uso dela para produzir sons, e nesses momentos seu corpo não pertence a ela, mas à natureza e à verdade da música. Não interferir nesses processos objetivos é o treinamento da cantora e sua arte, quanto mais ela conseguir não interferir mais verdadeira será a sua arte. O idealismo russo implica essa atitude "passiva" em relação ao conhecimento, como uma arte que consista em menos que autoasserção.

"Implica" quer dizer que nenhum filósofo russo ao meu conhecimento explorou a passividade como modelo consciente. Ela foi primeiro identificada como uma filosofia moral da existência, de um modo que seria imensamente útil ao pensamento ocidental do século XX, contudo, pelo poeta alemão nascido em Praga, Rilke, que veio à Rússia em 1899, e novamente em 1900, o ano da morte de Soloviov. Nos cinco anos seguintes, ele mergulhou na literatura e no pensamento russos, e na realidade da vida camponesa.²⁴ Viajou amplamente no campo russo em companhia da brilhante Lou Salomé, conheceu poetas populares, grande escritores e pessoas comuns; e ele leu. Ele escreveu sobre a Rússia, e passou a sentir que poderia ser a voz daquele país. Conforme ele disse mais de uma década mais tarde:

Todo o lar do meu instinto, toda a minha origem interior está lá.[25]

A mentalidade de Rilke se harmonizou com a perspectiva que ele descobriu prevalecente na Rússia. Ele tinha aversão pela abordagem do mundo do positivismo científico. Tudo que Rilke representava, o que ele era, se opunha ao arco dominante estendido pela razão instrumental. Em contraste, ele queria encarnar uma abertura pura para o mundo. O conhecimento devia pousar como uma bênção sobre a consciência. Devia ocorrer como uma resposta à paciência cognitiva, como uma oração sendo ouvida. O poeta esperou estar no mundo como no "momento fugidio em que se toma consciência da manhã".[26]

Era um monge russo que falava por meio dos dois primeiros livros da primeira obra-prima de Rilke, *O livro das horas* (1899-1903). Homem venerável da mesma cepa que o Zósima de Dostoievski, este monge disse o quanto o espírito orgulhoso (*hofartig*) do Renascimento estava morto e uma nova humildade tinha surgido para substituí-lo. Ele expressou uma visão que Khomiakov — e talvez até Aristóteles — poderia ter validado. A verdade estava embutida numa obscuridade divina à qual animais e coisas têm mais acesso do que homens.

Raramente há sol na catedral russa.

E

A obscuridade contém tudo
Formas e chamas, animais e eu.[27]

O poder espiritual consiste em aceitar a obscuridade como base da nossa associação com o mundo. "Ver sempre ausente de si" é o caminho para compreender.[28]

> O conhecimento está apenas no tempo
> Tu és o Inconsciente obscuro
> Da eternidade à eternidade.[29]

> Mas o todo vivo
> comete o erro que eles diferenciam demasiado.
> Anjos (dizem eles) muitas vezes não sabem
> se estão entre os vivos ou os mortos.
> A corrente eterna arrasta cada era por ambos os reinos
> e os excede em ambos.[30]

A posição de Rilke era de extrema passividade cognitiva.

> Por que dizer o que *é*? Por que afligir as coisas com o seu significado? Só posso imaginar um anseio que, com um deambular contínuo, atravessa o mundo. Todas as coisas estão tão prontas a hospedar por um curto período os nossos muitos e frequentemente confusos pensamentos e desejos.[31]

Contra a tradição cognitiva do Ocidente, ele sugeriu uma metafísica baseada na *ausência* da autoasserção.

Semion Frank citou as palavras mais diretamente reveladoras que Rilke jamais escreveu sobre a Rússia e sua visão do que poderia significar a tradição russa.

> A Rússia tornou-se para mim (...) o discernimento profundo, cotidiano, de que a realidade é algo estranho, algo que vem com infinita

lentidão àqueles que têm paciência. A Rússia é o país em que as pessoas são solitárias, cada homem com um mundo dentro de si, cada homem repleto de obscuridade, como uma montanha, cada um profundo em sua humanidade, sem temer rebaixar-se, e consequentemente devoto. Pessoas cheias de calor, incerteza e esperanças; pessoas que estão em processo de virem a ser.[32]

Rilke, um poeta alemão, criou uma metafísica russa da *sobornost'*, a qual, haja vista a reputação de Rilke, tornou-se mais conhecida que qualquer outra no mundo. *Sobór* é a palavra russa para aquela catedral na qual o sol raramente penetrou, e ele usou a palavra russa em seu verso alemão: *Selton ist die Sonne im Sobór*. A sua afinidade com a Rússia espiritual o levou a louvar em hino esse conhecimento integral admirado por Khomiakov e Kireevsky como a maneira certa de viver.

> Cada pequena coisa é guardada
> por uma deusa pronta a escapar
> cada pedra e cada florescência
> e cada pequenina criança à noite.
> Somente nós em nossa arrogância irrompemos
> por causa de umas poucas ligações
> num aposento vazio de liberdade
> em vez de confiar em inteligentes potências
> e nos levantarmos como uma árvore.[33]

A liberdade consiste em nos abrirmos para a verdade. Conceitos predatórios obscurecem a nossa liberdade de conhecer o mundo como ele é — o qual, sem espalhafato cognitivo, nos inclui.

Há limites óbvios ao uso que a filosofia pode fazer de modelo desse conhecimento instalado, passivo. Animais não podem fazer ciência, nem pedras ou florescências nada sabem como nós o reconheceríamos, tampouco crianças pequeninas podem saber muito, por mais prontamente que venham a se "levantar como uma árvore". Agricultores e cantores teriam de aprender uma técnica diferente para adquirirem algum conhecimento científico. Mas a teoria russa do conhecimento ingênuo foi, de fato, intentada como filosofia moral exatamente do modo que Rilke a entendeu. Era, historicamente, uma ética do conhecimento, e, como tal, um modo de viver com o espírito individualista e crítico moderno.

Rilke nasceu em 1875 e morreu em 1926. Os idealistas russos da mesma época buscaram por si mesmos modelos obviamente comparáveis com a visão de Rilke de docilidade cognitiva. Um deles foi Sergei Bulgakov, com sua ideia de que a natureza podia ser tratada favoravelmente e sacralizada pelo trabalho. Como Hegel entendeu inicialmente, o trabalho era um instrumento, assim como o pensamento era um instrumento. O uso desses instrumentos definia a nossa relação com a natureza. Marx seguiu na tradição iluminista-hegeliana de ver o pensamento e o trabalho como instrumentos ativos por meio dos quais o homem constrói para si um lar da matéria-prima oferecida pela natureza. A natureza existe para ser explorada e reprocessada para uso do homem. Porém, contra esse uso técnico do pensamento, e essa interpretação puramente técnica do trabalho, o começo do século XX começou a rebelar-se. Em contraste com a severa visão marxiana do homem como senhor técnico e explorador da natureza, a "economia sófica" de Bulgakov era um romance do solo que transformava a ideia de trabalho, de exploração ativa em gentil cooperação. A economia sófica — expressa em *The Philosophy of Economy* [A filosofia da economia] (1912) — retirou da noção de trabalho o seu conteúdo de agressão cognitiva, remodelando-o como solidariedade com a natureza. O trabalho não seria um ataque contra a natureza, como o pensamento conceitual contra a realidade, mas desenvolveria empatia com o mundo material em que trabalhasse. Bulgakov, tendo passado por um período de marxismo, aceitava que a filosofia já não era mais questão de como nós percebemos o mundo, mas de como atuamos sobre ele.

O salto da cogitação à praticidade forjou um vínculo poderoso entre a razão instrumental e a incúria da industrialização, como dois correlatos indesejáveis. Os filósofos o sentiram tanto quanto os poetas. Como disse um comentador russo recente, a Era de Prata russa odiava "melhorias no modo de vida".[34] Bulgakov inscreveu na filosofia russa que, na qualidade de objeto último do conhecimento, o mundo físico tinha de ter a sua integridade física respeitada. Ele não devia ser violado por abstrações intrusivas e destrutivas. O solo de todo lugar tem a sua integridade específica. Trate a sua parte do mundo com integridade e você possui a base da vida comunal. Com esse tipo de argumento, Bulgakov acrescentou uma epistemologia poética ao duradouro ideal comunal russo. Com o trabalho como conhecimento não agressivo — a base da economia sófica — ele renovou a exaltação da vida camponesa de Tolstoi, tornando-a opção moral que mais que apenas os camponeses deviam escolher como o modo certo de viver.

O contemporâneo de Bulgakov, Semion Frank, também se preocupou em formular, no nível certo para a filosofia, um ideal não agressivo de conhecimento, a fim de respeitar a integridade do mundo. Ele definiu a filosofia como uma abordagem racional dos limites da razão. *Nepostizhimoe* (Paris, 1939) era uma tradução de *Das Unerforchliche*, de Goethe, e significa "o que está além da mente do homem". Frank falava de um "transracionalismo" que não rejeitasse a percepção racional, mas que a substituísse, no auge da compreensão, por pura receptividade.[35]

Frank viu que um discurso poético alternativo alemão — aquele do final do século XVIII — provia um aparato conceitual por meio do qual a visão russa podia expressar-se. A busca do "fenômeno puro" de Goethe abriu finalmente um mundo epistêmico aceitável num alto nível intelectual. Goethe, o poeta-cientista, que tinha se atribuído como tarefa filosófica "tomar as coisas pelo que elas são", cujo método era o da "observação participativa" e da "participação intelectual-espiritual", e que acreditava que "por meio da intuição de uma natureza constantemente criativa" ele podia tornar-se digno de uma "participação intelectual-espiritual nos produtos da natureza", afirmou que sua recompensa como cientista era ser capaz de ver que o mundo natural continha símbolos oriundos da sua autotranscendência.[36] A base da filosofia de Frank era tornar a intuição de Goethe dos fenômenos puros uma filosofia do conhecimento coroada pela intuição religiosa. O método transracional — o termo de Frank para a busca do fenômeno puro — confirmava a existência do mundo de Deus. Frank falava da unidade *metalógica* da mente a qualificá-la para estender-se ao inalcançável de "um modo melhor de conhecer".[37]

Frank ergueu a ideia russa simples de proteger o "mundo de Deus" e a tornou um imperativo moral-ontológico: o homem bom deve aceitar que o significado da vida jaz além dele e é maior que tudo que ele possa inventar. Ele deve não só aceitá-lo como ativamente respeitá-lo. Como disse Goethe numa das citações favoritas de Frank: "Existência é dever, e assim seria mesmo que só durasse um momento." (*Pficht ist Dasein, und wärs nur ein Augenblick.*) Dever não é questão apenas de conduta correta, mas de como viver corretamente de momento a momento. Nós cumprimos nosso dever maior como seres humanos cuidando da realidade total inalcançável da qual fazemos parte.

Historicamente, o idealismo cognitivo russo em defesa da integridade do mundo se desenvolveu em duas ondas principais. A primeira onda veio na década "notável" com a reação contra a abstração idealista alemã; a segunda foi parte da reação contra o positivismo e o marxismo. Soloviov foi pioneiro de um idealismo antipositivista religioso que proveu um caminho para pensadores da geração seguinte, como Berdyaev, Bulgakov e Frank, atacarem Marx. Primeiro contra Fichte e Hegel, depois contra Marx, a resposta redobrada da Rússia num período de cinquenta anos aos problemas apresentados pelo racionalismo moderno fortaleceu o sentido da existência, enfim, de uma tradição nativa. A sua posição era desconcertantemente simples. Foi para o que Belinsky acordou subitamente um dia, ao decidir que não leria mais Fichte:

Existir sempre será mais do que eu conheço (...) logicamente é assim, mas na prática é diferente, serão sempre para mim palavras de um homem sensato.[38]

Para argumentar contra Fichte ("o Descartes alemão") e Hegel, a filosofia russa tinha de distinguir o não individual e o não racional na sua escala de valores. O resultado foi uma filosofia dócil, passiva, "feminina", para refutar a combatividade dos conceitos. Ao longo do século XIX, a *raison d'être* de uma tal filosofia alternativa tornou-se ainda mais manifesta. A rápida modernização europeia ameaçava a simplicidade russa. Os inimigos percebidos eram o individualismo e a tecnologia. O filosofar russo sobre a existência moral contém uma busca implícita por meios para *não* se industrializar. A ansiedade dominante quanto a saber se conceitos — o pensamento racional como tal — eram passíveis de julgar mal a vida e prejudicar a sua substância era mais plausível nos âmbitos poético e pessoal. Na Era de Prata da cultura russa, expressão cunhada por Berdyaev para descrever a riqueza do discurso poético de 1890 até a Revolução, o traço comum mais forte entre a poesia e a filosofia era um apego aos objetos simbólicos que confirmassem a existência de valores transcendentes. Eis um reino para viver e um método para pensar que era fundamentalmente não racional e sensível à alteridade eternamente convidativa do mundo.

Numa passagem que poderia ter excitado qualquer dos poetas e filósofos da Era de Prata, Goethe definiu como objetos simbólicos aqueles "que, numa certa multiplicidade característica, estão presentes como representantes de muitos outros; eles contêm uma certa totalidade em seu seio e convidam a uma certa ordem. Eles despertam na minha mente semelhanças e diferenças, e assim, tanto por fora como por dentro, reivindicam uma certa unidade e universalidade. Eles são, por conseguinte, o que uma boa escolha de tema é para um escritor, afortunados objetos para a humanidade".[39] Por outro lado, a Rússia vinha vivendo mais ou menos feliz havia muitas décadas com sua perspectiva poético-moral quando, subitamente, entre 1890-1920, o Ocidente a identificou como russa. De repente, o Ocidente, que chegou a um acordo sobre tecnologia e marxismo bem mais tarde que a Rússia, pôde ver que a escolha da Rússia não era apenas poética e pessoal, mas possivelmente, para ecoar as palavras de Goethe, algo afortunado para a humanidade, uma verdadeira alternativa. Subitamente — no limiar do século XX — era grande vantagem para a poética Rússia ainda não ter abandonado o saber primitivo, quando o mundo avançado estava à beira da catástrofe. Rilke era um produto da rebelião do Ocidente contra a cultura tecnológica que se voltou para a Rússia em busca de consolo, exatamente como seu companheiro alemão, Thomas Mann. Na obra anterior de Mann, os personagens russos contrapunham a naturalidade à complexidade autodestrutiva do Ocidente.[40] Esse também era o sentido com que *A decadência do Ocidente*, de Oswald Spengler, olhava para a Rússia como um novo começo para a civilização europeia.

Como disse Berdyaev, que em seu vasto *corpus* assistemático de pensamento na verdade sobressaiu ao expressar o projeto espiritual russo:

> Adaptação ao mundo dado, inexpressivo, só pode nos impedir de abranger significado; mas os partidários da filosofia científica exigem esta adaptação, isto é, negam a natureza criativa da filosofia. É verdade que eles estão lutando para aumentar a dignidade da ciência, reconhecê-la como um ato criativo e ver um significado superior, o Logos, nas categorias lógicas com as quais a ciência opera. Mas esta elevação da dignidade da ciência e sua extensão a esferas mais altas só podem ser alcançadas fazendo a filosofia descer à ciência, consciente ou inconscientemente.[41]

No começo do século XX, alemães, franceses e britânicos compreenderam que a Rússia, através de sua literatura, suas ideias, sua experiência e sua arte, era diferente. O que começou, então, com um resultado menos afortunado do que poderia ter sido para a Rússia, pois sua contribuição não foi nominalmente reconhecida, foi uma drenagem das ideias russas para novas maneiras ocidentais de pensar: uma revolução poética que ainda marca a filosofia continental um século depois. A Rússia poética ingênua foi verdadeiramente o antídoto para Hegel e Marx, e para o legado do *cogito*. Rilke idealizou a Rússia, sem dúvida. Mas o resultado das suas leituras e das suas viagens, e a sua absorção de Soloviov, foi um pequeno milagre na história do pensamento ocidental, pois criou um canal para as ideias russas fluírem para o Ocidente. Como resultado, a força da espiritualidade russa, tudo o que seus filósofos tinham elaborado por meio da sua leitura dos idealistas alemães e dos grandes místicos antes deles, e o que eles tinham casado com os ideais russos de comunidade ética e conhecimento não individualizado e não assertivo, ajudaria a fundar a filosofia da existência mais influente da filosofia do século XX, a de Martin Heidegger. O que Heidegger captou do espírito de Soloviov e Dostoievski, e contra Marx, foi que o mundo podia ser reencantado.

Como os russos de mentalidade mística que responderam à Revolução Francesa, e um século mais tarde à Revolução Bolchevique, Heidegger entrou na história da filosofia moderna a partir de um mundo que parecia estar partido. Em toda a sua volta, em qualquer lado de 1914-1918, a cultura e a filosofia alemãs estavam obcecadas com a perda espiritual que acompanhou a chegada de uma sociedade industrial moderna consumista. Para Heidegger, a tradição da "razão instrumental" ocidental era responsável. O impulso de dominar a terra por meio de classificação científica e uso tecnológico era destrutivo. Com isso, a metafísica ocidental tinha entrado num beco sem saída. O único caminho para o homem — a humanidade — recuperar-se era abrir mão do seu caro ponto de vista de "sujeito privilegiado" — o *cogito* cartesiano da ciência moderna — e começar a repensar "o sentido da existência".

Em sua conferência *O que é metafísica?* (1939), Heidegger descreveu três ajustes na direção do mundo que revivificariam a filosofia:

> Filosofia — o que nós assim designamos — é apenas o pôr em marcha a metafísica, na qual a filosofia toma consciência de si e conquista seus temas expressos. A filosofia somente se põe em movimento por um peculiar salto da própria existência nas possibilidades fundamentais do ser-aí [*Dasein*], em sua totalidade. Para esse salto são decisivos: primeiro, o dar espaço para o ente em sua totalidade; segundo, o abandonar-se para dentro do nada, quer dizer, o libertar-se dos ídolos que cada qual possui e para onde costuma refugiar-se sub-repticiamente; e, por último, permitir que se desenvolva esse estar suspenso para que constantemente retorne à questão fundamental da metafísica que domina o próprio nada: por que existe afinal ente e não antes Nada?[42]*

A posição de Heidegger é pós-científica e antitécnica, no sentido de que ele vê sua abordagem da existência entrar em operação após a ciência ter feito o seu trabalho instrumental. Ele não está interessado em "pôr as coisas em uso". Seu método é explicitamente anticartesiano, oposto à ideia de uma subjetividade cognitiva pura. Com efeito, Heidegger está embriagado pelo desejo contrário de introduzir "ânimos" epistêmicos no ato do conhecimento: alegria, aborrecimento, excitação e, crucialmente, ansiedade expressam o estar-no-mundo. Nas palavras de George Steiner, Heidegger rejeita "as seduções da 'tecnicidade' (...) o humanismo egocêntrico do iluminismo liberal e, finalmente, a lógica ela mesma". Uma melhor qualidade de pensamento seria pré-subjetiva e pré-lógica e deixaria estar a existência.[43]

O paralelo russo provê um contexto antes sóbrio no qual a rejeição do humanismo e da lógica pode ser medida. É difícil imaginar o pensar pré-subjetivo e pré-lógico além dos exemplos do agricultor cônscio e da

---

*Na tradução de Ernildo Stein, na versão eletrônica do livro da conferência *O que é metafísica?*, digitalizada pelos membros do grupo de discussão Acrópolis (Filosofia): http://br.geocities.com/sinarchia/que_e_metafisica.htm (*N. do T.*)

cadela suscetível, a menos que todos os homens tivessem o gênio de Rilke. Mas a questão evidente para Heidegger é que o pensamento não precisa ser uma confrontação entre sujeito e objeto. Em *O que é metafísica?*, ele fala, mesmo em procedimento científico, de uma atitude que efetua uma descoberta ou revelação. Quando a ciência "irrompe", o resultado é "uma clara simplicidade e severidade do ser-aí, na existência científica", e "nas ciências se realiza — no plano das ideias — uma aproximação daquilo que é essencial em todas as coisas". Contudo, a ciência ignora o Nada, o qual é a fonte da abertura da Existência e do brilho que envolve o que quer que venha à luz, e a superioridade da ciência é absurda se não resiste em expectativa mística, "extaticamente" ou "ek-staticamente", como escrevem os heideggerianos, no Nada.

> Somente se a ciência existe graças à metafísica, é ela capaz de conquistar sempre novamente sua tarefa essencial que não consiste primeiramente em recolher e ordenar conhecimentos, mas na descoberta de todo o espaço da verdade da natureza e da história, cuja realização sempre se deve renovar.[44]

A conferência *O que é a metafísica?* foi publicada com uma introdução e posfácio em 1943, e novamente em 1949. Outra obra de Heidegger de 1949, *Carta sobre o humanismo*, retomou a ideia de que o *Dasein* ou *Ek-sistenz* estava além do alcance do subjetivismo cartesiano. A grafia *Ek-sistenz* enfatizava o homem "a projetar-se" na "verdade do ser". Paralelo ao modo como o homem trouxe luminosidade à existência científica, ele abriu a *Lichtung*, "clareira", do ser. Eis do que trata a sua *Ek-sistenz*. A *Carta* argumentava que o humanismo subestimou o papel ativo do homem, a sua "posição projetada" na *Lichtung*. Mas Heidegger não quer dizer iluminação, luz direta, pois isso apontaria para o que o Iluminismo alcançou no espírito científico, de que ele queria livrar-se. Em vez disso, em *Ser e tempo* ele falou da "visão simples pré-predicativa do mundo invisível" que a *Lichtung* tornava possível. O *Dasein* era a compreensão radiante das qualidades fundamentais, mas ocultas do ser. A palavra mística "radiante", a luz espontânea autocombustível emanando de Cristo e dos santos, neologismo do certa vez apaixonadamente católico Heidegger, deve certamente desempenhar um papel em qualquer tradução para o inglês de *Lichtung*. Ele arrasta consigo uma herança religiosa tão rica quanto a que equipou Hegel e Schelling, e paradoxalmente os estudantes de ótica "cegos" de Khomiakov.

Os valores de Heidegger remontam àqueles que os russos do século anterior associavam ao homem bom e à ética da existência. A bela alma, com sua magnífica abertura para a beleza e seu sentido místico da unidade do ser, e o seu cultivo permanente da vida pessoal por meio da arte e da personalidade, foi necessária a Soloviov, a Berdyaev, a Frank, assim como a Heidegger, para dizer como um conjunto não cartesiano de verdades podia ser percebido. Para os idealistas religiosos russos e para Heidegger do mesmo modo, a filosofia tem como objetivo o reencantamento ou felicidade espiritual, e se o que escreviam tendia a afastar-se da filosofia e a aproximar-se da literatura era porque a felicidade não era questão apenas de mentalidade, mas envolvia todos os sentidos, e a resposta ou reação à arte. Heidegger rejeitou a filosofia como uma busca profissional, especializada, ocasional. Antes, ela era condição para qualquer vida pessoal autêntica e a sua mais íntima ocorrência. Os momentos passados lendo um poema ou contemplando uma paisagem ou uma pintura eram os mais verdadeiramente filosóficos.

Tanto Frank como Berdyaev teriam reconhecido a ideia central de Heidegger de *Lichtung*, mui infelizmente traduzida por "a clareira do ser", como uma descrição justa do seu próprio trabalho. Qualquer que seja o fraseado, o que se tinha em mente era o desejo de escapar de uma verdade social artificial e retornar a uma verdade ontológica inconfundível. Filósofos russos vinham se empenhando contra a razão instrumental desde os anos 1820. A posição original mais forte da filosofia russa era que *ser* plenamente importava mais que adquirir conhecimento. Na verdade, é preciso *ser* o seu caminho para o conhecimento, permitindo que o ser viva por meio da sua existência. A língua comum torna difícil dizê-lo. O verbo intransitivo *ser* tem de ser repensado como uma abertura para a existência. A língua russa é por acaso mais capaz de estabelecer esses pontos do que o alemão ou o inglês. Em russo, o tempo presente do verbo "ser" só existe na forma infinitiva. Em geral, nenhum verbo é escrito, mas ocasionalmente é usada a forma infinitiva. Eu ser, tu ser, e assim por diante. O poder personalizado e flexionado de *est'* é assim invisível, mesmo que seja possível. Ao mesmo tempo, ele corresponde a um substantivo para verdade, *istina*, cuja distinção essencial em relação a *pravda* é que não é feita pelo homem. *Istina* refere-se antes à verdade do universo. O pensador do século XX, padre Pavel Florenski, assassinado pela NKVD de Stalin, era tão fascinado pelo caso russo que comparou a etimologia da palavra "verdade" em várias línguas. A palavra grega *aletheia* chama atenção para o aspecto da natureza inesquecível ou indelével da verdade. O latim *veritas* tem a mesma raiz que o verbo russo *verit'*, acreditar, pondo a ênfase em crença. A palavra em hebraico antigo *emet* enfatizava o aspecto de confiabilidade ou segurança. Mas a palavra russa *istina* enfatizava ser, "aquilo/aquele que é". Parece uma história feita sob medida para Heidegger, que sempre esteve pronto a ver verdade espiritual obscurecida em etimologias esquecidas.[45]

Heidegger compartilhava com os russos as suas fontes desde Platão e Aristóteles, passando por Eckhardt e Boehme, até Schelling, sobre a necessidade da arte de abrir uma clareira para o ser. Como Soloviov, Berdyaev e Frank, e como seu mentor compartilhado Goethe, Heidegger se interessava em símbolos, "fenômenos puros", como disse Goethe, que eram "fortunosos para o gênero humano". Entre esses símbolos estavam a pintura, a literatura e a música, pois mostravam algo além de si mesmas.[46]

Todas as filosofias parecem precisar de inimigos, maneiras de definir o que elas não são, e claramente o que Heidegger e os russos mais tinham em comum era sua aversão pelo Ocidente moderno. A atitude permaneceu relevante por mais de um século, dos anos 1830, quando os russos a manifestaram pela primeira vez, até os anos 1930, quando Heidegger, apesar de enredado com o nazismo, estava produzindo alguns dos seus melhores pensamentos antimodernos. Os russos de Khomiakov a Soloviov e além quiseram defender a natureza, algo como a causa da *Erde* de Heidegger, tanto em bases poéticas como ecológicas. Eles tampouco gostavam do mundo feito pelo homem, o *Welt* de Heidegger. Seu inimigo era o modelo típico de sociedade burguesa, capitalista, industrial, a "Cidade sem nome" de Odoevsky. Tolstoi definiu a natureza russa contra o progresso ocidental, como fizeram os *pochvenniki*, os adeptos do *pochva*, o solo, entre os quais Dostoievski.[47]

Como vira Odoevsky tão prematuramente em 1844, já então o homem ocidental típico não podia mais ouvir a sua própria voz interior, ao passo que o bom russo nunca tinha perdido a sua sintonia com bens espirituais. E assim, Odoevsky contestava o capitalismo, e a tecnologia industrial que o sustentava. E o que é mais importante, contra o futuro molde marxista imposto ao pensamento russo, ele o fez em bases espirituais e não de classe. O mesmo pode ser dito da oposição efetiva de Heidegger ao marxismo, e da campanha que Berdyaev e Frank fariam contra o comunismo soviético a partir de seu exílio no exterior. Sua queixa comum dizia respeito à falsa metafísica. Frank, particularmente, sabia que havia afinidade com Heidegger, embora estivesse compreensivelmente relutante em reconhecer o vínculo com um ateísmo e uma filosofia que rapidamente eclipsaria a sua.

A meu conhecimento, Heidegger nunca reconheceu e talvez nunca tenha sabido da coincidência do seu pensamento com as tradições russas. Ele muito aprendeu sobre a existência com Rilke, mas parecia não saber do grau da dívida de Rilke com a Rússia. Inconscientemente, portanto, ele realizou ideias russas. Ele subverteu a metafísica tradicional enraizada no encontro entre um sujeito coercivo e um objeto morto, e insistiu na verdade do vínculo do homem com a terra, em vez do mundo feito pelo homem.

Tanto na Rússia como na Alemanha, uma balsa de pensamento poético-filosófico alternativo seguiria adiante no século XX: antitecnológico, antimaterialista e o que os russos chamariam de personalista — uma última tentativa de preservar o encantamento espiritual. Berdyaev e Frank leram Goethe e os místicos alemães. Heidegger leu Hölderlin — o poeta de "Pão e vinho" — e Rilke. Se a Vida ela mesma, o que Kant chamou de "coisas para nós" em oposição a coisas em si, e o que Nietzsche chamou de "coisas para uso", era rica em significado antes de qualquer homem começar a analisá-la, também preciosas eram as pessoas dos homens e de Deus e sua intimidade única.

Na filosofia russa a partir de Soloviov, pessoas eram personalidades morais que aceitavam responsabilidade para com um mundo maior que elas. A tese de Berdyaev, de Frank e outros era que uma boa Rússia precisava de pessoas morais, mas expressamente não de individualistas competitivos ao estilo ocidental. A Rússia podia construir um mundo bom enquanto tivesse indivíduos moralmente criativos. O personalismo também continuou a insistir que, se quisermos *conhecer* a verdade, então há uma maneira certa de *estar* no mundo. O personalismo pedia respeito pela realidade como se a realidade fosse uma outra pessoa. Essa realidade podia ser descrita como Deus, ou como uma continuação da existência.

O marxismo era deficiente em pessoas e todos os valores caros ao personalismo. É importante observar que, de um ponto de vista espiritual russo, que foi o tipo que informou os julgamentos de todo um século de homens, de Odoevsky a Berdyaev e a Solzhenitsyn, o marxismo era essencialmente "ocidental", "individualista" e mesmo "burguês". Berdyaev expressou a sua hostilidade em termos fortes, numa prosa que quatro gerações de russos soviéticos jamais souberam que existiu, mas à qual deram apaixonada acolhida na era pós-soviética:

O marxismo é essencialmente uma visão atomística de mundo. O marxismo afirma a consciência social de átomos hostis, disjuntos e apartados. Na consciência marxista, nada há de orgânico, nenhum reconhecimento da realidade do geral e do suprapessoal. Não há nele sequer o reconhecimento da realidade do pessoal. A consciência social marxista é algo que só o ocorre depois do pecado da desunião individualista.[48]

Na Rússia, Lenin e a ascensão do marxismo e depois a Revolução destilaram os pontos de vista da oposição espiritual, assim como a Grande Guerra e a rápida difusão da tecnologia moderna tiveram seu efeito sobre Heidegger. A ênfase russa, contudo, permaneceu ostensivamente em pessoas e, também, como tinha sido o caso desde Belinsky, em almas simples menos articuladas e indefesas que podiam ser esmagadas na debandada moderna. Todo homem é precioso, dizem os neokantianos éticos russos e alemães, tentando finalmente romper com a ideia de competição com o outro, de autodefinição por oposição ao outro. A obra de Frank e Berdyaev encontrou não menos a sua contraparte europeia no misticismo poético do filósofo judeu Martin Buber, que argumentou em *Eu e Tu* (1923) que nós devíamos conhecer o mundo em termos de Eu-Tu em vez de Eu-Isto: se nos relacionamos com um Isto nós apenas dominamos, não *conhecemos* realmente. O verdadeiro conhecimento é uma reunião, um termo médio. O outro torna-se um "Isto" assim que se torna uma extensão do sujeito. O sujeito tem de permitir ao outro ser um Tu. Buber sugeriu que era possível estar conscientemente no mundo e entre outros homens sem pôr à parte o mundo e os seres humanos nossos companheiros como objetos separados e "outros". Frank expressara essa opinião em muitos trabalhos anteriores, como fizera Berdyaev. Berdyaev denunciou abertamente a objetificação, com o que queria dizer a transformação do mundo num objeto separado à distância em vez de um mundo cálido ainda parte de nós.

Processos objetivos *abstraem* e fendem a existência. Eles substituem comunidade por sociedade, comunhão por princípios gerais (...) o resultado da objetificação no conhecimento (...) não é tão somente isolar o homem, mas também confinar suas atividades a um mundo essencialmente alienígena (...). A realidade é originalmente parte de uma existência íntima, da comunhão e da comunidade espiritual íntimas, mas torna-se degradada no processo de objetificação e de ter de submeter-se a necessidades sociais.[49]

O tema "Eu e Tu" está no coração do socialismo cristão dos russos. Ele pode ser remontado até Feuerbach, para quem tratar-se-ia de uma crítica utópica a Hegel.[50] Mas seu desenvolvimento no marxismo foi frustrante e degradante. Assim, os primeiros pensadores do século XX retornaram à expressão final do idealismo alemão para ver o que estava errado, e começaram de novo. Em Buber e em Soloviov, e em Berdyaev e em Frank, tratou-se reiteradamente de uma crítica a Hegel como teólogo extraviado. Hegel permitiu que a atração da razão o arrebatasse e afastasse da realidade dos homens, mulheres e situações individuais. Hegel, como todos os seus críticos cristãos subsequentes, compreendeu que a ideia de Encarnação era central para uma filosofia ética da existência na qual o homem bom pudesse encontrar um lar, era um paradigma de não separação viabilizado pela presença contínua do amor divino. Mas ele sacrificou seus discernimentos e intuições. Abriu mão deles em favor de uma explicação sistemática da mudança política e social num mundo completamente conquistado pela razão. Seu sistema perfeitamente acabado de pensamento drenou suas percepções do seu real conteúdo humano e rebaixou indivíduos reais ao *status* de egos eternamente ativos em competição uns com os outros.

Há um sentido em que todo pensador moderno deve concordar com Hegel, que nenhum progresso poderá ser feito sem retornar ao ponto onde ele deixou o pensamento ocidental. O marxismo, último filho da dialética hegeliana, desapontou a humanidade precisamente porque não chegou a uma acomodação com Hegel. E agora que o marxismo desapontou a Rússia, uma nova geração de pensadores está olhando para trás, para a geração que tentou resistir ao marxismo antes do cataclismo. Como o marxismo decepcionou o mundo, a filosofia tem o dever, numa era pós-socialista, de retornar ao ponto onde Hegel parou para recomeçar. "Suspeito que nosso ponto de partida não seja essencialmente diferente daquele da primeira geração de pupilos de Hegel." "É a única coisa a fazer. Nós ainda somos filosoficamente contemporâneos dos jovens hegelianos."[51]

A discussão personalista, antimarxista, foi retomada no pensamento europeu pelo discípulo de Buber, Emmanuel Levinas (1906-1995). Há algo errado quando a existência é apropriada pelo conhecimento e os dois se tornam idênticos. A fonte da agressão contra o ser é remontada até Descartes e, depois, implicitamente, até Hegel.

> A sabedoria da primeira filosofia foi reduzida [pelo *cogito* de Descartes] à autoconsciência. Idêntico e não idêntico são identificados. O labor do pensamento prevalece sobre a alteridade de coisas e homens.[52]

Para Levinas, o verdadeiro conhecimento "(...) constituirá o mistério do ser qua ser". Ele prossegue argumentando, celebremente, que não a teoria cartesiana do conhecimento, mas a ética, deve ser a "primeira filosofia". O sentimento de que "o labor do pensamento não deve prevalecer sobre a alteridade de coisas e homens" expressa uma força e a melhor inspiração da tradição russa. Nenhum russo talvez jamais o tenha dito tão bem, mas a tradição existe, de uma cultura que, acima de tudo, deseja ser moral mediante preservar a integridade do mundo e a integridade dos outros — não tanto o seu direito de serem indivíduos plenamente maduros quanto o seu direito de serem almas privadas. Por um feliz acaso há uma ligação cognata entre a palavra russa para "amigo" e para "o outro", *drug* e *drugoi*. As duas pertencem aos fundamentos de qualquer filosofia moderna viável. Esperam por um filósofo russo que se torne seu autor.

Evidentemente, a filosofia russa não é realmente o seu próprio tema. É uma ramificação da filosofia alemã, talvez até da poesia alemã, e sempre precisou de pensadores de fora para deixar claro o que ela continha como seu. A sua originalidade esteve no que ela fez do pensamento ocidental numa situação única russa e, como espero que os dois últimos capítulos tenham mostrado, o que foi sutilmente capaz de devolver ao Ocidente como algo lá esquecido ou novo; algo valioso como marco porque é extremo.

Meu filósofo russo final é Isaiah Berlin, e, de certo modo, a sua vida e obra na Grã-Bretanha podem ser vistas com um pequeno pós-escrito irônico à história da filosofia russa contada ao longo deste livro. Ele era, na minha opinião, um homem com aversão ao pensamento religioso, mas um anarquista filosófico russo e um defensor de almas. Teria sido demasiado emotivo o seu pensamento ter adotado esses nomes na reprimida Inglaterra dos anos 1950, decisão que certamente ele tomou por si mesmo. Assim, em vez de falar de anarquismo na sua filosofia política, ele falou de liberdade positiva e liberdade negativa. O ensaio clássico foi *Two Concepts of Liberty* [Dois conceitos de liberdade] (1958). A liberdade negativa era o direito de os indivíduos não sofrerem interferência do Estado ou de outros homens. Soava como uma repetição de J. S. Mill. Ao seu modo de pós-guerra, era talvez uma defesa subliminar da tranquila privacidade inglesa contra a demência agressiva alemã.[53] Mas, ao mesmo tempo, suas raízes estavam no contrarracionalismo europeu e, finalmente, na Rússia.

Uma maneira de investigar esse vínculo é observar o que Berlin teve a dizer sobre o contrarracionalista Herder:

> Para Herder, homens são homens, e têm traços comuns em todos os tempos; mas são suas diferenças que importam mais, pois são elas que os fazem o que são, que os tornam eles mesmos; é nelas que o gênio individual de homens e culturas é expresso. A negação, de qualquer forma nos escritos anteriores de Herder, de valores absolu-

tos e universais, carrega a implicação, que com o tempo foi ficando cada vez mais perturbadora, de que metas e valores perseguidos por várias culturas humanas podem não só diferir inteiramente, mas podem, além disso, nem todos serem reciprocamente compatíveis; essa variedade e talvez conflito não são atributos acidentais, e ainda menos elimináveis, da condição humana.[54]

Entre os que acreditavam que "diferenças (...) importam mais", "talvez seus [de Herder] descendentes mais característicos devessem ser encontrados na Rússia", e foi a "*intelligentsia* russa pré-marxista que assumiu a paixão de Herder pelo homem integral".[55]

Os anarquistas russos — herderianos russos, liberais extremos — insistiam que conceitos não podiam ser usados como cimento social sem prejudicar almas. De Khomiakov a Belinsky e Shestov, almas tinham de ser protegidas do alcance de ideias. Almas não eram indivíduos ao estilo ocidental, cujo direito de tornarem-se seus melhores eus exigia respeito e estímulo positivos. Elas eram antes um número infinito de outros que precisavam ser protegidos contra intrusões de autoridades externas, emanasse essa razão de conceitos, do poder político ou, como os personalistas começaram a entender, da tecnologia. Essa atitude anarquista russa, baseada na rejeição do conceito hegeliano triunfante, também foi, certamente, a fundação da ideia de Berlin de "liberdade negativa".

A liberdade negativa foi a rejeição do perfeccionismo hegeliano e, eloquentemente, do que Marx veio a chamar de "crítica positiva".[56] A liberdade negativa contava a velha história russa da necessidade de resistir à filosofia como cimento social. Berlin teria concordado implicitamente com Belinsky em 1841 que "todo o trabalho de Hegel sobre moralidade é um completo absurdo, pois no reino objetivo do pensamento não há moralidade".[57] Em contraste, a "liberdade política nesse sentido [negativo] é simplesmente a área dentro da qual um homem pode agir sem obstrução por outros".[58] Essa visão trouxe Berlin para perto tanto dos personalistas russos quanto do seu companheiro Balt Levinas. A liberdade positiva, sobre a qual ele não tinha quase nada positivo a dizer, era uma maneira neutralizada — para não dizer assexuada — de aludir à tradição hegeliana de autorrealização. Nela mergulham raízes o liberalismo individual ocidental e a dialética marxista, duas tradições corrompidas por sua presunção comum do direito de dominar baseado num sentido de uma hierarquia de valores objetivamente certificáveis. O problema para Berlin entre seus contemporâneos britânicos e americanos era como defender seu pluralismo contra a acusação de relativismo. "Pode ser que o ideal de liberdade de escolher fins sem reivindicar validade eterna para eles, e o pluralismo de valores ligado a isso, seja somente o fruto tardio de nossa civilização capitalista decadente" soou quase tão caótico quanto sua proposição central, apesar de adequar-se perfeitamente a um anarquista russo em discreto disfarce Oxford.[59]

O que Berlin teria precisado argumentar, mas na Inglaterra quiçá confessar, teria sido a continuação da presença de Hegel na discussão. Pois o pluralismo redundava em manter a dialética aberta; aceitar que, para toda tese ou crença, uma sociedade aberta eternamente inacabada engendraria mais que uma antítese, e que antíteses iam continuar surgindo; que isso era inquestionavelmente melhor do que viver sob a dominação de uma ideia; com efeito, era o único modo moderno, talvez decadente, aceitável de viver. A vida moderna era definida pela mesma dúvida e confusão social, mas tanto quanto possível era irrestrita. Conforme Berdyaev escreveu crucialmente:

> A filosofia monística de Hegel é redimida por sua visão de uma dialética e de uma luta de opostos no centro da existência.[60]

As liberdades positiva e negativa — essencialmente duas visões da boa vida — eram as duas forças dominantes da filosofia russa antes de o totalitarismo dominar. Sua interação foi a primeira e a última esperança de equilíbrio na tradição russa. Enquanto debatiam o que fazer com o caos social potencial num mundo que carecia de tradições sociais do povo comum e de uma tradição empírica correspondente em filosofia, os pensadores russos mais humanos se orientaram para a defesa de almas. Eles queriam saber como ser realista e tolerante num mundo sem Hume; como tornar a vida suportável num mundo organizado a partir de cima, por governantes e por ideias que negligenciavam cruelmente o que Berlin chamou de "diferenças" e Levinas, de "alteridade de coisas e homens". O anarquismo que Shestov foi a única maneira de compensar a ausência de Hume na Rússia.[61] Berlin fez algo semelhante, forjando um casamento de anarquismo russo e senso comum inglês. A base comum entre as duas culturas está na total desconfiança quanto à aplicação de universais abstratos à vida real, quente, viva. Contra as tendências racionalistas alemã e francesa, os russos e os ingleses não acreditavam que a razão autorizasse caminhos de desenvolvimento pessoal, nacional e cultural.

De um certo modo, Berlin foi um homem que viveu e trabalhou no século XIX. Ele jamais poderia ter apreciado que sua insistência na dialética em permanecer irresolvida, sua ideia de que não devia haver solução para o silogismo, também se alojaria no centro da oposição pós-moderna à conclusão. De um outro modo, porém, ele foi o homem que previu o quase caos que se apresentava diante de um mundo ocidental que ousou permanecer libertário sob pressão para privilegiar certos valores culturais sobre outros; e ele conhecia esse futuro caos potencial ocidental porque conhecia o passado russo — o que a Rússia seria sem um arnês ideológico.

Na minha vida, Berlin tornou-se parte do mistério de onde se encaixava a Rússia no mundo mais amplo. Em conclusão, parece possível dizer que os últimos duzentos anos na Rússia foram um desastre intelectual, mas não um fracasso imaginativo ou moral. A Rússia é o seu próprio lugar, sucessivamente primitiva, não racional, poderosa, negligente com vidas humanas e profundamente humana. Ela existe na fímbria de uma cultura ocidental em cujo centro nós tampouco vivemos.

Uma cronologia comparativa de filósofos russos e ocidentais

	René Descartes	*1596-1650*
	Blaise Pascal	*1623-1662*
	Baruch Spinoza	*1632-1697*
	Gottfried Leibniz	*1646-1716*
	Conde de Shaftesbury	*1671-1713*
	Bishop Berkeley	*1685-1753*
	Giovanni Batista Vico	*1688-1744*
	David Hume	*1711-1776*
	Adam Smith	*1723-1790*
	Immanuel Kant	*1724-1804*
	Johann Georg Hamann	*1730-1788*
	Friedrich Jacobi	*1743-1819*
	Johann Gottfried von Herder	*1744-1803*
	Jeremy Bentham	*1748-1832*
Alexander Radishchev *1749-1802*	Johann Wolfgang von Goethe	*1749-1832*
	Friedrich Schiller	*1759-1806*
	Claude Henri de Saint-Simon	*1760-1825*

MÃE RÚSSIA

		Johann Gottlieb Fichte	*1762-1814*
		G. W. F. Hegel	*1770-1831*
		François Fourier	*1772-1837*
		Friedrich Schelling	*1775-1854*
		Arthur Schopenhauer	*1788-1860*
Piotr Chaadaev	*1794-1856*	Auguste Comte	*1789-1857*
Vladimir Odoevsky	*1804-1869*		
Aleksei Khomiakov	*1804-1860*	Ludwig Feuerbach	*1804-1872*
Ivan Kireevsky	*1806-1856*	John Stuart Mill	*1806-1873*
		Joseph Proudhon	*1809-1869*
Vissarion Belinsky	*1811-1848*		
Alexander Herzen	*1812-1870*		
Nikolai Stankevich	*1813-1840*		
Mikhail Bakunin	*1814-1876*	Karl Marx	*1818-1883*
		Friedrich Engels	*1820-1895*
Fyodor Dostoievski	*1821-1881*		
Apollon Grigoriev	*1822-1864*		
Piotr Lavrov	*1823-1900*		
Nikolai Chernichevski	*1828-1889*		
Nikolai Fyodorov	*1828-1903*		
Leon Tolstoi	*1828-1910*		
Konstantin Leontiev	*1831-1891*		
Dmitri Pisarev	*1840-1868*		
Nikolai Mikhailovski	*1842-1904*	Eduard von Hartmann	*1842-1906*
		Friedrich Nietzsche	*1844-1900*
Vladimir Soloviov	*1853-1900*		
Vasily Rozanov	*1856-1919*	Sigmund Freud	*1856-1939*
Georgy Plekhanov	*1856-1918*		
		Henri Bergson	*1859-1941*
Lev Shestov	*1866-1938*		

Vladimir Ilyich Lenin	*1870-1924*		
Nikolai Lossky	*1870-1965*		
Sergei Bulgakov	*1871-1944*		
Alexander Bogdanov	*1873-1928*		
Nikolai Berdyaev	*1874-1948*		
Semion Frank	*1877-1950*	Martin Buber	*1878-1965*
Gustav Shpet	*1879-1937*		
Pavel Florenski	*1882-1943*		
		Martin Heidegger	*1884-1976*
Boris Pasternak	*1890-1940*		
Alexandre Koyransky (Koyré)	*1892-1964*		
Aleksei Losev	*1893-1988*		
Mikhail Bakhtin	*1895-1975*		
Alexandre Kojeve	*1902-1968*		
		Jean-Paul Sartre	*1905-1980*
		Emmanuel Levinas	*1906-1995*
Isaiah Berlin	*1909-1997*		
Alexander Solzhenitsyn	*1918-*		
		Michel Foucault	*1926-1984*
		Bernard Williams	*1929-2003*
		Jacques Derrida	*1930-*
		Alasdair MacIntyre	*1929-*

Notas

Prefácio

1. Frederick Copleston, *Philosophy in Russia*, Notre Dame, 1986, p. 4. Andrzej Walicki, *A History of Russian Thought from the Enlightenment to Marxism*, Oxford, 1980, p. xiv.
2. Isaiah Berlin, "Thinkers or Philosophers?", *Times Literary Supplement*, 27 de março de 1953.
3. G. P. Fedotov, *The Russian Religious Mind*, Cambridge, Mass., 1966, II, p. 355.
4. Ibid., pp. 4, 344.

1 Os homens da década de 1820

1. Walicki, 1980, p. 59. Para decembristas, ver Marc Raeff, *The Decembrist Movement*, Englewood Cliffs, NJ, 1966.
2. Walicki, 1980, pp. 57-8.
3. Cynthia H. Whittaker, *The Origins of Modern Russian Education*, Dekalb, 1984, p. 47.
4. Walicki, 1980, p. 57.
5. Ksenofont Alekseevich Polevoi, *Zapiski K. A. Polevogo*, São Petersburgo, 1888, p. 86.
6. A. I. Gertsen, *Polnoe sobranie sochinenii* [PSS], Moscou, 1955, V. p. 13; IX, p. 17.
7. F. W. J. von Schelling, *Werke*, org. Manfred Schröter, Munich; 1958, IV, pp. 385-6.
8. M. G. Pavlov, *Atenei*, 1828, No. 1, "O Vzaimnom otnoshenii svedenii umozritel'nykh i opytnykh" [On the Inter-relation of Speculative and Empirical Knowledge (Sobre a inter-relação do conhecimento especulativo e empírico)].
9. I. I. Ivanov, *Istoriya russkoi kritiki*, 2 vols, São Petersburgo, 1898-1900, 11, p. 282; *Brokgauz i Evron Entsiklopedichesky Slovar'*; *Russkie esteticheskie traktaty pervoi tret'i XIX veka*, org. Z. A. Kamensky, Moscou, 1974.
10. Whittaker, 1984, pp. 78-83. Ver também C. H. Whittaker, "From Promise to Purge: the First Years of St Petersburg University", *Paedegogica Historica*, 1978, XVIII, pp. 148-67;

J. T. Flynn, "Magnitsky's Purge of Kazan' *University*", *Journal of Modern History*, 43, no. 4, 1971, pp. 598-614. O relato mais eloquente continua a ser o de Alexandre Koyré, *La philosophie et le probleme nationale au debut du XIX siècle*, Paris, 1923. pp. 99-112. Koyré, chamado Aleksandr Koyransky, emigrou da Rússia em 1919 e desenvolveu uma carreira acadêmica no estrangeiro.

11. A. V. Nikitenko, *A. I. Galich*, São Petersburgo, 1869, p. 17.
12. Nikitenko, 1869, p. 20.
13. P. N. Sakulin, *Iz istorii russkogo idealizma Knyaz V. F. Odoevsky*, Moscou, 1913; I. I. Zamotin, *Idealizm v russkom obshchestve i literature*, São Petersburgo, 1908; Neil Comwell, *The Life, Times and Milieu of V. F. Odoevsky 1804-1869*, Londres, 1986.
14. Para a doutrina de "Nacionalidade Oficial" imaginada pelo conde Uvarov, Nicholas, ministro da Instrução Pública em 1833, ver Whittaker, 1984; Nicholas Riasanovsky, *Nicholas I and Official Nationality*, Berkeley, 1959, pp. 70-72 e *A Parting of Ways. Government and the Educated Public in Russia 1801-1855*, Oxford, 1976, p. 116.
15. *Mnemozina*, org. V. E Odoevsky e V. Kyukhel'beker, Moscou, 1824-5.
16. V. I. Sakharov, "O zhizni i tvoreniyakh V. E Odoevskogo", em V. E Odoevsky, *Russkie nochi*, em V. I. Sakharov (org.), *Sochineniya v dvukh tomakh* [Obras], 2 vols, Moscou, 1981, I, p. 6.
17. R. T. McNally, *The Major Works of Peter Chaadaev*, Londres, 1969, pp. 30-31 (Primeira Carta). Trata-se de uma tradução minha do francês.
18. McNally, 1969, p. 200.
19. M. Lemke, *Nikolaevskie zhandarmy i literatura* 1826-1855, São Petersburgo, 1908.

2 As belas almas

1. I. S. Turgenev, *Polnoe sobranie sochinenii v dvenadtsati tomakh* [PSS], Moscou, 1983, XI, "Vospominanie o Belinskom", p. 27.
2. Isaiah Berlin, *Russian Thinkers*, Londres, 1978, p. 126.
3. Turgenev, PSS, 1983, XI, p. 27.
4. V. G. Belinsky, *Polnoe sobranie sochinenii* [PSS], Moscou, 1953-9, XII, pp. 656-7.
5. Belinsky, PSS, 1953-9, XI, p. 152-3 [a Ivanov 7 de agosto de 1837].
6. Belinsky, PSS, 1953-9, XI, pp. 307ff [a Bakunin 12-24 de outubro de 1838].
7. Belinsky, PSS, I, p.465.
8. Belinsky, PSS, 1953-9, XII, p. 69.
9. Ibid.
10. Belinsky, PSS, 1953-9, XII [a Botkin 27/28 de julho de 1841].
11. Gertsen, PSS, 1955, VI, p. 60.

NOTAS

12. Gertsen, PSS, 1955, VI, pp. 101-2.
13. Gertsen, PSS, 1955, VI, p. 67.
14. Gertsen, PSS, 1955, III, p. 56. Mill, Comte, Bakunin e muitos outros tinham aversão por especialistas. Walicki, 1980, p. 257; J. S. Mill, *On Liberty*, org. John Gray, Oxford, 1991, p. 124 fn.
15. Gertsen, PSS, 1955, VI, p. 129.
16. Gertsen, PSS, 1955, VI, p. 119.
17. Berlin, 1978, p. 117.
18. Berlin, 1978, p. 133.
19. Friedrich Schiller, "Uber Anmut und Würde", 1793 [Sobre graça e dignidade] em *Dtv-Gesamtausgabe*, Munique, 1966, Band 18, (Theoretische Schriften), p. 36.
20. V. E. Odoevsky, *Russkie nochi*, em V. 1. Sakharov (org.), *Sochineniya v dvukh tomakh*, Moscou, 1981, I, p. 238.
21. Ivan Kireevsky, *Polnoe sobram'e soehinenii*, Moscou, 1911, reedição Londres, 1970, II, pp. 26-7. Sobre a história da bela alma, excluindo a Rússia, ver Robert E. orton, *The Beautiful Soul*, Londres, 1995.
22. I. S. Turgenev, *Polnoe sobranie soehinenii*, Moscou /Leningrado, 1960-68, VI, pp. 394-5.
23. Martin Malia, "Schiller and the Early Russian Left" em *Harvard Slavic Studies*, IV, 1957, p. 196. Vert também Martin Malia, *Alexander Herzen and the Birth of Russian Socialism*, Cambridge, Massachusetts, Oxford, 1961.
24. Odoevsky, 1981, I, p. 116.
25. Nikitenko, 1869, pp. 89-90.
26. P. V. Annenkov, *Literaturnye vospominaniya* [Reminiscências literárias], São Petersburgo, 1909, p. 79.
27. "A. S. Khomiakov ego lichnost' i mirovozrenie" em *Izbraniye soehineniya*, pod. red. N. S. Arsenievom, Nova York, 1955, p. 13. James M. Edie, James P. Scanlan e Mary-Barbara Zeldin, *Russian Philosophy*, 3 vols, Chicago, 1965. Eu tenho uma excelente introdução à vida e à obra de Khomiakov em inglês.
28. A. S. Gertsen, *Byloe i dumy* [My Past and Thoughts (Meu passado e meus pensamentos)], Part 4, Ch. XXX, p. ii.
29. Edie et al., 1965, I, p. 235.
30. "The factory process..." citado em N. Berdyaev, *Sub Specie aeternitatis Opyty filosofikie, sotsial'nye iliiteraturnye*, 1900-1906gg., Moscou, 2002, p. 220. Ver também A. S. Khomiakov, *Sochineniya*, Moscou, 1994, I, p. 302.
31. Ver Golo Mann, *The History of Germany Sina 1789*, Harmondsworth, 1974, pp. 84-91, para uma interpretação aparentada do lugar de Hegel na história e sua realização. Um

excelente guia também é Judith N. Shklar, *Freedom and Independence. A Study of the Political Ideas of Hegel's 'Phenomenology of Mind'*, Cambridge, 1976.

32. Copleston, 1986, pp. 74-6. Walieki, 1980, pp. 102-3. Ver também Dmitri Chizhevsky *Gegel'v Rosii* [Hegel na Rússia, Paris, 1938, p. 176. O pensador eslavófilo Yury Samarin escreve numa carta a Khomiakov que a Igreja Ortodoxa pode adquirir sustentação filosófica através da demonstração das suas semelhanças com Hegel. Que cultura deve liderar o mundo tornou-se a questão dessa Igreja. O catolicismo é a tese, o protestantismo é a antítese, a ortodoxia russa, a síntese da nova era. Khomiakov prefere manter a sua visão simples.

33. Para *Mitwissenschaft* ver Andrew Bowie, *Schelling and Modern European Philosophy*, Londres, 1993, p. 113. Feuerbaeh o chamava de *Mitgewissen*, ver Eugene Kamenka, *The Philosophy of Ludwig Feuerbach*, Londres 1970, pp. 135, 144.

34. Copleston, 1986, p. 64.

35. Copleston, 1986, p. 56.

36. I. V. Kireevsky, *Polnoe sobranie sochinenii*, org. Mikhail Gershenzon, Moscou, 1911, reedição Londres, 1970, I, "Devyatnadtsaty Vek" esp. pp. 89-94. S. P. Shevyryov, *Teoriya poezii v istoricheskom razvitii u drevnykh i novykh narodov*, Moscou, 1836. *Russkie esteticheskie traktaty v pervoi tret'i XIX veka*, org. Z. A. Kamensky, 2 vols, Moscou, 1974, II contém muitas passagens típicas.

37. Ver os artigos de N. I. Nadezhdin's articles sobre poesia romântica incluídos em S. A. Vengerov (org.), *V. G. Belinslry Polnoe sobranie sochinenit;* São Petersburgo, 1900, I, p. 504.

38. Kireevsky, "Obozrenie sovremennogo sostoyaniya literatury 1845g." e "O kharaketere prosveheheniya Evropy i o ego otnoshenii k prosveheheniyu Rossii" em Kireevsky, 1911, I, pp. 127-74 e 174-223. O segundo desses artigos, "On the Nature of European Culture and its Relation to the Culture of Russia" [Sobre a natureza da cultura europeia e sua relação com a cultura da Rússia], é publicado em inglês em *Russian Intellectual History: An Anthology*, org. Mare Raeff, Nova Jersey, 1978. Dostoievski, *The Brothers Kilramazov* [*Os irmãos Karamazov*], trad. David Magarshaek, Harmondsworth, 1958, I, p. 69.

39. Copleston, 1986, p. 53.

40. Walieki, 1980, pp. 108-9.

3 Os novos homens

1. Walicki, 1980, p. 202.
2. Kamenka, 1970, pp. 124ff.

NOTAS

3. Edie et al., 1965, II, p. 60.
4. Edie et al., 1965, II, p. 52.
5. Cf. Walicki, 1980, p. 160 e pp. 349-51.
6. Edie et al., 1965, II, p. 59.
7. *What is to be Done?* trad. Benjamin Tucker, revisada e resumida por Ludmilla B. Turkevich, com uma introdução de E. H. Carr, Nova York, 1961.
8. Edie et al., 1965, II, p. 28. Ver também Rufus W. Matthewson, *The Positive Hero in Russian Literature,* Nova York, 1958, para a rejeição da tragédia por Chernichevski.
9. Emma Rothschild, *Economic Sentiments. Adam Smith, Condorcet and the Enlightenment,* Cambridge, Massachusetts, 2001, p. 116.
10. Edie et al., 1965, II, p. 59.
11. Edie et al., 1965, II.
12. Edie et al., 1965,II; Copleston, 1986, p. 116.
13. Edie et al., 1965, II, p. 102.
14. Edie et al., 1965, II, p. 66.
15. Edie et al., 1965, II, p. 75.
16. Edie et al., 1965, II, p. 272.
17. Manna Kostalevsky, *Dostoevsky and Soloviev. The Art of Integral Vision,* Londres, 1997, pp. 146-7.
18. Walicki, 1980, p. 374.
19. Edie et al., 1965, III, p. 99.
20. Semion Frank, *The Listener,* 28 de abril de 1949, p. 709.
21. John Mander, *Our German Cousins. Anglo-German Relations in the 19th and 20th Centuries,* Londres, 1974. Iris Murdoch se interessou muito por Dostoievski e os russos espirituais.
22. V. S. Soloviov, *The Crisis in Western Philosophy,* Capítulo IV.

4 Os populistas

1. Walicki, 1980, pp. 222-3: "O populismo deveria ser entendido não como uma tendência específica no pensamento revolucionário, mas como uma estrutura ideológica dinâmica dentro da qual muitas posições eram possíveis. O traço significativo dessa ideologia era combinar radicalismo democrático burguês e oposição ao capitalismo como sistema social."
2. Ver Peter Kropotkin, *Memoirs of a Revolutionist,* 2 vols., Londres, 1899, e, para estudos da sua vida e obra, Martin A. Miller, *Kropotkin*, Chicago, 1876 e George Woodcock, *Anarchism. A History of Libertarian Ideas and Movements,* Londres, 1963 (nota 86).

3. Aileen Kelly, *Mikhail Bakunin*, Oxford, 1982, pp. 24-8.
4. Kelly, 1982, p. 112.
5. Woodcock, 1963, p. 152.
6. *Karl Marx, Friedrich Engels, Collected Works*, Londres, 1975, III, "Economic and Philosophic Manuscripts of 1844". Ver também David McClellan, *Marx before Marxism*, Harmondsworth, 1972.
7. G. W. F Hegel, *Phenomenology of Spirit*, trad. A. V. Miller, Oxford, 1977, p. 406 [para 668].
8. Walicki, 1980, p. 277. 9. Leszek Kolakowski, *Main Currents of Marxism*, 3 vols., Oxford, 1981, I, pp. 246-8.
9. Leszek Kolakowski, *Main Currents of Marxism*, 3 vols., Oxford, 1981, I, pp. 246-8.
10. Walicki, 1980, p. 273.
11. Walicki, 1980, p. 279; Kelly, 1982, p. 157.
12. Walicki, 1980, p. 279.
13. Ver Kelly, *passim*. Leonard Schapiro comentou no *Times Literary Supplement*, 13 de maio de 1983, que o tratamento dela da controvérsia Nechaev "é o mais esclarecedor até a presente data". Ver também Walicki, 1980, pp. 244-5.
14. Samuel H. Baron, *Plekhanov. The Father of Russian Marxism*, Londres, 1963, p. 14. 15.
15. Baron, 1963, pp. 14, 31.
16. Baron, 1963, p. 15.
17. Edie et al., 1965, II, p. 136. Também em *Lavrov. Historical Letters*, trad. e com introdução e notas de James P. Scanlan, Berkeley, 1967, reedição Knoxville, 1976, 1984.
18. Edie et al., 1965, II, p. 137.
19. Edie et al., 1965, II, p. 139.
20. Edie et al., 1965, II, pp. 143-4.
21. Copleston, 1986, p. 270.
22. Phillip Pomper, *Peter Lavrov and the Russian Revolutionary Movement*, Londres, 1972, p.35. Edie et al., 1965, II, p. 120. Scanlan, *Lavrov. Historical Letters*, pp. 18-19. Ver também Kolakowski, 1981, II, p. 320.
23. Edie et al., 1965, II, p. 126 (Carta I).
24. Edie et al., 1965, II, p. 151 (Carta VI).
25. Edie et al., 1965, II, p. 153 (Carta VIII).
26. Pomper, 1972, p. 182.
27. Pomper, 1972, p. 9, pp.75-6.
28. Proudhon acreditava que o comunismo jamais seria compatível com a dignidade do indivíduo. Ver Kolakowski, 1981, I, p. 207.
29. Kolakowski, 1981, 11, p. 320.
30. Walicki, 1980, p. 253; Edie et al., 1965, 11, p. 179.

31. Edie et al., 1965, 11, p. 179.
32. Alain Besançon, *The Intellectual Origins of Leninism,* Oxford, 1981, p. 148.
33. Walicki, 1980, p. 263.
34. Walicki, 1980, pp. 256-7. Kolakowski, 1981,11, p. 322.
35. Edie et al., 1965, 11, p. 175.
36. N. A. Berdyaev, "Filosofskaya istina i intelligentskaya pravda", em *Vekhi,* Moscou, 1909. Disponível em inglês como *Landmarks,* org. Boris Shragin, Albert Todd, trad. Marian Schwarz, Nova York, 1977, e *Landmarks,* trad. e org. de Marshall S. Shatz e Judith E. Zimmerman, Armonk, Nova York, 1994.

5 O impacto de Marx

1. Na verdade, Marx era muito menos marxista do que os marxistas russos sobre seu país. Ver Kolakowski, 1981, pp. 323-4.
2. Baron, 1963, p. 60.
3. Baron, 1963, p. 143.
4. Walicki, 1980, p. 415.
5. Walicki, 1980, p. 409.
6. Cf. Baron, 1963, p. 116.
7. Baron, 1963, p. 163.
8. Kolakowski, 1981, 11, p. 340.
9. Baron, 1963, p. 151.
10. Walicki, 1980, pp. 409ff; Kolakowski, 1981, II, p. 350.
11. Baron, 1963, p.174.
12. Copleston, 1986, p. 266,270-71. Baron, 1963, p. 179.
13. Kolakowski, 1981, 11, p. 352; Walicki, 1980, p. 421.
14. Baron, 1963, p. 354; Walicki, 1980, p. 421.
15. V. I. Lenin, *Collected Works,* Londres, 1962, XIV, p. 20.

6 A Era de Prata

1. Roman Jakobson, *Language Poetry and Poetics. The Generation of the 1890s:Jakobson. Trubetskoy, Majakovskij,* org. Katerina Pomorska et al., Amsterdã, 1987, p. 10.
2. Kolakowski, 1981, II, pp. 354, 362.
3. *Vekhi,* 1909 (Prefácio à 1ª edição). Ver acima capítulo 4 nota 36.
4. Nicholas Berdyaev, *Dream and Reality,* Londres, 1950, p. 19.
5. Berdyaev, 1950, p. 27; Berdyaev, *The Meaning of the Creative Act,* Londres, 1955, p. 72.

6. Timothy Ware, *The Orthodox Church*, Harmondsworth, 1963, pp. 75, 254.
7. Berdyaev, 1950, p. 30.
8. Edie et al, 1965, III, p. 190 [*Solitude and Society*, Londres, 1939].
9. Fedotov, 1966, II, p. 355; Ware, 1963, p. 236.
10. Berdyaev, 1955, p. 72.
11. Berdyaev, 1955, p. 41.
12. Philip Boobbyer, *S. L. Frank. The Life and Work of a Russian Philosopher*, Ohio, 1995.
13. Catherine Evtuhov, *The Cross and the Sickle*, Londres, 1997, e ver abaixo.
14. Prefácio, nota 2.
15. Berlin, 1978, p. 155.
16. Berdyaev, 1950, p. 87.
17. Robert Service, *Lenin. A Biography*, Londres, 2000, p. 59.

7 O mapa moral

1. Odoevsky, 1981, I, pp. 49,87, 146.
2. Odoevsky, 1981, I, pp. 87-8.
3. Alexander Solzhenitsyn, *The Russian Question at the End of the 20th Century*, Londres, 1995, pp. 116-17.
4. *John Stuart Mill, Jeremy Bentham, Utilitarianism and Other Essays,* org. Alan Ryan, Harmondsworth, 1987, p. 31.
5. Rothschild, 2001, p. 74.
6. Rothschild, 2001, p. 38.
7. "Pervaya vstrecha" em Gertsen, PSS, 1955, I, p. 119.
8. "Zapiski odnogo cheloveka" em Gertsen, PSS, 1955, I, p. 278.
9. Edie et al, 1965, II, pp. 143-4.
10. Ibid.
11. Ibid.
12. Hegel (1807), 1977.
13. N. V. Stankevich, *Perepiska*, Moscou, 1914, p. 594.
14. Ivan Goncharov, *Oblomov*, trad. Natalie Duddington, Londres, 1932, p. 55.
15. Goncharov, 1932, p. 5. Sabine Melchior-Bonnet, *The Mirror. A History*, Londres, 2001, p. 189, observa que Tomás de Aquino denunciou a *libido sciendi* como o primeiro grau de orgulho.
16. Kelly; 1982, p. 32.
17. Kelly; 1982, p. 38.
18. Kelly, 1982, p. 39.

NOTAS

19. Georgy Aorovsky citado em Evgeny Lampert, *Studies in Rebellion*, Londres. 1957, p. 32. Sergei Bulgakov também fala da "alma religiosa russa carente de autodisciplina cultural". N. O. Lossky, *A History of Russian Philosophy* Londres, 1952, p. 97.
20. Edie et al., 1965, II, p. 238.
21. Fedotov, *The Russian Religious Mind*, Cambridge, Massachusetts, 1946, I, pp. 123-30.
22. Daniel Rancour-Laferrière, *The Slave Soul of Russia*, Nova York, 1996, p. 244.
23. Lou Andreas Salomé, *En Russie avec Rilke 1900. Journal inédit*, texto editado por Stéphane Michaud e Dorothée Pfeiffer, Paris, 1992, pp.133, 138-9. A tradução é minha.
24. Thomas Garrigue Masaryk, *The Spirit of Russia*, 3 vols, Londres, 1955-67, I, p. 527 observou a busca russa de "uma forma mística de aristocracia". Berdyaev retoma aristocracia como conceito espiritual, mas transmuta-o a partir do comunalismo russo caracteristicamente passivo, e o define como pessoal e criativo: "Morais aristocráticas (no sentido metafísico em vez de social da palavra) são morais de valor, de qualidade, de individualidade, de criatividade." Berdyaev, 1955, p. 266.
25. Edie et al., 1965, 11, p.75.
26. Georg Lukács, *Goethe and Bis Age*, trad. R. Anchor, Londres, 1967, p. 127.
27. Alexander Solzhenitsyn, *The First Circle* [O primeiro círculo], Londres, 1968, pp. 386-9.
28. Ibid.
29. Ibid. O personagem Shulubin faz a mesma jornada espiritual em *Cancer Ward* [O pavilhão dos cancerosos], Londres, 1986.
30. Odoevsky; 1981, I, p. 307.
31. Edie et al., 1965, I, p. 251.
32. Soloviov, *Sobranie sochinenii*, org. S. M. Soloviov e E. Radlov, São Petersburgo. 1911-14, VII, pp. 64-81: "Eu chamo de universalidade verdadeira ou positiva aquela em que a pessoa existe não à custa de todos ou em seu detrimento, mas para o benefício de todos. A unidade falsa, negativa, esmaga ou traga os elementos que entram nela e parece vazia; a unidade verdadeira preserva e fortalece seus elementos, realizando-se neles como a plenitude da existência." ("The First Steps towards a Positive Aesthetic", 1894; tradução minha.) Berdyaev, *The Philosophy of the Creative Act*, 1955, repete o argumento: "A falsidade no marxismo é que ele se apresenta como uma metafísica da existência" (p. 140). "O sociologismo é um sentido falso de comunidade, uma comunidade de desunião individualista, uma comunidade degradada de homens estranhos uns aos outros" (p. 274) e "Na economia capitalista altamente desenvolvida (...) há a magia negra da existência falsa e fictícia" (p. 293).
33. Belinsky, PSS, XII [a Botkin, 1º de março de 1841].
34. Walicki, 1980, p. 329.
35. Berlin, 1978, pp. 73-4.
36. "The one who builds and destroys worlds" (1909), citado em Leon Chestov, *L'homme pris au piège*, Paris, 1966, p. 6.

37. Fyodor Dostoievski, *The Devils* [Os demônios], trad. David Magarshack, Harmondsworth, 1953, p. 255.
38. Evtuhov, 1997, p. 63.
39. Evtuhov, 1997, p. 49.
40. Edie et al., 1965, II, p. 240.
41. Edie et al., 1965, II, p.272.
42. Edie et al., 1965, II, p. 231.
43. Edie et al., 1965, II, p. 223.
44. Edie et al., 1965, II, p. 242.
45. Edie et al., 1965, II, p. 273.
46. *The First Circle* [O primeiro círculo], 1968, pp. 357-8.

8 Rejeitando a visão de Descartes

1. *Cancer Ward* [O pavilhão dos cancerosos], 1968.
2. *Cambridge Companion to Descartes*, org. John Cottingham, Cambridge, 1992, p. 417. Ver também "Sayings Attributed to Pascal", IX, em Pascal, *Pensées*, trad. A. J. Krailsheimer, Harmondsworth, 1966, p. 356.
3. Copleston, 1986, p. 62. Ver também Edie et al.,1965, I, p. 179. Kireevsky era um anticartesiano inflexível.
4. Arseniev em Khomiakov, *Izbraniye sochininiya*, p. 13.
5. L. N. Shestov, *Sochineniya*, Moscou, 1993, II, p. 262 ("Job's Balances", parte iii, On the Philosophy of History).
6. Nikolai Efremovich Andreev, *To Chto Vospominayetsya*, Tallinn, 1996, I, p. 271.
7. Semion Frank, *Reality and Man*, trad. Natalie Duddington, Londres, 1965, pp. 85-9; B. P. Vysheslavtsev, *The Eternal in Russian Philosophy*, trad. Penelope V. Burt, Grand Rapids Michigan, 2002, esp. pp. 157-76.
8. Berdyaev, 1955, p. 11.
9. Ver abaixo, p. 170.
10. Berlin, 1978, p. 68.
11. Berdyaev, *Sub specie aeternitatis*, 2002, p. 218.
12. Cf. Khomiakov a Samarin, 15 de agosto de 1943, em *Izbraniye sochineniya*, p. 325; PSS, VIII, p. 228ff.
13. Soloviov usa o termo *syzygy*. Ver Vladimir Soloviov *The Meaning of Low* [1892], trad. Janet Marshall, Nova York, 1947; Walicki, 1980, p. 385; Edie et al 1965, III; V. V. Zenkovsky, *A History of Russian Philosophy*, Londres, 1953, II "The Concept of Sophia". *Syzygy* é o desejo pelo outro, o Eros cósmico, que busca o mistério da outra pessoa.

NOTAS

Sophia é realidade querendo ser conhecida. Seus atributos incluem conhecibilidade e um anseio pela resposta do homem.
14. Michael Ignatieff, *Isaiah Berlin. A Life*, Londres, 2000, p. 71.
15. Isaiah Berlin, *Three Critics of the Enlightenment*, Londres, 2000. Para Maistre, ver Berlin, *Russian Thinkers*, pp. 57-81 e "Joseph de Maistre and the Origins of Fascism" em Berlin, *The Crooked Timber of Humanity*, Londres, 1990.
16. Berlin, 1999, p. ix (Prefácio do editor).
17. Ver Andrew Bowie, *Schelling and Modern European Philosophy*, Londres, 1993 pp. 17-25.
18. Berlin, 1999, p. 307.
19. Goethe (*"teilnehmende Betrachtung"* e *"geistige Teilnahme"*), *Goethes Werkr*. Hamburgo, 1952, X, p. 529 e XIII, p. 25.
20. Goethe deplora "... impaciência, pressa, complacência, rigidez, a forma dos pensamentos, opinião preconcebida, adotar opiniões fáceis, trivialidade, volubilidade..." *Goethes Werke*, 1952, XIII, pp. 14-15.
21. O poema "Epirrema" — variada e repetidamente citado no discurso russo por Herzen, Soloviov, Frank e outros.
22. *Goethes Briefe*, Hamburgo, 1962-7, 11, p. 20.
23. *Goethes Werke*, 1952, XII, p. 406, "Maximen and Reflexionen", No. 299.
24. Hegel a Goethe, 24 April 1825, *Briefe von und an Hegel*, org. Johannes Hofmeister, Hamburgo, 1952-61, III, p. 83.
25. Gertsen, PSS, 1955, II, p. 355 e XII, p. 128.
26. Schelling, 1958, IV, p. 54, "Aphorisms by way of an Introduction to Nature Philosophy" (xxxx).
27. Schelling, 1958, I, p. 242, "Philosophical Letters on Dogmatism and Criticism (1795).
28. Schelling, 1958, I, p. 705-6, "Ideas on a Philosophy of Nature" (1797).
29. *Poems of Holderlin*, trad. Michael Hamburger, Londres, 1943.
30. "The Oldest Systematic Programme of German Idealism" em *Schelling: Briefe und Dokumente*, org. Horst Fuhrmans, Bonn, 1962-75, I, pp. 69-71. A passagem foi encontrada na caligrafia de Hegel, mas parece ter sido obra de Schelling.
31. Schelling, 1958, IV, pp. 383-4.
32. Schelling, 1958, I, p. 265. Schelling usa *der Gerechte* e *Gerechtigkeit*.
33. Hegel, *Sämtliche Werke*, Stuttgart, 1927-40, I, p. 44.
34. Ver capítulo 2 nota 29.
35. Ibid.
36. Edie et al., 1965, I, p. 258.
37. Edie et al., 1965, I, p. 252.
38. Berdyaev, 1950, pp. 99, 199; Berdyaev, 1955, pp. 301-6.

39. Cornwell, 1986, p. 81; Copleston, 1986, p.40; Walicki, 1980, p. 78. Os interesses místicos russos estão tão claramente delineados na tradição alternativa que uma geração após a outra carrega a tocha. Frank, por exemplo, trabalhou sobre o místico do século XV Nicholas de Cusa. Trabalho semelhante também foi empreendido por Alexandre Koyré em Paris, assim como por Aleksei Losev: uma tradução de Nicholas de Cusa foi o único trabalho de Losev pôde publicar nos anos de Stalin. Ver James P. Scanlan (org.), *Russian Thought after Communism. The Recovery of a Philosophical Heritage*, Nova York/Londres, 1994, p. 191. Koyré dava palestras sobre Cusanus (1401-64) no último período antes de repassá-la em Paris, em 1933, a outro russo com um interesse fundamental subjacente por misticismo, Alexandre Kojeve. Ver Dominique Auffret, *Alexandre Kojève. La philosophie, l'état, la fin de l'histoire*, Paris, 1990.
40. Ware, 1963, p. 32; Fedotov, 1946, I, pp. 46ff., pp. 123-29.
41. Ver capítulo 2 nota 33.
42. Ware, 1963, pp. 30-32.
43. Leszek Kolakowski, *Positivist Philosophy*, Harmondsworth, 1972, pp. 252-4.
44. "O primeiro passo rumo a uma estética positiva consiste em rejeitar a fantástica separação entre beleza e arte, por um lado, e o movimento geral da vida universal, por outro, e em reconhecer que a atividade artística em si mesma não tem nenhum objeto particular, presumidamente superior, mas serve ao objetivo geral da vida da humanidade em seu caminho e por seus meios." Soloviov, *The First Step Towards a Positive Aesthetic* (1894).
45. Berdyaev, "Philosophical Truth and the Pravda of the Intelligentsia" em *Vekhi* (1909), p. 7. Ver também *Landmarks*, 1977.
46. S. L. Frank, "Etika nigilisma" em *Vekhi Sbornik statei o russkoi intelligentsii*, 2ª ed., Moscou, 1909, reeditado Moscou, 1990, p. 179. Em inglês, "The Ethic of Nihilism: A Characterization of the Russian Intelligentsia's Moral Outlook" em *Landmarks*, 1977. Por "niilismo" Frank queria dizer a "negação de, ou o fracasso em reconhecer valores absolutos" e o hábito de deixar o "moralismo" dominar a consciência.
47. Ibid, p. 182.
48. Théophile Funck-Brentano, *Les sophistes allemands et les nihilistes russes*, Paris, 1887.
49. Jean-Paul Sartre, "La liberté cartesienne" em *Introduction à des textes choisis de Descartes*, 1946, reeditado em *Situations philosophiques*, Paris 1990. Em inglês, em Jean-Paul Sartre, *Literary and Philosophical Essays*, Londres, 1955. Ver também *Existentialism and Humanism*, trad. Philip Mairet, Londres, 1973, pp. 44-5.
50. Berdyaev in *Vekhi*, 1909, p. 18 (Ver acima nota 45.)

9 A luta do bem e do mal

1. A. S. Akhiezer, "On the Particularities of Contemporary Philosophizing — A View from Russia", *Voprosy filosofii*, 1995, (12), p. 7.

2. Copleston, 1986, pp. 377-84, considera o significado de "infundamento" num sentido anarquista positivo que situa a liberdade humana acima do poder de qualquer Estado. Piama P. Gaidenko "The Philosophy of Freedom of Nikolai Berdiaev" em Scanlan (org.), *Russian Thought after Communism*, cita N. O. Lossky e Dmitri Merezhkovsky como críticos do "obscurantismo de liberdade" de Berdyaev e deixa de esclarecer a posição de Berdyaev positivamente. Isso pode ser feito em conexão com a compreensão de uma ideia semelhante em Shestov, cuja *Apofioz bezpochvennosti* (1905). "The Apotheosis of Groundlessness [A apoteose do infundamento]", foi traduzido para o inglês com o título *All Things are Possible,* Londres, 1920.
3. Berdyaev, 1950, pp. 49, 56, 84.
4. Ibid., p. 123.
5. Frank, 1965, p. 17.
6. Ver acima, p. 164.
7. Frank, 1965, pp. 33-4.
8. Berdyaev, 1950, p. 50.
9. Joseph Frank, *Dostoievsky. The Years of Ordeal 1850-1859,* Princeton, NJ, 1990. pp. 50ff., 105-6.
10. L. N. Shestov, *Sochineniya*, 2 vols, org. A. V. Akhutin e. Patkosh, Moscou, 1993. As notas do organizador para o volume I, publicadas no volume II, levantam avaliações de Shestov por outros pensadores russos (vol. II, pp. 407-9). Shestov é o "filosofar antifilósofo" cuja abordagem é o "adogmatismo radical" e cujo tema é a "crença despojada de postulados metafísicos, a crença sem garantia". O historiador religioso Georgy Fedotov é ali citado como tendo dito que Shestov passou toda a sua vida lutando contra o idealismo e que sua contradefesa era uma maneira de viver com terror. Ele não estava interessado em salvar pessoas.
11. R. N. Carew Hunt, *The Theory and Practice of Communism,* Harmondsworth, 1963, p. 142.
12. Tanto o príncipe Myshkin em *O idiota* como Kirilov em *Os demônios eram epiléticos.* Ver e.g. *The Devils,* Harmondsworth, 1953, p. 586.
13. Ver Boobbyer, 1995, pp. 64-5.
14. Compare com Michel Foucault, *The Order of Things,* Londres, 1970, reedição 2002, p. 373: "Para todos aqueles que ainda desejam falar sobre o homem, sobre seu reino ou sua libertação, para todos aqueles que ainda se fazem perguntas sobre o que é o homem em sua essência, para todos aqueles que desejam tomá-lo como seu ponto de partida nas suas tentativas de alcançar a verdade, para todos aqueles que por outro lado referem todo conhecimento às verdades do homem ele próprio, para todos aqueles que se recusam a formalizar sem antropologizar, que se recusam a mitologizar sem desmistificar, que se recusam a pensar sem imediatamente pensar que é um homem que está pensando, para

todas essas formas empenadas e retorcidas de reflexão nós só podemos responder com uma gargalhada filosófica — o que significa, em certa medida, uma gargalhada silenciosa."
15. Momme Brodersen, *Walter Benjamin. A Biography,* trad. Malcolm R. Green e Ingrida Ligers, Londres, 1996, p. 219.
16. Dostoievski usa especificamente o termo *knizhnost'* mais frequentemente em seu jornalismo sobre educação e autenticidade nacional. Ver "Knizhnost i gramotnost" (1861) em *Polnoe sobranie sochinenii Dostoevskogo,* São Petersburgo, 1906, X. *Knizhnost'* tem relação estreita com o *knizhnoe delo* dos populistas, para quem significava o suprimento de textos políticos chaves a camponeses e trabalhadores. Dostoievski desenvolve a ideia mais ironicamente na sua ficção. Em *Memórias do subsolo* , tendo anunciado no Capítulo 1 (O subsolo), Seção II, que "Petersburgo é a cidade mais abstrata e meditativa que há em todo o vasto mundo", ele leva adiante o assunto da irrealidade alimentada por livros com os termos "literário", "literatura" e "tirado de um livro" ligados à sua sátira em curso da popularidade do idealismo alemão na Rússia como "tudo o que é belo e sublime". A palavra *knizhy* significa "artificial" e "enganador" no Capítulo II, especialmente nas seções finais VIII e IX.
17. A maior parte da filosofa moderna ignorou o tema do mal. Ver como exceção recente Susan Neiman, *Evil in Modern Thought,* Oxford, 2002, p. 10: "O demônio do mal de Descartes não é um experimento do pensamento mas uma ameaça. À diferença de seu pálido herdeiro, o cérebro na cuba, o demônio era uma preocupação real."

10 Lenin e a visão a partir de ninguém

1. *Vekhi,* 1909, p. 95. Ver também *Landmarks,* 1977. No Prefácio à primeira edição, Gershenzon insistiria na "preeminência prática e teórica da vida espiritual sobre as formas externas de comunidade" e no "sentido de que a vida interior individual é a única força criativa da existência humana e que ela, e não qualquer princípio autossuficiente de uma ordem política, é a única base firme para qualquer construção social".
2. Capítulo 4 nota 7.
3. Lenin não tinha lido Hegel até 1914, cinco anos depois de escrever *Materialismo e empiriocriticismo*. Ele sentiu necessidade de conhecer o filósofo cuja influência era maior na Rússia do que a de qualquer outro, principalmente Plekhanov. A mentalidade de Lenin nunca fora diretamente afetada por Hegel. Mas o tipo de filosofia que Hegel engendrou preocupava-se com um desejo de efetividade social e política, que era especialmente o que Lenin desejava para a Rússia.
4. Friedrich Engels, "Ludwig Feuerbach and the Outcome of Classical German Philosophy" (1886). As traduções são minhas. Para a versão padrão em inglês, ver *Marx Engels Collected Works,* Moscou, 1990, XXVI, p. 398.

NOTAS

5. Ibid., p. 380.
6. Ibid., p. 381.
7. Richard T. De George, *Patterns of Soviet Thought*, Ann Arbor, Michigan, 1963, p. 146.
8. Berlin, 1978, p. 125. Maurice Baring citado em G. S. Smith, *D. S. Mirslry*. Oxford, 2000, p. 5.
9. Lenin, 1962, XIV, p. 120.
10. Lenin, 1962, XIV, p. 340.
11. Ibid.
12. Lenin, 1962, XIV, pp. 342-3.
13. Lenin, 1962, XIV, pp. 43, 47, 49, 56, 59.
14. Copleston, 1986, p. 285.
15. Lenin, 1962, XIV, p. 343.
16. Lenin, 1962, XIV, p. 20. Ele atribuiu a expressão a um marxista anônimo.
17. Os cabeças-duras eram os marxistas russos V. Chernov, V. Bazarov, P. Yushkevich e S. Suvorov.
18. Leonid Plyushch, *History's Carnival*, Londres, 1979, p. 391. Bergson foi um dos maiores entusiastas da *intelligentsia* da Era de Prata com trabalhos publicados 1909 e 1911. Ver, como sempre, Berdyaev, 1950 e 1955, e Alexander Haart, "Appearance and Sense and Phenomenology in Russia" em Gustav Shpel. *Appearance and Sense*, Dordrecht, 1991, p. xxvii.
19. Bogdanov tomou posição contra Abram Deborin. Ver De George, 1963, p. 180 e seguintes.
20. Lenin, 1962, XIV, p. 67.
21. Lenin, 1962, XIV, p. 69.
22. Ibid.
23. Lenin, 1962, XIV, pp. 69-70.
24. Citado em Louis Althusser, *Lenin and Philosophy and Other Essays*, trad. Ben Brewster, Londres, 1977, p. 37.
25. Kolakowski, 1981, II, p. 449.
26. Vladimir Bukovsky, *To Build a Castle: My Life as a Dissenter*, trad. Michael Scammell, Londres, 1978. For Plyushch, ver acima nota 18.

11 Como a tradição longa sobreviveu?

1. Ervin Laszlo (org.), *Philosophy in the Soviet Union. A Survey of the Mid-Sixties*, Dordrecht, Holland, 1967, p. 196: *Realismo* — o mundo existe independentemente da sua percepção e é objetivamente conhecível. *Materialismo* — a realidade se reduz, em última análise, a um estrato ou substrato ôntico que pode ser denotado "matéria". *Subjetivismo histórico*

— o verdadeiro conhecimento é dependente de processos cognitivos historicamente determinados.
2. Para um comentário recente sobre submissão às posições do Partido, ver Simon Sebag Montefiore, *Stalin. The Court of the Red Tsar*, Londres, 2003, p. 77.
3. Seção 2 do capítulo 4 de *Short Course*. Ver De George, 1963, p. 186.
4. De George, 1963, p. 193.
5. Ibid.
6. Ibid.
7. De George, 1963, p. 97: *Materialismo dialético* estudou as leis gerais da dialética e sua aplicação à natureza e ao pensamento. *Materialismo histórico* estudou o desenvolvimento específico da dialética na história ou no desenvolvimento da sociedade humana.
8. Laszlo, 1967, p. 196.
9. De George, 1963, p. 193.
10. De George, 1963, p. 3.
11. Leonid Plyushch, *History's Carnival*, Londres, 1979.
12. Ver J. W Boag, P. E. Rubinin, D. Shoenberg (organizadores e compiladores), *Kapitsa in Cambridge and Moscow. Life and Letters of a Russian Physicist*, Amsterdã/Oxford, 1990, p. 67; Richard Lurie, *Sakharov. A Biography*, Londres, 2002, p. 104.
13. Lurie, 2002, pp. 62, 181.
14. Alasdair MacIntyre, *Marxism and Christianity*, Harmondsworth, 1968, p. 88.
15. Alexandre Koyré, *L'Occidentalisme d'Ivan Tourgeneff*, Paris, 1922, p. 47fn. "A filosofia não foi muito bem-vista na Rússia; produto estrangeiro, recentemente importado, introduzido num país onde estavam ausentes as condições primárias e as bases mais essenciais para o seu desenvolvimento, e sempre teve uma vida precária, beneficiando-se, em certos momentos, de um entusiasmo passageiro tão esparsamente disseminado quanto superficial, sujeito às vicissitudes da moda, considerada, às vezes, suspeita, e sempre perfeitamente inútil."
16. Laszlo, 1967, p. 101.
17. Citado em Lurie, 2002, p. 62.
18. Alexander Solzhenitsyn, *The Russian Question*, Londres, 1995.
19. Ver Alasdair MacIntyre, "Hume on Is and Ought" em *Hume*, org. A. C Chappell, Londres, 1966. Philippa Foot, "Moral Beliefs" em P. R. Foot (org.) *Theories of Ethics*, Oxford, 1967. Numa entrevista mais recente com Jonathan Rée, BBC Radio 3, 19 de setembro de 2000, Foot considerou que Hume deve estar errado quanto, por exemplo, aos campos de concentração nazistas. Existiram os campos, ou não existiram? Se existiram, eram o mal. No Royal Institute of Philosophy, em outubro de 2002, ela argumentou que a moralidade não é uma discriminação da razão. Seu exemplo foi o do jovem alemão recusando-se a juntar-se aos esquadrões da morte nazistas, sabedor de que

NOTAS

isso ia significar a sua própria morte. Os exemplos de Foot tendem a vir de emergências morais — o Holocausto e a Segunda Guerra Mundial. Significativamente, a Rússia tem sido — no sentido moral e social — uma emergência crônica desde o seu nascimento moderno.

20. MacIntyre, 1968, p. 94-5.
21. Arthur Koestler, *Darkness at Noon*, trad. Daphne Hardy, Harmondsworth, 1964 pp. 53, 71, 27, 70, 40, 153.
22. Ibid., p.52.
23. Andrei Sinyavsky, *Soviet Civilization*, Nova York, 2000, p. 140.
24. Laszlo, 1967, p. 196.
25. De George, 1963, p. 10; Baron, 1963, p. 289, mostra o quanto Plekhanov admirava Hegel.
26. Era fácil transpor o termo para o russo *otmenyat'* ou *predostanavliwa*. O francês usa com sucesso o verbo *relever*, mas o inglês *sublation* [denegar/contradizer] nunca funcionou bem. A significância da tradução tem muito a ver com o nível de entendimento de Hegel nesses países. *Sartor Resartus* (1833-1834) de Thomas Carlyle foi na realidade uma expressão do entusiasmo inglês pelo romantismo alemão, faça-se desse aspecto da psique inglesa o que se desejar.
27. Laszlo, 1967, pp. 76-8. A ideia de práxis sustentava o conceito fluido. "*Prática* é a linha entre conceitos teóricos e empíricos e proposições. É na [sic] atividade humana que o discernimento de [essências] e estruturas necessárias da realidade se torna possível para o homem. Uma relação cartesiana estática sujeito-objeto juntamente com uma visão geral mecanicista tornam o fato do conhecimento e da ciência ininteligível. A prática é a relação dinâmica transcendental entre a consciência e o mundo material que torna o conhecimento possível. Trata-se certamente de uma ideia interessante (e de um longo caminho partindo do conceito marxiano de práxis rumo a algo como a 'eficácia causal' de Whitehead)." Ibid., p. 101.
28. Laszlo, 1967, p. 58.
29. Para Derrida e *différance*, ver Christopher Norris, *Derrida*, Londres, 1987, p. 108.
30. Como está enraizado na necessidade de a filosofia se empenhar para lidar com o mal político do século XX, o núcleo sério de pós-estruturalismo não pode ser descartado levianamente, mesmo que a solução de Derrida pareça ser apenas um retorno a Hegel, dando novo *status* e nomenclatura a conceitos que nunca foram acabados. O equivalente russo do pós-modernismo foi o anarquismo místico/religioso na filosofia.
31. Ver George Kline, *Spinoza in Soviet Philosophy*, Londres, 1952.
32. "The Teaching of Spinoza on Attributes" em *Voprosy filosofii i psikhologii*, 1912, kn 114, pp. 523-67. Para uma análise de todos os ingredientes filosóficos que entram em *The Object of Knowledge* (1915), ver Boobbyer, capítulo 8. Frank, *Reality and Man*, pp. 48-51

rejeita Spinoza como "ferro" como Parmênides, e "monístico" e "abstrato" — compare com a avaliação de Berdyaev das diferentes linhas do misticismo ocidental.
33. Walicki, 1980, p. 421.
34. Kline, 1952, p. 15.
35. Kline, 1952, p. 25; De George, 1963, p. 180.
36. Kline, 1952, p. 26: os deborinistas exageraram o elemento dialético, e os mecanicistas o negligenciaram.
37. Derrida insistiu que não se tratava de um conceito. Ver Norris, 1987, p. 15, e sobre a sua vulgarização, p. 119.
38. O marxista Sebastiano Timpanaro, *The Freudian Slip*, 1976, argumenta, contra razões inconscientes para cometer erros em transmissão, que a mente naturalmente simplifica. O estudo de manuscritos medievais copiados mostra reiteradas reversões para formas mais simples, mas familiares das palavras. O mesmo parece ser verdade para a memória não profissional da música. A canção que uma pessoa canta é uma versão simplificada de, digamos, um sutil original de Schubert.
39. Victor Terras, *A History of Russian Literature*, New Haven e Londres, 1991, p.509.
40. I. I. Blauberg, Introdução a V. F. Asmus, *Vladimir Soloviov*, Moscou, 1994, p.5.
41. Boris Pasternak, *An Essay in Autobiography*, trad. Manya Harari, Londres, 1959. Ver também *Marburg Borisa Pasternaka*, org. E. L. Kudryavtseva, Moscou, 2001.
42. Boris Pasternak, *Doctor Zhivago* [Doutor Jivago], Londres, 1961. For Vedenyapin, ver parte 2, p. 79.
43. Blauberg, 1994, p. 6.
44. Ibid. A descrição da filosofia soviética é de Blauberg, seguida por uma citação das memórias de Asmus.
45. V. V. Zenkovsky, *A History of Russian Philosophy*, trad. George L. Kline, 2 vols, Londres, 1953.
46. Yury Mann, *Russakyya filosofskaya estetika*, Moscou, 1969, p. 51.
47. Laszlo, 1967, pp. 2, 142.
48. Mann, 1969, p. 178ff. Não que Marx e Engels estivessem sempre errados. Engels era um escritor brilhante. Mas o mais frequentemente eles eram impróprios.
49. Mann, 1969, p. 171.
50. Mann, 1969, p. 122.
51. *Marx Engels Collected Works*, Londres, 1975, III. Para a sua história editorial, parte em 1927 e o restante em 1932, ver De George, 1963, p. 32.
52. Plyushch, 1979, pp. 63-4.
53. Plyushch, 1979, p. 86.
54. Plyushch, 1979, p. 64.

NOTAS

55. James P. Scanlan, *Marxism in the USSR. A Critical Study of Current Soviet Thought.* Londres, 1985, p. 269.
56. Plyushch, 1979, p.215.
57. Hegel, *Phenomenology of Spirit,* 1977, p. 242 [para 404].
58. Edie et al., 1965, II, p.97.
59. Dostoievski, *The Devils* [*Os demônios*], trad. David Magarshack, Harmondsworth, 1953, p. 262. Parte II, i, "Night [Noite]".
60. Edie, et al., 1965, m, p. 31.
61. De George, 1963, p. 5.
62. De George, 1963, p. 223 de *Fundamentos da filosofia marxista-leninista.*
63. De George, 1963, p. 237.
64. Compare com o protagonista russo da história "What's the Matter?" em *In a Place Like That,* Londres, 1998, de Lesley Chamberlain.
65. Laszlo, 1967, p. 5.
66. N. A. Berdyaev, *The Origins of Russian Communism,* Londres, 1937, p. 48.
67. S. V. Utechin, *Russian Political Thought,* Londres, 1964.
68. Bemice Glatzer Rosenthal (org.), *Nietzsche in Russia,* Princeton, 1986, pp. 32ff.
69. Shklar, 1976, p. 72.
70. Odoevsky, 1980, p. 66.
71. Tim McDaniel, *The Agony of the Russian Idea,* Princeton, 1996, p. 33.
72. Andrei Sinyavsky, *Soviet Civilization,* Nova York, 1990, p. 113.
73. McDaniel, 1996, p. 160. McDaniel, p. 24, caracteriza, a partir de um ponto de vista sociológico, que a "ideia" russa repousa sobre seis conceitos: a rejeição do egoísmo utilitarista; o desejo de comunidade; a desconfiança quanto à propriedade privada; o ódio contra o formalismo nas relações sociais, especialmente no que diz respeito a lei; o desejo de um Estado que possa proteger seus súditos contra elites sociais; e a ideia de uma essência nacional distinta.
74. Sobre o voluntarismo exigido para completar o materialismo histórico, ver De George, 1963, p. 139.
75. Jean-Paul Sartre, *Existentialism and Humanism,* trad. Philip Mairet, Londres, 1973, p. 67.
76. *Witness to My Life. The Letters of Jean-Paul Sartre to Simone de Beauvoir 1926-1939,* org. Simone de Beauvoir, trad. Lee Fahnestock e Norman MacAfee, Londres, 1992, I, p. 316.
77. Sartre, *Existentialism,* 1973, p. 48.
78. Para Feuerbach, ver Eugene Kamenka, *The Philosophy of Ludwig Feuerbach,* Londres, 1970, p. 110.
79. *Goethes Werke,* 1952, XII, p. 43.

80. Berdyaev, 1950, p. 93, considerava o seu próprio existencialismo "verdadeiro" como do tipo de Pascal, Kierkegarrd e Nietzsche, não de Jasper, Sartre e Heidegger.
81. Ken Hirschkop, *Mikhail Bakhtin. An Aesthetic for Democracy*, Oxford, 1999, pp. 140-44 observa que Bakhtin pode jamais ter estudado em universidades.
82. Ibid. pp. 168-9.
83. *Tvorchestvo Fransua Rable i narodnaya kultura srednevekuviya i renessansa*, Moscou, 1965, reeditado com nova paginação em 1990. Citado em Hirschkop, 1999, pp.283-4. Escrito pela primeira vez em 1940-1946 com o título *Rabelais in the History of Realism* [Rabelais na história do realismo].
84. Citado em *Forms of time of the Chronotope in the Novel* (1937-8) em *Four Essays on the Dialogical Imagination*, org. Michael Holquist, Austin, Texas, 1981, p. 20. Original russo em M. M. Bakhtin, *Literaturno-kniticheskie stat'i*, compilado por S. G. Bocharov e V. V. Kozhinov, Moscou, 1986. Sobre formas de "'carnival", ver também Hirschkop, 1999, pp. 180-83.
85. Holquist, 1981, p. 60.
86. Holquist, 1981, p. 60.
87. Holquist, 1981, pp. 47, 49.
88. Hirschkop, 1999, p. 4.
89. Caryl Emerson, "The Making of M. M. Bakhtin as Philosopher" em Scanlan (org.), *Russian Thought after Communism*, Nova York/Londres, 1994: O interesse de Bakhtin por linguística era em parte uma decisão tática a fim de beneficiar-se do interesse publicado de Stalin (*Marxismo e a questão da linguística*, 1950). Ver também Hirshkop, 1999, p. 187.
90. Holquist, 1981, p. 161.
91. "A existência de um homem que está em vida mas não da vida" pode ser um eco consciente de Schiller, *On The Aesthetic Education of Man*, org. E. Wilkinson e L. Willoughby, Oxford, 1967, pp. 57-9: Mas como deve o artista proteger-se contra a corrupção da época, que o sitia de todos os lados?(...). Viva com o seu país; mas não seja a sua criatura."
92. "Epic and Novel" em Holquist, 1981, pp. xxxii, 22, 24.
93. Martha Nussbaum, *Love's Knowledge*, Oxford, 1990.
94. Sinyavsky, 2000, p. 159.
95. Elena Bonner, "The Remains of Totalitarianism", *New York Review of Books*, 8 de março de 2001.
96. Plyushch, 1979, p. 92.
97. Plyushch, 1979, p. 43.
98. Venedikt Yerofeev, *Moscow Stations. A Poem*, trad. Stephen Mulrine, Londres, 1997, pp. 116-17.

NOTAS

99. Traduzido por Andrew Bromfield, Londres, 1994 e 1999 respectivamente. Andrew Meier, *Black Earth,* Londres, 2004, p. 47.
100. Masha Gessen, *Dead Again. The Russian Intelligentsia after Communism*, Londres, 1997, p. 19.
101. Solzhenitsyn, Londres, 1995, p. 108: "Nós temos de edificar uma moral russa ou definitivamente nenhuma moral" e p. 115: "Entre o povo russo (...) a expressão viver pela verdade [*zhit' po pravda*] nunca se extinguiu."

12 No limiar da razão

1. Nicholas Dent em *The Oxford Companion to Philosophy,* org. Ted Honderich, Oxford, 1995, p. 516. Alasdair MacIntyre, *After Virtue,* 2ª ed. (corrigida), Londres, 1985, p. 58: "Argumentos morais no interior da tradição clássica aristotélica — seja em sua versões grega ou medieval — envolvem pelo menos um conceito funcional central, o conceito de *homem* entendido como possuidor de uma natureza essencial e um propósito ou função essencial (...) mas, uma vez que a noção de propósitos ou funções humanas desapareça da moralidade, começa a parecer implausível tratar julgamentos morais como afirmações factuais."
2. *Voprosy filosofii,* 1996, No. I, continha uma entrevista com MacIntyre.
3. Ver capítulo 11, nota 19.
4. MacIntyre, 1968, p. 88.
5. *Russian Thought after Communism. The Recovery of a Philosophical Heritage*, org. James P. Scanlan, Londres, 1994, cita o entusiasmo por Leontiev de Evegeny Troitsky em *Vozrozhdenie russkoi idei: Sotsial' nie-jilosofikie ocherki* [The Resurrection of the Russian Idea: Socio-Political Studies (A ressurreição da ideia russa: Estudos sociopolíticos), Moscou, 1991.
6. Ver Scanlan, 1994, especialmente Scanlan, "Interpretations and Uses of Slavophilism in Recent Russian Thought", pp. 31-61. Em 1991, Um importante membro da Academia de Ciências, Dmitri Likhachev, expressou um medo comum de que o Ocidente pudesse ser muito mais destrutivo para as características nacionais russas do que o comunismo jamais tinha sido. A posição ocidentalizante contrária foi defendida em 1992 por, por exemplo, E. V. Barabanov, que tinha catalogado a influência europeia sobre a filosofia russa desde Platão até Husserl, e argumentou que a busca de verdade na Rússia estava em reconhecer e aderir à grande tradição.
7. Scanlan observa (p. 8) a nova atração do pensamento religioso e, na p. 9, *helás*, "um novo abuso da filosofia religiosa russa para apoiar programas políticos iliberais". Em geral, é claro que o debate entre eslavófilos e ocidentalizantes está longe de acabar.
8. François Dosse, *History of Structuralism,* Paris, 1997, I, p. 354.

9. Para o interesse pós-soviético russo em Bakhtin, ver, Emerson (ver capítulo 11 nota 89) e *M. M. Bakhtin kak filosof* [M. M. Bakhtin as a Philosopher (M. M. Bakhtin como filósofo)], Moscou 1992.
10. Dominique Auffret, *Alexandre Kojève. La philosophie, l'état, la fin de l'histoire*, Paris, 1990; Shadia B. Drury, *Alexandre Kojève. The Roots of Postmodern Politics*, Londres, 1994. Para a visão distópica ver Alexandre Kojève, *Introduction to the Reading of Hegel*, reunido por Raymond Quéneau, trad. James H. Nichols, Jr, com uma introdução de Allan Bloom, Nova York, 1969, p. 40 e Mark Lilla, pp. 134-6 (ver a referência completa na nota 11 abaixo). Outra figura cultural russa danosa do século XX, embora não fosse filósofo, foi o príncipe Dmitri Svyatopol-Mirsky, que, enquanto lecionava na Escola de Estudos Eslavos em Londres na década de 1920, disse ao crítico de arte Roger Fry: "Eu não acredito em ciência e não acho que seja capaz de contribuir com qualquer coisa de valor para o pensamento. Para falar a verdade, obtenho muito mais da teologia." "A Rússia não vai querer ciência. Nós teremos teologia." Ver G. S. Smith, *D. S. Mirsky*, Oxford, 2001, pp. 102, 207. Smith comenta (p. 210) sobre o "amor pelo dano intelectual" de Mirsky. Mirsky, um emigrado, voltou pronta e cegamente para a Rússia de Stalin, onde foi preso e morreu num campo de trabalho.
11. Mark Lilla, "The End of Philosophy", *Times Literary Supplement*, 5 de abril de 1991 republicado em *The Reckless Mind: Intellectuals in Politics*, Nova York, 2001.
12. Habermas citado em Andrew Bowie, *Schelling and Modern European Philosophy*, Londres, 1993, p. 3.
13. Platão, *The Republic* [A República], trad. H. D. P. Lee, Harmondsworth, 1955, pp. 92-3 (Parte Um, paras 361-2).
14. Ver John Keane, *Václav Havel. A Political Tragedy in Six Acts*, Londres, 1999 pp. 253-66. Foi usado na Rússia por Solzhenitsyn. Ver acima, capítulo 11 nota 101.
15. Berdyaev, *The Creative Act*, 1955, pp. 254-5; também Berdyaev, *The Bourgeois Mind*, Londres, 1934, p. 13 e comparar também com Marc Raeff, *The Origins of the Russian intelligentsia: the Eighteenth-Century Nobility*, Nova York, 1966, p. 115.
16. Citado em Hirschkop, 1999, p. 121.
17. Por exemplo, quando convidam cantores populares ou modelos para julgar prêmios literários.
18. Jonathan Kvanvig, *Intellectual Virtues and the Life of the Mind*, Savage, Maryland, 1992, p. 169. O argumento de Kvanvig *em favor* da virtude epistêmica a mim parece ser um argumento em favor do primitivismo e da manipulação social. É expressamente não cartesiano.
19. Capítulo 9, nota 12.
20. Capítulo 7, nota 37.
21. Odoevsky, 1981, I, pp. 64-5,134-9.

NOTAS

22. Bowie, 1993, pp. 60-61, mostrou que essa era também a abordagem de Schelling do conhecimento: que não procederia de uma divisão entre o sujeito pensante e o mundo pensado; e que não devia proceder, porque a cisão tornava o pensamento agressivo e desarmonizado com o seu material.
23. Walicki, 1980, p. 218. O termo foi cunhado por Apollon Grigoriev.
24. Konstantin Asadowski, *Rilke und Russland*, Berlin e Weimar, 1986; George K. Epp, *Rilke und Russland*, Frankfurt-am-Main, 1988.
25. Rilke, *Gesammelte Briefe in sechs Bänden*, org. Ruth Sieber-Rilke e Carl Siebe, Leipzig, 1936-9, IV, 1938, p. 292.
26. Rilke, *Die Aufzeichnungen des Malte Laurids Brigge*, Frankfurt-am-Main, 1961 p. 217.
27. Rilke, *Das Stundenbuch* [*O livro das horas*], 1899-1903, I.
28. "Schmargendorff Diary" em *Diaries of a Young Poet*, trad. Edward Snow e Michael Winkler, Nova York, 1998, p. 163.
29. *Das Stundenbuch*, I.
30. Rilke, *Duino Elegien* [*As elegias de Duíno*], I.
31. *Diaries of a Young Poet*, 1998, p. 88.
32. Carta a Ellen Key, 15 de agosto de 1903, citada em S. L. Frank, "R. M. Rilke und die russische Geistesart", *Germano-Slavica*, Brunn, 1932-3, II, Heft 4, pp. 481-97. Ver também Epp, 1988, pp. 48-52 e uma carta semelhante a Aleksei S. Suvorin, 5 de março de 1902, *Gesammelte Briefe*, Leipzig, 1939, I, p.438 (também em Asadowski, 1986, p. 337). A carta de 1903 a Ellen Key citada por Frank não aparece em *Gesammelte Briefe*.
33. *Das Stundenbuch*, 11.
34. Paima P. Gaidenko, "The Philosophy of Freedom of Nikolai Berdiaev", em Scanlan, 1994, p. 116.
35. Ver Frank, 1965, capítulo 2 *passim*.
36. *Goethes Werke*, 1952, X, p. 529; XIII, p. 25; XIII p. 30. Os ensaios relevantes estão em "Erfahrung und Wissenschaft" [Experiência e conhecimento] e "Aschauende Urteilskraft" [Julgamento intuitivo]. Também *Goethes Brieft*, II, p. 297.
37. Copleston, 1986, pp.356-7; *Sbornik pamyati Semena Oudvigovicha Franka*, Munique, 1954, p. 2.
38. Belinsky, PSS, 1953-9, XI, pp. 307ff.
39. Ver abaixo, nota 46.
40. Vem, em particular, entre as primeiras histórias, "Tonio Kröger".
41. Berdyaev, 1955, p. 30.
42. *Martin Heidegger Basic Writings*, edição revisada e expandida, org. David Farrell Krell, Londres, 1993, p. 110.

43. George Steiner, *Martin Heidegger*, com uma Nova Introdução, Chicago, 1991, p. 70.
44. Minha tradução é de Heidegger, "Was ist Metaphysik?", 1929, em *Gesamtausgabe*, Frankfurt-am-Main, 1975, Band 9 (1976), p. 122. Ver também Farrell Krell, p. 109. Steiner, 1991, p. 71, explora as possibilidades interpretativas.
45. N. O. Lossky, *History of Russian Philosophy*, 1952, p. 179.
46. *Goethes Brieft*, Hamburgo, 1962-7, II, p.297: "Eu observei exatamente [esses] objetos que produzem tanto efeito, e, para meu assombro, observei que eles são realmente simbólicos. Isto é, como raramente preciso dizer, estão presentes como representantes de muitos outros; eles contêm uma certa totalidade em seu seio e convidam a uma certa ordem. Eles despertam na minha mente semelhanças e diferenças e assim tanto por fora como por dentro reivindicam uma certa unidade e universalidade. Eles são, por conseguinte, o que uma boa escolha de tema é para um escritor, afortunados objetos para a humanidade."
47. Ver M. J. Inwood, "Hermeneutics 3. Heidegger" em *The Oxford Companion to Philosophy*, Oxford 1995, para a preferência de Heidegger pela "visão simplesmente pré-predicativa". A expressão captura exatamente o conhecimento simples "pré-lógico" de que Khomiakov e Kireevsky eram a favor.
48. Berdyaev, 1955, p. 274.
49. Berdyaev citado em Edie et al., 1965, II, p. 190.
50. Kamenka, 1970, pp. viii, 121ff.
51. Ver p. 253.
52. Emmanuel Levinas, "Ethics as Pirst Philosophy" (1984) org. Sean Hand, 71 *The Levinas Reader*, Oxford, 1989, p. 78.
53. J. S. Mill, "Coleridge" em *Utilitarianism and Other Essays*, org. Alan Ryan, Londres. 1987, p. 185.
54. Berlin, 2000, p. 15.
55. Ibid., pp. 210, 227-8.
56. *Marx Engels Collected Works*, 1975, II, p. 232.
57. Berlin, 1978, p. 170.
58. "Two Concepts of Liberty" em Isaiah Berlin, *Four Essays on Liberty*, Oxford, 1969, p. 122.
59. Berlin, 1969, p. 172.
60. Berdyaev, 1950, p. 87.
61. Copleston, 1986, pp. 394-5: "Para Shestov, a filosofia positivista, tendo feito de si uma criada da ciência, eliminava a liberdade humana, considerada exceção à operação da lei natural e determinando casualidade. O que é preciso para o ser humano é rejeitado em nome da ciência. Mas a ciência natural é uma construção mental. Hume mostrou que a necessidade não se encontraria no mundo, mas é uma contribuição subjetiva. A teoria

da evolução minou [ainda mais] a velha tese de que igual produz igual, e que efeitos devem sempre ser semelhantes às suas causas (...). Até onde vai a possibilidade, qualquer coisa pode decorrer de qualquer coisa (...) Hume estava preocupado com problemas epistemológicos, ao passo que Shestov era motivado por considerações religiosas. Uma vez que a ciência seja vista como construção mental, o Deus da Bíblia, desobrigado de toda lei da natureza, pode retornar ao centro do quadro e a liberdade humana pode ser reafirmada."

Sugestão de leitura

Geral
Há algumas fontes indispensáveis em inglês:

Copleston, Frederick, *Philosophy in Russia*, Notre Dame, 1986.

Edie, James M., James P. Scanlan e Mary-Barbara Zeldin, com a colaboração de George L. Kline, *Russian Philosophy*, 3 vols, Chicago, 1965.

Walicki, Andrzej, *A History of Russian Thought from the Enlightenment to Marxism*, Oxford, 1980.

A escrita de Isaiah Berlin sobre o pensamento russo é idiossincrática, talhada para uma audiência inglesa. Ver *Russian Thinkers*, Londres, 1978, e também *Vico and Herder*, 1976, e *The Magus of the North*, 1993, publicados juntos como *Three Critics of the Enlightenment*, Londres, 2000. "Artistic Commitment: A Russian Legacy" e "Marxism and the International in the Nineteenth Century" são dois ensaios interessantes republicados em *The Sense of Reality* [O sentido de realidade], Londres, 1996.

Lossky, Nicholas, *A History of Russian Philosophy*, Londres, 1952.
Zenkovsky, V. V., *A History of Russian Philosophy*, Londres 1953.
Ambas são histórias escritas por emigrados de começo do século XX, idiossincráticos em sua recusa de distinguir pensamento religioso de filosofia, mas utilmente detalhados sobre figuras menores.

Textos primários em inglês:
Berdyaev, N. A, *The Meaning of the Creative Act,* trad. Donald Lowrie, Londres, 1955.
———. *Dream and Reality,* Londres, 1950.

_____ . *Christian Existentialism. A Berdyaev Anthology*, selecionado e traduzido por Donald A. Lowrie, Londres, 1965.

Bulgakov, S. N., *Philosophy of Economy. The World as a Household*, traduzido, organizado e com uma introdução de Catherine Evtuhov, Londres, 2000.

Herzen, Alexander, *My Past and Thoughts*, trad. Constance Garnett, Londres, 1968.
_____ . *From the Other Shore*, trad. Moura Budberg. Londres, 1956.

McNally, Raymond T., *The Major Works of Peter Chaadaev*, Londres, 1969.

Scanlan, James P., traduzido e com introdução e notas, *Peter Lavriv Historical Letters*, Berkeley, 1967.

Shestov, Lev, *In Job's Balances. On the sources of the eternal truths*, trad. C. Coventry e C. A Macartney, Londres, 1932.

Shragin, Boris, e Albert Todd, *Landmarks*, trad. Marian Schwarz, Nova York, 1977.

A bagagem religiosa
Fedotov, G. P., *The Russian Religious Mind*, 2 vols, Cambridge, Massachusetts, 1946, 1966, ainda é o trabalho referência em inglês sobre a ortodoxia russa. Também em inglês, Timothy Ware, *The Orthodox Church*, Harmondsworth, 1963, cuja consulta é um prazer. Em russo, ver Georgy Florovsky, *Puti russkogo bogosluviya*, Paris, 1937; Vilnius, 1991.

A bagagem alemã
A influência de Goethe e de Schiller, e dos idealistas alemães na Rússia foi demasiado vasta e diversificada para ser contida em qualquer estudo isolado. Sobre Schiller, ver Elizabeth M. Wilkinson e Leonard A. Willoughby (orgs.), *Friedrich Schiller On the Aesthetic Education of Man*, Oxford, 1967. Judith N. Shklar, *Freedom and Independence. A Study of the Political Ideas of Hegel's Phenomenology of Mind*, Cambridge, 1976, é uma ótima introdução a Hegel. Edward Craig, *The Mind of God and the Works of Man*, Oxford, 1987, resume o mundo idealista e a sua relação com a poesia, com referência especial a Goethe e Hegel. Andrew Bowie, *Schelling and Modern European Philosophy*, Londres, 1993, é um estudo técnico recente que explica o interesse pós-moderno por Schelling. Em alemão, *Hegels Theologische Jugendschriften*, organizado por H. Nohl, Tübingen, 1907, explora as raízes do idealismo. Estudos clássicos são Emil Steiger, *Der Geist der Liebe und das Schicksal*,

SUGESTÃO DE LEITURA

Leipzig, 1935; Paul Kluckhohn, *Das Ideengut der deutschen Romantik,* Halle, 1942; e H. o. Burger, *Die Gedankenwelt der grossen Schwaben,* Tübingen, 1951. Outro trabalho útil é Wolfgang Schadewaldt, "Goethes Begriff der Realität", em *Goethestudien Natur und Altertum,* Zurique, 1963.

A bagagem marxista
Kolakowski, Leszek, *Main Currents of Marxism,* traduzido do polonês por P. S. Falla, 3 vols, Oxford, 1981, é lúcido e indispensável, e também cobre o período anterior alemão.

O período soviético
De George, Richard T., *Patterns of Soviet Thought,* Ann Arbor, Michigan, 1966.

Laszlo, Ervin (org.), *Philosophy in the Soviet Union. A Survey of the Mid-Sixties,* Dordrecht, Holland, 1967.

Scanlan, James P., *Marxism in the USSR. A Critical Survey of Current Soviet Thought,* Londres, 1985.

O pensamento pós-soviético
Scanlan (ed.), James P., *Russian Thought after Communism. The Recovery of a Philosophical Heritage,* Nova York/Londres, 1994.

Pensadores individuais
Auffret, Dominique, *Alexandre Kojève. La philosophie, l'état e la fin de l'histoire,* Paris, 1990.

Baron, Samuel H., *Plekhanov. The Father of Russian Marxism,* Londres, 1963.

Boobbyer, Philip, *S. L. Frank. The Life and Work of a Russian Philosopher,* Ohio, 1995.

Cornwell, Neil, *The Life, Times and Milieu of V. F. Odóevsky,* 1804-1869, Londres 1986.

Evtuhov, Catherine, *The Cross and the Sickle: Sergei Bulgakov and the Fate of Russian Religious Philosophy 1890-1920,* Londres, 1997

Hirschkop, Ken, *Mikhail Bakhtin. An Aesthetic for Democracy,* Oxford, 1999.

Kelly, Aileen, *Mikhail Bakunin. A Study in the Psychology and Politics of Utopianism*, Oxford, 1982.

Kostalevsky, Marina, *Dostoevsky and Soloviev. The Art of Integral Vision*, Londres, 1997.

Malia, Martin, *Alexander Herzen and the Birth of Russian Socialism*, Cambridge, Massachusetts/Oxford, 1961.

Pomper, Phillip, *Peter Lavrov and the Russian Revolutionary Movement*, Londres, 1972.

Referências a muitos outros trabalhos mais específicos são encontradas nas notas ao texto.

Índice

A breve história do Partido Comunista da União Soviética, 237, 239
abnegação/altruísmo
   ideia de, 129, 139, 165
   visão de Herzen de, 132-133
Absoluto schellinguiano, 26
Agitprop, 267
Akhiezer, A. S., 198, 342
Akselrod, Lyubov, 233, 249
Akselrod, Pavel, 91, 148
Alemanha, 63-64, 106
   Bildungsroman, 137
Alexander I, tsar, 24, 25
Alexander II, tsar, 69, 87, 92
Alexander III, tsar, 118
alienação, 99-100, 256-258
   autoalienação, 209, 211-213
   o conceito de Hegel de, 88-89
alma
   como alternativa moral ao individualismo, 154, 155-157, 323
   ver também "belas almas"
amor erótico, 185
anarquismo místico, 111, 203, 206, 214
anarquismo, 89-90, 199-200, 202
   a revivificação do por Bakhtin, 272-273, 274-276

e falta de orientação moral, 203
filosófico russo, 199-204
místico, 203, 206, 213-215
Annenkov, Pavel, 52, 57
Anschauung (percepção a parir de dentro), 182
arte
   necessária para a humanidade, 190, 205-206
   realismo socialista na, 106, 267
   subordinada à eficiência, 73
Asmus, Valentin, 254-255
   e Pasternak, 252-254
ateísmo
   como característica ocidental, 66-67, 129-130, 207, 207-209
   leninista, 108
   medo de, 25-26, 27-28, 82
Athenei (jornal), 26
Aufhebung, conceito de, 246
autocracia
   como obstáculo para as ideias iluministas, 38, 46, 164, 268, 282
   crítica da, 24, 25, 28, 66, 106
autolimitação voluntária, 147, 154
autopresença moral, 77, 80
Avenarius, Richard, 227, 230

Bakhtiarov, Oleg, 258
Bakhtin, Mikhail, 272-280, 281, 298, 329
  dialogismo, 274-276
  Problems of Dostoevsky's Art [Problemas da arte de Dostoievski], 272
Bakunin, Mikhail, 42, 88-90, 107, 148, 328
  anarquismo, 89-90, 104
  e Hegel, 88, 142-144
  Federalism, Socialism and Anti-Theologism, 89
  tradução de *O manifesto comunista*, 103
bandidos, heróis camponeses, 90
Beauvoir, Simone de, 271
bela alma
  Heidegger e, 315
  Jivago de Pasternak como, 253
  opinião de Hegel sobre, 221
"belas almas", 22, 39
  alienação das, 88-89
  culto às, 54-56
  definidas (Schiller), 53-54
  e anarquismo, 90
  franqueza das, 58
  ver também "homem bom" na Rússia
Belinsky, Vissarion, 39, 41-46, 69, 107, 117, 202, 328
  e a verdade russa, 63, 198
  e consciência moral russa, 157
Benjamin, Walter, 208
Bentham, Jeremy, 71, 77, 81, 127-128, 327
benthamismo, aversão russa por, 125, 127-128, 205, 287
Berdyaev, Nikolai, 101, 109, 110-113, 115, 116, 329
  anarquismo de, 199-200, 201
  Dream and Reality [Sonho e realidade], 110, 200
  e misticismo, 187, 192, 219
  e Pascal, 169, 195
  "objetificação", 111-112, 319-320
  sobre as "falsas" fundações da moralidade, 157
  sobre comunismo soviético, 267, 318-319
  sobre protesto, 295
  sobre racionalismo, 174
  socialismo cristão de, 206
  Subjectivism and Individualism in Social Philosophy [Subjetivismo e individualismo na filosofia social], 110
  The Meaning of the Act Creative [O significado do ato criativo], 112, 171
  The Origins of Russian Communism [As origens do comunismo russo], 258
  voluntarismo espiritual, 170-171
Berggolts, Olga, 279
Beria, Lavrenty, 240
Berkeley, bispo George, 225, 229, 327
Berlin, Isaiah, 11-12, 18, 322-325, 329
  anticartesianismo de, 174-176
  liberdade negativa, 322, 323-324
  sobre "belas almas", 40-41, 52-53
  sobre idealistas da década de 1890, 117
  sobre Tolstoi, 158-159, 174, 297
  "Two Concepts of Liberty" [Dois conceitos de liberdade], 322
Bernstein, Eduard, 106
Blake, William, 176
Blok, Alexander, "The Twelve" [Os doze], 253
Boehme, Jakob, 187, 199
Bogdanov, Alexander, 108, 220, 225-229, 249, 329
Bogostroiteli ("Construtores de Deus"), 108
Bonner, Elena, 281
bozehstvennaya nauka (conhecimento divino), 56

ÍNDICE

Brezhnev, Leonid, 258
Buber, Martin, *Eu e Tu*, 319, 329
Bukharin, Nikolai, *O ABC do comunismo*, 249
Bukovsky, Vladimir, 233
Bulgakov, Sergei, 109, 114, 116, 307-308, 329
  From Marxism to Idealism [Do marxismo ao idealismo], 110, 160
  The Philosophy of Economy [A filosofia da economia], 264, 307
Burgess, Anthony, 293
burguesia
  crítica de Herzen da, 49-50
  e a visão de Chernichevski para a Rússia, 68-76, 74, 75
  visão marxista da, 104, 106, 265, 317
bytie, 147, 1565,280
  ver também existência/ser

camponeses
  e idealismo dos ativistas, 91
  e valor do trabalho, 260
  heróis bandidos, 90
  saber dos como conhecimento integral, 302
capitalismo, 99, 114, 151
  como etapa natural do desenvolvimento, 100, 104
Capodistrias, John, 24
Cassirer, Ernst
  Kant's Life and Thought [A vida e o pensamento de Kant], 253
  The Philosophy of Symbolic Forms [A filosofia das formas simbólicas], 253
Censura, 31, 40
Cervantes, Miguel, *Don Quixote*, 168

Chaadaev, Piotr, 23, 34-38, 192, 202, 296, 328
  Philosophical Letters [Cartas filosóficas], 23, 35
  sobre a verdade russa, 24
  sobre servidão, 212
Chekhov, Anton, 264
Chernichevski, Nikolai, 70-75, 107, 202, 210, 233, 328
  estética de, 267
  visão tecnocrática para a Rússia, 72-74
  What is to be Done? [O que deve ser feito?], 72, 73
ciência, 16, 49, 184, 354-355
  alemã, 183
  e melhoria social, 70-72, 74
  e natureza, 181
  e religião, 159
  e restrições do materialismo dialético, 239
  e verdade cindida, 241
  fé na, 171
  metafísica de comando da, 250
  rejeição da, 176, 352
  ver também razão
  visão de Herzen da, 47, 49, 50, 51
coerência social
  busca russa da, 197, 198
  sob o comunismo soviético, 269
  trabalho e, 259-260
como base da cultura russa, 24, 220
competição e conflito, 99
Comte, Auguste, 72, 98, 189, 328
comunidade moral, 128, 155, 159, 205, 260, 312
comunidade
  e abnegação/altruísmo, 128, 140-142, 147, 148
  e cristandade, 190

e felicidade, 296-297
espiritual, 80-81, 90-92, 115, 126, 197, 213, 265
formas naturais (camponesas) de, 66, 139, 211, 214, 269, 300
mito espiritual de, 149-154
moral, 129, 155, 159, 205, 260-261, 312
sentido russo de, 62, 74, 99, 119, 130, 136-137, 187, 193, 267
comunismo soviético, 265-267, 280-285
como existencialismo, 270-272
como realização moral, 162, 269
desvalorização da ética, 268
e rejeição de Descartes, 173
perspectiva marxista-leninista do, 237
ver também Rússia
comunismo *ver* marxismo-leninismo; comunismo soviético
conceitos, 60
"fluido", 247-248, 250
Condorcet, marquês de, 130
conhecimento integral, 63, 186, 302-303
conhecimento, 27, 54, 62, 296-297
busca do, 136
divino, 56
e ética, 67, 112, 113
e mente, 182
integral, 62, 186, 302
modelo de Hegel de, 61, 137
passivo, 302-307
racional, 161
"teoria da cópia" de Lenin, 230-231, 233, 237
teoria do, 224, 225, 303
consubstancialidade, 188
contrailuminismo, 175-176, 271-272
Copleston, padre Frederick, 169
Credo Niceno, 188

crença
moral, 204-205
necessidade de, 117-118, 144, 168, 176, 197
no marxismo soviético, 270, 349
criatividade, 80, 85 ,112, 171, 179-181, 264
como subjetiva, 157, 186
romantismo e, 250-251
cristandade, 99, 183, 188, 191
ver também Igreja Ortodoxa
cristologia, 189
culpa
a presunção de, de Lavrov, 97
culpa em função de privilégio, 94
cultura
comunista soviética, 268, 282
e ciência, 50
racional, 172, 189, 199, 201
russa, 63-66, 106, 109, 115, 127, 197
Czartoryski, Adam, 25

Danielson, A. F, tradução de *Das Kapital* [*O capital*], 103
Darwin, Charles, 99
darwinismo social, 99
Davydov, Ivan, 26, 30
Deborin, Abram 249, 251
decembristas, 23-25
Derrida, Jacques, 250, 251, 290, 329, 347
Descartes, René, 231, 327
busca do conhecimento, 136-137, 168
conceito de *cogito,* 168, 173, 184, 193, 195
Discurso sobre o método, 171
e verdade científica, 300-301
Meditações sobre a filosofia primeira, 171, 207
Pascal preferido a, 168-171

ÍNDICE

racionalismo de, 193-195
rejeição russa de XIV, 167-195
visão francesa de, 194
Deus, 171, 190, 203, 205-206
    Dostoievski e, 209
    e homem-Deus, 190, 191
dever, 309
dialética, 245-246, 147-248
    como imaginação poética, 250
dialogismo, de Bakhtin, 275-276
diamat (versão soviética do materialismo dialético), 238, 239, 250, 283-284
Dietzgen, Joseph, 225-227
diferenças, importância das, 322-,23, 325
différance (Derrida), 250
dissidentes, 116, 119, 233, 281
Dobrolyubov, Nikolai, 72
Dostoievski, Fyodor, 57, 81-83, 109, 202, 209-210, 328
    Crime e castigo, 82
    e *knizhnost*, 209, 210-211, 344
    e o individualismo, 82, 144
    Memórias do subsolo, 81, 160, 204, 208, 210
    O idiota, 300
    Os demônios, 82, 91, 207, 261-262, 300
    Os irmãos Karamazov, 57, 159
    sobre dúvida e esperança, 204, 207-213
    sobre trabalho, 262-263
dúvida, 168
    em Dostoievski, 207-213

Eckhart, Meister, 187
economia política, 129
educação, 35, 40, 209
    e progresso, 96, 209
    moral, 47, 147
    por ativistas populistas, 87, 91

egoísmo
    como crime epistêmico, 129
    prudente, 76
egoísmo
    da vida ocidental, 165
    do homem novo, 76
Einstein, Albert, denunciado por Lenin, 240
emocionalismo, 143
    dos idealistas, 116-118, 184, 193
empiricismo, 27, 29
    necessidade de, 114, 214-215
Empiriomonismo, 228, 229
enciclopedistas, 33
Engels, Friedrich, 221, 223, 328
epistemologia, 300-301, 302
    Lenin e, 224, 227
Era de Prata, 22, 109-119, 215, 308
    discurso poético, 310
    emocionalismo dos idealistas, 117
esperança
    como virtude social, 289
    cultura de, 197, 198, 199
    Dostoievski e, 204, 212-213
    perda da, 292
espiritualidade, 17, 247, 251, 316
    interesse do Ocidente por, 311
    ver também misticismo
"estudante cego de ótica", 186, 297, 315
ética, 34, 128, 139, 294, 296
    comunista, 265-266
    de Kant, 94, 107, 115, 171, 205, 210, 258
    e conhecimento, 54, 67, 113, 160, 307
    e valor do trabalho, 260, 261, 264
    primazia da, 321
evolucionismo, 239-240
excepcionalismo russo, 15, 101, 165, 197
existência/ser
    Heidegger e, 312

na filosofia russa, 315-316
ver também bytie; ontologia moral
existencialismo, 270-272

fatos e valores, ligados na ética russa, 190-191, 242, 258-259
fé religiosa, 59, 85, 209
   e dialética hegeliana, 247
   e rejeição do racionalismo, 130
   persistência sob o comunismo, 245
fé
   conhecimento como, 62
   e conceito de Vida, 210
   ver também estudante cego de ótica; fé religiosa
Fedin, Konstantin, 254
Fedotov, Georgy, 17
felicidade, filosofia russa da, 296, 315
fenomenologia, 116, 276
Feuerbach, Ludwig, 65, 70-72, 78, 189, 320, 328
   A essência da cristandade, 108
   materialismo de, 214, 223
   rejeição da "bela alma" introspectiva, 221
Fichte, Johann Gottlieb, 41, 143, 181, 328
   Belinsky sobre, 42, 309
   Discursos à nação alemã, 64
filosofia alemã, 64
   comparada com a visão russa, 150
   e filosofia soviética, 248, 250, 255
   ver também Hegel; metafísica; Schelling; Schiller
   influência da, 18, 22, 42, 149
filosofia ocidental, 16-18
   ausência da na Rússia, 18
   influência da, 95, 130
   interesse russo pela, 37, 149
filosofia russa
   características do século XIX, 214
   da felicidade, 296, 315
   do conhecimento, 62, 321
   fraqueza da, 13, 191-195, 220, 310, 346
   filosofia, 25, 84, 198, 249-250
   tentativas ocidentais de ressuscitar, 312
   ver também filosofia alemã; filosofia russa; filosofia ocidental
filósofos eslavófilos, 65, 66, 92, 139
   ver também Khomiakov; Kireevsky
Florenski, padre Pavel, 116, 316, 329
   The Pillar and Ground of Truth [O pilar e a base da verdade], 254
Florovsky, Georgy, 143
Foucault, Michel, 290, 329, 343
Fourier, François, 66, 328
França, 35, 194, 289-290
   Comuna de Paris (1871), 96
francomaçonaria, 187
Frank, Semion, 174, 249, 308-309, 316-317, 318, 329
   anarquismo filosófico, 200, 206
   marxismo legal, 109, 110, 113-114, 116, 170
   Nepostizhimoe, 308
   sobre a tradição russa, 305
Franklin, Benjamin, 124
Funck-Brentano, Théophile, 192
Fundamentos da filosofia marxista-leninista, 238
Fyodorov, Nikolai, 115, 263-264, 328
   The Common Task [A tarefa comum], 115, 263

Galich, Alexander, 31-34, 56, 88, 202
geração de Lenin (1890), 22, 118

ÍNDICE

Gershenzon, Mikhail, organizador de *Landmarks* [Marcos de referência], 110, 220
Gertsen, A. I. *ver* Herzen
Gessen, Masha, *Dead Again. The Russian Intelligentsia After Communism* [Morta outra vez: A *intelligentsia* russa após o comunismo], 284
Goethe, J. W. von, 41, 47-48, 510, 114, 176, 308, 327
   e fenômenos puros, 316
   e método científico, 177-180
   e Schiller, 132
   e Spinoza, 176
   sobre objetos simbólicos, 310
Gogol, Nikolai Vassilievich, 202, 212
   Almas mortas, 212
Goncharov, Ivan, *Oblomov*, 140-142, 303
Gorbachev, Mikhail, 270
Gorbachev, Raisa, 30
Gorki, Maxim, 232
Grã-Bretanha, 58, 60, 128
   bases comuns com a Rússia, 325
Grande Exposição (Londres 1851), 58, 60
Grande Inquisidor, parábola do, 159, 160-161, 203
grega, filosofia, 150
Griboyedov, Alexander, *Woe from Wit* [Aflito por inteligência], 293
Guerra da Crimeia (1853-6), 69

Habermas, Jürgen, 292
Hamann, Johann Georg, 175, 176, 327
Havel, Václav, 294
Hegel, G.W. F., 50, 179, 180, 328
   A fenomenologia do espírito (1807), 50, 137, 179
   a ideia de trabalho, 259
   Bakunin e, 88, 142-143
   conceito de alienação, 88-89
   "Consciência Infeliz", 209
   e idealismo alemão, 59, 64, 97, 181, 222, 223
   Khomiakov sobre, 59-60, 139
   modelo de progresso, 61, 136-137, 140-142, 246
   rejeição de, 320, 323
   tentativas russas de encontrar alternativa a, 150, 155, 167, 245
   visão da "bela alma" russa, 221
   visão da Era Heroica, 268
   visão da história, 39, 95
Heidegger, Martin, 213, 312-318, 319, 329
   anticartesianismo de, 313, 314
   Carta sobre o humanismo, 314
   e o conceito de *Lichtung* [clareira], 314
   "O que é metafísica?", 312, 314
   Ser e tempo, 314
Herder, Johann Gottfried von, 175, 176, 322-323, 327
Herzen, Alexander, 26, 42, 45-52, 56, 105, 202, 328
   compreensão de Hegel, 39, 50, 51, 139, 222
   Dilettantism in Science [Dilettantismo na ciência], 47, 49-50, 51, 52
   e o debate sobre abnegação/altruísmo, 131, 133
   e Stankevich, 55
   e verdade russa, 63
   From the Other Shore [Da outra margem], 48, 49
   legado de, 109
   Letters on the Philosophy of Nature [Cartas sobre a filosofia da natureza], 51
   My Past and Thoughts [Meu passado e meus pensamentos], 46

"One Man's Notes [Notas de um homem]", 132
  socialismo de, 47, 93, 94, 133, 214
hilomorfismo, teoria do, 248
Hirschkop, Ken, 298
história
  e progresso, 95, 98
  visão marxista da (Plekhanov), 104
historicismo, 64, 66, 239
Hölderlin, Friedrich, 180, 183, 247, 318
"homem bom", na Rússia
  conceito de, 49-50, 52, 54-56, 57
  de Odoevsky, 54, 56, 133
  Dostoiévski 57
  e necessidade de personalidade moral, 205, 294
  e a necessidade de ação política, 135
  valores eternos de, 80, 154-155
  ver também belas almas
"homem bom", num mundo imperfeito, 292-295
Homem Novo (de 1848), 22, 69-86
homens da década de 1820 (primeira geração de *intelligenti*), 22, 23-38
humanismo, 79, 194, 210, 292, 313-314
Hume, David, 214, 229, 288, 325, 327, 357
Husserl, Edmund, 116

ideal aristocrático, 48, 339
  exemplificado por "Kolya" Tolstoy, 145-148
idealismo alemão, 27, 33, 59, 184, 210
  e divisão social, 99
  Hegel e, 59, 65, 98, 22, 223
idealismo estético, 52, 247-248, 254-256, 258-259, 267
  de Leontiev, 80-81
  de Schiller, 56

Herzen e, 47-48, 49, 50
idealismo metafísico, 110, 116, 156
idealismo moral, 54, 57, 131, 162-165
  de Odoevsky, 123-127, 133-136
  e ação política, 134
  incompatível com modernização, 133
idealismo russo, 173-174, 184, 191
idealismo, 24, 78, 181
  cognitivo, 303-309
  como obstáculo ao progresso, 221-222
  dos populistas, 92, 100, 147
  e realidade, 245-247, 251
  e trabalho, 259-264
  metafísico, 110, 116, 156
  na filosofia soviética, 248
  religioso, 85, 173, 219, 309
  ver também idealismo estético, idealismo alemão, idealismo moral, idealismo russo
ideias
  e matéria, 248-249
  paixão russa pelas, 21, 45
identidade, noção de Schelling de, 26, 31
Ignatieff, Michael, 174
Igreja Ortodoxa, 18, 35, 129, 334
  e conceito de teose, 112
  ideal de *kenosis*, 144, 187
  influência da, 188
iluminismo russo, 79
iluminismo, o, 16, 33, 130, 165, 290
  crítica de Odoevsky, 130
  russo, 24, 79
imaginação criativa, 182
imaginação moral, 182-183, 204
imaginação, moral (criativa), 182-183
império austríaco, 25
individualismo liberal, 48, 199, 201, 202
individualismo, 27, 98, 165
  Bakunin e, 143

ÍNDICE

cartesiano, 173
como ameaça, 310
de Soloviov, 83
Dostoievski e, 81-82, 144
e autolibertação, 78, 79
e busca do conhecimento, 137-140
e ética comunista, 265
e obrigação moral, 193
liberal, 199, 201, 202
negação por Lenin do, 228-232
visão de Herzen do, 48, 50-51
industrialização, 100, 103, 308, 310
infundamento, 199, 203, 343
ingenuidade
celebração consciente russa da, 150, 151-155
conceito romântico alemão de, 149
intelligentsia (intelligenti), 21-22, 25, 40
"belas almas", 40
e liberalismo, 38
e marxismo, 107-108, 191-192
autoescrutínio moral, 92-93
Novo Homem (de 1848), 69-86
populistas, 87-101
pós-comunistas, 284-285
Era de Prata, 109-123
educação superior surge como problema, 148, 165, 264
instinto de ensinar da, 87, 91, 147
primeira geração (homens da década de 1820), 22, 23-38
interesse próprio, como estranho ao pensamento russo, 124, 126, 131
interioridade radical, 201
intuição, 169, 192, 189, 301, 308-309
istina, 316

Jacobi, Friedrich, 175-176, 180, 327
jacobinismo, 91, 130

Jakobson, Roman, 109
James, William, 56
Jaspers, Karl, 290
John Chrysostom, 187

Kamensky, Z. A., *Tratados estéticos russos do...*, 259
Kandinsky, Vassily, 291
Kant, Immanuel, 33, 54, 94-95, 327
 A crítica da razão prática, 263
 A crítica da razão pura, 158
 A crítica do juízo estético, 248
 anticartesianismo de, 180-181
 e moral imperatival, 35, 171
 românticos alemães e, 185
 ver também neokantianismo
Kapitsa, Piotr, 240
Karakozov, Dmitri, 88
Khomiakov, Aleksei, 58-63, 109, 174, 296-297, 328
 e conhecimento, 186, 188, 301
 e vida coletiva, 150
 sobre Hegel, 59-60, 62
 sobre o *cogito* cartesiano, 168, 185
Kierkegaard, Søren, 270, 271
Kireevsky, Ivan, 54, 63, 65-66, 256, 328
 preferência por Pascal, 168-169
knizbnoft', 209, 210, 344
Koestler, Arthur, *Darkness at Noon* [Escuridão ao meio-dia], 243-244, 296
Kojève, Alexandre, 290-291, 329, 352
Kolakowski, Leszek, 189
Koyré, Alexandre, 241, 329, 332, 342
Kozhinov, Vadim, 298
Kropotkin, Piotr, 87
Kruchev, Nikita, 251
Kyukhel'beker, Vil'gelm, 32, 33

laissez-faire, 130
Lamennais, Félicité Robert de, 130
Landmarks [Marcos de referência] (1909) (ensaios), 110, 112, 191, 220
Lapshin, Ilya, 170
Lavrov, Piotr, 16, 87, 93-99, 107, 109, 328
   e busca do conhecimento, 138-139
   sobre ação política, 133-136
   The Historical Letters [Cartas históricas], 93, 95, 133
Leibniz, Gottfried Wilhelm, 17, 180, 327
Lemke, Mikhail, historiador, 38
Lenin, V. I., 73, 107-108, 178, 219-233, 328, 344-345
   adoção do materialismo marxista, 222, 232
   ataque contra o idealismo, 223-225, 230-231
   e dissidentes, 116, 119, 233
   e Plekhanov, 103-104, 105, 106
   Materialismo e empiriocriticismo, 118, 220, 223, 225, 227, 232
   sobre Bogdanov, 227, 228-229
   sobre machistas [partidários de Mach], 229
   "teoria da cópia", do conhecimento como cópia, 231-232, 233, 237
   visão da filosofia, 220-221, 223, 225, 231-232
Leontiev, Konstantin, 80-81, 109, 328
Levinas, Emmanuel, 321, 329
liberalismo *ver* marxismo legal; Era de Prata
liberdade, 16, 98
   e ética, 94-95
   restrições à, 64
licbnoft' (individual), 42
Losev, Aleksei, 116, 329
Lossky, Nikolai, 116-117, 273, 329
   History of Russian Philosophy [História da filosofia russa], 117
Louis-Philippe, rei de França, 47

Irinen, Iakor Abramovich Mil'ner, 258
Lukács, Georg, 149
Lunacharski, Anatoly, 108, 249
luta de classes, como invenção marxista, 266
Lysenko, Anatoly, 240
lyubomudry (amantes do saber), 32, 59, 249

Mach, Auguste, 229, 230
"machistas", 224, 228, 229-230
MacIntyre, Alasdair, 240, 243, 288-289, 329
Maistre, Joseph de, 175
mal, 202, 207
Malia, Martin, 56, 132-133
Malthus, Thomas, 124
Mann, Thomas, 311
Mann, Yury, 25-256, 257
Marx, Karl, 221, 251, 264, 309
   adoção por Lenin do, 223, 224
   como teoria do conhecimento, 224
   e Bakunin, 90, 103
   e idealismo religioso, 219
   e legado hegeliano, 321
   e o problema da coerência russa, 71
   entusiasmo de Plekhanov por, 103-107
   falta de moralidade no, 107, 113, 257
   fracasso do, 321
   ideologia de trabalho, 265
   impacto de, 103-108
   individualismo atomista do, 318-320
   influência de Hegel sobre, 155
   Marxismo, 100, 155, 242
   materialismo dialético, 98
   primeiras obras, 257
   resistência da *intelligentsia* ao, 192
   ver também Lenin, V. I.
marxismo legal, 108, 109-115
Marxismo-leninismo, 30, 223, 248, 270
   apelo moral do, 265

ÍNDICE

e negação da autonomia mental, 233
ver também comunismo soviético
Masaryk, Thomas Garrigue, 339
materialismo dialético, 30, 98, 106, 225-226, 232, 346
   estudo compulsório do, 238-241
   hegeliano, 246-247
   origens românticas do, 248, 255
   sob Brezhnev, 259
materialismo histórico, 222, 239, 346
materialismo, 65, 70, 72, 215, 345-346
   leninista, 116, 222-227, 232, 237
   ver também materialismo dialético
mecanicistas, 249, 250
melhoria social
   na Rússia do final do século XIX, 207
   o trabalho de Herzen em prol da, 46
mente
   e matéria, 249
   e natureza, 179, 181
   perfeição da, 183
metafísica de comando, 250
metafísica, 182, 250
   alemã, 25, 26, 40
   e ciência, 189
   ver também Heidegger, Schelling
Mikhailovski, Nikolai, 99-101, 105, 107, 328
Mill, J. S., 76, 322, 328
   Princípios de economia política, 70, 71
Mirwissenschaft (conhecimento-com), 62, 188
misticismo, 82, 159, 198-200, 219, 342
   e razão, 183
   medieval, 187
   ver também espiritualidade
Mnemozina (periódico), 33
Moore, G. E., 85
moral socialismo, Herzen's, 47, 93, 95, 133

moralidade, 346
   e marxismo, 107, 113
movimento social-democrata, Rússia, 105
Murdoch, Iris, 85

Nacionalidade Oficial, doutrina de, 33, 40, 69
nacionalidade, 64
   oficial, 33, 40, 69
nacionalismo, 149, 151, 184
   romântico, 66
Nadezhdin, Nikolai, 35, 65, 256
Nagel, Thomas, 219
Narodnaya Volya (Vontade do Povo, a organização), 87, 103
narodniki (ativista populista), 91
natureza, 28, 30, 54, 150, 301-302
   considerada sacrossanta, 187
   e mente, 179, 180-183, 239
   homem e, 26, 27, 176, 307
Nechaev, Sergei, 91
negativa, 322, 323-324
neokantismo, 116, 171, 224, 253
   de Bakhtin, 273
   na União Soviética, 258
   ver também Cassirer; Husserl
Nicholas de Cusa, 187, 342
Nicholas I, tsar, 25, 38, 40, 69
Nietzsche, Friedrich, 78, 135, 202, 215, 271, 328
niilismo, 176, 342,
Nikitenko, Alexander, 31
Nussbaum, Martha, 279

"objetificação" (Berdyaev), 112, 318
objetos simbólicos, 310, 354
obshchina, 150
   ver também comunidade, sentido russo de

Ocidente, o
  aversão filosófica russa por, 317, 351
  interesse pela experiência russa, 311
Odoevsky, príncipe Vladimir, 23-24, 31-34, 255, 269, 328
  e homem bom na Rússia, 54, 57, 287
  e idealismo alemão, 156
  Russian Nights [As noites russas], 34, 64, 124-129, 204
  sobre razão utilitarista, 159
  "The Avenger [O vingador]", 126
  "The Last Suicide [O último suicídio]", 127
  "Town without a Name [Cidade sem nome]", 124-126, 128, 317
ontologia ética *ver* fatos e valores; ontologia moral
ontologia moral
  busca russa da, 16, 133, 149, 156, 165, 169, 183, 310
  marxismo-leninismo desenvolvido como, 224, 269
  utilitarismo místico como, 129, 133
  ver também bytie
ontologia *ver* ontologia moral
"outras mentes", 193

palavras, e significados, 211
  como panaceia, 261
  divisão do, 100
  e natureza, 307
  na ideologia marxista do trabalho, 265
  na tradição idealista, 259-263
Partido Bolchevique, 106, 220
Partido Comunista da União Soviética, 237, 243, 267, 297
Pascal, Blaise, preferência russa por, 168-172, 327
Pasqualis, Martinez de, 187

passividade, conhecimento como, 302-303, 305
Pasternak, Boris, 252-254, 329
Pavlov, Mikhail, 23, 26-29, 32
Pelevin, Viktor, 284
personalidade moral, 318
  e papel da sociedade, 205
personalidade, elevação da, 297-300
personalismo russo, 318-320
Pestel, Pavel, 24
philosophes franceses, 130
Pisarev, Dmitri, 75-79, 148, 202, 233, 328
  e egoísmo, 75
  e Feuerbach, 78
  e Nietzsche, 78
  e trabalho, 259
Platão, 7, 184, 195
  A República, 293
Plekhanov, Georgy, 94, 241, 249, 268, 328
  Ensaio sobre o desenvolvimento da concepção monista da história, 105
  marxismo de, 103-109
Plotino, 187
pluralismo, 324
Plyushch, Leonid, 233, 257, 258, 283
Pobedonostev, Konstantin, 214
pochvennost', 211, 317
poesia e pensamento poético, 12, 116, 167, 193, 195, 205
  "belas almas" e, 57
  contrailuminismo e, 175
  e intuição, 301
  no idealismo alemão, 184
  Soloviov e, 85
poetas simbolistas, 115
populismo, no comunismo soviético, 267
populistas (1866-81), 22, 87-101, 335
  idealismo dos, 92, 99, 147

ÍNDICE

Pordage, John, 187
positiva, 324
positivismo, 173, 191, 210, 229, 339
   científico, 219
   Lenin e, 219-220
pós-modernismo, 212, 289-290, 325
   e perda da esperança, 292
   na filosofia russa, 111, 206, 209, 291
pravda, 316
práxis, 220, 347
Primeira Guerra Mundial, 213, 312
Primeira Internacional (1872), 90
Problems of Idealism [Problemas do idealismo] (1903) (ensaios), 110
progresso
   científico, 98
   e história, 95, 97
   fé de Hegel no, 137
proletariado, necessidade de filosofia do, 227
protesto, valor do, 294-296
Proudhon, Joseph, 97-98, 328
psikushki (hospitais psiquiátricos), 233
Pushkin, Alexander, 32
   Eugene Onegin, 276

Rabelais, François, trabalho de Bakhtin sobre, 274, 278
racionalismo
   crítica contrailuminista do, 175
   desconfiança russa em relação ao, 128, 156, 159, 161
   e conceito social, 202
   e positivismo, 191
   ver também Descartes; razão
Radishchev, Alexander, 36, 202, 296, 327
razão
   Absoluta, 42, 63, 88, 98, 198
   desconfiança inglesa da, 325

   desconfiança religiosa russa da, 143, 169
   e ideal moral-comunal, 163
   e intuição, 169, 301
   e misticismo, 183
   preocupação de Chaadaev com, 36
   ver também iluminismo; racionalismo
realidade
   conceito de, 42, 60
   e conhecimento, 171
   e dialogismo, 275
   e idealismo, 246, 251
realismo socialista, 106, 267
realismo, 345
   e a "teoria da cópia" do conhecimento de Lenin, 230, 232, 237
   ingênuo, 230
reforma social, 89
   como dever moral, 95, 97
reforma trabalhista, 261
religião, e ciência, 184
Revolta Polonesa (1863), 87
Revolução Bolchevique (1917), 13, 108
Revolução Francesa, 22-23, 104, 130, 287
Revoluções de 1848, efeito sobre a Rússia, 69
Rilke, Rainer Maria, 303-307, 311, 317
   O livro das horas, 304
romantismo alemão, 64, 66, 149, 171, 185
   e Spinoza, 176
   valores epistêmicos, 299
romantismo, 26, 29, 40, 54
   de Mikhailovski, 99
   e criatividade, 248, 250
   preferência por valores epistêmicos, 299
   ver também romantismo alemão
Rousseau, Jean Jacques, 100
Rozhalin, Dmitri, 32

Rússia, 38, 43, 63, 325
   busca da ideia moral, 15, 16, 129, 148, 157, 165
   como "outro", 14, 15, 264, 287, 310
   consciência do atraso, 36-37, 43, 60
   e nacionalismo romântico, 66
   malignidade na, 212-213
   mito espiritual de ingenuidade, 149-150, 151-155
   pós-comunista, 287
   superioridade moral da cultura da, 63, 100, 127, 287-289
   tentativas de construir um todo social, 197, 198, 212-215, 288
   ver também União Soviética

Saint-Martin, Louis-Claude de, 189
Sakharov, Andrei, 240, 242, 281
Salomé, Lou Andreas, 145, 146, 303
São Petersburgo
   protesto de dezembro de 1825, 24
   universidade, 24, 26, 31
Sartre, Jean-Paul
   e Descartes, 194, 200, 271, 329
   "Existencialismo e humanismo", 194, 271
Schelling, Friedrich, 26, 27-29, 179-183, 328
   atração de, 31-33, 34
   e ciência alemã, 183
   ideia de conhecimento, 62
   Ideias para uma filosofia da natureza, 27
   On the Nature of German Science [Sobre a natureza da ciência alemã], 64
   Sobre a possibilidade de uma forma de filosofia em geral, 30
Schiller, J. C. E. von, 41, 132, 327
   sobre belas almas, 53, 56
schillerismo, 206, 210
senso comum, 214, 245, 249, 252, 325

"ser social", Belinsky sobre, 43
servidão
   abolição da (1861), 69, 75, 87
   crítica a, 36, 46, 212
Shestov, Lev, 159, 161, 328, 343
   anarquismo filosófico de, 201, 354-357
   Athens and Jerusalem [Atenas e Jerusalém], 161
   preferência por Pascal sobre Descartes, 169, 171
Shevyryov, Stepan, 256
Shishkin, Alexander Fyodorovich
   Bourgeois Morality... [Moralidade burguesa...], 265
   Fundamentals of Marxist Ethics [Fundamentos da ética marxista], 265
   Questions of Marxist-Leninist Ethics [Questões da ética marxista-leninista], 265
Shpet, Gustav, 116, 254, 329
Silesius, Angelus, 171
Simeão, o Novo Teólogo, São, 111
Sinyavsky, Andrei, 245, 269, 279, 285
Smith, Adam, 73, 124, 129-130, 327
   A riqueza das nações, 127, 128
   Teoria dos sentimentos morais, 128
sobornost (sentido de comunidade), 62, 209, 296, 306
sobre trabalho, 262
socialismo camponês russo, 46, 48, 92, 100
socialismo cristão, de Berdyaev, 206
socialismo ético, 242
socialismo
   como forma de utilitarismo, 160
   ético, 242
   europeu, 46, 96, 131
   utópico (francês), 66, 70, 131
sociologia subjetiva, 98
sociologismo, 239, 339

ÍNDICE

Soloviov, Vladimir, 83-85, 95, 109, 157, 189-191, 328
- *A Critique of Abstract Principles* [Uma crítica dos princípios abstratos], 86
- *Beauty in Nature* [Beleza na natureza], 190
- e Kant, 190
- e Kojève, 291
- idealismo religioso, 191, 309
- *Lectures on Godmanhood* [Lições sobre a Divino-humanidade], 189
- necessidade da arte, 190, 205
- Pasternak e, 253-254
- *Philosophical Principles of Integral Knowledge* [Princípios filosóficos do conhecimento integral], 86
- preferência por Pascal sobre Descartes, 169, 174
- realidade do mal, 202, 207
- *The Crisis in Western Philosophy* [A crise da filosofia ocidental], 83, 85, 189
- *The Justification of the Good* [A justificação de Deus], 85, 191
- *The Meaning of Love* [O significado do amor], 86
- *The Overall Meaning of Art* [O significado geral da arte], 190
- *The Power of Love* [O poder do amor], 190
- *Three Meetings* [Três encontros], 83

Solzhenitsyn, Alexander, 127, 162, 242, 257, 282, 329
- *O primeiro círculo*, 151-154, 162-164
- *Pavilhão dos cancerosos*, 167
- sobre a vida soviética, 284
- *Um dia na vida de Ivan Denisovich*, 252

Sophia, conceito de, 340
Spencer, Herbert, 72, 99, 100
Spengler, Oswald, *A decadência do Ocidente*, 213, 311

Spinoza, Baruch (Benedict), 17, 175, 180, 225, 327
hilomorfismo, 248
Stael, Germaine Necker de, 33
Stalin, Josef, 237, 238, 250
Stankevich, Nikolai, 55, 137, 139, 256, 328
Steiner, George, 313
Stepun, Fyodor, 116
Stirner, Max, 202, 215
Struve, Piotr, marxista legal, 109, 115
subjetivismo histórico, 237, 345
Svyatopol-Mirsky, príncipe Dmitri, 352
syzygy, 340

Tchecoslováquia, Primavera de Praga, 258
Telescope (jornal), 28, 35
teologia
- e filosofia ocidental, 17
- relativa ausência de, 17

teoria literária, de Bakhtin, 274-279
teose, conceito Ortodoxo de, 112, 188, 203
teosofia, termo de, 29
Terceiro Departamento (polícia intelectual sob Nicolau I), 40
Tkachev, Piotr, 90
- *Guerra e paz*, 297
Tolstoi, Leon, 92, 109, 158, 174, 302-303, 328
Tolstoy, Nikolai Alexandrovich ("Kolya"), 145-148
Tönnies, Ferdinand, 67
totalitarismo
- leninista, 119
- protesto contra, 294

trabalhadores, alienação dos, 100
trabalho
tradição mística, 115, 129, 170, 173-179, 187
- fatos e valores, 190, 205-206

tradição moral, russa, 15, 16, 129, 148, 154-158, 165
Turgenev, Ivan, 39, 41, 88, 147, 202
Turgenev, Nikolai, 23, 24, 25

Ulyanov, Alexander, 118
ultramontanismo, 35
Ulyanov, Vladimir Ilich *ver* Lenin, V. I.
União Soviética, 12, 13, 282
    dissidentes, 117, 119, 233, 280
    distensão política sob Kruchev, 251, 257
    e filosofia oficial, 237, 248, 249, 250, 255
universidades, ensino de filosofia nas, 25, 30, 31, 33
utilitarismo, 80, 159, 160
    aversão de Herzen por, 48, 51
    Hegel e, 51
    protesto contra, 294
    rejeição de por Odoevsky, 124, 126, 204
    versão de Chernichevski de, 71, 72, 74
utopismo, 256
Uvarov, Sergei, 69

Vekhi ver Landmarks [Marcos de referência]
Vellanski, Dmitri, 226, 29-30, 40, 88
Venevitinov, Dmitri, 33, 54, 88, 256
verdade científica, 299
verdade criativa, 245
verdade
    abordagem de Khomiakov, 60
    absoluta, 164, 243
    criativa, 245
    e cartesianismo, 172, 173
    e conhecimento, 172

istina, 316
    objetiva (factual), 101
pravda, 316
    russa (verdade cindida), 16, 18, 63, 241, 244-248
    subjetiva (emocional), 101, 241
Vico, Giovanni Battista, 175, 178, 272, 327
Vida, conceito de, 158, 160, 215, 318
    Bakhtin e, 279
    Belinsky e, 42
    e fé, 210
    e razão, 198, 202
    Hegel e, 179
    Shestov e, 161-162
vida-na-verdade, 294
violência, no movimento populista, 91
virtude epistêmica, conceito de, 299-300
vitalismo bergsoniano, 228
voluntarismo espiritual, 171
voluntarismo, 98, 204
    espiritual, 171
    no comunismo soviético, 267
Vontade de Potência (Nietzsche), 135
Vontade do Povo (*Narodnaya Volya*), 87, 103
Vvedensky, A. I., 273
Vysheslavtsev, Boris Petrovich, 170

Walicki, Andrzej, 84, 90, 158

Yerofeyev, Venedikt, *Moskva-Petushki*, 283

Zenkovsky, Vasily, 254
Zinoviev, Alexander, *The Yawning Heights* [Cumes bocejantes], 284

Este livro foi composto na tipografia Adobe
Garamond Pro, em corpo 11,5/16, e impresso em
papel off-white no Sistema Cameron da Divisão
Gráfica da Distribuidora Record.